中國學術思想
研究輯刊

十一編

林慶彰 主編

第 **37** 冊

黃式三學術思想研究

商瑈 著

花木蘭文化出版社

國家圖書館出版品預行編目資料

黃式三學術思想研究／商 瑈 著 — 初版 — 新北市：花木蘭文
化出版社，2011〔民 100〕
目 4+318 面；19×26 公分
（中國學術思想研究輯刊 十一編；第 37 冊）
ISBN：978-986-254-483-9（精裝）
1.（清）黃式三 2.學術思想 3.清代哲學
030.8   100000816

ISBN-978-986-254-483-9

中國學術思想研究輯刊
十一編　第三七冊　　　　　　　　　ISBN：978-986-254-483-9

黃式三學術思想研究

作　　者　商瑈
主　　編　林慶彰
總 編 輯　杜潔祥
出　　版　花木蘭文化出版社
發 行 所　花木蘭文化出版社
發 行 人　高小娟
聯絡地址　新北市永和區中正路五九五號七樓之三
　　　　　電話：02-2923-1455／傳真：02-2923-1452
網　　址　http://www.huamulan.tw 信箱 sut81518@ms59.hinet.net
印　　刷　普羅文化出版廣告事業
封面設計　劉開工作室
初　　版　2011 年 3 月
定　　價　十一編 40 冊（精裝）新台幣 62,000 元

黃式三學術思想研究

商　瑈　著

作者簡介

商琛，中興大學中國文學系學士，彰化師範大學國文研究所碩士、博士，研究領域為清代經學、三禮學、清代義理學。著有《一代禮宗——凌廷堪之禮學研究》與〈兩漢儒學的真相——錢穆先生的兩漢今古學之辨〉、〈「稽古」與「易簡」——黃式三的《尚書》學〉、〈黃式三《詩》、《禮》互證的詩經研究〉、〈黃式三《易釋》的通貫精神〉、〈警世與淑世——《鏡花緣》結合氣論的思想意涵〉、〈《郭店‧緇衣》的人道思想〉、〈求是與求實——黃式三的「論語學」〉等論文十餘篇。曾任高中國文教師、彰化師大國文學系兼任講師、臺北商業技術學院兼任講師，2009年獲選為中央研究院中國文哲研究所優秀人才培育計畫博士候選人，現為中研院文哲所「訪問學員」。

提　　要

　　清代道、咸以降之學術，以「經世致用」為共同訴求。黃式三（1789～1862）治學不作無用玄虛空談，而以「致用」為宗旨，雖為經學名家，亦有功於古史，頗能呈顯一代之思潮。通過探究其學術內涵與義旨，得以觀察乾嘉後期到晚清學術之演變軌跡，有助於瞭解清儒之治學風向。

　　黃氏畢生博綜群籍，治學以「通貫」為原則，故欲正確評定其專書思想，探究其整體學術，有其必要。但前人對於黃氏學術之討論仍嫌不足，雖已有少數學者關注其經學專書，卻鮮有全面考察其整體學術者。是故，本書以黃氏之經學、史學、義理學為論述主線，分上、下二卷，考核其治學研究成績，並尋繹其於學術史之地位與價值。

　　卷上為黃氏「學術綜論」，探究其思想淵源、義理觀點與學術定位。首先考察其生平、家學、師承與交遊，全面認知其學術、行止，並印證其學理。繼而探究黃氏之義理學，其以「申戴」為基調，將涵養道德重心，落在經驗實踐工夫上，主張理氣內在一元之本體論，強調踐履結果的「性教合一」性善論，以及重視成善在「習」、戒貪節欲而不絕欲之工夫進路。黃氏亦討論「理」、「禮」虛實之核心價值，將「禮義」視為「理則」，提出「約禮求理」，修正「以禮代理」過激之處。再者，黃氏史學既踵繼「浙東史學」之「以史經世」精神，故特重治亂得失、因革損益之制度考論，又能融會「浙西史學」之「稽古實證」原則，務力於纂輯戰國史蹟之考訂、辨偽、校注、輯佚補正，表現會通兩浙史學之特色。

　　卷下為「各經分論」，探究其專書大義。首先，黃氏畢生振興《六經》之教，務力發揚禮學，考證禮制，以釐正舊說，並推行禮教，實踐矯世正俗之禮治理想。又其解說經義，每以禮義「通貫」闡發，如其詮釋《詩經》，力尊〈毛序〉，闡發二〈南〉修齊治平之教，更通過「以《禮》證《詩》」，申明禮義，即為「以禮釋經」之表現，

　　其次，《論語後案》則以「求實」立場，不滿魏晉「義疏」、佛家、陽明後學之玄遠、蹈空，而力駁其玄虛。亦指責當代學術斷分漢、宋兩界之非，而漢、宋兼采，以求其是。至於案語考論舊注之失，於奧者白之、約者暢之、要者提之、異者通之，前說不足，則另出新義，最能見其學旨。

　　再者，黃氏「易學」乃以「通貫經傳」為綱領，力主〈象〉爻合釋，使其歸於一義，復串合六十四卦之卦爻辭，以明其皆一意相承。又倡議合漢、宋為一爐，兼取漢儒象數與宋儒義理之長，闡發卦爻象之通變義理與人事得失之感通，強調「易學」之實用價值。

　　最後，黃氏又擷取清代《尚書》新疏精華，提綱略目，輯錄成《尚書啟蒙》，釋義簡當，最便初學門徑。其「春秋學」則立於時風之外，以肯定《左傳》傳經之立場，強調《左傳》「理事合一」、「經史合一」，而撰寫《春秋釋》。其觀點與乾嘉之尚古學、尊《左傳》一脈相承，得以窺探乾嘉到晚清的《春秋》古學之演變軌跡。

誌　謝

生性不敏，上天卻對我眷顧有加，身邊總有許多貴人相助。

有幸承蒙業師張麗珠教授之提攜，自進修碩士期間即得以親炙門下，並惠予指導碩士論文，至今已有十年。她用生命織就學術網之奉獻精神，讓我感動之餘，想力求在論文上盡心爲之。然本文撰寫，頗費爬梳之力，才疏學淺，又苦於創獲匪易，倘非張師諄諄教誨，開示津逮，引領法門，洞見癥結，斷難成篇。是故本文若有可取之處，當屬恩師之功；若有挂漏之失，全爲一己疏陋所致，自應負起全責。張師垂訓之恩，銘感於心！

又幸蒙中研院文哲所之林慶彰教授、楊晉龍教授與蔣秋華教授之匡謬解惑，裨益尤多，師恩浩瀚，永誌難忘。論文初審時，彭維杰、劉錦賢二位教授之啓引，惠我良多；又賴貴三教授、浙江海洋學院之張崰、程繼紅、黃雅玲教授，慨贈寶貴資料，並深感懷。亦感恩母親、姊妹之關切備至，所有師長、同門、友朋之協助與關懷，亦致上最高謝忱！

目次

卷上：黃式三學術綜論

第一章　緒　論

　　清代學術雖有清初、乾嘉、晚清不同樣貌之三階段，但「徵實」與「致用」，卻是清儒治學之共同特徵。從清初之群經辨偽與新舊典範交替，儒者強調唯有經史中之制度、人事與經世之學，方為「實學」。不僅為清學奠定經驗取向之治學宗旨，又開展出乾嘉時期的考據學高峰，更締造「乾嘉新義理學」之理論新構。道咸以降，則因國勢日衰，經世思潮蔚起，儒者以挽救日益嚴重的社會危機為迫切目標，於是落實具體改革的經世實學，即成為嘉道時期之治學訴求。是以，本書試圖觀察從「乾嘉」到「道咸」之學術發展特徵，選擇乾隆末年出生，主要活動時間為嘉慶（1796～1820）、道光（1821～1850）、咸豐（1851～1861）時期的學者——黃式三（1789～1862）為主要討論對象。經由考察黃氏學術之內涵與義旨，探究乾嘉後期到晚清學術的演變軌跡，此雖不足以解釋整個學術界之大趨勢，卻有助於探究清儒之治學風向。

　　本書以「學術思想」為題，乃基於「學術」包括對典籍之分析、歸納、闡釋工夫的「學」，以及通過典籍而發用之「術」，屬於客體對象之闡發，是文化成果之發揚，為來自經典之學問。至於「思想」，則以個人主體出發之意見分析、推理、證明，為自我觀點之表述。是以，「學術思想」既包括個人對於經典之詮釋討論，又能提出自己觀點之學問總稱。〔註1〕而黃式三畢生博綜

〔註1〕　據林慶彰教授編纂《中國學術思想研究輯刊》指出，「學術思想」一詞，大概出現於清末民初，「學術」近似《宋史》中收錄經師傳記之〈儒林傳〉，而「思想」則與收錄思想家傳記之〈道學傳〉接近，於是將「學術思想」定位為與經學、哲學相關之學問。見林慶彰主編：〈總序〉，《中國學術思想研究輯刊初編》（臺北：花木蘭文化出版社，2008），第 1 冊，書前，頁 1。

群籍，「治經」、「治史」咸有成績，又能據以闡發義理，提出自我觀點與主張，故本文以「學術思想」一詞，概括其整體學說。

第一節　研究動機

學界討論清中葉以降學術，常以能突出經世改革之代表儒者爲對象，於是研究龔自珍（1792～1841）、魏源（1382～1444）、康有爲（1858～1927）等大儒之相關論著頗多，但對較爲次要之學者，關注仍嫌不足。如黃式三博綜群籍，潛心著述，於經學、史學、義理學，皆有可取之處，所著《論語後案》、《尚書啓幪》、《春秋釋》、《易釋》、皆收入《續修四庫全書》。李慈銘（1829～1894）嘗讚《論語後案》「既不背於功令，又可以資實學」，〔註2〕乃爲教授子弟之善本。章太炎（1869～1936）亦稱「《論語後案》時有善言，異於先師，信美而不離其樞者也」，〔註3〕看重其獨抒之創見。程樹德（1877～1944）纂輯《論語集釋》，亦引用甚多。此外，黃氏擷取清儒《尚書》新疏精華而撰作的《尚書啓幪》，江瀚（1857～1935）於《續修四庫全書總目提要》評價其「詮釋經文頗爲簡易明了，洵足啓蒙」，〔註4〕今人劉起釪《尚書學史》，亦稱其「略采他家，同出以己意。……可說是將清代漢學《尚書》研究的主要成就摘其精華，以極簡要方式寫出，便於一般了解《尚書》之用」，〔註5〕皆讚其爲初學者之啓蒙善本。至於成書較晚的《易釋》一書，《續四庫提要三種》論其「融會全經，不泥於一章一句，在《易》說中最爲通貫」，〔註6〕指出其通貫經、傳之詮釋特色。至於黃氏用力最深之「禮學」，諸如《清史稿》、譚廷獻（1832～1901）〈黃先生傳〉、徐世昌（1855～1939）《清儒學案》、蔡冠洛《清代七百名人傳》皆稱其「尤長《三禮》」，〔註7〕其子黃以周（1828～1899）傳其家

〔註2〕　李慈銘：《越縵堂讀書記》（北京：中華書局，1963），上冊，頁17。
〔註3〕　章太炎：〈清儒〉，《訄書》（臺北：世界書局，1987），頁27。
〔註4〕　江瀚：〈尚書啓幪提要〉，見中國科學院圖書館整理：《續修四庫全書總目提要·經部》（北京：中華書局，1993），上冊，頁249。
〔註5〕　劉起釪：《尚書學史》（北京：中華書局，1989），頁377。
〔註6〕　胡玉縉撰，吳格整理：《續四庫提要三種》（上海：上海書店出版社，2002），頁408。
〔註7〕　趙爾巽修：〈黃式三傳〉，《清史稿》（北京：中華書局，1997），列傳269，頁13296；譚廷獻：〈黃先生傳〉，《半廠叢書》，收入繆荃孫纂錄、周駿富輯：《續碑傳集》，卷73，頁249；徐世昌編，沈芝盈、梁運華點校：〈儆居學案〉，《清儒學案》（北京：中華書局，2008），第6冊，卷153，頁5931；蔡冠洛編：《清

學，撰作《禮書通故》一百卷，被譽爲集清代「禮學」大成之作。凡此，皆見黃氏之經學研究成果，不容忽視。

　　黃氏亦精研古史，被視爲浙東史學派之後勁。黃氏史學代表作《周季編略》，梁啓超《中國近三百年學術史》以其於春秋、戰國間缺漏之史事及戰國史蹟年代問題等史料，搜集完備，而將之列爲上古史研究優等之選。〔註8〕錢穆（1895～1990）《先秦諸子繫年》、楊寬（1914～）《戰國史料編年輯證》曾多次徵引其考證結論。又《讀通考》被譽爲「眞救時之要策，亦即萬世不易之良規」，〔註9〕以爲凡握兵樞者，宜熟之、復之，因研究古代典章制度之詳，被收入《九通拾補》，〔註10〕此亦黃氏史學值得深入探討之處。

　　此外，黃氏於義理思想亦有所闡發，其以申論戴震之新義理學爲主軸，將涵養道德重心，落在經驗實踐工夫論上，要求實在界之客觀與具體事爲，並提出「約禮求理」，修正淩廷堪（1755～1809）「以禮代理」過激之處，提供黃以周「禮學即理學」論點之依據。通過黃氏之思想轉變，正可觀察清代「理」、「禮」之辨的發展曲線，亦即從清初之「經學即理學」，到乾嘉「以禮代理」，復至晚清的「禮學即理學」之發展軌跡。

　　學界研究黃氏學術，尚有不足之處。黃氏學術近來漸受關注，大陸方面已於 2007 年 11 月由國家清史編撰委員會、浙江省文化廳贊助，於浙江海洋學院成立「舟山市黃式三、黃以周學術研究會」，著手整理和匯輯黃氏父子著作，並點校出版。日本方面，小幡敏行〈黃式三《論語後案》の特色について〉，經林慶彰教授中譯爲〈黃式三《論語後案》漢宋兼學的成果〉，〔註11〕足見黃氏雖非曠世大儒，而其學術已漸受重視，但仍有諸多疑義，尚待釐清。

　　　　代七百名人傳》（北京：中國書店，1984），下冊，頁 1689。
〔註8〕梁啓超：《中國近三百年學術史》（臺北：華正書局，1994），頁 306。
〔註9〕黃式三：〈讀兵考〉，《儆居集・讀通考二》（光緒十四年黃氏家塾續刻本），頁11。
〔註10〕《九通》即《通典》、《通志》、《文獻通考》、《續通典》、《續通志》、《續文獻通考》、《清通典》、《清通志》、《清文獻通考》。賈貴榮收錄有關《九通》之續補、訂誤、考疑、校勘、拾遺等著作 14 種研究中國古代典章制度史之重要文獻，輯爲《九通拾補》，由北京圖書館於 2004 出版。
〔註11〕小幡敏行：〈黃式三《論語後案》の特色について〉，《日本中國學會報》第 44 期，1992 年 8 月。林慶彰教授中譯爲〈黃式三《論語後案》漢宋兼學的成果〉，收入松川建二編、林慶彰等合譯：《論語思想史》（臺北：萬卷樓圖書公司，2006），頁 513～532。

探究黃氏學術，亦為筆者個人研究興趣與領域之延伸。筆者撰寫碩士論文《一代禮宗——淩廷堪之禮學研究》探討清代復禮思潮，曾附帶論及黃氏「約禮」、「復禮」之說，對淩廷堪思想之繼承與修正。〔註12〕當時著重於探究清代「前中期」之復禮思潮，本書則將考察視野從「清中葉」，延伸至「晚清」，以勾勒清代禮學思想發展之全貌。此乃筆者多年努力之興趣所在，亦為投入學術研究之最初動機。

第二節　研究文獻與前人研究成果

黃氏學術，其門人總括為「十略」。包括「易略」、「尚書略」、「詩略」、「春秋三傳略」、「三禮略」、「論語後案」、「周季編略」、「小學略」、「經濟略」、「文學略」。〔註13〕但卻因其生於戰亂年代，多種未刻撰著，恐已亡佚。故本節表列各著之成書時間、版本與存佚，並概述前人研究成果。

一、黃式三遺書考

黃氏之著作與版本，學界說法略有出入。據《儆居集》書前之「《儆居遺書》總目」所載，標明「已刊」六種、「未刊」五種與「未成」一種，共計十二種。比對《中國叢書綜錄》所載，〔註14〕子目、卷數不盡一致。以下綜合《儆居集》所附錄之「《儆居遺書》總目」、〔註15〕王逸明《定海黃式三黃以周年譜》、〔註16〕《中國叢書綜錄》所載，以及筆者訪及之手稿本，表列諸書成書時間、版本與存佚如下（依成書先後列表）。

書名、卷數	成書時間、版本與存佚
《論語後案》二十卷	（1）甲辰本：道光十年（1830）完成初稿，道光十四年（1834）作〈論語後案原敘〉，道光二十四年甲辰（1844）以聚珍活字版印行，後收入《續修四庫全書》第155冊。

〔註12〕拙作：《一代禮宗——淩廷堪之禮學研究》（彰化：彰化師範大學國文研究所碩士論文，2003）。（已於2004年，由臺北萬卷樓圖書公司出版）。

〔註13〕黃以周：〈敕封徵仕郎內閣中書先考明經公言行略〉，《儆季文鈔》（光緒二十年南菁書院刻本），卷5，頁1～44。

〔註14〕上海圖書館編：《中國叢書綜錄》（北京：中華書局，1959），頁526～527。

〔註15〕黃式三：《儆居內集》（光緒二年浙江書局刻本），書前。

〔註16〕王逸明：《定海黃式三黃以周年譜》，收入《新編清人年譜稿三種》（北京：學苑出版社，2000），頁83～85。

	（2）浙本：同治元年（1862）改定，更名《論語管窺》，又作〈論語管窺敘〉。光緒九年（1883）黃以周改回《論語後案》書名，由浙江書局刻行，後收入《無求備齋論語集成》第 10 函、《四書傳注會要》第 9～11 冊。〔註 17〕
《朱呂答問》一卷	道光十七年（1837）黃氏弟子王元恆與黃以愚將朱熹、呂祖謙通信，依年次編輯爲《朱呂問答》，黃氏作〈朱呂問答敘〉。書未刊。
《尙書啓幪》五卷	道光十九年（1839）成書，並作〈尙書啓幪敘〉，咸豐六年（1856）改定，又作書跋，於光緒十四年（1888）刻行，後收入《續修四庫全書》第 48 冊。
《翁洲紫薇庄墩頭黃氏族譜》不分卷	黃氏與季弟式穎據父親舊譜增補，子以愚、以周謄寫，道光二十年（1840）作〈族譜敘〉，咸豐六年（1856）又作〈族譜書後〉。手稿藏於上海圖書館。
《鄭君粹言》一卷	道光二十一年（1841）成書，翌年作〈漢鄭君粹言敘〉，今僅存書敘。書未刊。
《春秋釋》四卷	（1）道光二十四年（1844）完稿，並自作〈春秋釋敘〉。光緒十四年（1888）南菁書院刻行，後收入《續修四庫全書》第 148 冊。 （2）光緒十五年（1889）上海蜚英館重刻第一卷，收入《皇清經解續編》第 15 冊。
《周季編略》九卷	（1）手稿：道光二十七年（1847）完成初稿，咸豐八年（1858）作〈周季編略敘〉，咸豐九年（1859）《周季編略》改定，今由中國科學院圖書館藏。 （2）刻本：黃以周校改，同治十二年（1873）浙江書局刻行，後收入《續修四庫全書》第 347 冊；台北市國防研究院「《中華大典》編印會」有複印本發行。
《易釋》四卷	道光二十八年（1848）中秋定稿，並作〈易釋敘〉，光緒十年（1884）由廣雅書局木刻，民國九年（1920）番禺徐紹棨匯編重印，收入《無求備齋易經集成》第 122 冊、《叢書集成續編》第 3 冊。 光緒十四年（1888）有定海黃氏家塾刻本，後收入《續修四庫全書》第 30 冊。
《鄞縣族譜》三卷	黃氏主導而與宗人共修，咸豐元年（1851）作〈鄞縣族譜敘〉，手稿藏於寧波天一閣。
《炳燭錄》二卷	咸豐九年（1859）輯舊作編爲《炳燭錄》，作〈炳燭錄敘〉。書未刊。

〔註 17〕《論語後案》二十卷，收入鍾肇鵬選編：《四書傳注會要》（北京：北京國家圖書館，2008），第 9～11 冊（據浙江書局本影印）。

《黃氏塾課》三卷	咸豐十一年（1861）始撰《經外緒言》二十一篇，同治元年（1862）增訂後，改稱《黃氏塾課》，並作〈塾課敘〉。同治二年（1863）黃氏家塾本刻行。
《儆居集》二十二卷；《經說》五卷、《史說》五卷、《讀通考》二卷、《讀子集》四卷、《雜著》六卷	《儆居集》分內、外兩編。 內編為《儆居內集》十六卷，光緒二年（1876）印行。 外編為《儆居集》，新增〈經說五〉、〈史說二〉、〈史說三〉、〈史說四〉、〈史說五〉、〈讀子集四〉、〈雜著三下〉〈雜著四下〉，總計二十二卷，光緒十四年（1888）續刻刊行。今二本皆存。
《音韻部略》四卷、《詩音譜略》一卷	成書時間待考，手稿藏於寧波天一閣。書未刊。
《詩序說通》一卷、《詩傳箋考》二卷	成書時間待考，據傅肖巖〈儆居集序〉言「《詩傳箋考》之未成，掇為〈詩說〉，並列於集中」，〔註18〕今散見於《儆居集·經說》。
古體詩一卷	黃氏自言「余不善詩，間作之，隨復散棄不自愛」，〔註19〕今僅見收入潘衍桐輯《兩浙輶軒續錄》之〈薺苨寄胡生伯寅〉、〈歲暮〉、〈讀賈子〉三首，〔註20〕餘者仍待考。

　　此外，謝巍《中國歷代人物年譜考錄》著錄「《孔子年譜》一卷，黃式三撰，光緒年間刊本《學宮景仰編》卷首」，〔註21〕今未見，仍待考。至於《儆居遺書》總目所列「遺書之六」的《儆居集》「雜著四卷」，與《中國叢書綜錄》所載「《雜著》六卷」，數目不同。據王逸明以為，《雜著》實際上有一、二、三上、三下、四上、四下，才有二說，〔註22〕王說為是。《中國叢書綜錄》載黃氏有「《外集》四卷」，王逸明以為另有《外集》四卷，〔註23〕今不復見。筆者推測，由於《儆居集》分內、外二編先後刊刻，故《外集》可能就是光緒十四年續刻之《儆居集》，並非另有《外集》四卷。

二、前人研究成果述略

　　學界目前對於黃式三之研究，大致有二：其一為黃氏相關著作之點校，

〔註18〕傅肖巖：〈儆居集序〉，見黃式三：《儆居集》，書前，頁2。

〔註19〕黃式三：〈葉星山集古詩跋〉，《儆居集·雜著三下》，頁14。

〔註20〕潘衍桐輯敘：《兩浙輶軒續錄》，收入《續修四庫全書·集部》（上海：上海古籍出版社，1996），第1685冊（據光緒十七年浙江書局刻本影印），卷22，頁30。

〔註21〕謝巍編撰：《中國歷代人物年譜考錄正編》（北京：中華書局，1992），第1卷，頁17。

〔註22〕王逸明：《定海黃式三黃以周年譜》，頁84。

〔註23〕同上註。

其二爲學術內涵之討論。點校部份，大陸浙江海洋學院「舟山市黃式三、黃以周學術研究會」於 2008 年出版《論語後案》與《周季編略》二書，〔註24〕其他著作仍陸續整理中。至於其他相關研究成果，概述如下：

（一）黃氏學術總論

前人對於黃氏整體學術討論最爲完整者，爲黃以周之〈敕封徵仕郎內閣中書先考明經公言行略〉。〔註25〕該文先述父親行傳，繼而就父親學術之「十略」，依次論其義旨，相當詳盡。其次，又有王逸明《定海黃式三黃以周年譜》，並列黃氏父子生平大事與著作年代之外，書前有引自光緒《定海廳志》所載之定海縣周邊地圖，以及始於黃氏祖父黃必悌，下迄四代的「定海黃氏世系」簡表，頗利於讀者掌握黃氏故居地理位置與家學傳承概況。

至於其他研究，主要附見於專書，並集中於討論其治經漢、宋兼采之特色，以及是否歸屬「浙東史學派」等論題。如史革新《晚清理學研究》、〔註26〕張昭軍《晚清民初的理學與經學》皆舉黃氏爲晚清「漢宋合流」之典型。其次，章太炎以爲「定海黃式三傳浙東學」，〔註27〕陳訓慈論「清代浙東史學之統系」主張「黃氏父子，窮經好古，尤隱然爲浙東史學之後勁」，〔註28〕管敏義《浙東學術史》於「晚清浙東學述略」部分，首列黃式三父子。〔註29〕而曹屯裕《浙東文化概論》論浙東學術發展，於章學誠以後，亦以黃氏父子居首。〔註30〕又如滕復等人編著的《浙江文化史》，在「元明清浙江學風概述」部分，定海亦以黃氏父子爲晚清浙東治經史之名家。〔註31〕至於張舜徽《清儒學記》則舉黃氏以史證經，即經明史特色，〔註32〕將黃氏父子歸入〈浙東學記〉。〔註33〕上述討

〔註24〕　《論語後案》由張涅、韓嵐據光緒九年浙江書局刊本點校；《周季編略》由程繼紅據同治十二年浙江書局刊本點校，二書皆由南京鳳凰出版社於 2008 年出版。

〔註25〕　黃以周：〈敕封徵仕郎內閣中書先考明經公言行略〉，《儆季文鈔》，卷 5，頁 1～44。

〔註26〕　史革新《晚清理學研究》（臺北：文津出版社，1994），頁 119。

〔註27〕　章太炎：〈清儒〉，《訄書》，頁 23。

〔註28〕　陳訓慈：〈清代浙東史學管窺〉，收入《史學雜誌》第 2 卷第 6 期（1930），頁 5。該文後經修改，題爲〈清代浙東之史學〉，收入杜維運、黃進興編：《中國史學史論文選集》（臺北：華世出版社，1976），頁 597～666。

〔註29〕　管敏義：《浙東學術史》（上海：華東師範大學出版社，1993），頁 408～410。

〔註30〕　曹屯裕：《浙東文化概論》（寧波：寧波出版社，1997），頁 183～184。

〔註31〕　滕復等編：《浙江文化史》（杭州：人民出版社，1992），頁 357。

〔註32〕　張舜徽：《清儒學記》（武漢：華中師範大學出版社，2005），頁 190～194。

〔註33〕　同上書，頁 190～198。

論，皆將黃氏納入浙東學派譜系。

反之，梁啓超《論中國學術思想變遷之大勢》，則以爲浙東學派「源出於梨洲、季野，而尊史。其鉅子曰邵二雲、全謝山、章實齋」，〔註34〕並不包含黃式三。吳光《黃宗羲與清代浙東學派》亦同持其說，認爲所謂「浙東學派」，實際上不包括師承上毫無關係，但在思想上關係密切之黃氏父子。〔註35〕又如大陸近期由殷夢霞撰編《浙東學人年譜》，於清代部份，亦未列黃式三，〔註36〕而葉建華〈浙東史學流派簡史〉，更主張章學誠才是浙東史學派之殿軍。〔註37〕上述學者，皆反對將黃氏納入浙東學派譜系。

（二）黃氏專書討論

前人對於黃氏專書之討論，以《論語後案》最多。專書有劉閣薇《黃式三「論語學」研究》之碩士論文，〔註38〕討論《論語後案》之成書過程、著述體例、治經立場、治經方法，並觀察其對《論語正義》、《論語集釋》之影響。單篇論文，則有李紹戶於 1976 年作〈黃式三《論語後案》釋例〉，〔註39〕指出《論語後案》具有「以經解經」、「以禮解經」之特色。1992 年日本學者小幡敏行撰寫〈黃式三《論語後案》の特色について〉，〔註40〕對於《論語後案》之成書、版本、解經方法考論極詳，並指出黃氏批評漢、宋門戶之見，而看重其共通處，遂漢、宋兼采，乃爲是書最重要之特色。此外，張清泉《清代論語學》於「漢宋兼采派《論語》著述析論」中，列舉《論語後案》有「廣采眾說，取從一家」、「指正舊注失誤」、「前說不足，自出新義」等三項特色。〔註41〕至於大陸學者張涅與韓嵐，則先後撰有〈黃式三《論語後案》以禮爲

〔註34〕 梁啓超：《論中國學術思想變遷之大勢》（上海：上海古籍出版社，2001），頁124。
〔註35〕 吳光：《黃宗羲與清代浙東學派》（北京：中國人民大學出版社，2009），頁233～234。
〔註36〕 殷夢霞於清代部份所列學者，有劉宗周、黃宗羲、萬私同、邵念魯、全祖望、章學誠、邵晉涵。見氏編：《浙東學人年譜》（北京：北京圖書館，2003）。
〔註37〕 葉建華：〈浙東史學流派簡史〉，《浙江學刊》1990 年第 6 期，頁72～73。
〔註38〕 劉閣薇：《黃式三「論語學」研究》（高雄：高雄師範大學經學研究所碩士論文，2009）。
〔註39〕 李紹戶：〈黃式三「論語後案」釋例〉，《建設》第 24 期（1976 年 5 月），頁33～37。
〔註40〕 松川建二編，林慶彰等合譯：《論語思想史》，頁513～532。
〔註41〕 張清泉：《清代論語學》（臺中：逢甲大學中國文學研究所碩士論文，1993），頁221～225。

本的思想及其意義〉，〔註42〕探究《論語後案》以禮爲本，並發展清中葉以來的禮學思想；〈黃式三《論語後案》對於朱子思想的闡釋〉，〔註43〕通過理、性、仁、知四方面爲考察，探究黃氏與朱子思想之關聯，印證嚴可均以爲黃氏說經多回護朱子，當非不實之辭；以及〈黃式三《論語後案》述論〉，〔註44〕比較《論語後案》初版與晚年刪定版之內容差異，並列舉是書博採眾說、考證詳盡，且不標新立異、不固守前說之「求是去非」態度，指出黃氏「案語」具有立足於漢學方法，又汲取宋學議題及思想，融會漢、宋，而不囿於漢、宋之治經特色。

其次，《易釋》一書則有賴貴三〈黃式三、黃以周父子易學初探〉，〔註45〕以及項世勳以《清儒黃式三、黃以周父子易學研究》爲題之碩士論文。〔註46〕賴氏之文正面肯定黃氏父子「易學」以求古、求是爲務，積極思考所面臨而亟待解決的漢宋學術矛盾課題，堅持一貫的學術融通原則，治《易》綜括漢學、宋學，經、傳爲本，歷代注疏爲驗，並參以己意，融貫而成一家之言，展現出「浙東學派」經學、理學與小學一體論述的特有學術風格。項氏之論則指出黃式三是書具有「解《易》方法」、「《易》例發凡」、「《易》理闡發」、「《易》學要點」以及「善以史事發揮《易》理」之表現。

《尚書啓蒙》，則有古國順《清代尚書學》將其歸爲「漢宋兼宗之尚書學」之列，以爲黃氏雖以漢學爲宗，但「亦不摒宋人之學」，兼具漢宋兼采特色。〔註47〕又劉起釪《尚書學史》評價清代乾隆到道光間的《尚書》之作，以《尚書啓蒙》最便於初讀，看重黃氏「精要簡明」之價值。〔註48〕曹美秀〈黃式三經學試探──以《尚書啓蒙》爲例〉，〔註49〕亦指出黃氏詮釋《尚書》求「精」

〔註42〕張涅、韓嵐：〈黃式三《論語後案》以禮爲本的思想及其意義〉，《孔子研究》2009 年第 2 期（2009 年 4 月），頁 59～65。

〔註43〕張涅：〈黃式三《論語後案》」對於朱子思想的闡釋〉，《朱子學刊》第 18 期（2009年 1 月），頁 161～171。

〔註44〕張涅：〈黃式三《論語後案》述論〉，收入方勇主編：《諸子學刊》第 1 輯（2007年 1 月），頁 461～471。

〔註45〕賴貴三：〈黃式三、黃以周父子《易》學初探〉，臺北：中央研究院中國文哲研究所「浙江學者的經學研究」第二次學術研討會（2005 年 12 月 8）。

〔註46〕項世勳：《清儒黃式三、黃以周父子易學研究》（臺北：國立臺灣師範大學國文研究所碩士論文，2007）。

〔註47〕古國順：《清代尚書學》（臺北：文史哲出版社，1981），頁 198～199。

〔註48〕劉起釪：《尚書學史》（北京：中華書局，1989），頁 377。

〔註49〕曹美秀：〈黃式三經學試探──以《尚書啓蒙》爲例〉，《書目季刊》第 42 卷

之特色。《周季編略》則有程繼紅教授以乾嘉精神視野爲觀照，指出其具有重考據、重細節、善議論等三項趨於考據學風之特點。〔註50〕

　　學界亦有多人關注黃氏之禮學思想，如張壽安《以禮代理——淩廷堪與清中葉儒學思想之轉變》，討論黃氏「約禮求理」主張比「以禮代理」更具說服力；〔註51〕〈黃式三對戴震思想之回應〉則探究黃氏以戴學爲宗，並進而申論戴震與宋明理學關於「性」、「理」、「氣」等議題之思想差異。〔註52〕又如林存陽論清初〈三禮〉學，將黃氏父子的重禮思想，視爲從「以禮代理」到「禮學即理學」思想之定型人物；〈黃式三、以周父子「禮學即理學」思想析論〉，〔註53〕論述黃氏繼淩廷堪、阮元所倡「以禮代理」說之後，進而總結爲「禮學即理學」的思想轉變。〔註54〕至於魏永生〈黃式三學術思想評議〉，則觀察黃氏繼承乾嘉漢學之考據手法，堅持「實事求是」，又主張「漢宋調和」，認爲黃氏重禮之表現，與「淩廷堪『以禮代理』傾向形成默契」。〔註55〕黃海嘯〈禮理之辯與黃式三、以周父子對清代禮學的總結〉，〔註56〕亦與林存陽持論一致，皆著重探討黃氏的禮、理之辨。

　　此外，黃雅玲〈從黃氏家譜看家族文化基因對黃式三父子的人格影響〉，〔註57〕則以黃氏裔孫身分，追述家譜中蘊藏之崇教尚文、善良慈德和孝悌傳家之家族文化背景，對黃式三之治學精神與人格塑造皆有深刻影響。至於韓嵐〈黃式三對於王陽明學術思想的認識〉，〔註58〕試探黃氏宗陽明本人而駁王

　　　　第 3 期（2008 年 12 月），頁 33～53。

〔註50〕 程繼紅：〈黃式三《周季編略》及其與乾嘉學風和浙東學派之關係〉，收入程繼紅點校：《周季編略》，頁 6～15。

〔註51〕 張壽安：《以禮代理——淩廷堪與清中葉儒學思想之轉變》（臺北：中央研究院近代史研究所，1994），頁 138～152。

〔註52〕 張壽安：〈黃式三對戴震思想之回應〉，國立中山大學清代學術研究中心編：《清代學術論叢》（臺北：文津出版社，2002），頁 253～281。

〔註53〕 林存陽：〈黃式三、以周父子「禮學即理學」思想析論〉，《浙江社會科學》2001年第 5 期，頁 127～129。

〔註54〕 林存陽：《清初三禮學》（北京：社會科學文獻出版社，2002），頁 347～356。

〔註55〕 魏永生：〈黃式三學術思想評議〉，《東方論壇》2000 年第 3 期，頁 31～35。

〔註56〕 黃海嘯：〈禮理之辯與黃式三、以周父於對清代禮學的總結〉，《蘭州大學學報》第 34 卷第 5 期（2006 年 10 月），頁 93～99。

〔註57〕 黃雅玲：〈從黃氏家譜看家族文化基因對黃式三父子的人格影響〉，《浙江海洋學院學報》第 26 卷第 1 期（2009 年 3 月），頁 42～45。

〔註58〕 韓嵐：〈黃式三對於王陽明學術思想的認識〉，《浙江海洋學院學報》第 26 卷第 2 期（2009 年 6 月），頁 49～55。

學之思想取向，並兼論黃氏之實學理念。

　　總觀前人討論黃氏學術，以《論語後案》關注最多，但《詩經》、《春秋》與《三禮》皆尚待專文探究。其次，古國順《清代尚書學》中將《尚書啓幪》置於「漢宋兼宗」一類，〔註59〕檢閱《尚書啓幪》全文，除古氏文中所舉二例外，幾乎不見其他宋人之說，故將之置於「漢宋兼采」，似有釐清之必要。再者，對於黃氏之史學研究，除了程繼紅〈黃式三《周季編略》及其與乾嘉學風和浙東學派之關係〉一文外，黃氏所著〈讀通考〉、《史說》五卷，頗能凸顯其「經邦致用」之史學思想，仍有全面深入探討之必要。至於義理部份，學界集中於黃氏對淩廷堪「以禮代理」之修正，卻未能將之與置於「乾嘉新義理學」之發展脈絡，作一聯繫與考察。故筆者不揣鄙陋，試圖於前哲時賢之研究成果基礎上，探究其整體學術，並進一步尋繹其於晚清學術的價值與定位。

第三節　研究範圍與內容

　　探究黃氏學術，須將其置於清代整體學術發展脈絡來考察，才能凸顯其價值與意義。是以本書雖以黃式三為主要討論對象，但考察之時代斷限，則由於黃氏受乾嘉學術與浙東學派影響甚大，故以黃氏學術為經，乾嘉與浙東學術為緯，並試圖將論題涵蓋整個清代，甚至整體學術史，以評定其特色與價值。

　　本書分為上、下二卷。「卷上」之黃式三學術綜論，首先據黃氏生平，考察其學思歷程，師承與交遊，探究其與時人交涉情況，全面認知其學術、行止，以印證其學理。繼而第三、四兩章，分別探究其思想淵源與義理主張，以及其史學內涵，並印證其浙東學派後勁之學術地位。「卷下」之各經分論，則就其經學研究，每一經為一章，討論其治經方法、解經立場、注疏內容，以及寄寓於經典詮釋之義理闡發。

　　「卷上」首先討論黃氏之義理學，主要探究其與「清代新義理學」之聯繫。「清代新義理學」乃為戴震立基於考據與義理之上，強調「實踐」傳統而針對儒學的幾個核心概念，諸如情性觀、義利觀、仁智觀、性命說等等，通過儒家經典之再詮釋進行義理改造。而黃氏向來服膺戴震，學界將其思想視

〔註59〕古國順：《清代尚書學》，頁98～199。

為戴學餘波，故其本體論、人性論、工夫論等主張為何？是否完全繼承戴學，或另有開創？其思想與宋明理學家之觀點有何不同？又浙東向來推崇陽明王學，黃氏對於王學之態度為何？此外，黃氏如何闡發其「約理求禮」之思想，修正「以禮代理」說，皆為本文討論要項。

其次，史學方面則側重其與兩浙史學之聯繫。清代史學以考據史學與浙東史學最具代表，而考據史學實出於浙西顧炎武（1613～1682），並以考訂古史為特徵；浙東則以史學經世為要務，並特重民族氣節，且以徵存當代文獻之南明書寫，獨樹史壇。是以，本書除了探究黃氏治史特色與史學思想之外，亦考察其史學對於「二浙」學術發展之價值與意義。

「卷下」首先考察其所長之《三禮》，繼而探究其寓託致用學旨的代表作《論語後案》，再依次試探其「易學」、「詩經學」、「尚書學」與「春秋學」。論題將針對黃氏面對乾嘉「漢學」鼎盛、儒者不輕信傳注而紛紛結撰「新疏」之主流趨勢下，除了承繼「尊漢」學風之外，如何於經學箋、注時，開展《清史稿》評其「於學不立門戶」、〔註60〕《清儒學案》說他「謹守鄭學而兼尊朱子」之新路，〔註61〕取捨「新疏」與漢代以下「古注精華」，展現兼容並包，又不違聖人旨意，且合於時代潮流之「漢宋兼采」表現。又探究黃氏治經時，如何表現鄭吉雄教授所指稱乾嘉學者治經之「以經釋經」特色，〔註62〕以及寄寓經典詮釋之義理思想。此外，亦通過整體經學發展源流與歷代傳、注之思想轉變，評價其經學價值與時代意義。

第四節　研究方法與步驟

本書從二方面進行研究，其一為黃式三自身學術之探討，即以黃氏所有著作為主要考察文獻探究其綱領，並分析比對黃氏諸作之論點，作為論證之依據，再歸納其蘊涵之意旨。其二則在前賢既有之研究基礎上，進行研讀、整理、分析、歸納研究。相關文獻之選取，則以校勘、對照方法，採用較為

〔註60〕 趙爾巽等著：〈黃式三傳〉，《清史稿》，列傳269，頁13296。

〔註61〕 徐世昌編，沈芝盈、梁運華點校：〈儆居學案〉，《清儒學案》，第6冊，卷153，頁5931。

〔註62〕 鄭吉雄：〈乾嘉學者治經方法與體系舉例試釋〉，蔣秋華主編：《乾嘉學者的治經方法》（臺北：中研院文哲所籌備處，2000），頁109～139。又收入氏著：《戴東原經典詮釋的思想史探索》（臺北：臺大出版中心，2008），頁185～212。

接近古籍原貌之善本。

　　本書主要研究方法有三：文本分析法、縱橫比較法、歸納綜合法。

　　第一，文本分析法：本文所有推論與引申，皆建基於「究原典」之上，以建立可信度。故就黃氏著作與相關文本，分析整理。

　　第二，縱橫比較法：此法主要用於評價與論定其特色。包括橫向比較與縱向進溯；橫向比較有二，一為比較黃氏各階段學術思想之差異或轉變，如《論語後案》之思想闡述，即有前後期之差異。一為比較黃氏與清儒之主流觀點有何異同，以評價其價值與特色。縱向進溯則將黃氏思想，置於整體發展脈絡上，考論眾說，對照其與前人之異同，評議其特色。

　　第三，綜合歸納法：歸納歷來儒者共同關注之議題，比較黃氏思想與其異同之處。如「義利之辨」，從《孟子》「何必曰利」，到理學家強調「諱言利」之義理框架，再到黃氏肯定求「義中之利」，即可呈現清儒重視形下經驗面之價值取向。

　　本書之研究步驟，以蒐集文本與相關學術論著入手。黃氏生於戰亂時代，且終身未仕，家世又不顯赫，大部份著作在缺乏經費下，無法立即出版。直到辭世後十餘年，兒子黃以周任職浙江書局，才開始整理、刊刻部份遺稿。後來黃以周又主講南菁書院十五年，預計以父親部份著作當作參考教材，才又續刻刊行。但遭逢晚清戰亂，有些著作尚不及出版，即下落不明，僅存書序或書目。是以，除了收入《續修四庫全書》之五種外，其他撰作之蒐訪，頗有難度。如《儆居集》有內、外二編，國內圖書館並無《內編》刻本，故需請託大陸學者協助複印，頗為費事。至於黃氏晚年最後遺作《黃氏塾課》，由於可以觀察其思想之定調，但在國內圖書館皆無館藏情況下，僅能透過大陸朋友，輾轉取得。除了圖書館與網路資料蒐集外，筆者亦前往黃氏故居，拜訪其裔孫，試圖蒐訪更多有用材料。

　　本文繼而從《黃式三黃以周年譜》、《定海縣志》、《清儒學案》，以及黃氏多篇傳略中，考察其生平、家學淵源、師承關係，以及交遊情形。並通過表列其「學行繫年」，以及當世之「學術紀要」、「政治紀要」（本文附錄於後），藉以掌握其與外在學術之聯繫。再通過《儆居集》之點校，掌握其學術內涵與思想要旨。

　　最後，就其專書，逐一研讀，探討其撰述動機、成書歷程、內容旨要、

與流傳版本，以及當時與後人評價。又參照前人研究成果，於前說未盡之處，
補充說明，釐清疑義。並以黃氏學術爲主軸，將其置於經學史、清代經學、
乾嘉新義理學、浙東學術等脈絡下，考察其學術定位與價值。

　　至於黃氏未出版之專書，包括《炳燭錄》、《鄭君粹言》、《朱呂答問》等，
由於訪尋未得，僅於文獻討論時，根據所存書〈序〉，概略介紹。

第二章　黃式三之學思歷程與交遊

　　黃式三生於乾隆末年，歷嘉慶、道光、咸豐、同治四朝，就政治而言，正是清廷由漸衰進入覆亡階段，內亂外患，接踵而至。此時清廷雖仍以「天朝上國」自奉，年年接受朝鮮、越南等國進貢，看似享有天下共主之尊。實際上，卻同時面臨二次鴉片戰爭、英法聯軍攻陷北京、俄國侵佔東北、西方列強紛紛要求開放通商港岸，簽訂不平等條約之衝擊。國內亦有一連串之反清、反西洋教內亂，包括太平天國、白蓮教、天地會、捻亂、回亂等等。整體而言，戰爭頻仍，百姓遷徙避難，居無定所，黃氏亦曾避亂，徙居外鄉。是以，其論學取向與關懷議題，便深受複雜之政局影響，而以「致用」為務。

　　概述其生平傳略與交遊如下：

第一節　黃式三傳略與學思歷程

　　記述黃氏生平傳略之相關史料不少，但以黃以周〈敕封徵仕郎內閣中書先考明經公言行略〉最確，亦最詳。此外，譚廷獻（1832～1901）〈黃先生傳〉，[註1] 以及施補華（1835～1890）為補譚氏不足所作之〈定海黃先生別傳〉，[註2] 撰寫時間較晚，所述較為完整。[註3] 又《清史稿・黃式三列傳》、[註4] 徐世昌《清儒學案・儆居學案》、[註5]《定海縣志》、[註6] 蔡

[註1] 譚廷獻：〈黃先生傳〉，《半厂叢書》，收入繆荃孫纂錄，周駿富輯：《續碑傳集》（臺北：明文書局，1985），卷73，頁249～250。

[註2] 施補華：《澤雅堂文集》，收入《續修四庫全書・集部》，第1560冊（據光緒十九年陸心源刻本影印），頁332。

[註3] 黃以周：《儆季文鈔》，卷5，頁1～4

[註4] 趙爾巽等著：〈黃式三傳〉，《清史稿》，列傳269，頁13296。

冠洛《清代七百名人傳》等，〔註7〕皆據上述三文編寫，較爲簡略。而今人王逸明先生《定海黃式三黃以周年譜》，以並列黃氏父子之生平與著作及交遊繫年爲特色，具有相互參證價值。

僅據前人論述，撮要述其學思歷程如下：

黃式三，字薇香，號儆居，自號知非子。〔註8〕生於乾隆五十四年（1789）八月初二（西曆九月二十），卒於同治元年（1862）十月二十日（西曆十二月十一日），享年七十四歲。浙江定海人。宗族子弟由於其以經學稱譽，故尊稱其爲「明經公」。黃氏事親至孝，三十四歲與季弟式穎同赴省試，母親暴病卒於家，馳歸慟絕，誓不再赴試，〔註9〕而以歲貢終其生。黃氏自少嗜讀書，博聞強記，塾師嘗舉經書難字問之，皆能答其所出，並默誦其上下文。〔註10〕治學必求甚解，苟未徹思之，或終夜不寢，或寢而不寐，或研考數日而明，或數月而明，必得其解而後止。以「天假我一日，讀一日之書，而求其是，求之云爾」自許。遂自題家塾爲「求是室」，所藏之書，用「求是室」藏書印，具見實事求是之治學性格。〔註11〕四十八歲作〈晚儆居記〉曰：

> 富與貴，聖人亦言所欲，而不願以強致。讀詩書而不絕貴之原，務
>
> 勤儉而不絕富之原，天不與以富貴，則貧賤亦分也。〔註12〕

宣示畢生重讀書、輕富貴之志，並將其書房榜以「晚儆居」，以隨時自惕。而其生性儉約，平日衣綻裂者，補之，不嫌其陋；飯雜之以藷屑，或菽、或麥、或蘆穄，不求甘旨，頗能效顏回簞食瓢飲之樂。年七十二又作〈日升堂記〉，復將書齋名曰「日升堂」，歎先前著作雖有所誤，卻反省已晚，庶幾改過日新，勉後人進修及時，由「日新」而「日升」。〔註13〕七十四歲，七月病，半身不遂，八月仍抱病修訂《黃氏塾課》，十月二十日病革，命書別語，

〔註5〕 徐世昌纂：《清儒學案》，第6冊，卷153，頁5931～5955。

〔註6〕 定海縣志編纂委員會編：《定海縣志》，頁798。

〔註7〕 蔡冠洛編：《清代七百名人傳》，頁1689～1691。

〔註8〕 黃氏於七十二歲作〈知非子傳〉曰：「知非子孰謂？儆居老人自謂也。……歎蕖大夫行年五十，知四十九之非，行年六十，知五十九之非。」見黃式三：〈知非子傳〉，《儆居集・雜著四》，頁20。

〔註9〕 譚廷獻：〈黃先生傳〉，頁249。

〔註10〕 黃式三：〈楊感庭先生家傳〉，《儆居集・雜著四》，頁8。

〔註11〕 黃式三：〈求是室記〉，《儆居集・雜著四》，頁26

〔註12〕 黃式三：〈晚儆居記〉，《儆居集・雜著四》，頁19。

〔註13〕 黃式三：〈日升堂記〉，《儆居集・雜著四下》，頁24。

告兄弟宗族、友生親戚，既而痰湧喘急，挽手欲起，諸子扶之，端坐，卒於家。

　　筆者以黃氏之學行紀要，對照當代「學術紀要」與「政治紀要」（詳見本書書後附錄：〈黃式三學行繫年〉），概述其成學歷程之四階段。

　　1、二十歲以前，「經史兼治」與「漢宋兼采」取向砥定。黃氏面對政治衰頹，鴉片危害日深，白蓮教、天地會亦趁虛而起之時局，學術上雖有漢學派之惠棟（1697～1758）、錢大昕（1728～1804）、王鳴盛（1722～1797）、江聲（1721～1799）等人，治經仍大致遵守漢儒家法，恪守鄭義。但就整體學術氛圍來看，儒者對於乾嘉漢學，卻有新省思。如章學誠（1738～1801）力主求實不泥古，強調「經史兼重」；紀昀主張考古證今，不存門戶，持漢宋學之平；焦循（1763～1820）亦大聲疾呼融會眾說，兼收並蓄，〔註14〕俱以不再堅持乾嘉時期之「尊漢抑宋」。即便位居政治與學術要津之阮元（1764～1849），亦主張「崇宋學之性道，而以漢儒經義實之」，明確表達折衷漢、宋，兼容並包之立場。是以，黃氏在父親與塾師啟蒙下，篤志讀經，受時風影響，奠定其「經史兼治」之學術取向，以及「漢宋兼采」之治學性格。

　　2、二十到四十歲，泛覽群書並立志終身以著述為務。此時雖有江藩（1761～1831）站在漢學立場撰寫《漢學師承記》，但亦有方東樹（1772～1851）與唐鑑（1778～1861）之捍衛宋學，分別撰寫《漢學商兌》與《國朝學案小識》與江氏對壘。故多數學者皆不再拘於門戶成見，諸如段玉裁（1735～1815）、焦循、阮元、程晉芳（1718～1784）等皆主張「漢宋兼容」。黃氏於 34 歲曾赴省試不第，復接連遭逢父母之喪，守制四年。居喪期間，泛覽經、史、諸子百家，受到不立門戶，不拘漢、宋之學風影響，而以「求是」、「徵實」為治學原則，起草撰寫第一本著作《論語後案》。此外，面對清廷頹勢，如陳壽祺（1771～1834）憂心時政、龔自珍進而疾呼改革等對於時事之關懷，黃氏亦撰文呼應，關心時局。

　　3、四十一歲到六十歲，主要著作持續完成。由於黃氏此階段與多位學術界名士交遊，得以互為校讀書稿。大部份專書，包括《朱呂答問》、《尚書啟蒙》、《漢鄭君粹言》、《春秋釋》、《周季編略》等，皆成書於此時。再者，由於鴉片戰爭爆發，英、美、法、俄、葡萄牙等列強進逼不斷，儒者亦持續

〔註14〕焦循：〈與孫淵如觀察論考據著作書〉，《雕菰集》（臺北：鼎文書局，1977），
　　　　卷13，頁212。。

撰文關心時局。黃氏五十歲時，亦應鎮海參將糜延慶之聘，作〈平海盜議〉、〈備外寇議〉及〈兵制十策〉等有關軍防諸文，諷諭當局，警惕外國侵略野心。學術上由於政治敗壞與《皇朝經世文編》之編纂，「經世實學」成爲儒者最關注之議題。尤以《禮、經》中的諸多禮制，最切人事義理，被儒者視爲最能踐履於日常生活中的實用之學而大力提倡，考禮、習禮成爲儒者所共同寄望發揮經世作用之最佳途徑。而黃氏亦關注禮制尤多，除了大量撰寫考《禮》專篇，更將禮義通貫群經，彰顯於經典詮釋中，以成其「長於《三禮》」之治學特色。

4、六十一歲至七十四歲，持續創作並修改舊作。此階段清廷內憂外患更烈，不少儒者將關懷重心轉爲了解洋務，認爲朝政必須改弦易轍，方能扭轉頹勢。如林則徐（1785～185）深以清廷軍備遠遜於列強爲奇恥大辱，疾呼唯有發奮圖強，習其船堅炮利，方足以抵禦外力。而魏源（1794～1857）亦提出「以夷攻夷」、「以夷款夷」、「師夷長技以制夷」撰作《海國圖志》，〔註15〕主張學習西洋技術，亦須嫻熟其思想觀念，提出包括教育、政治制度等革新主張。但大多數儒者仍不受西學東漸影響，堅持藉由傳統經典，找尋救國之方。故黃氏雖避兵亂於外鄉，仍不輟於論學、修改舊作，表現經世關懷於經典詮釋之中。

第二節　黃式三之家學與師從

黃氏自幼即由父親啓蒙讀經，後又入楊鏡山、楊感庭之門，學業、人格受其啓迪甚多。黃氏家族爲定海少數知名儒者，據《定海縣志》將定海分爲「東鄉」、「西鄉」與「北鄉」，於「西鄉」義士文人列有「王國祚、夏炳、夏時棟、時錫、黃灝及黃式三父子叔侄，皆著籍紫薇；黃敏、黃思繩，皆著籍鹽倉」，〔註16〕參照〈人物志〉則王國祚、夏炳爲明朝人，與夏時棟、黃灝皆以功德著稱，〔註17〕餘者爲學術道義之望者，並且黃灝、黃敏二人，皆爲黃式三之同宗長輩。換言之，在定海縣中，以學術著稱者，皆爲黃氏家族成員。

〔註15〕魏源撰，王繼平等整理：〈原敘〉，《海國圖志》，收入《傳世藏書・地理類》（海口：海南國際出版中心，1996），第 1 冊，頁 3。

〔註16〕陳訓正、馬瀛等纂修：〈風俗〉，《定海縣志》（臺北：成文出版社，1970，民國 13 年鉛印本），頁 555。

〔註17〕陳訓正、馬瀛等纂修：〈人物〉，《定海縣志》，頁 362。

而黃氏先祖黃晟（？～909）雖於唐代功績彪炳，顯赫一時，〔註18〕但黃氏家族早已分成多支，族譜散落，直到父親編修族譜時，才得知是黃晟後裔，故其遠祖雖名就一時，卻並未能蒙其蔭、承家學。

　　黃氏幼年受到父親人格啓發與啓蒙讀經，奠定爲人、治學基礎。黃父興梧（1743～1824）爲庠生，「以《易》、《詩》著名庠序」，〔註19〕故黃氏受其薰陶，自許畢生以治經爲天職。黃父關心時事風教，黃氏嘗撰寫〈先考屛山府君事實〉，記述父親因病輟舉業，而後即「關於風教，有益於宗族，於鄉里、於媦友者，力所能爲，毅然以自任」，〔註20〕最爲關懷時事、宗族、風教等事物。黃氏受父親影響，亦關心軍防時局，又多次纂修族譜，敬宗收族，受到父親儒者風範影響甚多。

　　黃氏亦由父親啓蒙讀經，其追述父親授讀《論語》情形曰：

> 先君子（黃興梧）嘗呼式三，告之曰：「《大學》言生眾食寡爲疾，……使民之家皆如是，則足民之道也。」又告式三曰：「用之者舒，近解渾言節儉，未得其確。試以一家言之，宮室衣服之備……。」式三自聆庭訓，求之《周官》理財之法、《禮記》量入爲出之言，無不符合。於以知斯道粲然於經訓之中，而外此所言皆歧說也。〔註21〕

可知父親治經遵循乾嘉「以經證經」手法，亦成爲黃氏治經主要門徑。黃氏又載父親授讀《春秋》時，告之曰：「姜氏注《左》而駁《左》，是可疑耳！姜氏之學，豈能勝於左氏？」式三既聆訓，不敢忘。〔註22〕父親治學「求是」之態度，對其「春秋學」影響甚深。試探乾嘉學者姜炳璋（1736～1813）《讀左補義》以「欲破說《春秋》者屈經從例之弊，反對杜預凡例皆周公之禮經，變例皆聖人之新意」說法，〔註23〕正是大部分清儒的「匡杜」主張。而黃興梧卻一反時

〔註18〕據《鄞縣志》載其多次率兵救平內亂，後封江夏縣開國子。見戴枚修、董沛等纂：〈黃晟傳〉，《鄞縣志》（光緒三年刊本），卷26，頁7～8。又《新纂鄞縣志》載其宋時，屢顯靈異，斬蛟除害，救人無數，宋太祖敕封爲「靈翼伕飛將軍忠濟王」，並建「伕飛忠濟侯靈異廟」以祀之，受地方愛戴。見汪源澤新纂，聞性道考述：《新纂鄞縣志》（康熙間刊本），卷9，頁34。
〔註19〕黃以周：〈敕封徵仕郎內閣中書先考明經公言行略〉，《儆季文鈔》，卷5，頁1。
〔註20〕黃式三：〈先考屛山府君事實〉，《儆居集・雜著四》，頁21。
〔註21〕黃式三：〈先進〉，《論語後案》，卷11，頁34。
〔註22〕黃式三：〈春秋釋敍〉，《儆居集・雜著一》，頁11。
〔註23〕紀昀總纂：〈讀左補義提要〉，《四庫全書總目・經部》，（北京：中華書局，1989），卷31，頁261。

儒之「駁杜」立場，故舉《讀左補義》既「注《左》而駁《左》」之矛盾現象，
要求黃氏以「求是」立場，爲其辯駁。黃氏爾後撰寫《春秋釋》，不但未批駁杜
預之非，反而「爲杜氏《釋例》證其是」，〔註24〕以駁姜氏《補義》，其立場正
與父親一致。黃興梧亦強調「經史兼重」，以爲「經史，有用之學也；古文，有
用之文也。苟能治此，窮達何加損焉」，〔註25〕此亦影響黃氏兼重經史之治學取
向。

　　黃氏嘗先後受業於楊思繩與楊際和二先生。楊思繩導以廉正節操，影響
其人格頗多；楊思繩字亦糾，號鏡山，由於屢就進士不第，以副拔貢舉鄉試
而歷任分水、開化教職，並無專書流傳。載其生平事蹟之相關文獻不多，今
列入《定海縣志》之個人傳記，亦節錄自黃式三撰寫的〈楊鏡山先生家傳〉。
值得注意者，《定海縣志》並未將其列入「學術道義之望者」，而置於「著有
功績或氣節者」之列，表彰其力卻重賂之廉正節操。〔註26〕黃氏撰寫楊師行
傳，即特舉先師雖以家貧，卻於擔任開化教職期間，「有以事請先生求解於縣
官者，力能出重賂，時夜餐適不繼，絕之而已」，〔註27〕斷然拒絕重賂，反倒
是「遇狡猾者，誣告諸生罪，力辯其誣，不索謝」，〔註28〕表現甘於貧困之廉
正節操。因此，楊思繩之人格節操，對黃氏頗有啓導之功，對照黃氏終身安
貧樂道，晚年尙勸戒諸生「高士不營生，然分內之財不理，後必以窘乏而思
分外之財，傷其廉矣」，〔註29〕足見其能謹記師訓，並躬自踐履。楊鏡山對黃
氏之學業教授，從黃氏《論語後案》云「楊鏡山先生謂：『句讀自順，〈玉藻〉
之語，尤其證也。』」〔註30〕可見楊師引《禮記》互訓的「以《禮》證經」方
式，對黃氏治經亦通貫於《禮》，影響不小。

　　楊際和勉黃氏精考校，勤著述。楊際和，字感庭，嘉慶六年舉人。楊際
和勉黃氏專心治學，勿受科考牽拘而鑽營時文，其曰：

　　　　科第，命也！能實力績學，或治經、或治史、或治古文，精於是，
　　　　皆可不朽爾！其嫥心爲此也。〔註31〕

〔註24〕黃式三：〈春秋釋敍〉，《儆居集・雜著一》，頁 11。
〔註25〕黃式三：〈先考屏山府君事實〉，《儆居集・雜著四》，頁 22。
〔註26〕陳訓正、馬瀛等纂修：〈楊鏡山傳〉，《定海縣志》，人物，頁 371。
〔註27〕黃式三：〈楊鏡山先生家傳〉，《儆居集・雜著四》，頁 8。
〔註28〕同上註。
〔註29〕黃式三：〈晚儆居記〉，《儆居集・雜著四》，頁 26。
〔註30〕黃式三：〈鄉黨〉，《論語後案》，卷 10，頁 47。
〔註31〕黃式三：〈楊感庭先生家傳〉，《儆居集・雜著四》，頁 9。

楊際和認為科考之得第與否，與時運有關，並非個人所能主宰，故訓勉黃氏專心「考校著述」，以學術成就個人不朽之業。黃氏亦謹記師訓，畢生專力於考校著述。

第三節　黃式三交遊考

黃氏交遊，主要為經學家與考據學家。據《清儒學案》載黃氏交遊有金鶚（1771～1819）、嚴可均（1762～1843）、吳德旋（1767～1840）、方成珪（1785～1850）、劉燦（1780～1849）、王約（？～1850）五人。〔註32〕又黃氏自云：「邇日四明談經之士，在鎮海曰劉君星若（劉燦），在慈谿曰王君西嶼（王約）、時君逎庵（時與蘭）。」〔註33〕可見時與蘭和黃氏討論經學甚為頻繁。此外，與黃氏師事楊鏡山，並為《易釋》、《儆居集》撰寫書序的傅夢占（1871～？），〔註34〕亦與其交誼頗深。又《儆居集》有〈答許印林書〉、〈答夏韜甫書〉之文，顯示其與文字學家許瀚（1797～1866）、理學家夏炘（1789～1871），皆互有往來論學。

概述黃氏交遊與論學情形如下：

一、輯佚家嚴可均──校讀《春秋釋》、《論語後案》

黃氏交遊中，以嚴可均最具聲名，學術成就亦最高。嚴可均，字景文，號鐵橋，浙江烏程人。〔註35〕嚴氏嘗周遊四方，重資購書，藏書至二萬卷。由於藏書之多，加以「飲食寢寐在破書堆中」之鑽研不輟，而成輯佚專家。嚴可均長黃氏近三十歲，二人與吳德旋、許瀚、俞正燮曾同佐浙江學政陳用光之幕，〔註36〕故黃氏多次向其請益。

〔註32〕徐世昌：〈儆居學案〉，《清儒學案》，第6冊，頁6004～6008。

〔註33〕黃式三：〈王君西嶼家傳〉，《儆居集・雜著四》，頁18～19。

〔註34〕黃式三：〈傅君肖嚴家傳〉，《儆居集・雜著四下》，頁10。

〔註35〕嚴可均初名「萬里」，為歸安學生，應嘉慶庚申（可均三十九歲）順天鄉試，改換籍貫、名字，而以「宛平籍」之「嚴可均」報考，中舉人。後雖舉進士不第而改還本籍，但「嚴可均」之名，則繼續沿用。參曹紅軍：〈「嚴可均」、「嚴萬里」辨〉，《文教資料》1996年第6期，頁105～107；嚴章福：〈鐵橋漫稿敘〉，見嚴可均《鐵橋漫稿》，收入《續修四庫全書・集部》，第1488冊，頁632。

〔註36〕詳參陳韻珊、徐德明編纂：《清嚴可均事蹟著述編年》（臺北：藝文印書館，1995）；李士彪、吳雨晴著：《輯佚大家：嚴可均傳》（杭州：浙江人民出版社，2008）。

黃氏對嚴可均之請益以「經學」爲主。由於清儒不像宋、明儒喜歡聚徒講學，又尚未有學會、學校可講習，故交換智識之機會不多。於是每完成一書，「必經摯友數輩嚴勘得失，乃以問世」。〔註37〕嚴可均即曾校讀《論語後案》，並提出修正意見。如〈子罕〉「何用不臧」句，黃氏曰：

> 「何足以臧」，儆其不可以此自足也。經中言「何足」，有「何可」、
> 「何竟」二義「竟」亦終盡之義，此嚴鐵橋說，是也。〔註38〕

黃氏認爲孔子雖引《詩》讚美子路，卻復見其誦之不止，懼其伐善，故告誡其不可以此自足、以此終盡。黃氏並表明「何足」之說，採自嚴氏觀點。

嚴可均又校讀黃氏《春秋釋》，並作書序，稱許黃氏能公允持平指正時儒排杜、匡杜缺失，而能得《春秋》之大綱。〔註39〕二人亦討論禮制，如黃氏對於《儀禮》與《禮記》解釋「出母服」之歧異觀點，即自言「後又博訪當世通人，如洪筠軒、嚴鐵橋，皆謂《禮》之〈檀弓〉所記駁雜，讀者存而不論，從闕疑之例焉，可矣」，〔註40〕故採用嚴鐵橋《儀禮》爲是，《禮記》爲非之說法。

二、劉燦——交情最摯，論學最勤

劉燦與黃氏性格、治學立場皆甚相契，兩人交情甚篤。黃氏遭遇鴉片戰爭，奔逃避難，即由劉燦出面接濟安置。劉燦字星若，浙江鎮海人，嘉慶二十四年（1918）優貢生，〔註41〕其著作頗富，可惜大多未刊行。〔註42〕《鎮海縣志》載其「樸而嗜學，得一古今善書，露鈔雪纂，老而不倦」，且治學「實事求是」，〔註43〕可知其性情與治學態度，皆與黃氏相同。二人論學甚爲頻繁，黃氏〈續廣雅後敘〉云：

〔註37〕梁啓超：《清代學術概論》（臺北：臺灣商務印書館，1993），頁 103～104。

〔註38〕黃式三：〈子罕〉，《論語後案》，卷6，頁46。

〔註39〕嚴可均：〈春秋釋序〉，見黃式三：《春秋釋》，收入《續修四庫全書‧經部》，第 148 冊，總頁 127。

〔註40〕黃式三：〈出母服說〉，《儆居集‧經說五》，頁9。

〔註41〕洪錫範等修，王榮商等纂：〈選舉志〉，《鎮海縣志》，收入《中國方志叢書》（臺北：成文出版社，1983），第 478 號（據民國十二年修、民國二十年鉛印本影印），總頁 1307。

〔註42〕今據《鎮海縣志》所列著作書目，諸如《嚴氏詩緝補義》、《詩古音考》、《三傳異同考》、《四書求是》、《續廣雅》、《支雅》、《經解》、《經義雜錄》、《史記校誤》、《水經注刊誤》、《小學校誤》、《日知錄記疑》、《筆記》、《勸學編》、《梟磯集》、《原書百篇》等。見前揭書，總頁 2707。

〔註43〕同上註，總頁 1786。

　　　　式三於文字、聲音、訓詁之學，童而習之，與劉君之書所見有不盡

　　　　同者，條析之，以請質正，要不敢謂劉君說之果非，信鄙見之果是。

　　　　若其采擇之精確者，糾正譌謬，昭若發蒙，讀之、識之而不忘矣！

　　　〔註44〕

足見二人論學以實事求是態度，彼此糾謬，相互切磋。而劉燦亦為黃氏《儆

居集》作〈序〉，具見二人砥礪劼勉情誼。

　　　二人於《論語》研究，互有影響。據《鎮海縣志》載劉燦「《論語集註》

兼采眾善，復節取其友黃式三《論語後案》之說」。〔註45〕今劉氏之書雖不復

見，但檢閱黃氏《論語後案》解釋「父母之年，不可不知也。一則以喜，一

則以懼」之句，案語中即採用劉燦觀點曰：

　　　　劉星若曰：一，猶「或」也。能知父母之年，或有時喜其壽，或有

　　　　時懼其衰。〔註46〕

黃氏引用劉燦將「一」釋為「或」之解釋，強調為人子時而喜，時而憂之矛

盾心理。又如〈先進〉篇「有民人焉，有社稷焉。何必讀書，然後為學？」

黃式三《論語後案》亦言：

　　　　劉星若曰：「何必讀書，然後為學」八字，言學不僅在讀書也。式三

　　　　謂：後世明心見性之學，輒言讀書之誤，此所據也。〔註47〕

其引用劉燦說法，認為子路乃在強調「學」可包含多方面學習，除了讀書之

外，治民、事神……，皆可視為「實學」。凡此，可見二人於《論語》交流甚

多，互有影響。

三、方成珪──跋方氏《集韻考正》

　　　方成珪（1785～1850）字國憲，號雪齋，又號寶齋，浙江瑞安人，嘉慶戊

辰舉人。《清史列傳》載其：「精研小學，尤勤於校讎，官俸所入，悉以購書，

儲藏數萬卷，丹黃殆遍，老尤矻矻未倦。」〔註48〕得知其閱覽之博與勤。尤以

將藏書萬卷，親自點校，至老不倦精神，更顯示其對學術之熱衷與求實態度。

〔註44〕黃式三：〈續廣雅後敘〉，《儆居集・雜著一》，頁 18。

〔註45〕洪錫範等修，王榮商等纂：〈劉燦傳〉，《鎮海縣志・人物》，總頁 1786。

〔註46〕黃式三：〈里仁〉，《論語後案》，卷 4，頁 26。

〔註47〕黃式三：〈先進〉，《論語後案》，卷 11，頁 27～28。

〔註48〕清國史館原編，王鍾翰點校：〈方成珪傳〉，《清史列傳》（北京：中華書局，

　　　　1987），第 18 冊，卷 69，總頁 5615。

二人討論史學，並互相讎校書稿。黃氏嘗爲方氏小學代表作《集韻考正》撰寫書跋，深許其精於校讎，增補訛誤之考釋成果。方氏亦曾校讀黃氏《周季編略》，黃氏自言「《周季編略》稿再易，幸得方雪齋先生校讀一周，後四五更改。」〔註49〕據黃以周說「方君雪齋校讀是書，極愛之，以爲分若列眉，合如貫串，去取不苟，史家僅見之作」，〔註50〕稱賞《周季編略》裁削史料之精審。方氏之校改意見，亦多被黃氏採納。（詳參本書第四章〈會通兩浙之史學思想〉）

四、王約、時與蘭──晚年談經之士

黃氏與時與蘭、王約爲晚年談經摯友。王約字簡夫，浙江慈谿人；《慈谿縣志》載時與蘭「字紉甫，以廩貢生援例授訓導，家居課徒，經史諸書，躬自校讎，與約及定海黃式三友善」，〔註51〕可知三人交情甚篤。由於三人年紀相若，黃氏嘗自言三人爲往來談經之士，得知三人晚年論學情形。

王約與黃氏志同道合，《慈谿縣志》載王約「生平於漢儒酷信馬、鄭，於宋儒恪守程、朱，於近人喜段玉裁」，〔註52〕皆與黃氏漢、宋兼采之學術立場一致。黃氏嘗載王約勉其「以爲讀書先識字，必從此入門。其作字不稍苟，而戒余之字苟於從俗」，〔註53〕可見王約勖勉好友以文字訓詁爲治學門徑。黃氏與王約亦討論音韻，黃氏並爲王約《詩學自怡錄》作序云：

> 嗣遇慈谿時友迺庵，示以《讀詩備忘》，其書愛博取廣收，如豐氏譌撰《子貢傳》亦采錄之，而王友西嶼不以爲是。然西嶼撰《詩學自怡錄》，書未成，不出以相示。式三夙撰《詩序通》、《傳箋同異考》二書，皆未成，亦不出以質。西嶼相見時，以成書爲勉勵。今西嶼既歿，子肅獻奉書以請序，二〈雅〉之篇，闕如焉！……而時友迺庵所采之新說，直駁正之。……惜乎！劉、時二友，亦爲古人，無由辨質於一堂也。〔註54〕

〔註49〕黃式三：〈周季編略書後〉，《儆居集·雜著三下》，頁1。

〔註50〕黃以周：〈敕封徵仕郎內閣中書先考明經公言行略〉，《儆季文鈔》，卷5，頁36。

〔註51〕馮可鏞修，楊泰亨纂：〈王約傳〉，《慈谿縣志》，收入《中國方志叢書》，第213號（光緒二十五年刊本），卷33，總頁686。

〔註52〕馮可鏞修，楊泰亨纂：〈王約傳〉，《慈谿縣志》，總頁686。

〔註53〕黃式三：〈讀春秋備忘敘〉，《儆居集·雜著三下》，頁5。

〔註54〕黃式三：〈詩學自怡錄敘〉，《儆居集·雜著三下》，頁6

黃氏與王約之論《詩》，牽涉清儒二個歧見。其一爲豐坊（1500～1570）《子貢詩傳》之辨僞，其二爲是否尊〈詩序〉。時與蘭所采錄之豐坊《子貢詩傳》，據林慶彰教授之研究指出，從明末周應賓（？～1626）疑其作僞後，到了清初，經毛奇齡（1623～1716）、朱彝尊（1629～1709）、姚際恒（1647～1715）等人之辨僞，已被斷定爲僞書。〔註55〕黃氏與王約對於時與蘭之觀點，並不贊同，故王約於書中特予駁正。其次爲〈詩序〉問題，由於清儒之「詩經學」有「尊漢抑宋」傾向，遂尊毛、鄭而輕朱《傳》，黃氏亦認爲每一詩之采入，皆有其政治教化目的，〔註56〕而王約卻與黃氏意見相左，極力反駁〈毛序〉之謬，故二人希望通過著作，證成己說。可惜王約已經辭世，故黃氏感嘆已無法辨質於一堂，而以只能爲其撰寫書序爲憾。

黃氏亦爲時與蘭《讀春秋備忘》作〈序〉，其云：

> 余讀其書，於意所愜者，雖駁雜如啖叔佐、趙伯循，亦節取之；於意所不愜者，雖《左傳》，亦斥之，無論《公羊》、《穀梁》，余作《春秋釋》，謹守左氏學，《公羊》、《穀梁》或援以參證焉！〔註57〕

可知時與蘭之尊《左》立場，對黃氏《春秋釋》亦有影響。又黃氏《論語後案》詮釋「子曰『由也，好勇過我，無所取材』」之句，即引用時與蘭「木之勁直堪用者曰材。道既不行，雖浮海至九夷，亦無地能取用材榦也」的說法。〔註58〕然二友著作雖有不少，〔註59〕卻由於戰亂頻仍，除少數手稿被圖書館收藏，以及《慈谿縣志》收錄之書序外，餘者今多未見，無法進一步比對其

〔註55〕有關豐坊《子貢詩傳》之辨僞內容，林慶彰教授論之甚詳。見林慶彰：《豐坊與姚士粦》（臺北：東吳大學中國文學研究所碩士論文，1978）；林慶彰：《清初的群經辨僞學》，頁 263～298。

〔註56〕詳拙作：〈黃式三《詩》、《禮》互證的「詩經」研究〉，國立臺灣師範大學人文教育研究中心：《2008 人文研究學術獎論文集》（臺北：國立臺灣師範大學人文教育研究中心，2009），頁 115。

〔註57〕黃式三：〈讀春秋備忘敘〉，《儆居集·雜著三下》，頁 5。

〔註58〕黃式三：〈公冶長〉，《論語後案》，卷 5，頁 6。

〔註59〕據《慈谿縣志》所載，時與蘭著有《周易匯疏》5 卷、《虞氏易消息闡微》3 卷、《禹貢紀聞》15 卷、《讀詩備忘》28 卷、《讀春秋備忘》22 卷、《春秋大事表地名考異》2 卷、《春秋地名異同考》2 卷、《春秋姓名異同考》5 卷、《谿上世家志略》6 卷。王約則有《詩學自怡錄》4 卷、《段注說文私測》2 卷、《同文音義釋要》10 卷、《說文徵齒錄》3 卷、《明史徵齒錄》2 卷、《蓬心小草》8 卷、《蘭哇小草》1 卷、《雪岑餘草》1 卷、《吳山樵唱》1 卷、《不遮山雜著》4 卷、《琴影錄》12 卷、《苔岑集》4 卷。見馮可鏞修，楊泰亨纂：〈藝文〉，《慈谿縣志》，卷 49，頁 1057～1059。

與黃氏論述觀點之異同，甚爲可惜。

　　黃氏又與傅夢占同堂談經，二人交誼深厚。傅夢占與黃氏爲定海同鄉，且同出楊鏡山師門，二人志趣相契，自幼於人格學業皆時有砥礪，且交情終生無改。可惜由於傅氏後來歸養事親，終生未仕，加以兒孫皆以習農爲事，故其生平相關文獻，並不多見。即便是由黃以周編纂之《定海縣志》，亦未錄其生平事蹟，唯一較爲完整之記錄，即黃氏所作之〈傅君肖巖家傳〉。倘就傅氏曾爲黃氏《易釋》撰寫書序，能具體指出先儒注《易》，有隨文曲衍，象爻彼此矛盾，卦義難明，且《易》例前後矛盾，以致術數蔓滋，經傳亦晦之缺失。進而推崇黃氏《易釋》「囊括古今注說而實事求是，發前人所未發」，〔註60〕對於該書各卷之作意、體製，皆能揭其旨要來看，想必其對於「易學」應有深入鑽研，且二人於《周易》也有相當程度之討論。

　　黃氏又與馮登府論經史、評時事。馮登府，字雲伯，號勺園，又號柳東，嘉興人，嘉慶二十五年（1880）進士。鴉片戰爭爆發後，聞英人攻陷寧波，咯血而死，顯現忠貞節操。馮登府於經史百家，無不廣聞博記，專於訓詁學，而經學造詣尤深，著書亦豐，阮元重其學，契洽至甚，〔註61〕可知二人皆博綜群書。馮登府對於黃氏應軍幕所作的多篇軍防實務之文，甚爲欽服，〔註62〕認爲黃氏能鼓舞民族意識，而予以高度肯定，反應二人於時事、國防皆相當關注，對於禦外，有同仇敵愾之情懷。其次，黃氏作〈讀心經注解〉，引傅奕（555～639）上唐高祖疏，駁斥佛經爲「中國邪僻之人，取莊、老玄談，飾以妖幻之語，用欺愚俗」之反佛立場，馮登府評曰「錯綜變化之文」，〔註63〕可見二人義理立場，相當一致。又黃氏讀馮景（1652～1715）《解春集》，歎其撰文尙徵實，且繁稱博引，論古音、辨借字，亦能有所創獲，不似世之善爲文者，多疏於經學之失，遂讚曰「山公奇矣」。〔註64〕而馮登府讀此文，亦稱曰：「文亦奇。」〔註65〕凡此，皆可見二人於學問、時事上之交流情形。

〔註60〕傅夢占：〈易釋敘〉，見黃式三：《易釋》，收入《無求備齋易經集成》（臺北：成文出版社，1976），第 122 冊，書前，頁 1。

〔註61〕清國史館原編，王鍾翰點校：〈馮登府傳〉，《清史列傳》，第 18 冊，卷 69，總頁 5597。

〔註62〕黃以周：〈敕封徵仕郎內閣中書先考明經公言行略〉，《儆季文鈔》，卷 5，頁 36。

〔註63〕黃式三：〈讀心經注解〉，《儆居集・雜著四下》，頁 30。

〔註64〕黃式三：〈讀解春集〉，《儆居集・讀子集三》，頁 21。

〔註65〕同上註，頁 22。

　　黃氏又質正音韻於文字學家許瀚（1797～1866）。許瀚，字印林，山東日照人，道光十五年舉人。許瀚博綜經史及金石文字，尤深於訓詁。曾受業於王念孫（1744～1832）父子，後經王引之引薦，至武英殿校錄《康熙字典》，歷四年完成。又與王筠（1784～1854）、龔自珍、丁晏（1794～1875）等大儒交遊，故頗富聲聞。〔註66〕

　　黃式三與許瀚之結識，據袁行雲《許瀚年譜》載許瀚道光十三年（1833）隨陳用光校文，是年陳用光往寧波按試貢生，得式三文，閱而稱賞，遂邀式三入幕，與吳德旋、俞正燮、許瀚等共事校文。〔註67〕據此推測，與式三定交當於此時。翌年，黃式三隨陳用光赴浙西歲試考生，二人再次於浙西會晤，並討論古音之分部。〔註68〕爾後由於二人相隔甚遙，即以書信往還，討論音韻。《儆居集》中有〈答許印林書〉，其與許瀚探討音韻之分部，黃氏引戴震、江永說法，主張將「祭、泰、夬、廢」移出「元部」，而另分一部，並羅列十五部之古正音，質正於許瀚，可見二人於音韻學討論之熱烈。黃氏並於文末記曰：

　　　拙作《論語後案》已依尊諭，全錄何《解》、朱《注》。《後案》中之語，刪者十之二，增亦十之二。〔註69〕

可以推論黃式三於佐陳用光幕府時，將《論語後案》交付同館之許瀚、嚴可均（見前文所述）等人校讀，而後依諸人意見，增刪改定。

　　黃氏與女婿王慈德之師、理學家夏炘亦常互相往來論學。夏炘，字心伯，一字韜甫，安徽當塗人。為學兼綜漢、宋，於義理訓詁，名物制度，《說文》小學，皆能博考精研，深造自得。長於《詩》、《禮》二經，而尤深慕朱子，書房更作「景紫堂」。〔註70〕黃氏嘗云「女婿慈德自從夏韜甫學，墨守朱子」，〔註71〕以及夏炘〈與定海黃薇香式三明經書〉提及「恭讀大著《論語後案》兩冊……」，接著就黃氏書中解釋包括「性」、「道」、「禘郊」、「千乘」諸觀點，提出疑義。〔註72〕而黃氏〈答夏韜甫書〉，亦就夏炘謹守朱子立場，援引戴震

〔註66〕清國史館原編，王鍾翰點校：〈許瀚傳〉，《清史列傳》，第18冊，卷69，總頁5563。
〔註67〕袁行雲：《許瀚年譜》（濟南：齊魯書社，1983），頁43。
〔註68〕黃式三：〈答許印林書〉，《儆居集‧雜著四》，頁28～29。
〔註69〕同上註，頁31。
〔註70〕清國史館原編，王鍾翰點校：〈夏炘傳〉，《清史列傳》，第18冊，卷67，頁5417。
〔註71〕黃式三：〈讀狄氏孔孟編年質疑〉，《儆居集‧讀子集四》，頁31。
〔註72〕夏炘：〈與定海王薇香式三明經書〉，《景紫堂文集》，卷1，頁551。

《孟子字義疏證》，申論其與程朱「性」、「道」義理主張之異同，並希望「先生細繹之，而復指教之」。繼而，答覆夏氏關於禮學「禘說」、「十井出車一乘」之質疑，表明「既聞命矣，俟緩斟酌，倘從此遂改拙作，當再告」。〔註73〕凡此，可知二人藉由書信往返，於經學、義理方面探討頗多。

此外，《清儒學案》列吳德旋爲黃氏交遊之一，實際上二人論學情形，多不可考。吳德旋（1767～1840），字仲倫，江蘇宜興人，爲桐城派姚鼐高足，以古文稱於時。〔註74〕黃氏與古文家吳德旋雖曾同佐陳用光，〔註75〕黃氏作〈功過格說〉論天命，文末亦有「吳仲倫曰：『嚴簡細密之文』」一語，表示吳德旋嘗閱讀此文，並給予稱賞與肯定。又，黃以周撰寫父親行傳時，特別舉出式三所作〈備外寇議〉、〈平海盜議〉之「論治數端，爲吳仲倫所欽服」。〔註76〕亦僅寥寥數字，無法進一步知曉二人情誼與論學情形。再檢閱吳德旋之遺文，述及與定海關係之作頗多，其《初月樓文續鈔》收錄有道光十一年（1831），德旋在寧波應戴壽伯之請所作〈重修定海寢書院記〉，以及數篇與定海詩人勵志（1804～1861）往還文字，皆不及式三名。但由於徐世昌《清儒學案》列吳德旋爲其交遊，是以本文亦略論之。

綜觀黃氏得益於家學、師長、交遊之勗勉砥礪頗多。其終身清貧，晚歲罹病，導致半身不遂，尚竭力從事著作，而頗有成績，除個人矢志好學之外，周遭交游之激勵，亦爲其向上動力。綜觀黃氏治學受父親之啓蒙，復經楊鏡山、楊思繩二位塾師於人格與學業之循循善誘，勉其勿以科名爲務，當以考校著述爲志，又有同窗摯友傅夢占於人格、治學之勉勵，爲其學術奠定根基。五十四歲佐陳用光之幕，結識輯佚學家嚴可均、音韻學家許瀚諸儒，切磋砥礪，校讀書稿，並爲其撰寫書序，對於黃氏學術與個人聲聞，影響不小。晚

〔註73〕黃式三：〈答夏韜甫書〉，《儆居集·雜著四》，頁34。
〔註74〕詳參吳景牆修：《宜興荊谿縣志》，收入《中國方志叢書》（臺北：成文出版社，1974），第156號（光緒八年刻本），卷18，頁41～42。
〔註75〕據吳德旋於〈南枝偶吟草序〉云：「道光癸巳春，予與金陵袁鴻潭偕客浙江學使陳石士先生幕府中。」又於〈跋錢文端公直廬問寢圖〉曰：「道光甲午秋，予在浙江學使陳石士侍郎幕府。」可知吳德旋於1833～1834年曾客於浙江學政陳用光幕，此時黃氏亦客於此。分見吳德旋：〈南枝偶吟草序〉，《初月樓文續鈔》，收入《叢書集成續編》（臺北：新文豐出版公司，1991），第158冊，卷4，總頁529；吳德旋：〈跋錢文端公直廬問寢圖〉，《初月樓文續鈔》，收入《叢書集成續編》，第158冊，卷4，總頁535。
〔註76〕黃以周：〈敕封徵仕郎內閣中書先考明經公言行略〉，《儆季文鈔》，卷5，頁38。

年雖遭逢戰亂，卻幸而又得劉燦、王約、時與蘭等人，提供經濟資助、精神
勗勉與學問切磋，讓黃氏能無後顧之憂，繼續修訂完成多本重要著述，並通
過多位摯友之校讀與商榷，去蕪存菁。可見黃氏之學術，受益於家學、師友、
交遊頗多。

第三章　黃式三對戴震義理學之繼承暨「約禮求理」之提出

黃式三的義理學，旨在闡發戴震之「氣本論」，反對宋明理學強調形上道德之儒學框架，而將關懷中心，轉爲重視出於己身之現實人事。黃式三踵繼於乾嘉學術極盛之後，又面臨鴉片戰敗後之國勢頹弊與社會動亂，故試圖通過詮釋傳統經典，於考據之外，進言義理，以寄寓其挽救社會危機之理想。是以黃氏之義理思想，無論是重視經驗視域與經驗面之強調，以及對工夫論之經驗進路要求等，皆以「申戴」爲基調。

黃氏思想之突出處，乃在於提出「約禮求理」，修正「以禮代理」之說。乾嘉儒者在形上學式微之學術背景下，認爲考辨《三禮》與發揚禮教，最符合通經致用。於是藉由考證具體之器數儀文與典制儀則，並結合道德實踐，討論「理」、「禮」之虛實，進而提出舍理言禮的「以禮代理」之說。黃氏於乾嘉學術極盛之後，以及「以禮代理」甚囂塵上之際，卻將「禮義」視爲「理則」，強調禮本一體，不分體用，且兼含禮文之顯、禮義之微，提出「約禮求理」以修正矯枉過正之「以禮代理」。其「約禮求理」思想，亦提供黃以周「禮學即理學」論點之依據。是以通過黃式三之義理學，可以觀察清代的「理」、「禮」之辨，從清初的「經學即理學」，到乾嘉之「以禮代理」，復至晚清「禮學即理學」之發展軌跡。

黃式三之思想淵源，以其處於漢學極盛的乾嘉之後，受戴震影響最大。黃氏嘗作〈申戴氏性說〉、〈申戴氏理說〉、〈申戴氏氣說〉諸篇，已可知其義理立場，即是「申戴」。其次，黃氏身爲浙東學派後勁，對王學修正派之梨洲思想，

亦甚爲推重。梨洲之學雖立足於王學之上，早年由蕺山上溯陽明、由陽明上溯象山，逮及晚年，卻倡以由博反約而一掃宗派之見，反而認同朱子才是能夠發明先聖之道而集大成者。故梨洲晚年思想，既不宗陸、亦不尊朱，而是另開思想理路，並與陳確（1604～1677）辨蕺山宗旨、復興證人書院之講學，試圖修正浙東浸盛之空虛禪風，以王學末流矯束書不觀、游談無根之弊。〔註1〕而梨洲講學，從學者眾，浙東儒者之論性理，受其影響頗大，黃式三亦屬其一。

黃式三主張「讀經而不治心，猶將百萬之兵而自亂之」，〔註2〕看重「本心」之探究與求道間之關係，而強調「治心必歸於思誠」，〔註3〕與梨洲晚年雖已不宗陸王，但仍然收攝於一心之義理歸宿，相當一致。因此，黃式三也看出梨洲「所立說不與宋之先儒盡相同」，以爲梨洲思想獨特之處，在於能以宋學爲基礎，進而提出解決時代課題之新論，並成爲當代思想先驅。黃氏曰：

> 江鄭堂《漢學師承記》所首者梨洲也，且既偁爲陽明諍子矣！而論性、情、才、氣，獨取戴氏《原善》。於洪初堂傳詳錄其申戴之書，偁爲衛道之言，而梨洲之說略焉！非因其師友淵源以王陽明爲正傳，以求理於物爲外義而防其流弊乎！……戴氏作《孟子字義疏證》，論性、論理與梨洲師友有同、有不同，然以梨洲爲濫觴之始焉，可矣！〔註4〕

在他看來，戴震義理思想，包括論性、論理等主張，受梨洲啓發甚多，尤以梨洲突出「求理於物爲外義」，更能會通朱陸而在理學家「理具於心」外，另闢蹊徑，且針對明、清更迭之歷史反思，走向經世實學。故一向服膺戴震之黃氏，以爲《漢學師承記》列梨洲爲首，在於梨洲思想與戴震學實有不少通貫之處，故對梨洲甚爲推重。然而，一向重視形下經驗面價值之黃式三，對於王學「理具於心」、「心即理」等形上討論，卻極力反駁。故黃式三的思想整體而言，乃以「申戴」爲基調，並兼容梨洲，卻又對王學有不少批評。

第一節　闡發戴震新義理學的氣本思想

學界長期以來對清代思想，大致上是將宋明理學之道德形上學，視爲儒

〔註1〕 詳參何佑森：〈黃梨洲與浙東學術〉，《中國書目季刊》第 7 卷第 4 期（1974年 3 月），頁 9～16。

〔註2〕 黃式三：〈畏軒記〉，《儆居集・雜著四》，頁 27。

〔註3〕 黃式三：〈中和說二〉，《儆居集・經說二》，頁 5。

〔註4〕 黃式三：〈讀南雷文集〉，《儆居集・讀子集三》，頁 15。

學唯一義理類型，故對於「乾嘉新義理學」，常存有諸多誤解與負面評價。尤以「乾嘉」爲清學全盛期，如日中天之「考據學」，長久以來被視爲儒學發展主軸，致力於清學研究之章太炎（1869～1936），評價此階段學術是作爲官學立場之程、朱理學，以及其他「寄名理學者，不過反復陳言，其去洛、閩、金溪、餘姚諸哲，固已絕遠」，〔註5〕更遑論超出宋、明、對儒家義理之學提出新義理觀。於是《訄書》更以「清世理學之言，竭而無餘華」一語輕輕帶過，〔註6〕而將重心關注於經學成就。

　　相較於諸多儒者對於清代思想、乾嘉義理學之否定，胡適（1891～1962）於 1927 完成《戴東原的哲學》，將戴震思想視爲中國科學時代之新哲學源頭，才讓學術界對於戴震思想有了新理解方向。而後在余英時（1930～）〈清代思想史的一個新解釋〉，又對清代思想提出強調儒學「內在理路」演進之新詮釋觀點後，學術界終於陸續重新審視清學思想性，以及對乾嘉義理學提出新的理論系統。〔註7〕其中張麗珠教授所揭出之「明清氣學」、「乾嘉義理學」概念，其研究成果「清代新義理學」三書——《清代義理學新貌》、《清代新義理學——傳統與現代的交會》、《清代的義理學轉型》，〔註8〕主張從宋明理學到晚清儒學融入世界性現代化進程的三百年之間，應該還有一些銜接兩端的思想觀念存在，才可能讓二千年來牢籠人心的「非功利」理論，轉進崇尚「功利」的現代化思想。故張教授從「儒學導向」立場出發，主張儒學的現代化轉型，並非全由「西學啓蒙」、「西學外鑠」，而是在融入世界性現代化進程之前，其內部已先出現「義理轉型」之自我轉化。據張教授之研究指出，包括「存理滅欲」到「通情遂欲」，「求利害義」、「貴義賤利」到「義利合一」，「黜情」到「尊情」，「守常」到「通變」等等價值轉型，都需要有足夠的思想轉變過渡，才足以扭轉儒學之守舊學術性格，以及和中國傳統意識型態。於是發現「清代新義理學」，就是站在傳統與現代折衝點上，承擔此一繼往開來歷史重任之過渡橋樑。張教授具體指出「乾嘉新義理學」即是：

〔註5〕　章太炎：〈近史商略〉，收入傅傑編校：《章太炎學術史論集》（昆明：雲南人民出版社，2007），頁 84。

〔註6〕　章太炎：〈清儒〉，《訄書》，頁 22。

〔註7〕　余英時：《歷史與思想》（臺北：聯經出版事業公司，1976），頁 121～165。

〔註8〕　張麗珠所著《清代義理學新貌》、《清代新義理學——傳統與現代的交會》、《清代的義理學轉型》等「清代新義理學」三書，由臺北：里仁書局，分別於 1999、2003、2006 年出版。

清儒握考據利器，根據詞意以辨析義理，建立起理學以外的新話語
系統，另一種儒學的義理模式。〔註9〕

於是儘管清初朝廷仍然推尊程、朱理學，民間王學亦蓬勃發展，北學孫奇逢
（1585～1675）、南學黃宗羲、關學李顒（1627～1705）等皆有一方影響力，
但仍皆非「清代新義理學」之發展內容。「清代新義理學」是清儒面對明清
學術之蹈空危機，而對儒家經典所進行的經驗取向義理新構。亦即從宋到
清，落在儒學思想領域內，而由「宋明理學」到「明清氣學」，復至「清代
新義理學」之演進線索。其內容不僅止於討論宇宙本體和萬物本原問題之氣
化聚散，以及肯定氣質之「善」，其議題更推擴到整體實在界之一切經驗形
器，甚至人生情欲追求等等「經驗面價值」，都持肯定其合理存在且重視之
思想探究。而「清代新義理學」，也正是繼「宋明理學」之後，學界所逐漸
形成之大**趨勢**與新取向。

綜觀「清代新義理學」之主張，張麗珠教授指出其思想特徵有六：1、從
「天理」到「事理」、「情理」的核心價值轉換。2、強調禮治理想的「禮學」
傳統。3、從「黜情」到「尊情」的情性觀。4、絀合德、智的「重智」道德
觀。5、從「求利害義」到「義利合一」的新義利觀。6、從「主觀存養」到
「客觀事為」的工夫論。〔註10〕黃式三之義理學，即繼承戴震領軍之「乾嘉
新義理學」，申論闡發。

一、理氣內在一元的氣本論

黃式三之本體論與戴震一致，皆主張以「氣」為本體。戴震關懷實在界
之一切經驗形器事物，首先對於理學家視為形上之「道」、「理」詮釋，本著
將義理焦點集中於實在界之經驗領域，反對從人倫日用之外別求「道」。於是
說「陰陽五行，道之實體也」、〔註11〕「陰陽五行，天道之實體也」，〔註12〕
「凡有生，即不隔於天地之氣化」，〔註13〕而以陰陽為「道」之實體與內涵，
認為陰陽之「氣」，即「道」之總名或指稱，亦即天地萬物皆不能離陰陽五行

〔註9〕 張麗珠：《清代的義理學轉型》，頁164～165。
〔註10〕 詳參張麗珠：《清代的義理學轉型》，頁388～395。
〔註11〕 戴震：〈天道〉，《孟子字義疏證》，卷中，頁1。
〔註12〕 戴震：《緒言》，收入張岱年主編：《戴震全書》（合肥：黃山書社，1994），第
6冊，卷中，頁91。
〔註13〕 戴震：〈性〉，《孟子字義疏證》，卷中，頁5。

而成形質之思想進路。黃氏曾引用羅欽順之意，〔註14〕進而論曰：

> 「氣」本一也，循環無已，爲四時之溫涼寒暑，爲萬物之生長收藏，
> 爲斯民之日用彝倫，爲人事之成敗得失，千條萬緒而卒不可亂，是即
> 所謂「理」也。初非別有一物，依於氣而立、附於氣而行也。〔註15〕

其說法與同持氣本論之顧炎武等人的「盈天地皆氣」相合，〔註16〕皆將「氣」
轉變爲一普遍自然現象，且充滿於天地間，並將一切事物變化都視爲氣之表
現與作用。於是「氣」不斷循環作用，而「理」便順著這種氣化原理，而有
各種不同現象。如四時轉移、萬物生長、甚至人倫日用之一切行事、人事成
敗得失等等，皆各有其推行原理、規則。換言之，「理」只不過是存於各種事
物當中之理則，是隨氣化流行而變，而非在「氣」之上，又有一個能主宰支
配天地萬物之「理」存在。

其次，黃氏又從氣化流行觀點，解釋「道」、「器」關係。由於戴震認爲
宇宙間一切事物都是「氣」之不同存在形式。故對於《繫辭傳》所言「形而
上者謂之道，形而下者謂之器」，則引用鄭玄解釋《詩》「下武維周」說「下
猶後也」之訓詁義，而言「形乃品物之謂，非氣化之謂。……形而上猶曰形
以前，形而下，猶曰形以後」。〔註17〕可知戴震直接取消「形上」、「形下」分
層，轉以「形前」、「形後」（形成前、形成後）之兩階段，強調「道」、「器」
只是品物未成形質、形狀以前，以及既成以後之殊名異稱而已。如此一來，
即消除了其中帶有等級化之價值判斷，亦一併消弭宋儒卑視形下氣化之理
由。黃式三亦順著戴震之理論，而云：

> 陰陽之氣，未成形以前爲「道」，既成形則爲「器」。「五行」即「五
> 氣」，成形則「五器」也。〔註18〕

〔註14〕 羅欽順於《困知記》曰：「自夫子贊《易》，始以窮理爲言，理果何物也哉？蓋
　　　　通天地，亙古今，無非一氣而已。氣本一也，而一動一靜，一往一來，一闔一
　　　　闢，一升一降，循環無已。積微而著，由著復微。爲四時之溫涼寒暑，爲萬物
　　　　之生長收藏，爲斯民之日用彝倫，爲人事之成敗得失，千條萬緒，紛紜轇轕而
　　　　卒不可亂，有莫知其所以然而然，是即所謂理也。初非別有一物，依於氣而立，
　　　　附於氣以行也。……所謂朱子少有未合者，蓋其言有云「理與氣決是二物」，
　　　　又云「氣強理弱」，又云「若無此氣，則此理如何頓放」，似此類頗多。
〔註15〕 黃式三：〈申戴氏理說〉，《儆居集‧經說三》，頁6。
〔註16〕 關於顧炎武的氣本論，詳參劉又銘：《理在氣中——羅欽順、王廷相、顧炎武、
　　　　戴震氣本論研究》（臺北：五南圖書公司，2000），頁93～107。
〔註17〕 戴震：〈天道〉，《孟子字義疏證》，卷中，頁1。
〔註18〕 黃式三：〈申戴氏氣說〉，《儆居集‧經說三》，頁3。

黃氏亦將「道」、「器」劃分成「形前」、「形後」兩階段，於是解釋「氣」於成形之前為「道」，一旦成形之後便是「器」。如此一來，則此「五器」即成為具體可以把握之對象，而不再是僅具有形上義之道德總稱。

再者，黃氏又以人事之一切作用，在於「氣」之感通，認為「理」為此「氣」推行之條理的理氣內在一元說，反對理學家之理氣二分。由於戴震將道分成「天道」、「人道」兩個層面，因而提出「天道以天地之化言也，人道以人倫日用言也」，〔註19〕指出天地不會「失德」，而「人道」卻因有心知明闇而有所差謬，〔註20〕故將論述重心，置於與人道相關之事物上。又以萬物生成，乃陰陽五行之氣所固有的氣化運動，以為無須於陰陽五行之外，別求「理」。

黃氏詮釋「道」，則除了借用戴震之「天道」、「人道」分層概念，又增加了「地道」，亦即從「天之道」、「地之道」、「人之道」三方面來理解。首先，所謂「天之道」，黃氏指出其如日月相推而明生，寒暑相推而歲成，皆為天地之道的推行，〔註21〕亦即一陰一陽之「道」，亦不過是「氣」之不同變化而已。其次，黃氏詮釋「地之道」即「地理」，如蒸潤而泛濫者為水澤，凝結而高聳者為山阜等不同地理現象。〔註22〕最後則是「人之道」，他以為人秉五行之秀氣以生，所謂「立人之道，曰仁與義」者，乃人為萬物之靈，其氣能以仁義相感通也。〔註23〕以為「人」與「物」之別，在於人有性善分子、有仁義道德判斷，於是黃氏以「凡天、地、人之氣，推行各有其條理，而非氣之外別有一理」，〔註24〕總結出天下萬物之推行作用，皆不出天、地、人之「氣」之感通條理。換言之，「氣」可以直接形成、產生世界萬物之過程，於是「氣」之外，亦別無他「理」存在。黃氏並據此理氣內在之一元關係，反對理氣二分。

黃式三於是舉孔、孟皆未分理氣為二，反駁理學家之理、氣二分。其云：

> 程子以《論語》之言性，論氣不論性，又云論氣不論性不明，又云相近之性即告子所謂生之謂性，此東發先生所謂後學陰陋夫子之言

〔註19〕 戴震：《孟子私淑錄》，收入張岱年主編：《戴震全書》（合肥：黃山書社，1994），第6冊，卷上，頁37。

〔註20〕 詳參劉又銘：《理在氣中·戴震的氣本論》，頁140～141。

〔註21〕 黃式三：〈申戴氏氣說〉，《儆居集·經說三》，頁3。

〔註22〕 同上註，頁4。

〔註23〕 同上註，頁4。

〔註24〕 同上註，頁4。

也。其以孟子之言性爲不兼乎氣質，又曰不論氣不備；又以孟子不分

理氣，未能杜絕荀、揚之口，則又令吳幼清等之顯陋孟子矣。〔註25〕

黃氏以爲理、氣二分下的口目耳鼻四肢、情欲等等自然之性，便被摒棄於「性」之外，視其爲形下之氣稟而落入惡。就如程頤論性時，建立於「性即是理，理則自堯、舜至於涂人，一也。才稟於氣，氣有濁清，稟其清者爲賢，稟其濁者爲愚」之上，〔註26〕以爲人所稟之氣有清濁，且此氣直接影響人之賢愚。如此一來，「賢愚」概念，便具有道德義，使決定人之善惡因素，不僅有「性」，尚且包括「氣」。

　　黃氏又據孟子所謂「養平旦之氣」、「動心忍性」，皆針對形氣本陰陽而生，所以要在形氣上下工夫，從未認爲形氣是「惡」。黃氏於是引用羅欽順「別自言之，孰爲天命之性，孰爲氣質之性，一性而兩名，雖曰二之則不是，而一之又未能也」，認爲將性分成氣質之性與天命之性，正是造成後儒對於人性解釋紛歧之關鍵，於是指責將性二分成理氣者，不過是毫無意義之名言辨析而已。黃氏曰：

　　　　合觀諸説，知理氣之分，非聖賢之遺訓矣！……血氣心知，古人
　　　　總謂之性，此可明理氣之不得分矣！然〈樂記〉孔《正義》曰：
　　　　人由血氣而有心知，故血氣、心知連言之，則孔氏亦以心言性也。

〔註27〕

黃氏回歸經書本義，強調孟子將血氣、心知之粗駁，皆列於「性」，孔子亦只言「性相近」，可證聖賢從未將「性」分理氣。故認爲理氣二分，僅是後儒曲解聖賢言論之臆見，悖離聖人本旨。

二、強調踐履結果的「性教合一」性善論

　　黃氏人性論亦與戴震一致，皆主張「善質內具」，亦即近於孟子之性善論。戴震站在認同孟子「性善」說之大前提上，主張血氣、心知爲性之實體，故「性者，血氣心知本乎陰陽五行，人、物莫不區以別焉是也」。又說：「陰陽五行，道之實體也；血氣心知，性之實體也。」〔註28〕直接從人、物所各分得的陰陽

〔註25〕黃式三：〈陽貨〉，《論語後案》，卷17，頁7。
〔註26〕程顥、程頤著，王魚孝點校：〈伊川先生語四〉，《二程集・河南程氏遺書》，卷18，頁204。
〔註27〕黃式三：〈陽貨〉，《論語後案》，卷8，頁6。
〔註28〕戴震：〈性〉，《孟子字義疏證》，卷中，頁3。

五行之氣來論「性」，亦即預設著「血氣」與「心氣」之二分，〔註29〕並將理義和情欲，都落實爲同一層級。故以爲「性」是「分於陰陽五行以爲血氣、心知、品物，區以別焉」，〔註30〕認爲天地氣化與陰陽五行之運行不已，乃人物生生之所本，據以反對理學家絕對超越之道德理性。

黃氏以爲人稟受陰陽五行之氣而成形體，可見「性」之形成，在於有形體之後，亦即人出生以後的「氣質之性」。換言之，其性善皆建立於「一本論」之哲學上。所謂「一本論」，據岑溢成教授研究戴震思想，指出學界屢因戴震性論兼涵血氣情欲，而誤將其判爲荀子同路。實際上，戴震強調血氣心知之情欲與禮義同歸一本，亦即視禮義、情欲爲同源。故戴震反對荀子視「禮義」與「性」爲二事，不取荀子而宗孟，〔註31〕倘從戴震批評荀子「二理義於性之事能，儒者之未聞道也」。其《緒言》亦強調，「理」非與「飲食男女之發乎情欲者」分而爲二，又批評「荀子以禮義與性爲二本，宋儒以理與氣質爲二本，老聃、莊周、釋氏以神與形體爲二本」，皆得以印證戴震乃以「理與氣爲一本」，做爲對「別理氣爲二本」之否定，並爲其所主張「一本論」之思想綱領，由此進論「理、氣」，「性、才」，「血氣、心知」等皆爲一本。〔註32〕故戴震以理、欲「一本」論性，以爲人性之有不齊，而有偏全、厚薄、清濁、昏明之分殊，卻仍是性，終無改於「人物之性，咸分於道」之事實，故不得謂之非性。因此，戴震說：「凡人行一事，有當於理義，其心氣必暢然自得；悖於理義，心氣必沮喪自失。以此見心之於理義，一同乎血氣之於嗜欲，皆性使然耳。」〔註33〕以爲人之行事，是否合乎理義，其「心氣」當下已有直接反應。此一心氣反應，跟血氣之嗜欲相同，皆爲本性之作用。

黃式三亦主張「一本」之性善論，故從「性」秉「正氣」而生故皆善，反對理學家性兼氣質，故有美惡不同之說。黃氏以爲「性相近」即「性近善」，而人之所以有異，在於才質有別。其論述觀點如下：

〔註29〕詳參劉又銘：《理在氣中——羅欽順、王廷相、顧炎武、戴震氣本論研究》，頁 146～158。

〔註30〕戴震：〈性〉，《孟子字義疏證》，卷中，頁 1。

〔註31〕詳參岑溢成：〈戴震孟子學的基礎〉，收入黃俊傑主編：《孟子思想的歷史發展》（臺北：中研院文哲所，1994），頁 191～215。

〔註32〕詳參岑溢成：〈戴震一本論的淵源和特點〉，《鵝湖學誌》第 20 期（臺北：文津出版社，1998），頁 71～94。

〔註33〕戴震：〈理〉，《孟子字義疏證》，卷上，頁 5。

（一）「性」秉「正氣」而生，故皆善

黃式三論性，分從血氣、心知二方面討論。就心知、心性而言，黃氏以為人之性皆秉「正氣」而生，故本皆為善。其於《易釋》曰：

> 天之氣有正有不正，其不正者，陰陽之偏；其正者，陰陽之和。人受天之氣，非無受其不正者，而性以善者言（孟子言聲色臭味安逸性也，君子不謂性本此），故言備此善者，人之性也。……先儒以無為道，以陰陽非道，以善為陽，以性為陰，以見仁見知，與君子為三等人品以顯仁、藏用，為造化知德業，未敢以為信也。〔註34〕

黃氏認為人之「性」，乃稟受陰陽五行之「氣」而成，倘對照《易經・坤》之《象傳》「龍戰於野，其道窮也」，以為龍在原野上交合，表示陰氣至盛，即導致陽來，也就轉入陰陽交合，而生萬物。又「物獨陰不生，獨陽不生」，〔註35〕可見人之生，乃為陰陽之「和」，亦全得陰陽之「正」。所以既然「性」無受其「不正」者，於是「性」當然就無不善。據此，黃氏反對道家之「以無為道」，也不同意理學家以為「陰陽非道」，〔註36〕而分出天命之性、氣質之性，且將「天命之性」視為純善，於是「氣質之性」則是「天命之性」受氣稟清濁不齊之薰染，故有善與不善之判。

黃氏主張人之性既皆秉正氣而生，故人性本皆為「善」，至於倘有不善者，乃為「血氣」之粗駁。遂據孟子之意，討論「血氣」曰：

> 孟子非不知口之於味、目之於色、耳之於聲、鼻之於臭、四肢之於安佚，皆人自然之性，而以君子不謂此為性，必婢以心之能悅理義者明性之善。得孟子之恉，而諸儒之論性，可以參而貫。〔註37〕

〔註34〕黃式三：〈同辭合釋〉，《易釋》，卷3，頁21。

〔註35〕黃式三：〈坤上象傳〉，《易釋》，卷3，頁5。

〔註36〕宋代理學家如程頤、朱熹均以陰陽是氣非道，一陰一陽，所以陰陽者方是道。伊川說：「離了陰陽更無道。所以陰陽者，是道也；陰陽，氣也。」朱子說：「道，須是合理與氣看。理是虛底物事，無那氣質，則此理無安頓處。《易》說一陰一陽之謂道，這便兼理與氣而言。陰陽，氣也；一陰一陽則是理矣。猶言一闔一闢謂之變，闔闢，非變也；一闔一闢，則是變也。蓋陰陽非道；所以陰陽者，道也。」依程、朱之見，陰陽的對立和迭運都還不能稱為「道」；只有那使得陰陽對立迭運的根本的道理才是「道」。見程頤、程顥著，王魚孝點校：〈伊川先生語錄一〉，《二程集》（北京：中華書局，1981），卷15，頁162；黎靖德編，王星賢點校：〈易繫上〉，《朱子語類・易十》（北京：中華書局，2000），第5冊，卷74，頁1896。

〔註37〕黃式三：〈申戴氏性說〉，《儆居集・經說三》，頁11。

黃氏認為孟子亦承認人之口、目、耳、鼻、四肢各有所好,皆屬自然之性,只是孟子認為不宜將其稱為「性」,而當視為「血氣」之粗駁,必須通過「心之正」予以修正。可見孟子論「性」,亦兼善惡,並強調要「能悅理義者」,才能明性之善。換言之,黃氏以為「性」中除了理義之外,尚包涵非理義部份,諸如情欲等等才質,此皆得以通過後天之「習」,使其心與聖人理義同然,方為最終之善。

顯然,黃氏紹承戴震反對宋儒「乃語其至,非原其本」之說,〔註38〕故從「善」之踐履結果角度立說,以此推翻理學之「復其初」主張。黃氏云:

> 若合血氣之粗駁以言性,有善,有不善,〔註39〕

強調若合血氣言性,才有不善。但此不善,並非成於「性」,而是人心無法維持澄靜、受外物惡薰染之「血氣」。換言之,黃氏將人之「欲」、「情」,視為後天之習染,而非本性。

對於如何保持人心之澄靜,以及去除後天薰染之惡習,黃氏則提出通過「習」,導人心歸於正。黃氏曰:

> 血氣之粗駁者,君子不敢藉口於性而必戒之也。血氣中有耆欲、好
> 色、好鬬、好得,因之以生,然污者能言潔,爭者能言讓,貪者能
> 言廉,凡人猶明於此,君子亦以學問擴充其心而已。〔註40〕

在他看來,人心未為習俗所累時,則「貌恭、言從、視明、聽聰」,此乃血氣之軀之正,故此時為「思睿」,而心既靜且正。至於人之所以有不善,乃起於血氣之有粗駁、有所偏,於是產生耆欲、好色、好鬬、好得等惡習,需藉由「學問之知」而戒之、去之,以還原心之正。

黃氏強調保持內心澄靜、方正之法,即通過「學習」,使人心與聖人之理義同然。亦即:

> 天下污者能言潔,爭者能言讓,貪者能言廉,習已惡而心猶知善矣。
> 而人當未有貪污忿爭之先,此心之靜而正,不可自驗天性之善乎?
> 〔註41〕

可知貪、污、忿、爭皆為後天學習,而非人所具有之天性,故可通過人潛在

〔註38〕戴震指宋儒反覆推究理先氣後,是「乃語其至,非原其本」。見戴震:《孟子私淑錄》,收入張岱年主編:《戴震全書》,第6冊,卷上,頁44。
〔註39〕黃式三:〈季氏〉,《論語後案》,卷16,頁7~8。
〔註40〕同上註,頁8。
〔註41〕黃式三:〈陽貨〉,《論語後案》,卷17,頁8。

之「知善」能力，使心「靜」之，並歸返於「正」。但他以爲此「性」既然能通過心之靜而改變，就絕非本不善。故黃氏不同意理學家「性即理」說「天命之謂性」、「喜怒哀樂未發」，都將「性」視爲未有形氣雜染的純乎「天理」。黃氏以爲倘如理學家所言「性」爲天理，何以人之惡性得以修正？可見人之不善者，非性，而是「血氣」，且這些血氣粗駁之不善者，又可通過「習」而改正。正如戴震是從「踐履結果」以論性善，黃氏論性亦合「血氣」、「心知」，而從血氣之欲所潛在之知善，與心知之自然知善、向善來說。此與理學家主張「心即理」和「性即理」，而就「源頭」以說性善之思想理路，大爲迥異。

（二）「性相近」即「性近善」

黃氏既認爲「性」須就踐履結果之終善以論，故主張人因才質有異，才會有智愚之別。可見人之智愚，在於「才」之有差等、「智」之不齊，而非「性」之有異。此亦戴震以爲「人與百物各如其性以爲形質」，並界定出「據其限於所分而言謂之命，據其爲人物之本始而言謂之性，據其體質而言謂之才」之命、性與才之一體三面說，〔註42〕強調「才」不在「性」之外。戴震嘗就「仁義禮智，我固有之」，將仁義禮歸屬於無等差之「理」，乃權衡一切事爲之準則，而智屬於有等差之「才」，乃所以使吾人之事爲合乎仁義禮準則者，挺立「智」爲成就德性之樞紐。〔註43〕故黃氏亦據戴說，解釋「性相近」爲「性近善」，其云：

> 性有上知之不移於惡，有相近之中人本善，而可移於惡，有下愚之不能移於善。《漢書·人表》云：「可與爲善，不可與爲惡，是爲上知。可與爲惡，不可與爲善，是爲下愚。可與爲善，可與爲惡，是爲中人。」韓子性有「三品」之說，亦同。則下愚之與物同蠢者，固在性相近之外矣。〔註44〕

他承認人有上智、中人、下愚等不齊之「才質」，不過正如韓愈〈原性〉說「性也者，與生俱坐也；情也者，接於物而生也」，有以「生」論性之意。故又主張「性之品有上、中、下三；上焉者，善焉而已矣；中焉者，可導而上下也；下焉者，惡焉而已矣」之「性三品」。〔註45〕黃氏認爲韓愈之心性論，寓有「才性」

〔註42〕戴震：〈才〉，《孟子字義疏證》，卷下，頁6。
〔註43〕關於戴震論「才之差等」、「智之不齊」，詳參劉錦賢：《戴東原思想析論》（臺北：花木蘭文化出版社，2009），頁57～63。
〔註44〕黃式三：〈陽貨〉，《論語後案》，卷17，頁8。
〔註45〕韓愈撰，馬永昶校注：〈原性〉，《韓昌黎文集校注》（臺北：鼎淵書局，2005），卷1，頁12。

殊別義。故人之上智、中人、下愚等差，亦該歸於「才性」、「才質」之殊別。

　　黃氏認為唯有將智愚之不齊，歸因於才質有別，才得以印證孔子區別人有上、中、下之分，而孟子說「性皆善」。他則認為此正是「孟子道其常，孔子通其變」，亦即顧亭林說「人亦有生而不善者，此千萬中之一耳」。因此，黃氏認為論「性」者，當論人「所大同而不論其變」。〔註46〕黃氏又引程子「人性本善，有不可移者何也？語其性，則皆善也；語其才，則有下愚之不移」，認為程子亦同意人之天性本善，只是才性不同而已。故黃氏要「說性者不必拘守一說也，亦取其說之不叛於經者而已」，強調釋經、談義理，應該要能「權變」，才能成為實用之學。於是，黃式三以為就人之「常」來看，性為善是肯定的，而人之有賢愚才質差異，正如「水性陰而有溫泉，火性陽而有涼焰，浮石沈木，各反其性，人有下愚」，亦本於人之常情而不足為奇。

　　黃氏以為「性相近」就是「善相近」，亦即「性」以「習」而日遠，是以造成日遠之關鍵，不在於「性」，而在「習」。黃氏曰：

> 經傳言性善矣！未言性之一也。言知之一，成功一矣！未言性之一也。此又言性者之所宜知也。自後儒言聖凡同性，於是人具曰「予聖」，且有「滿街皆聖」之說。此說盛於明季，而學問無階級，堅愎自是之徒益多。〔註47〕

強調孔子只說「性相近」，亦即性皆近於善，而不說性一。於是對於社會中確實存有聖人、塗人差異，他認為此乃後天之「習」不同，亦即「知之一，成功一」，成功來自「知」之涵養，當然也就不能將人於後天之學習差異，說成是「性」不同。

　　關於「性相近」一語，宋儒實際上並不贊同。如程頤云：

> 此言氣質之性，非言性之本也。若言其本，則性即是理。理無不善，孟子之言性善是也，何相近之有哉？〔註48〕

認為孔子所以言「性相近」，乃因孔子「只是氣質之性，如俗言性急性緩之類。性安有緩急，此言性者，生之謂性也。……言人性善，性之本也。生之謂性，論其所稟也」。〔註49〕因此，程頤以為嚴格地說，「性」只能指性之本，無有

〔註46〕黃式三：〈陽貨〉，《論語後案》，卷17，頁8。
〔註47〕黃式三：〈困知勉行說〉，《儆居集‧經說五》，頁18。
〔註48〕見朱熹：〈陽貨〉，《論語集注》，卷9，頁176。
〔註49〕程顥、程頤著，王魚孝點校：〈伊川先生語四〉，《二程集‧河南程氏遺書》，卷18，頁207。

不善。程子以實際生物爲例，說人有人之性，物有物之性，牛有牛之性，犬有犬之性，而告子卻說本性爲一，這並不合理。程頤認爲生之謂性的「性」，只能叫「才」，其有善有不善，正如荀子、揚雄所言，亦皆爲「才」，只有孟子所論之「性」，最符於實際人生。故程頤認爲「才」指材料、材質，生之謂「性」指「氣」，兩者合起來即爲「氣質」，故「性出於天，才出於氣，氣清則才清，氣濁則才濁」、「才則有善有不善，性則無不善」。〔註50〕不過，程頤雖贊同孟子之「性」無不善，卻也認爲孟子沒有認識到「才」有不善，故不夠全面。於是程子提出「論性不論氣，不備；論氣不論性，不明」，〔註51〕其觀點被後來之大多數理學家所引用。

如朱熹《集注》即引此觀點詮釋「性相近」，而言：

> 此所謂性，兼氣質而言者也。氣質之性故有美惡之不同矣，然以其初而言，則皆不甚相遠也。但習於善則善，習於惡則惡，於是始相遠耳。〔註52〕

朱熹繼承程頤之「性」、「氣」分論，認爲「惡」同樣受先天而來，不過這種先天之惡，可經道德修養改變。他亦認爲在人稟受之氣質中，有清、濁、偏、正等不同，而所稟氣質之昏、濁、偏、塞，就是導致人「惡」之根源，足以影響善之本質，呈現惡之結果。故朱熹反對「性相近」，而認爲性一開始，即相遠了。

黃氏不同意程、朱對於「性相近」之詮釋，故辨曰：

> 朱子既因孟子之言性善而推理於天，於《論語》夫子相近之言，與夫告子生之謂性，俱以氣質言，因謂孟子之言與夫子異，告子之言與夫子同。戴氏則謂：「《論語》言相近，正謂俱近於善。」原與《孟子》言合。告子據自然者爲性，以義爲非，自然轉制，其自然使之強以相從。故以義爲外，彼見窮人欲而流於惡者，適足害生，即慕仁義而爲善者，勞於學問亦於生耗損，於此見定而心不動。其「生之謂性」之說如是，不知凡有血氣之屬，皆知懷生畏死，因而趨利避害。以是言性，是同人於牛犬而無別。而《易傳》、《論語》之言

〔註50〕 程顥、程頤著，王魚孝點校：〈伊川先生語五〉，《二程集・河南程氏遺書》，卷19，頁252。

〔註51〕 程顥、程頤著，王魚孝點校：〈伊川先生語六〉，《二程集・河南程氏遺書》，卷6，頁81。

〔註52〕 朱熹：〈陽貨〉，《論語集注》，卷9，頁175～176。

性，皆據人之異於物言，原非同於告子也。〔註53〕

黃氏指出《易傳》、《孟子》之論性，皆本諸氣質，可證孔子和孟子性論一致。而朱子卻本天理言性善，於是無法將孔子「性相近」與孟子之性論相合，結果變成近於告子之論。黃氏辨析告子論性，乃主張本生之自然，以為擴充仁義足以動其心，而傷其生，遂使人之性與犬牛無異，實際上已經悖離孔子原意。而朱子為了上塑一個「天理」來論「性」，所以無法合理詮釋孔子性論，只好把孔子推向告子。黃氏認為，若從形氣論「性」，孔子與孟子並無相悖，而告子外仁義，無法理解懷生畏死、因而趨利避害等出於自然之性者，反而與孔子完全不同。是以黃氏不同意宋儒將孔子、告子之性論視為一致，在他看來，其實正好相反。

黃氏認為下愚、不移者，皆其「自暴自棄」所致，而非與生俱來之性有別。黃氏以為，倘人「善自治，則無不可移」，即便是「昏愚之至，皆可漸磨而進」，惟有「自暴者拒之以不信，自棄者絕之以不為」，雖「聖人與居」，也不能化而入，所以孔子說這種人是下愚。可見孔子早就認定「愚」非天生所具，而是後天學習不足所致。黃氏於是徵引《中庸》之義說：

> 《禮·中庸》重言「誠」，而載孔子之言曰，誠者不勉而中，不思而
> 得。從容中道，聖人也。誠之者，擇善而固執之者也，則聖賢之誠
> 有二矣！〔註54〕

可知「誠」可分為天理本然之「誠者」，與人道當然的「誠之者」。前者不用費力、思慮即能得之；後者則要擇善固執，才能達到。換言之，唯有聖賢屬於「誠者」，至於凡人，皆為「誠之者」。又因「誠者」之聖賢，為數極少，大部份人皆屬「誠之者」，故「教化」即是最重要之修養工夫。黃氏於是主張通過博學、審問、慎思、明辨、篤行，達到至誠之道。黃氏曰：

> 天命之謂性，率性之謂道，修道之謂教，此復以「誠明」申言性教，
> 抑亦見學者之功，當誠明交進，合性教為一矣！〔註55〕

認為要達到誠明境界，除了天所賦予之本質，還要靠存養省察工夫，亦即人之學習教化，便是達到存養之途徑。

黃氏並舉孔子為例，指出孔子自言「好古敏求」、「多聞而擇，多見而識」，

〔註53〕黃式三：〈申戴氏性說〉，《儆居集·經說三》，頁12。
〔註54〕黃式三：〈誠明說〉，《儆居集·經說二》，頁7。
〔註55〕同上註。

皆見如孔子之聖賢者，對於古今事變之極、制度之繁，仍須通過「學」，才能論其實，而使心全體洞然，以臻自愜境界，更何況一般凡人，則更不待言。一般人由於「非禮之禮，非義之義，心苟不明而誠由此虧」，故一定要「自教而入」，必博考詳辯於禮義之是非，才能致於誠明，可知「自明而誠，教之爲益大矣」。〔註56〕換言之，黃氏以理、欲「一本」論性，清楚揭示贊同孟子之性善立場，又據人有「才性」高低差異，認爲論人性善惡，應當就人所本有的心知「本性」，與可通過教化學習之「才性」一起討論，亦即「合性教爲一」，才夠全面。

三、重視「成善在習」、「反躬求同欲」的工夫論

　　黃式三同意人有「才質」不同，主張以「性教合一」之「踐履結果」論性才能全面，於是強調「教育」對人之改變，提出重視「學」與「知」之道德涵養工夫。其論點如下：

（一）以「智」擇善、去蔽

　　黃氏主張唯有通過教育，才能使人增長智識、擇善、去蔽，以達於至善。他強調「智者，知也，是非得失燭於幾微也」，〔註57〕認爲「智」可由「知」獲取，亦即「智識」唯有通過認知、聞道才能獲得，其目的在於道德涵養。黃氏此論，與宋儒之分「德行之知」與「聞見之知」，〔註58〕且「聞見之知」爲感官與外物相接而有之，但「德性之知」卻是大其心而體天下之物，不源於感官，亦不受感官經驗所限制之觀點，實爲迥異。

　　黃氏更看重孔子「知者利仁」之作用，故曰：

　　　智者利仁，不仁焉得智也？錯枉使直，未智焉得仁也？聖人以仁誼治天下，殺一不辜，行一不誼，得天下而不爲，心所同也。清和不及聖之時，智不大也。大智能通時之變，即仁、禮、誼、信之大成，聖爲大而化之聖也。智者始條理，聖者終條理，故聖學先智。〔註59〕

〔註56〕黃式三：〈誠明説〉，《儆居集・經說二》，頁8。
〔註57〕黃式三：〈五德分合說〉，《儆居集・經說二》，頁18。
〔註58〕按張載云：「大其心，則能體天下之物。……世人之心，止於聞見之狹；聖人盡性，不以見聞梏其心。……見聞之知，乃物交而知，非德性所知。德性所知，不萌於見聞。」見張載著，章錫琛點校：〈大心篇〉，《正蒙》（北京：中華書局，1978），頁24～25。
〔註59〕黃式三：〈五德分合說〉，《儆居集・經說二》，頁18。

對照黃氏《論語後案》解釋「知者利仁」說：「利仁者非安，非勉強，謂明乎仁道而順達之也」，〔註60〕皆強調唯有智者能體現人心，行仁義之道，並認為此「行仁之道」，亦即「行善道」。可知其思想乃源於孟子主張治國唯有仁心、仁聞之善者，能行先王之道，以達治平之論點。〔註61〕在黃氏看來，人事感通之氣，在於仁義，唯有「智者」，才能體現仁義之道；唯有「智者」，能擇善道。黃氏證明稟賦之智愚殊異，並非影響個人涵養之主因，因人雖有天賦差異，但通過「知」之訓練，卻足以開發心智、改造愚昧、增益德性、變化材質。故黃氏反對朱熹將生而知之、學而知之、困而學之、困而不學，解釋成「人之氣質不同，大約有此四等」。〔註62〕他認為「不學自暴自棄之人，未可專咎氣質」，〔註63〕此乃不重於「學」之後果。

黃氏又以眾人皆屬中人之資，強調「求知」之重要。他指出天賦資質為上等者，亦僅有「百人之一，千人之十」而已，甚至有人「賦質純粹，能超出於塵氛」，卻因為「識見未明，難語以道義之奧」，〔註64〕可見皆困於「知」，而非困於「行」。故黃氏強調唯有不斷學習，智識才能通貫。其云：

> 聖人生知善悟，而古今制度之殊、事變之極，必學之以驗其貫，然後此心全體洞然，無不通矣！而何嘗自以為生知哉？自聖者不好學，不好學者即非聖，未有聖人而不好學者也。〔註65〕

在他看來，知識廣博無止境，即便聖人亦未必皆能通達，更不可能有所謂「生而知之」者。黃氏認同戴震「人因質之昧而失理，學之有可進於智者。人之血氣心知異於禽獸，心之精爽，學以擴充之，於事靡不得理，是求理不在血氣心知之外也。〔註66〕以為人之所以為人，就在於能夠通過學習，增長智慧，進而使心之思維活動，達到最高境界，使之涵賅仁義禮智，成為最高行事準

〔註60〕黃式三：〈里仁〉，《論語後案》，卷4，頁2。
〔註61〕按《孟子》曰：「聖人既竭目力焉，繼之以規矩準繩，以為方員平直，不可勝用也。既竭耳力焉，繼之以六律正五音，不可勝用也。既竭心思焉，繼之以不忍人之政而仁覆天下矣。故曰：為高必因丘陵，為下必因川澤。為政不因先王之道，可謂智乎？是以惟仁者宜在高位。不仁而在高位，是播其惡於眾也。」見阮元校勘：〈離婁上〉，《十三經注疏·孟疏》，卷7，頁1。
〔註62〕朱熹：〈季氏〉，《論語集注》，卷8，頁173。
〔註63〕黃式三：〈季氏〉，《論語後案》，卷16，頁18。
〔註64〕黃式三：〈困知勉行說〉，《儆居集·經說五》，頁17～18。
〔註65〕黃式三：〈述而〉，《論語後案》，卷7，頁27。
〔註66〕黃式三：〈申戴氏理說〉，《儆居集·經說三》，頁7。

則。而這種將心知發揮到最大極限之能力，正是人異於禽獸之處。

　　黃氏據此反對理學家把仁義禮智看作道德本體，而非外鑠，或人心固有之道德「良知」。黃氏曰：

> 父母所生之心，無善不備，惻隱、羞惡、辭讓、是非，一不擴充，
> 疾也。〔註67〕

他以爲「能善」之關鍵，在於「擴充」，於是不滿理學家善具於內在之說。黃氏強調惻隱、羞惡、辭讓、是非等等善性，皆可隨「知」之擴充而外鑠，使「擴充」成爲「能善」之途徑。這種「能知故善」思想，據張麗珠教授之研究指出，乃從「戴震的『德性資於學問』之後，焦循又提出『能知故善』命題，進一步地彰顯了主智思想。『重智』是一種和中國傳統義理中『反智』現象相比較而言的態度傾向」。〔註68〕故余英時以爲從思想史角度來看，「道問學已經成爲清代儒學的主要基調」，亦即「清代思想史的意義在於儒家智識主義的興起和發展」，〔註69〕此正是清學精神所在。而黃氏之「重智」傾向與解釋觀點，亦即繼承戴震、焦循等乾嘉義理學之思想脈絡而闡發，故將理學家視爲「內在」之善，轉化成具有可朔性、與智俱長、可由「外鑠」而成之修養。

　　黃氏既以「知」爲擇善之決定性關鍵，故認爲「善端在性，成善在習，與孟子擴充之恉相合」，〔註70〕強調「習」才是能知、能移之重要助成因素。不過，對於「習」之內容，黃氏亦指出並非「詩賦文辭」等能力之增進，而在於「忠孝廉節」等德行之修養，亦即做人之道的薰習。換言之，黃氏希望以人在血氣心知所具備之能力，經過「學」之涵養，以開啓知識而「擇善」、「去蔽」，並培養正確判斷事理、掌握事理之能力。

　　黃氏並認爲可由重智擴充其知，進而「去蔽」，以推翻理學家之「復其初」。其云：

> 戴氏又謂人之形體，資乎飲食之養，始於幼小，終於長大，非復其
> 初。人之德性，資乎學問之養，始於蒙昧，終於聖智，亦非復其初。
> 《孟子》是以貴擴充，不言復初也。〔註71〕

〔註67〕　黃式三：〈爲政〉，《論語後案》，卷2，頁15。
〔註68〕　張麗珠：〈焦循發揚重智主義道德觀的「能知故善」〉，《清代義理學新貌》，頁201～202。
〔註69〕　余英時：〈清代思想史的一個新解釋〉，《歷史與思想》，頁151、154。
〔註70〕　黃式三：〈陽貨〉，《論語後案》，卷17，頁4～5。
〔註71〕　黃式三：〈申戴氏理說〉，《儆居集·經說三》，頁6。

「復其初」最早見於《莊子‧繕性》，朱熹解釋爲「明德者，人之所得乎天，而虛靈不昧，以具眾理而應萬事者也。但爲氣稟所拘，人欲所蔽，則有時而昏，然其本體之明，則有未嘗息者，故學者當因其所發而遂明之，以復其初也」，〔註72〕強調恢復人之最初善性。黃氏反對宋儒「復其初」之說，認爲理或倫理道德，皆繫牽在「學」之上，猶如人之身體得到飲食營養，可由小到大；道德品質得到學問知識之涵養，亦得以由蒙昧到聖智，此皆後天存養而來，而非天生具有，正如《孟子》也說要「擴充四端」，而非「復其初」。

黃氏又進一步強調「學」得以進於智而求「理」，故求理不在血氣心知之外。黃氏曰：

> 人因質之昧而失理，學之有可進於智者。人之血氣心知異於禽獸，心之精爽，學以擴充之，於事靡不得理，是求理不在血氣心知之外也。〔註73〕

他認爲「性善」，是指人感官所具有之眼能辨色、耳能辨聲、心能辨理義等能力，且此種種能力，皆無須遠離形氣之上來論，而是存於實物界，體現在實際之人事經驗面。換言之，黃氏將《孟子》認同人獸之別在於「德行」，理解爲「智行」差異，使性善能否實現關鍵，全繫乎心知智愚，使智性成爲實現善性之本質。

黃氏於是反對前儒「氣稟所拘，人欲所蔽」，而論曰：

> 私欲之肆，「習」誘之其節欲者。所習之善，能擴充其性之善端也。詩賦文辭者，性之所本無，強之以所本無，資鈍者難成。忠孝廉節者，性之所本有，導之以所本有，雖資鈍而可成。然則「氣稟所拘」，亦爲不習善者言耳。〔註74〕

他把人之形體與德性成長，視爲一體，並把人之心知能力中，具有可增益性和可培養性者，皆視爲性善。以爲可以通過「習」，積累足夠智識擇善，並節制私欲之橫肆。

黃氏強調以「智」擇善、去蔽之工夫論，實際上亦本諸戴震。戴震鑑於人的知覺由於外物的引誘或蒙蔽，而產生蔽塞不通，使人的知覺活動不免溺於蔽塞，相較於理學家的重「行」之說，提出「覺不失之蔽，則智」、〔註75〕「智也

〔註72〕朱熹：《大學章句》（北京：中華書局，1983），頁3。
〔註73〕黃式三：〈申戴氏理說〉，《儆居集‧經說三》，頁7。
〔註74〕黃式三：〈陽貨〉，《論語後案》，卷17，頁5。
〔註75〕戴震：《原善》，卷上，頁9。

者，言乎其不蔽」的重智去蔽修養工夫。〔註76〕以為：「聖賢之學，由博學、審問、慎思、明辨而後篤行，則行者，其人倫日用之不蔽者也，非如彼之舍人倫日用，以無欲為能篤行也。」〔註77〕在戴震看來，理學家認為以理得於天而具於心，為防理被形氣所蔽污，故通過「行」之修練，以恢復天理，而重行不重知。只是重行不重知，卻與孔、孟聖學相背離；如《中庸》言學、問、思、辨四者屬知，然後才是行，更何況所謂的「行」、「篤行」，皆指去除人倫日用中之蔽。由於戴震將欲與私對言，知與蔽對言，以為「私」生於「欲之失」，「蔽」生於「知之失」，於是只有「學」能夠改變「知之失」，唯有學才能去「蔽」，而對思、孟一系所論之「雖愚必明」、「擴而充之，之謂聖人」以及「人禽之別」等，皆從「智性」角度，將所有涵養道德關鍵，轉到「擴充其知」的「養智」之上。

黃氏將人禽之別理解為「智行」差異，於是強調通過「學」以進於智，復以「智」擇善、去蔽而達到終善。正與戴震的修養工夫論一致，戴震認為具體的「養智」工夫，「惟學可以增益其不足而進於智」，〔註78〕將「學」視為落實道德實踐、突破稟性不齊之最佳途徑，是使吾人「去蔽」、擺脫「闇昧」之不二法門，亦即張麗珠教授所指其絪合德智「重問學、貴擴充」，強調「以學養智」的義理主張。〔註79〕此外，戴震也看到人稟賦上之智愚殊異，但認為「愚」並非「惡」，只是已經蔽於理之愚者，苟又自絕於學，其所行便不能免於惡了。〔註80〕所以唯有客觀之「學」，才能使人去其「臆見」之「蔽」，「學」是吾人必要的、「全乎理義」的涵養良方。故「學」乃戴震理論中，落實道德實踐之重要門徑，所以黃氏亦強調「學」的工夫。

（二）以「節欲」戒貪而不絕欲

黃氏肯定情欲為人性基本內容，反對「存理滅欲」之說。他認為所謂道德，無非是達己之情亦達人之情、遂己之欲亦遂人之欲的工夫，故不滿理學家對於理氣截之分明，以為人之不善是由於形氣所壞，而以性屬「理」，以情

〔註76〕戴震：〈誠〉，《孟子字義疏證》，卷下，頁9。
〔註77〕戴震：〈權〉，《孟子字義疏證》，卷下，頁9。
〔註78〕戴震：〈理〉，《孟子字義疏證》，卷下，頁4。
〔註79〕上論詳參張麗珠：〈戴震領軍的乾嘉新義理學〉，《中國哲學史三十講》，頁490～491。
〔註80〕戴震曰：「任其愚而不學不思，乃流為惡。」見戴震：〈性〉，《孟子字義疏證》，卷中，頁7。

欲屬「惡」之對立觀點，使「理」變成一個普遍、超越之本體存在，而強調「存理滅欲」。故黃氏認同戴震「自非聖人，鮮能無蔽；有蔽之深，有蔽之淺者。人莫患乎蔽而自智，任其意見，執之為理義」，〔註81〕即使去欲，亦無法避免因蔽於理而生之不善的理論。所以黃氏以為「欲」生於血氣，而「理」接於心知，兩者涵養進路本自殊異，所牽涉者，一為「雖愚必明」之途徑，必由學以養其智，而非去欲；另一則是涵養德性必須「去私」，而非「去欲」，並據此論反對被理學家罪及本原之情欲、血氣心知之責。

　　黃氏認為只要通過道德修為，人便能無私、無蔽，那麼凡一切人欲、人情、心知等，亦皆得以呈顯。黃氏曰：

> 昔儒言人欲淨盡，天理流行，亦復破之，得無使逞欲者之藉口乎？」曰：否，否，不然也。《論語》偁公綽之不欲，勸季康子以不欲，皆戒私欲也，戴氏所謂學者莫患乎自私也。《論語》言欲而不貪，富與貴是人所欲；《孟子》言生我所欲，欲貴者人之同心，廣土眾民，君子欲之。此皆不諱言欲者，專恣之欲不可有，同嗜之欲不能無也。
> 〔註82〕

他承認人有求生存、求富貴之欲望，所以儒者為之設立人我界分，立禮儀以辨別親疏、遠近、貴賤、尊卑之次，使人我在求遂己欲之同時，亦得以節制、知其所止，並據以建立維繫社會之秩序。黃氏以《論語》言「欲而不貪」，亦即肯定「欲」為人人所求求，如富與貴乃人人之所欲，廣土眾民則為國君之所欲。可見合理、適度之「欲」，可以存在而不必盡去，其務必盡絕者，是「貪」。黃氏又舉《論語》亦僅反對私欲，有時雖以「不欲」二字示之，實際所言只是戒乎自私，印證孔子亦主張專恣之欲；不可有；同嗜之欲，不能無。

　　黃氏進一步申論「絕欲」、「無欲」之義，本出於老莊之清靜無欲，但後世借用「無欲」闡釋儒家經典，結果得出「人欲淨盡，天理流行」之偏見。使修為工夫變成「去情絕欲」，而非「問學擴充」，完全悖離人性實際需求。故黃氏以為，「欲」表現在行為之結果是善、是惡，才是修身之首重，其重點在於「節欲」，而非「過欲」。換言之，「欲」不得以善惡界分，且人之善惡關鍵，繫於「節」字而已。

　　黃氏以為「節欲」之基本修養，在於「戒貪」、「去私」。他承認人有「欲

〔註81〕戴震：〈理〉，《孟子字義疏證》，卷上，頁2。
〔註82〕黃式三：〈申戴氏理說〉，《儆居集·經說三》，頁7。

富貴，惡貧賤」之本性，但「不節欲惡不能爲仁」，是以「仁人必愛惜名節，
必思去仁之害」，〔註83〕亦即戒其貪念，且所謂「貪」，即「志不在仁而別求
所得者」。〔註84〕黃氏更舉漢武帝爲例，指出「立人達人」、「中天下而立」、「定
四海之民」，皆武帝之所欲，但汲黯卻說漢武帝「內多欲而外施仁義」，指責
武帝好大喜功，連年征伐匈奴。黃氏據此認爲「汲黯所謂欲者，即貪之謂」，
〔註85〕而非基本欲求。

　　至於如何「去私」，黃氏亦認同戴震從「我之情」出發之「以情絜情」工
夫。黃氏曰：

> 欲出於性，由一人之欲推之，知天下人之同欲，此謂「反躬」。而依
> 天理，嫥一人之欲而滅沒乎天下人之同欲，此謂「不能反躬」。而窮
> 人欲，欲不可窮，非不可有，有而節之，使無過情，無不及情，即
> 合乎天理矣！〔註86〕

認爲「反躬」，即達到「以情絜情」之最佳途徑。「反躬」能喚醒或提起這股力
量之心理運作，人能反躬自省，就表示已跳出情欲桎梏。情欲不能作爲道德根
源，於是反對理學家所言理爲氣稟所壞，即理壞於情欲之說，主張情之不爽失，
即是「理」。但就實際人生而論，人雖不可縱欲，但不能無欲，是以人人皆有欲，
若使人我之欲的標準齊一，則此一「同欲」，即情之不爽失，就是「理」。

　　黃氏又以「反躬」，說明「同欲」之可能性，以爲由一人之欲，「推」而
知天下之同欲，是謂反躬。反之，「專」人之欲而滅天下之同欲，則是不能反，
而落入「窮人欲」了。顯然，黃氏將「理」視爲「情理」、「事理」，而非「天
理」。於是在「情理」、「事理」皆根基於實際人倫日用之下時，則自己之情欲
與他人情欲，都得達遂的「反躬」狀態下，達到人我之欲皆無過、無不及之
程度，情理才得以產生，才能通行。換言之，「理」非原本就具存於心者，「理」
是一個對象，需要認知。此皆清儒於擺開天理觀念後，正視經驗面價值取向
之義理轉型，並致力於經驗界中，尋找「人界」之理、「事界」之理及「物界」
之理，讓其不離日用飲食範疇。因此，人與人、事、物之間的互動關係，就
成了認知過程中，最重要之修養工夫。

〔註83〕黃式三：〈里仁〉，《論語後案》，卷4，頁4～5。
〔註84〕黃式三：〈堯曰〉，《論語後案》，卷20，頁10。
〔註85〕同上註。
〔註86〕黃式三：〈申戴氏理說〉，《儆居集・經說三》，頁7。

此外，爲求避免以臆見爲理，而不能在一己之內靠著先天心性完成驗證，於是戴震曾以孟子所說之「心之所同然」爲驗證基礎，而說：

> 心之所同然，始謂之理，謂之義；則未至於同然，存乎其人之意見，不可謂之理義。在孟子言「聖人先得我心之同然」，固未嘗輕以許人，是聖人始能得理。〔註87〕

戴震認爲聖賢之「道」，實際上就是古聖賢之「心」，亦可稱之爲「心志」。於是「由文字以通乎語言，由語言以通乎古聖賢之心志」，〔註88〕「最終以心相遇」，〔註89〕並反復強調「故訓明則古經明，古經明則賢人、聖人之理義明」之眞義。〔註90〕至於我心之所同然者，乃因之而明的學術主張，志乎聞道，求不謬於心之終極目標。換言之，戴震對經書義理和聖人之道的探討，最終歸結於「心之所同然」，〔註91〕亦即人心之認同和理性思辨。

黃氏亦以「心之所同然」，作爲實現「理」之進路。其云：

> 《中庸》：「考諸三王而不謬，建諸天地而不悖，質諸鬼神而無疑，百世以俟聖人而不惑。」如是始爲得人心之同然，如是始謂之得理。孟子以聖人先得義理爲人心所同然，其解如此，若未至於同然，而存乎人之意見，不可謂理。《六經》、孔、孟之書以及傳記群籍，言理者少，今雖至愚之人，悖戾恣睢，其處斷一事，責詰一人，莫不輒曰理者，由自矜理具於心，而遂以心之意見當之也。〔註92〕

黃氏強調「理」不可來自主觀意見，以君王之賞罰標準爲例，乃需要經過考諸三王、建諸天地、質諸鬼神、稽以百世聖人等程序，方得建立，不可堅持自我主觀意見，以免貽禍百姓。故黃氏堅持「理」是要經得起各方考驗之共識，才算「同然」。至於「同然」標準，黃氏以爲唯有通過「智」之修養，從經典中取得聖人義理，再以此聖人義理作爲「同然」準則。換言之，僅有取決於經典之「同然」規範，才可稱爲「理」。如此一來，不僅不會流入主觀臆

〔註87〕 戴震：〈理〉，《孟子字義疏證》，卷上，頁2。

〔註88〕 戴震著，趙玉新點校：〈古經解鉤沉序〉，《戴震文集》（北京：中華書局，1980），卷10，頁146。

〔註89〕 戴震著，趙玉新點校：〈鄭學齋記〉，《戴震文集》，卷11，頁177。

〔註90〕 戴震著，趙玉新點校：〈古經解鉤沉序〉，《戴震文集》，卷10，頁146。

〔註91〕 黃愛平：〈戴震學術主張與學術實踐探析—兼論乾嘉漢學治學宗旨〉，收入《乾嘉學者的義理學》（臺北：中央研究院中國文哲研究所，2003），上冊，頁324～325。

〔註92〕 黃式三：〈申戴氏理說〉，《儆居集·經說三》，頁6。

見，更不會被統治者之私心掌控。顯然，黃氏強調「學聖人義理」之實功，亦即重「知」、重「習」之理念落實，更點出儒者通過經書文字、音韻、訓詁等客觀考據時，亦當兼顧對於「人心」之省思。

　　黃氏對於「心之同然」的詮釋，黃以周於《經訓比義》嘗引用說明。其曰：

> 聖人神明之至，能先得理，能先得義，所謂先智、先覺是也。……
> 悅聖人之理義，是謂性善。而博學之、審問之、慎思之、明辨之、
> 篤行之，而性之善乃充後世。……未至於同然，存乎其人之意見，
> 非理也，非義也。凡一人以爲然，天下萬世皆曰是，不可易也，此
> 之謂同然。〔註93〕

黃以周闡論父親之所以求「聖人義理」之同然，乃在於認定唯有聖人能先知、先覺，能先得人心之同然、能得理而導人歸於善。故後人能通過博學、審問、慎思、明辨、篤行等「聞道」工夫，擴充其善性。黃以周更指責那些「未至於同然」者，乃是以臆見爲理的「恣睢之徒」，其所謂「理」，只不過是一己之私心，而非人心之同然。故黃以周亦強調唯有通過「知」、「習」，才能達到「心之同然」。

　　黃氏之所以討論與聖人義理心之同然之「理」，其用意在於推翻理學家之「理具於心」，此亦理學家與乾嘉新義理學之立論差異。黃氏云：

> 《程子遺書》曰：「天之付與之謂命，稟之在我謂性，見於事業之謂
> 理。」朱子於《孟子注》引程子《易》〈艮卦〉之傳曰：「在物爲理，
> 處物爲義。」於《近思錄》又引之，於《論語或問》「吾十有五」章
> 辨窮理盡性之分，云理以事別。〔註94〕

強調理在氣中、理爲事理、情理，於是舉證程、朱皆主張理以事別，在物爲理，處物爲義，藉此反對「理具於心」之說。看他看來，「理具於心」乃「寂然不動而遂通」之「著」，而人心有思有爲，著無思無爲，論者援此狀心體參」的異端之談。〔註95〕並指責部份理學家，相信「理具於心」，明心就能見性，導致束書不觀，不諳事務之流弊。

　　黃氏義理學乃繼承「乾嘉新義理學」之集大成者之戴震而闡發，其特色在於取消宋明理學家之形上、形下分判，而主張以生生不息流行不已之天地

〔註93〕黃以周：〈理〉，《經訓比義》（臺北：廣文書局，1977），頁 12。
〔註94〕黃式三：〈申戴氏理說〉，《儆居集・經說三》，頁 8。
〔註95〕黃式三：〈坤上象傳〉，《易釋》，卷 3，頁 6。

氣化，作爲理論基礎，亦即「理在氣中、離氣則無道亦無理」之思想基調，
〔註96〕強調落實人倫日用爲之氣化理論，進一步包括在上述立場下之心性論
與修養工夫。

綜觀黃氏以「一本論」之哲學架構，從「天之氣、地之氣、人之氣」，論
證氣是一自然流行之道，反對將「陰陽氣化」視爲負面評價的「形而下」，而
以「形前／形後」，重新詮釋「形而上」與「形而下」，使理與氣遂「一本」
地同皆化歸「陰陽氣化」。再以血氣、心知爲「一本」，認同孟子性善立場，
主張從「性教合一」之踐履結果以論性，強調以「智」擇善、去蔽。並從實
在界之具體事物來論「理」，於是「理」即爲日月星辰等天文之理、山川溝壑
之地理、人與人之間的感通情理作用等等自然現象。如此一來，「理」與「欲」
不再對立，亦無須去欲，而是要以「戒貪」原則，以防其「過」，亦即通過養
智、擴充、反躬等工夫，求與聖人義理同然，達到人之情皆不爽失。

通過黃式三之義理思想，亦得以反映清儒強烈要求「理」與「人情」相契
之意圖，而這種強烈的社會取向之「理」，和宋明理學求道德主體的超越之「理」，
相距甚大。所以欲建立一社會性之公理，以維繫支持社會運作之秩序，其政治、
經濟意義，遠大於道德或宗教意義。清儒特別重視經驗領域，具有實用性、能
互動之種種社會理想，此正爲戴震、黃式三等人義理討論之最大價值。

第二節　以「約禮求理」修正「以禮代理」〔註97〕

乾嘉時期從清廷到學界，一致強調禮學，黃氏學術亦以禮爲依歸。是以，
無論是單偏考禮之文，抑或寄託於經典詮釋之「以禮解經」，以及黃以周《經
訓比義》不時以「儆居子曰」，推闡父親觀點，爲其補充、註解，甚至歸納提
要之處，皆可見黃氏強調禮俗文化，而企圖結合經學考據和道德實踐，寄寓
落實道德實踐於客觀禮制之理想。黃氏所著〈復禮說〉、〈崇禮說〉、〈約禮說〉
系列論「禮」之文，極力會通禮、理歧異，《定海縣志》稱其「樸實無華」，〔註

〔註96〕劉又銘：《理在氣中——羅欽順、王廷相、顧炎武、戴震氣本論研究》，頁3。
〔註97〕黃氏著有〈約禮說〉，其「約禮求理」之說取意於《論語》「博文約禮」，其《論
　　　　語後案》云：「文約禮，經中重出，聖教之諄復也。後儒重言理，輕言禮，王
　　　　伯安以博文爲支離，因言博文顯而可見之禮文，以約於微而難見之理，繩妣
　　　　性謬如此。」見黃式三：〈顏淵〉，《論語後案》，卷12，頁21。
〔註98〕定海縣志編纂委員會編：《定海縣志》（杭州：浙江人民出版社，1994），頁798。

98）《清代七百名人傳》評其「識者以爲不朽之作」，〔註 99〕俞正燮更謂「約
禮學微，心理教起，今日不可無此文」。〔註 100〕是以學界對於黃氏之義理學，
關注較多、討論最多者，即其關於禮、理之論辨。如魏永生〈黃式三學術思
想評議〉認爲黃氏重「禮」之表現，與「凌廷堪『以禮代理』傾向形成默契」；
〔註 101〕林存陽〈黃式三、以周父子「禮學即理學」思想析論〉，論述黃氏繼凌
廷堪、阮元所倡「以禮代理」說之後，進而總結爲「禮學即理學」，指出黃氏
藉由禮制、禮文呈顯寓涵於其中之理則、理序，以修正凌廷堪「以禮代理」，
而趨於「禮學即理學」之思想轉變，〔註 102〕皆看重黃氏之禮學思想價值。

　　清儒之所以強調捨「理」言「禮」，乃著眼於「禮」之經驗落實與客觀規
範。故清儒以「考禮」爲基礎，進至「習禮」，到強調「制禮節性」，試圖取
代理學家之「復性」說。如凌廷堪凸顯「禮」之實際作用，以爲「冠昏飲射，
有事可循也；揖讓升降，有儀可按也；豆籩鼎俎，有物可稽也」，〔註 103〕看重
「禮」之客觀價值，而倡導「以禮代理」。〔註 104〕嘉道間之崇禮思想，亦在乾
嘉倡導重禮之後，蔚爲風潮。但卻也與當時思想界主流之程、朱理學遵從者，
形成對峙之局，且展開論辯。

　　嘉道儒者對於「以禮代理」，有不少反動。如楊以增（1787～1855）指出「禮
猶體，理即脈。人具體而脈不調，則病；人襲禮而理不析，則誣」，〔註 105〕以
爲禮、理之異，一是外在儀節，一是內在氣血，故不可偏執。又如張惠言之子
張成孫，亦反駁「以禮代理」，而曰：

　　學漢者之言曰禮者，理也。其用以治，則興。惟宋之言何以異此？
　　宋儒謂人之所得於天，虛靈不昧，學者當因其所發而遂明之以復其
　　初。〔註 106〕

〔註 99〕蔡冠洛編：《清代七百名人傳》，下冊，頁 1689。
〔註 100〕黃式三：〈約禮說〉，《儆居集・經說一》，頁 16。
〔註 101〕魏永生：〈黃式三學術思想評議〉，《東方論壇》2000 年第 3 期，頁 31～35。
〔註 102〕林存陽：〈黃式三、以周父子「禮學即理學」思想析論〉，《蘭州大學學報》2001
　　　　年第 5 期，頁 127～129。
〔註 103〕凌廷堪：〈復禮下〉，《校禮堂文集》，頁 31。
〔註 104〕詳參拙作：《一代禮宗——凌廷堪之禮學研究》（臺北：萬卷樓圖書公司，
　　　　2004），頁 171～198。
〔註 105〕見高均儒：〈禮理篇跋〉，《續東軒遺集》（光緒七年刻本），書前，頁 2。
〔註 106〕張成孫：〈聞書〉，《端虛勉一居文集》，收入《叢書集成續編》，第 135 冊（據
　　　　常州《先哲遺書》本影印），卷 1，頁 7。

張成孫認爲漢學側重行爲實踐與治天下之策，所以置其要點於「禮」；而宋學強調人的天性之善與擴充，遂將重點置諸「理」。前者端正其心，後者策勵其行，二者並不相悖。至於方東樹《漢學商兌》則以「理」是天理，而「禮」只是天理之節文爲論點，〔註107〕對戴震、凌廷堪、阮元等人之「以禮代理」，提出嚴正反駁。

　　黃氏雖也重禮，卻對「以禮代理」有所不滿與修正。黃氏言：

> （凌次仲教授）又云：「求諸理至必於師心。」又云：「聖學禮也，
> 不云理也。」此因儒者舍禮言理，指心之微而難見者，以爲幽妙，
> 有激而言，矯枉過正。〔註108〕

以爲凌氏將凡言「理」者，皆歸入玄虛幽眇之談，實爲矯枉過正。故黃氏提出「窮理」即「學禮」、「約禮求理」，修正「以禮代理」。其論述觀點如下：

一、「窮理」即「學禮」

　　黃氏首先釐析造成禮、理爭議之關鍵，乃在於儒者對禮、理定義不同，故認爲要以二字之正詁入手，方能申其義。黃氏先釋「禮」字之義，指出「禮」原只是天地理序，乃聖人爲了維繫人倫秩序，起而將自然理序，加入「理義」與「儀式」，使其轉化爲具有深刻涵義之「禮儀」。黃氏云：

> 禮者，體也，統體皆安厝也。厝，經借錯旁，然後「禮義有所錯」，
> 禮「手足無所錯」，皆是。〔註109〕

他亟凸顯「禮」在現實中所能發揮之實際效用，以爲「禮」至少要兼有體會於「心」、以及踐履於「行」之作用，最終要讓人之心理與身體，皆獲得安置。亦即「禮」爲可具體施行於人事之儀則，通過體之於「心」，進而踐履於實際人倫日用。

　　黃氏又引用鄭玄對於「禮者，體也」之定義〔註110〕強調必須將「禮」深入人心，然後實地履行於生活細節中，方爲「禮」之眞義。黃氏於是又徵引

〔註107〕詳參張壽安：〈凌廷堪與禮、理爭議之起〉，《以禮代理——凌廷堪與清中葉儒學思想之轉變》（臺北：中央研究院近代史研究所，1994），頁115～152。

〔註108〕黃式三：〈約禮說〉，《儆居集・經說一》，頁16。

〔註109〕黃式三：〈五德分合說〉，《儆居集・經說二》，頁17～18。

〔註110〕鄭玄《周禮・序》說「禮者，體也，履也，統之於心曰體，踐而行之曰履」。見孔穎達：〈禮記正義序〉，見阮元校勘：《十三經注疏・禮記注疏》，書前，頁9。

《周易・序卦傳》之「然後禮義有所錯」，〔註111〕以及《禮記・仲尼燕居》「無禮則手足無所錯，耳目無所加，進退揖讓無所制」，〔註112〕論證「禮」乃是維繫此人倫秩序之基準，而呈現天地理序，才是「禮」之正詁。

　　黃氏並界定「禮」必須涵蓋「禮義」與「禮數」二者。其云：

　　　　〈禮器〉曰：「〈經禮〉三百，〈曲禮〉三千。」經禮者，禮之大經；

　　　曲禮者，禮經中委屈之數也。〔註113〕

黃氏比對《周官・肆師》經文，指出「禮儀」當作「禮義」，又對照《左傳》亦言「民受天地之中以生，是以有動作、禮義、威儀之則」，意謂人之一切視聽言動，皆有「禮義三百，威儀三千」之法則。故黃氏詮釋「禮儀」當包含被視爲禮之大經的「經禮」，亦即有動作威儀之法則的「禮義」，以及有威儀可畏象的實際禮文之「曲禮」、「禮數」。

　　黃氏又釐清「禮義」與「禮數」差別。其指出「禮義」包括《儀禮》之冠、昏、吉、凶、燕、射、朝、聘等禮儀制度，以及《禮記》之冠義、昏義、鄉飲酒義、燕義、射義、聘義等以「義」爲名者，皆屬之「禮義」，亦稱之「經禮」。至於「曲禮」則比較複雜，除了含《儀禮》中，被淩廷堪所釋諸「例」中，被歸納爲器物儀節之則，以及《禮記》中所有論及拜揖之儀、俎豆之數的〈少儀〉、〈內則〉、〈玉藻〉等等，此皆爲可確實施行之儀則，故當歸入「曲禮」。換言之，「經禮」之中有「曲禮」，「曲禮」之中有「經禮」，故「禮」兼有「禮義」與「禮數」。

　　黃氏進而指出具存於禮之「理則」，乃由聖人效法天地運行之序，順應萬物本然之性而設，故爲秩然之「理」。其云：

　　　　禮也者，制之聖人，而秩之自天。當民之初生，禮儀未備，而本於性

　　　之所自然，發於情之不容已，禮遂行於其間。溯而上之，天之生人也，

　　　陰陽相繼以成性，此禮之所由變化，邃古聖人即因而略定之。〔註114〕

指出聖人「制禮」，只不過是將人內心原已具備的秩然之理「略定之」而已。所以說「心爲禮之端」，把人本心之善，當成制「禮」依據，而「無是心，非人也」，既是人，便有是心，可知人人皆具有禮之理則。黃式三更認爲此一秩

〔註111〕阮元校勘：〈序卦傳〉，《十三經注疏・易疏》，卷9，頁187。

〔註112〕阮元校勘：〈仲尼燕居〉，《十三經注疏・禮記注疏》，卷50，頁18。

〔註113〕黃式三：〈復禮說〉，《儆居集・經說一》，頁16。

〔註114〕同上註。

然理則，不僅人類有之，其他動物也具備。他舉蠡蟻有君臣、豺狼有父子、鴻雁有行列之序三例，此皆動物與生具有之理序，並非聖人調教結果。據此可知，動物雖不受教於聖人，卻自有其秩序理則，故「聖人未教人，而人盡無禮」，無法成立。換言之，黃氏認定「知禮」，爲人與生具有之天性。

　　黃氏繼而詮釋「禮之本」，乃爲個人內心所本有的忠信之道，無須外求。其云：

　　　　〈禮器〉曰：「忠信，禮之本也。義理，禮之文也。無本不立，無文不行。」是禮中有本也。……近或以禮專指儀文言，遂於禮外求本，尤謬！〔註115〕

黃氏以爲「禮」之本爲忠信之道，亦即人心原已具備的秩然之「理」，非如專指儀文而已。他強調「禮者，制度之顯著於行事，秩然不可變亂，使人俯就仰企者也」，〔註116〕肯定「禮」是維繫人事秩序不變亂之最大力量，通過聖人制「禮」，可以掌握天地理序，進而使人人舉措合理得宜，使賢者俯就，不肖者亦能企及，讓「禮」成爲「治德」依據，體現天地理序。可見禮、理無須對立兩判，更不可舍理言禮。

　　據此，黃氏解釋「格物窮理」，亦即「格物學禮」，強調禮、理通貫。其曰：

　　　　格物不外於窮理，窮理不外於學禮。學吉、嘉、賓禮而知喜樂之等次；學喪、葬諸禮而知哀之等次；學兵、刑諸禮而知怒之等次。以禮節喜、怒、哀、樂之中，即好惡之矩也。絜矩以公好惡，所以行禮也。《大學》一篇本禮書，以格物爲禮經之實學，學不流於支離；以絜矩爲禮教之成功，功不流於雜霸。〔註117〕

黃氏以爲「窮理」之目的，在於維繫社會正常理序，而禮經中之各種儀節制度，又爲體現理序之根本。是以「窮理」，亦即「窮究禮制」，乃通過實際儀節制度，使人之喜、怒、哀、樂達到平和，人之好惡，亦得以「合於禮」爲依循原則。換言之，能夠規範道德者，唯有實際禮制中的是非之「理」。

　　黃氏考論禮、理關係，與凌廷堪等人一樣，皆以挽救理學之空疏流弊爲目的，強調個人修養從「學禮」開始，社會核心問題在於制度改良和維繫。因此，凌廷堪認爲顏淵「其心三月不違仁」即「復其性」，而其所以能復其

<hr>

〔註115〕黃式三：〈八佾〉，《論語後案》，卷3，頁7。
〔註116〕黃式三：〈爲政〉，《論語後案》，卷2，頁6。
〔註117〕黃式三：〈絜矩說〉，《儆居集・經說二》，頁1～2。

性者，便是經由「學禮」，亦即孔子所言「一日克己復禮，天下歸仁」之欲復其性、舍禮別無其他門徑。不過相較於淩廷堪持論「聖人之道，一禮而已」、﹝註118﹞孔子之言「恆言禮，未嘗一言及理」，﹝註119﹞以爲舍禮則無以爲教、舍禮無以爲學之「以禮代理」。黃式三則認爲「理」爲「禮」之精義、爲「禮」中所存之是非「理則」，二者皆出於人之不可易的天性，故認爲淩廷堪其有過激、矯枉過正之嫌，需要修正。

黃氏通過「格物窮理」之再詮釋，強調「窮理」即「學禮」。實際上，陽明後學之羅汝芳（1515～1588）雖屬於泰州一系，亦極力將心學推向平民化、世俗化，且能夠發展出一套獨特的「克己復禮」新體系。其影響不僅讓陽明良知之學，由「體仁」走向「立禮」，從「自證本心」，走向「明明德於天下」，更要求人們於日常生活中，實行一種合乎禮儀禮度之生活，而開儒學經世之路向，﹝註120﹞並歸結《六經》之嘉言善行爲「孝弟慈」，以爲此乃化民成俗之要法、希聖希天之途徑。而黃式三雖對陽明後學有諸多不滿，卻對羅汝芳「孝弟慈」之宗旨極爲認同，以爲「此正合擴充之教也」。﹝註121﹞於是詮釋「克己復禮」，便引用羅近溪「能自復禮」觀點，以爲「克責己之失禮以復之也」，強調通過「知禮」以去己之失，如此則去私之學自在其中。換言之，黃氏認爲「克己」是由外鑠，而非「認識未生前本來面目」之內發自覺工夫。﹝註122﹞黃氏胞弟黃式穎嘗言「〈約禮說〉諸篇，蓋爲此而言」，﹝註123﹞意謂黃式三之約禮、崇禮思想，乃受到羅汝芳之啓發。

二、「約禮」以求理

黃氏修正「以禮代理」之主張，就是提出「約禮求理」。黃、淩二氏皆強調崇禮，但淩氏主張禮之能「復其善」，在於輔之以「節心、節性」，於是認爲「蓋至天下，無一人不圍於禮，無一事不依於禮。」「其所以節心者，禮焉爾！不遠尋夫天地之先也；其所以節性者，亦禮焉爾！不侈談夫理氣之辨也。」

﹝註118﹞淩廷堪：〈復禮上〉，《校禮堂文集》，卷4，頁28。
﹝註119﹞淩廷堪：〈復禮下〉，《校禮堂文集》，卷4，頁31。
﹝註120﹞詳參龔鵬程：〈羅近溪與晚明王學的發展〉，收入吳光主編：《陽明學綜論》（北京：中國人民大學出版社，2009），頁196～223。
﹝註121﹞黃式三：〈對羅氏宗旨問〉，《儆居集‧雜著三下》，頁17。
﹝註122﹞黃式三：〈顏淵〉，《論語後案》，卷12，頁2。
﹝註123﹞黃式三：〈對羅氏宗旨問〉，《儆居集‧雜著三下》，頁17。

〔註 124〕由於淩廷堪以「情」之「好惡」角度出發論「性」，主張「性者，好惡二端而已」，認爲「性」是以好惡之情來呈現。故凡好好色、惡惡臭等，概皆「性」之呈顯。於是先王制禮緣情，「好惡者，先王治禮之大原也」、「好惡生於聲色與味，爲先王制禮節性之大原。」〔註 125〕強調聖人從人性「好惡之情」出發，在既能顧及人情、又能不失矩度情形下，制禮節性以資百姓日用之遵循，所以好惡之情，即是禮制根本。淩氏認爲既然「性」之呈顯，藉諸好惡之情，那麼凡一切喜怒哀樂，皆生於「性」，亦即一切「情」皆屬於「性」。在淩廷堪以「情」論「性」之思想架構中，「禮」之設，乃爲了「節性」，節制「好惡之情」之過與不及。可見淩氏論性，已近於荀子。

　　黃氏與淩氏思想之最大差別，在於黃氏之人性論宗孟子「性善」，而淩廷堪則趨於荀子性惡一系。黃氏認爲口味、目色、耳聲、鼻臭，四肢安佚等等，皆爲「血氣之粗駁」，亦即血氣之不正者，並不可稱爲「性」或「情」。易言之，人之欲、情皆爲後天習染，而非本性，故認爲禮之設，是爲了修正「不正之氣」，而非「節性」。於是黃氏提出「約禮」說，認爲聖人制禮，乃緣天地自然理序，而非如淩氏所云「好惡者，先王治禮之大原也」。兩者差異在於黃氏認爲制定禮制之動機與目的，都在於體現人之秩然理則，淩氏則認爲要約束人之好惡本性，前者本於孟子性善論，後者則較近於荀子之性惡理路。故黃氏提出「約禮說」，並解釋「約禮」之義，即執守禮教。黃氏曰：

　　　朱子《注》「執」訓「守」，本博文約禮之教，「約」即執守也。式三
　　　謂：執、節通。〔註 126〕

他以爲「約」即「執守」，乃通過施行禮制，提醒人人執守自然理則。換言之，黃氏認爲人心之所以失序，是由於本心之放失，所以主張藉由孔門揭示修身處事之道，在於「博文約禮」，使人廣學於文又能「存不敢自是之心」，以修正有所偏、有所拘之心。又因爲學習過程中，會有「因博而易雜」情形，於是「必約之以禮」，時時以「禮」爲修身處事繩墨，倘若「所行或太過，禮以節之；所行或不及，禮以文之」，通過「約禮」工夫，整飭分寸，使人心皆不畔於「理」。

　　相較於淩氏以爲制禮之作用在於節性、節好惡之情，黃氏則主張執守禮制、節制於禮義之目的，在於回歸人本有之自然理則，而非克制情性。故黃氏曰：

〔註 124〕淩廷堪：〈復禮下〉，《校禮堂文集》，卷 4，頁 31。
〔註 125〕淩廷堪：〈好惡說上〉，《校禮堂文集》，卷 16，頁 140～141。
〔註 126〕黃式三：〈述而〉，《論語後案》，卷 7，頁 18。

約之以禮，謂行其所學必節之以禮也。君子多識前言往行，非以爲
口耳之資，固孜孜然欲法古人之所爲也。而法古人所爲，必節之以
禮；禮者，先王制爲不易之經，以別同異、明是非也。讀諸子雜說，
衡以先王之禮，可否定而始行。即《詩》、《書》所載，必以禮准之，
知其淺深醇駁之殊，始可以力行不惑，於道乃不背也。〔註127〕

指出「禮」乃先王據自然理序制定以別同異、明是非之不易法則，可爲吾人
言行唯一矩度，「禮」亦爲所有學問宗旨，無論諸子雜說、抑或儒家諸經，亦
皆以「禮」義通貫其間。換言之，孔門揭示之修身處事方法，亦在於行「禮」，
以實行自然理序。

　　黃氏又認爲後世之所以有禮、理之辯，在於將「禮」分體用所致。其云：

自范淳夫於《論語注》辨禮之體敬、用和，朱子采之，而曰「禮者，
天理之節文」，後王陽明作〈博文約禮說〉，因以理爲禮之體，以節
文爲禮之末，儒者俱遵此說。倘〈八佾篇〉重言禮，而禮後之。禮，
以節文之：末，抹搬之，而〈八佾〉一篇之大旨晦矣！〔註128〕

黃氏認爲倘將禮分成體、用二端，則「禮」成爲節制、文飾「天理」之「用」，
又據陽明以爲節文爲禮之「末」，「末」有「抹搬」之意，如以一來，則成爲
節文天理而抹搬禮，豈不與孔子重禮本意相悖？更何況「體用」只是仙、釋
家慣用之解釋方式，「聖經賢傳無體用對舉之正文」。〔註129〕故黃氏強調「禮
一也，分顯微而二之，文與禮二也，以禮之顯者爲文而一之」，〔註130〕亦即禮
本一體，兼含顯微，顯者爲禮文，微者是禮義。倘單單思辨禮義而不習守禮
文，人之行爲將無可制約，故不可將禮分爲體、用。並認爲正因前儒將禮分
成體、用，「後儒重言理，輕言禮，王伯安以博文爲支離，因言博其顯而可見
之禮文，以約於微而難見之理」，〔註131〕以致於引發禮、理爭議，更不合於《論
語・八佾》詳言「禮」，不空言「理」之旨。

　　黃氏又詳辯禮、理之異，並對「理具於心」提出質疑。由於理學家主張
理具於心，強調發明本心，遂將致知工夫轉成內索，既無外事、外物可資憑
藉，又無眾人之共知、共識證驗。故黃氏論證「理」就是「禮」所呈現出以

〔註127〕黃式三：〈雍也〉，《論語後案》，卷6，頁40。
〔註128〕黃式三：〈釋氏體用辨〉，《儆居集・經說五》，頁32～33。
〔註129〕黃式三：〈學而〉，《論語後案》，卷1，頁25。
〔註130〕黃式三：〈約禮說〉，《儆居集・經說一》，頁15。
〔註131〕黃式三：〈顏淵〉，《論語後案》，卷12，頁2。

別仁義、明是非之「理」。換言之,「理」須藉由「禮」以呈顯,非如理學家所言,另有微而難見之「理」存於本心,故無論言「心即理」,或主張心之天理即天秩之禮者,皆為「自是其心」之臆見。黃氏曰:

> 古之所謂理者何邪?〈禮器〉曰:「義理,禮之文也。」〈樂記〉曰:「禮也者,理之不可易者也。」然則,禮之三百、三千,先王所條分縷析,燦然顯著,別仁義、明是非,君子不敢紊而畔之者,此理也。王氏所謂「微而難見之理」,則自信本心之光明洞徹,萬理畢備,己知其是,人莫能見耳!何所據而言之,由來漸矣!〔註132〕

他強調所謂本心洞澈萬理,往往是「己知其是,人莫能見」。若人人視一己所得之臆見為理、為是,必至意見分歧,公則難立。是以,《論語》言「從心所欲」,必言「不踰矩」,「矩」即禮之則,心待「矩」而正之,絕非胡致堂所說「隨所意欲,莫非至理」。黃氏並以為王學一派之學者,摒棄「先王之禮不言」,而「直言心」,不從實際禮制入手,而空談心性、天理,不僅誤解禮、理真義,使「以心之臆見為理,而理已誣;以本心之天理言禮,而禮又誣」,〔註133〕可見此皆不能詳辨禮、理所致,故據此反駁「心即理」之說(黃氏批評「心即理」之說,詳見後文)。

黃氏既辨理、禮之別,強調「禮」為進德之道,故又提出「崇禮」說。他以「禮」為於五德之一,並將之納入「尊德性」內容,以防其流於虛無。黃氏曰:

> 後世君子外禮而內德性,所尊或入於虛無;去禮而濫問學,所道或流於支離,此未知崇禮之為要也。不崇禮即非至德,何以能凝至道?
> 〔註134〕

他不滿理學家未深於「禮」,故將「禮」排除於德行之外,又分德行、問學為兩途,故言尊德性者,流入虛無;重道問學者,亦落入支離,然後相互攻擊。他指出聖人之道,在於求至德,而此至德就《論語》而言,乃分道德、齊禮,即〈曲禮〉所言之「道德仁義,非禮不成」,可知「禮」即為德性之一。換言之,聖人之至道、至德,乃「禮義三百」、「威儀三千」,當然就無須於「禮」外求「道」。而君子崇禮以凝道,「知禮之為德性而尊之,知禮之宜問學而道

〔註132〕黃式三:〈約禮說〉,《儆居集·經說一》,頁14。
〔註133〕同上註,頁16。
〔註134〕同上註,頁18。

之」，道問學、尊德性之內容，皆在「崇禮」。

　　黃氏又論證「禮」為五德之一，指出禮與德有分言者，如《論語》分道德、齊禮，即〈曲禮〉之「道德仁義，非禮不成」，合而仍分也。又有以「禮」為德者，如仁、禮、義、信、智為五德，則「禮」亦為一德，可歸屬於德性。黃氏更將《中庸》「致中和」工夫，亦指向「崇禮」，其曰：

> 其育物之道廣大，不外禮之精微，盡精微所以致廣大也；其配天之
> 道高明，不外禮之中庸，道中庸所以極高明者也。敦厚以崇禮者，
> 燖溫前世之古禮，考求後王之新禮，遵而行之，不偏古，不偏今，
> 崇之必敦厚也。〔註135〕

可見「崇禮」之目的，在於求德行敦厚，故無論「崇禮以凝道」、「溫故而知新，敦厚而崇禮」，皆落實在「禮」字上講。顯然，德性之所當尊者，不只是心性，亦是「禮」；問學之所當道者，亦在於「禮」而已，切不可因禮有委曲繁重之數，遂陋視其為「細小之目」。於是黃氏主張「外禮者之和，失其和」，〔註136〕亦即《中庸》所說「極高明而致廣大」，其要旨不外乎明禮之精微，和行禮之中庸，並以為此與理學家之灑掃應對、盡性至命，互為發明。

　　黃氏由禮之正詁出發，先別禮、理之異，復指出理學家實混理、禮為一，導致曲解禮、理本末，終致流入空論天理之弊。並指出以「禮」為本，而天理就在社會規範之中，沒有禮儀、禮制，就無所謂「理義」。易言之，「理」為「禮」之精義，為「禮」中所存之是非「理則」，只是對「禮」之關係和本質的抽象認識。故「禮義」即為「理則」，禮本一體，不可分體、用，其兼含禮文之顯與禮義之微。是以，倘僅有思辨禮義而不習守禮文，人之行為將無所制約，以致於紊亂。正如理學家視天理內存於本心，又將禮義向內推索至人心，於是導致人人各師其心，造成空言本心流弊。因此無論「性即理」，或「心即理」，皆於執微忘顯之偏頗下，忽略儒學所強調之「約禮」工夫，亦即禮文部份，而不能真實、有效地復性。黃氏反對空言心性，以為通過學禮、執行禮教，才得以體現聖人源於人之理序所定之理則。黃氏之論，誠如俞正燮謂「約禮學微，心理教起，今日不可無此文」，〔註137〕看重其以性教合一之觀點。

　　黃氏又從「學」字、「教」字切入，著眼於眾民之教化，而非智者之思辨，

〔註135〕同上註。
〔註136〕黃式三：〈學而〉，《論語後案》，卷1，頁27。
〔註137〕黃式三：〈約禮說〉，《儆居集・經說一》，頁16。

將理學家視爲形上之「理」，扭轉到形下氣化經驗面之「禮」來討論，呼應清代新義理學所強調從「天理」到「事理」、「情理」之價值轉換。黃氏以爲「窮理即學禮」，著眼於「禮」之經驗落實、客觀規範，除了強調外在客觀之「禮」對人性道德的規範作用，並重視「學」與「教」之實踐工夫，要求通過「博學約禮」，在修爲上加強對知性主體之道德判斷、能力增進。其「重智」、「重學」工夫，亦即「清代新義理學」強調智性道德觀之延續發展。

第三節　批評王學之「《六經》注我」

　　清初開始之「尊朱闢王」立場，直到晚清才稍有改觀。試探陽明所建構之心學思辨體系，雖於明代再創理學高峰，並於明代中葉起即領導當時學風。不過隨著王學分化，晚明還是不可避免地淪爲空談，而難有實際修爲。入清以後，其末流亦難辭其咎地揹負了過責的亡國之咎，加以主流文化「尊朱」，故清代之王學發展，除了於順治到康熙初葉，能夠在學術內容上有所開拓，或突破舊規模而主持學壇風會外，之後便相對地沈寂。道咸以降，由於清王朝之「德衰業敗」，故有儒者集矢於科舉之利祿導致人心大壞，轉而肯定陽明事功與學術，並相繼刊行不少心學著作，〔註138〕陸王心學亦有復甦之勢。〔註139〕黃氏反對王學末流之玄虛蹈空，故對王學復甦相當憂心，於是指出陸、王學說之弊，以提醒世人明辨其缺失。

　　黃氏批評陸、王，主要針對「《六經》皆我注腳」而發。黃氏曰：

> 古人所謂學，經學而已，樂正四術：《禮》、樂、《詩》、《書》。孔門
> 《六藝》加《易》與《春秋》，七十子皆通之，窮經以致用，不敢臆
> 斷於心也。心學家苟言，明此心以治經，不言《六經》注我，我何
> 注經。其害未甚，而所惡者，依其說而經學亡耳！〔註140〕

他重視來自經典之實學，以及考據訓詁之治學方法，對於《六經》注我之說，極力反駁，更指責其乃導致經學衰亡之禍首。黃氏於是又作〈讀陸氏象山集〉，辨析象山與朱子異同，除了指出「陸氏以宇宙事皆分內事，安得以考訂經傳，

〔註138〕如道光初年重修之《陸象山先生文集》、道光六年印行之《陽明先生全集》與
　　　　《王龍溪先生全集》、同治七年翻刻王陽明《朱子晚年定論》等。詳參龔書鐸
　　　　主編：《清代理學史》（廣州：廣東教育出版社，2007），下卷，頁282～287。
〔註139〕同上註，頁274～297。
〔註140〕黃式三：〈讀顧氏心學辨〉，《儆居集·讀子集三》，頁11～12。

爲儒者分外事」，〔註141〕更不滿象山不由讀書入手、不以學問爲根基而求放心之《六經》注我理論。

至於陽明學，黃氏以爲「致良知」與「心即理」之立論已有偏誤，以致於後學流入只言「明心見性」的空疏之弊。綜觀黃氏對於陽明學之批判，主要有二：

第一，指責陽明不明經之正旨、悖離聖人之教。黃氏指出陽明詮釋「格物致知」與「良知」，完全悖離聖人之教，原因在於不明經之正旨。黃氏以爲「考訓詁、辨文字聲音」，〔註142〕就是格致之道，但陽明卻辨之不明。首先，黃氏舉《大學》「誠意」之「意」，以爲此指意之「善」，但《論語》「毋意」之「意」，則爲「不善」，然陽明卻說「有善、有惡意之動」。黃氏強調此乃經義之異者，必不可合而爲一，〔註143〕而陽明卻強爲牽合，以致於立論有誤。黃氏更以劉蕺山曾用「如心體果無善惡，則有善、有惡之意從何處來」提出質疑，點出此乃「將意字認壞」。〔註144〕黃氏以爲此即陽明牽合經意之誤，而從其學者又辨之未晰，致使經義未明之結果。

其次，黃氏指出陽明訓解「格物致知」，亦有訛誤。由於陽明亟反對朱子就「即物而窮理」以說「格物」，故認爲若說「即物窮理」，便是「就事事物物上求其所謂定理者也」，是以吾心而求理於事事物物之中，便是「析心與理爲二」，堅持「理雖散在萬事，而實不外乎一人之心」。黃氏則以爲陽明不明「格」字之訓，才會主張「致知格物」，就是道德經驗之爲善去惡，亦即用吾之良知，以正吾之所爲。於是反駁陽明以吾心之良知，即是天理，將致良知於事事物物，事事物物便無時無處不是天理之呈現的「心即理」主張。黃氏以爲所謂「格物」，乃在於量度實際人倫日用之事，而非「本心」。其云：

> 明新之事，非在外格之，何至外義理，不循事以度，必以私見爲理，未見陽明之果是也。格，量度也，見《文選·蕪城賦注》、〈運命論〉注引〈倉頡篇〉，又見〈玉篇〉、《廣韻》。宋車清臣取之，當量度之事物，在身心家國天下，見宋末黎以常說，明初黃南山說，陽明胡不引之？〔註145〕

〔註141〕黃式三：〈讀陸氏象山集〉，《儆居集·讀子集二》，頁20。
〔註142〕黃式三：〈讀畏軒記〉，《儆居集·雜著四》，頁27。
〔註143〕黃式三：〈經隅〉，《黃氏塾課》（同治二年黃氏家塾本），卷下，頁31。
〔註144〕黃式三：〈讀劉氏聖學宗要〉，《儆居集·讀子集四》，頁21。
〔註145〕黃式三：〈讀王陽明文集〉，《儆居集·讀子集三》，頁8。

他認爲陽明訓「爲善去惡是格物」，於是窮至事物之理的「致知」，在於致吾心之良知。但良知需在具體日常生活上體現，並推擴到家國天下，才有實際價值。若僅僅從心上致知，而不循事以度，不免流入空談，根本毫無實際意義。故黃氏以爲此乃陽明立教已不合古訓，以致偏離聖人之旨。

再者，黃氏又認爲陽明詮釋《孟子》所言之「良知」，悖離《孟子》原義。黃氏以爲「良知」乃《孟子》針對「告子諸人外仁義而言之」，正如《大學》言「治國平天下」，不外愛敬之擴充，此言孝弟之良知、良能，正欲擴充愛敬之心，不敢慢人，不敢惡人，使仁義達於天下。其所重在於擴充本有之愛敬良知，而非陽明所言之「致良知」。否則「以虛寂爲靈明之本」，〔註146〕豈不與《孟子》本義相悖。黃氏強調「良知」需通過「多聞擇善，多見而識」，以消除游氣雜擾與耳目嗜欲，以成爲踐形履現於日常生活之憑恃。黃氏曰：

> 孔子之教曰：「多聞擇善，多見而識。」而陽明則曰：「德性之良知，非由於聞見，娉求於聞見之末，故曰知之次。」陽明之說，其不然乎！其不然乎！如其然，則孔子教人爲知之次，而陽明娉教人爲知之上乎！爲知之上而不得，則不知而作之人由此多矣！〔註147〕

強調唯有經由多聞、多見之學習過程，良知才能養成，絕非陽明以爲良知即本心，無須聞見而能自得，故黃氏指責此皆陽明不明經之正旨所致。

第二，不滿王學過度強調「靜坐」、「求本心」之工夫。「靜坐」爲陳白沙相對於「即物窮理」之外向工夫，轉而向內「爲學當求諸心」，提出在心上作工夫之「心學法門」。〔註148〕白沙要靜中見心體呈露，主張從靜中養出「端倪」、養出「善端」。但白沙主張心中求「道」，心中求「理」，雖然尚未提出、或論證「心即理」，卻已爲陽明心學運動開了先河。使陽明於龍場悟道後，終於能盡去枝葉，一意本原，以默坐澄心爲務，專提「致良知」之教。

黃氏認同靜坐得以使人保持心之澄澈，但不滿陽明後學不讀書而專以靜坐爲務之偏失。黃氏亦主張人需要保持心之澄靜，以免失於躁，於是同意人要常常自我檢束心於口用語默之間，使苛刻易慢之言不敢出。於是認同陽明本人雖強調靜坐，卻從未要人深居端坐、謝絕事務，而是要隨事隨物精察此

〔註146〕黃式三：〈性重擴充說〉，《儆居集・經說二》，頁16～17。
〔註147〕黃式三：〈讀王陽明文集〉，《儆居集・讀子集三》，頁10。
〔註148〕陳獻章：〈書自題大塘書屋詩後〉，《白沙子全集》（臺北：臺灣商務印書館，1973），卷7，頁70。

理，才是「致知格物」之教。但黃氏不滿陽明後學「無陽明之天資而復素無
積學」，且「如陽明之知疑者蓋鮮」，因以不能通透「靜坐」與「求本心」之
旨，故只能作出「直自檜以下而已」之書，造成空言心性之流弊。黃氏曰：

> 近儒言仁，空論本心，因以瞑目靜坐心無所著爲仁，是老僧面壁多
> 年，有一片慈悲心即可畢仁之事，尤謬也。〔註149〕

可見儒者之靜坐，不外乎持志、養氣二端，亦即通過「居敬」，將思慮不可必
得、悖禮違義之念遏「絕之」，使念念皆出於仁、義、禮、智，以收斂此心的
「敬義內外夾持之法」。換言之，黃氏認爲靜坐之目的，在於去除不合於仁、
義、禮、智之念，而非陽明後學襲用《孟子》「求其放心」、「失其本心」及「存
心」等言，將之與精神內斂相混，主張此心自存，遂以瞑目靜坐爲存心、爲
求放心、以認本來面目爲本心之靜坐宗旨。

　　黃氏以爲那些靜坐而求本心者，乃「異說所由起」，造成人皆可爲堯舜之
謬誤。在他看來，國家治亂之命，主於君，人品高下之命，主於師，故孔子
爲萬世之師，其言文、行、忠、信四教，倡以德行、言語、政事、文學四科，
使人各隨性之所近而裁成。但主於心學之說者，卻以爲「人之舉動莫非自心
出者，放辟邪侈亦心也」，〔註150〕於是田夫野老、匠人陶戶亦皆可爲聖人，其
弊至此，後人應當深察之。

　　黃氏更指出靜坐本佛家養生門徑，不得援引爲眾生求道之唯一方式。黃
氏認同佛家已遠離俗世、不問世事，故藉由靜坐，保持心之不昏昧，一則游
心沖漠，求接僊人以延年；一則求無生寂養，不滅之靈明，使死而不迷於輪
回超生之路，所以需要日夜長坐以修煉。但部份心學家卻只靜坐而不讀書，
反而未能體驗「靜」之眞義。黃氏云：

> 儒者有事則不卻事而坐，無事則心苦索於讀書。如不讀書而坐，敬
> 諗一身中陰陽消長之分數失得，憂慮之乘除，衡量多寡，克己內訟，
> 亦定其心以立群動之本而已。〔註151〕

強調唯有通過博覽讀書才能求放心，人事得失之理，亦須藉問學才得辨明，
不能專以靜坐而得。且學者多惡動求靜、舍定言靜，不免流入常惺惺之學，
無異於捨本求末，不得不愼。

〔註149〕黃式三：〈雍也〉，《論語後案》，卷6，頁23。
〔註150〕黃式三：〈讀王心齋大成歌〉，《儆居集·讀子集四》，頁21。
〔註151〕黃式三：〈對陳氏靜坐問〉，《儆居集·雜著三》，頁8。

綜觀黃氏對陽明學之批評，主要在於不滿其「《六經》注我」之說，使後學不「讀經」而以靜坐求放心。除了反駁王學之外，藉此提示學術界重視讀經，並通過訓詁方法以明經旨，以求致用，其所繫仍在於「窮經以致用」。故黃氏強調曰：

> 顧亭林曰：「經學即理學也，經學外之理學即禪學。」以明心見性之空言，代修己治人之實學，股肱墮而萬事荒，爪牙亡而四國亂。顧氏在明季見經學亡，而國亦亡，痛哉言之！……天下學術之正，莫重於實事求是，而天下之大患，在於蔑古而自以為是。〔註152〕

提醒儒者當明心以治經，經明則心益明。倘不讀經而空言心性，正如外仁、外禮、外事而空言心，不僅蔑古而自以為是，更是離經叛道，儒者當戒之。

此外，黃氏雖反對王學部份宗旨，卻對王學修正派之黃宗羲，極為推重。試探清代王學發展，劉蕺山承陽明之緒而倡以「誠意」為主、「慎獨」為功之修正，其影響所及，據梁啓超《中國近三百年學術史》以為「明清嬗代之際，王門下唯蕺山一派獨盛」。〔註153〕後又經梨洲從蕺山游，梨洲雖仍以陽明為根柢，而歸宿、收攝於一心，卻又纂輯《明儒學案》表明「心無本體，工夫所至，即其本體」，〔註154〕而將心學一派所強調之「本體」扭轉到重實踐「工夫」。一面又以「讀書不多，無以證斯理之變化；多而不求於心，則為俗學」，〔註155〕而無日不做事、無日不讀書以矯束書不觀、游談無根之流弊。故黃氏反對王學之不治經、不讀書流弊，黃宗羲皆已修正之，於是黃氏甚為推崇梨洲，嘗作〈讀南雷文集〉，藉比較梨洲與其他王門後學之異，肯定梨洲所言為徵實之學。

黃氏曾就梨洲對《孟子》之詮釋，表達服膺之意。黃氏以《孟子》所言人之「四端」為例，指出蕺山所言是指情言性，非因情見性也。即心言性，非離心言性也。必求之惻隱、羞惡、辭讓、是非之前，則心行路絕，言語道斷，所謂有物，先天地者，是二氏之歸，已絕非空言心性之論。又如先儒言性必分理氣，但蕺山亦未將此理別視為一物，而提出盈天地間止有氣質之性，所以那些不雜於氣質的義理之性，只是臧三耳之說，可見黎洲也反對理氣二分。他又舉先儒言性，多以鏡為喻，但黎洲卻說「此以空寂言性也。吾人應

〔註152〕黃式三：〈讀顧氏心學辯〉，《儆居集・讀子集三》，頁12～13。

〔註153〕梁啓超：〈陽明學派之餘波及其脩正〉，《中國近三百年學術史》，頁45。

〔註154〕黃宗羲：〈自序〉，《明儒學案》（臺北：台灣中華書局，1981），頁1。

〔註155〕全祖望：〈梨洲先生神道碑文〉，《鮚埼亭集》，收入全祖望撰，朱鑄禹彙勘：《全祖望集彙校集注》（上海：上海古籍出版社，2000），卷11，頁219。

物處事，如此則安，不如此則不安。若是乎有得於中，此安不安之處，乃是
性也。鏡是無情之物，不可爲喻」。〔註156〕證明黎洲談心性之論域，完全置於
實際人倫日用之上，而非蹈空之形上思辨而已。黃氏又指出戴氏論性、論理
雖與黎洲有同、有不同，卻以黎洲爲濫觴，〔註157〕故黃氏對梨洲思想即相當
推重。

　　誠然，黃氏批評王學，雖帶有不少對抗異說色彩，但出發點並非鑑於門
戶之別，而是出於對心學復甦之憂心。黃氏爲免儒者重蹈明末空談覆轍，以
爲昔賢之能致良知者，唯在《六經》，於是強調儒者由治經入手，並通過「讀
經以治心」，以治心必歸於思誠，〔註158〕呼應時儒「欲救人心則必恃學術」主
張，〔註159〕以解決「德衰業敗」之時代課題。

　　綜觀黃式三之義理思想，從其重形下氣化之本體論，到主張人秉正氣而
生故皆善，並以「善性內具」而強調踐履結果之性善論，於是重學、並以「智」
擇善、去蔽之工夫論等等論點，皆與「清代新義理學」之思想脈絡相合。尤
以黃氏提出「約禮求理」修正「以禮代理」，並以「格物」爲禮經之實學，以
「絜矩」爲禮教之成功，辨「中和」存發之非無所思，而在物爲理，處物爲
義之不離於事之「徵實」強調。其價值除了得以藉此觀察重禮之時代風向外，
對清代禮、理之對峙爭議，亦有調和意味。故有學者即主張其思想爲「漢宋
合流」、〔註160〕「漢宋兼采」、「調和漢宋」。實際上，清代漢、宋是否眞能調
和？實有釐清之必要。

　　由於學界慣將清代漢、宋學之關係，分成清初順、康、雍年間之「漢宋
不分」；清中葉乾、嘉年間之「漢宋對立」；清末道、咸以降之「漢宋調和」
三階段。但對於「漢宋之爭」，依張麗珠教授之研究，則歸納爲三個不同層次：
其一以「漢學」代稱音韻訓詁之考據學、以「宋學」代稱講論性道之義理學，
而把「漢宋之爭」視爲義理與考據兩種學術型態的盛衰消長；其二，指清儒
在經注經義上對漢、宋注之取捨立場；其三，認爲「漢宋之爭」是哲學範疇

〔註156〕以上引文，皆見黃式三：〈讀南雷文集〉，《儆居集・讀子集三》，頁14。
〔註157〕黃式三：〈讀南雷文集〉，《儆居集・讀子集三》，頁14～16。
〔註158〕黃式三：〈畏軒記〉，《儆居集・雜著四》，頁27。
〔註159〕潘德輿：〈與魯通甫書〉，《養一齋集》，收入《續修四庫全書・集部》，第1510
　　　　冊（據清道光二十九年刻本影印），卷22，總頁131。
〔註160〕如史革新《晚清理學研究》便將黃式三歸入爲「漢宋鼎峙」到「漢宋合流」
　　　　之代表學者。詳史革新：《晚清理學研究》（臺北：文津出版社，1994），頁
　　　　118～119。

的義理類型之爭，亦即以戴震爲首、包含阮元等健將在內之系列「尊漢抑宋」漢學家，以結合考據學和義理學之方式，建構起發揚道德價值之經驗面、標榜經驗取向之「乾嘉新義理學」，〔註161〕遂與「由王返朱」之宋學舊派，產生尖銳之義理對立。

可知「乾嘉新義理學」與「宋明理學」，實爲兩種價值取向殊異之儒學義理，所以學界將黃氏思想視爲具有「調和漢宋」取向，似乎將「漢學」、「宋學」分屬爲考據學與義理學之代稱，此種說法難免過於籠統。誠如劉燦說黃氏「合漢、唐、宋、明之儒說，折中而參考之」、施補華評以「窮居治經，群說兼總，漢、宋交訌，折衷於孔」，〔註162〕明確指出黃氏之「漢宋兼采」，乃考據學之「說經」取捨，而非義理上之漢、宋調和。換言之，唯有解經時，才可能「漢宋合流」、「漢宋兼采」、「調和漢宋」，倘論義理思想，則漢、宋根本難以調和，此乃論黃氏學術不可不辨之處。

〔註161〕詳參張麗珠：〈清代的義理學轉型與漢宋之爭〉，《清代的義理學轉型》，頁126～128。

〔註162〕上述引文分見黃式三：《儆居集》，書前，〈序一〉、〈序三〉。

第四章　會通兩浙的史學思想

　　清代史學雖以歷史考據學派爲主流，但據章學誠《文史通義》云：「世推顧亭林氏爲開國儒宗，然自是浙西之學。不知同時有黃梨洲氏，出於浙東，雖與顧氏並峙，而上宗王、劉，下開二萬，較之顧氏，源遠而流長矣。」〔註1〕亦即清初至乾嘉之史學劃分，除了由顧炎武開創之浙西之學所發展的「歷史考據學派」之外，又有黃宗羲開闢蹊徑之浙東史學。其學風遞嬗，浸成鄉習而源深流長，包括萬斯同、全祖望、邵晉涵諸儒，皆以史稱善，成就亦卓然獨具特色。道咸以降，歷史考據學風不絕，而浙東史學雖已中衰，卻仍有黃式三父子、孫詒讓等不絕其縷。

　　黃式三居於舟山定海忠義之邦，受梨洲因南明師敗孤憤所激，而與張煌言、張名振等人，從魯王監國於舟山，及至清兵進逼，義師萬餘人皆殺身成仁，〔註2〕視死如歸之氣節砥礪，楊昌濬（1825～1897）言黃氏「承浙東學脈之正」，〔註3〕意謂其人、其學皆踵繼浙東遺教而發其光輝。是以，陳訓慈〈清代浙東之史學〉稱其「足爲浙東史學之後勁」，〔註4〕乃爲確論。至於黃氏治

〔註1〕 章學誠：〈浙東學術〉，《文史通義》（臺北：廣文書局，1967），卷5，頁30。
〔註2〕 詳參史致馴、陳重威等纂：〈大事志〉，《光緒定海廳志》（光緒十年御書樓刊本），卷28，頁13～29。
〔註3〕 楊昌濬：〈周季編略敘〉，見黃式三：《周季編略》，收入《續修四庫全書·史部》，第347冊，同治十二年浙江書局刊本，頁1。但楊〈敘〉實爲譚獻代作，按譚獻《復堂類集》收錄〈周季編略敘〉一文，內容與此篇同，作者並於題後自標「代作」，亦即代楊昌濬所作。見譚獻：〈周季編略敘〉，《復堂類集·文一》，收入《叢書集成續編》（上海：上海書店，1994），第141冊，卷1，頁9～10。
〔註4〕 陳訓慈：〈清代浙東之史學〉，收入杜維運、黃進興合編：《中國史學史論文選集》（臺北：華世出版社，1976），頁603。

史特殊之處,章太炎論以:

> 自明末有浙東之學,萬斯大、斯同兄弟皆鄞人,師事餘姚黃宗羲,
> 稱說《禮經》,雜陳漢、宋,而斯同獨尊史法。其後餘姚邵晉涵、鄞
> 全祖望繼之,尤善言明末遺事。會稽章學誠為《文史》、《校讎》諸
> 通義,以復歆、固之學,其卓約近《史通》,而說《禮》者羈靡不絕。
> 定海黃式三傳浙東學,始與皖南交通。其子以周作《禮書通故》,三
> 代制度大定。唯浙江上下諸學說,亦至是完集云。〔註5〕

認為黃式三之所以能「傳浙東學」,在於其「長於《三禮》」、「以史經世」皆與
浙東學風相繫。但黃氏治史,卻又近於考據學派,無論是輯纂戰國史蹟之《周
季編略》,抑或據馬端臨(1254～1323)《文獻通考》所作之讀史札記,以及諸
多史籍、歷史人物之傳贊考論,皆致力於考證、補訂、纂輯等,與乾嘉考據派
之特徵一致,亦即陳訓慈所稱「已近考證學風之流裔,而與浙東傳統學風略異」
之表現,〔註6〕故章氏謂其「始與皖南交通」。換言之,黃氏史學之貢獻與價值,
即在於會通兩浙史學。倘依章太炎建構之清代浙東學術譜系,乃經黃氏父子會
通後終於完整,而黃氏父子浙東學派之殿軍定位,亦自呈顯。

　　本章試圖通過黃氏之治史內容、考史態度、史學思想,探究其兼具乾嘉
歷史學派與浙東史學之表現與價值。

第一節　黃式三之史學思想背景

　　黃式三處於清廷政治、吏治、經濟皆日益敗壞之嘉道年間,故其治史受
到「重史」之時風影響,自是理所當然。而黃氏亦受黃宗羲從魯王監國於舟
山,樹立之節義精神感召,而遠契梨洲精神,並將之轉入著述,發其光揮。
此外,黃氏更以治經方法考史,又與乾嘉史學同路。是以,試探黃氏史學之
研究背景,可分從以下三個面向考察之:

一、嘉道以降「經消史長」之學風轉移

　　乾嘉時期之政治承平,開展出學術發展高峰,儒者藉由所擅長之考據方
法,開啓聲勢浩大之「回歸經典」運動。當惠棟(1679～1758)繼承顧炎武、

〔註5〕　章太炎:〈清儒〉,《訄書》(臺北:世界書局,1987),頁23。
〔註6〕　陳訓慈:〈清代浙東之史學〉,頁633。

閻若璩（1636～1704）、胡渭（1633～1714）等人之博通務實治學途徑，樹立「尊漢抑宋」旗幟，並以漢儒詳審名物訓詁、典章制度之考據方法，先後完成《易漢學》、《周易述》、《古文尚書考》、《春秋左傳補注》、《九經古義》等依「古訓釋經」之作後，開啓清儒一方面返回經學傳統之路，一方面全面檢覈明代彙刻之《十三經注疏》，陸續完成欲取代傳統《十三經注疏》之「新疏」諸作。〔註7〕誠如錢大昕說「漢學之絕者，千有五百餘年，至是而粲然復章矣」，〔註8〕宣告發揚「漢學」典範，成爲一代風潮。儒者更從經學走向史學，曾受業於黃以周的民初國學大師柳詒徵（1880～1956）即認爲：

> 世尊乾、嘉諸儒者，以其以漢儒之家法治經學也。然吾謂乾、嘉諸儒獨到者，實非「經學」，而爲「考史之學」。不獨趙翼《廿二史箚記》，王鳴盛《十七史商榷》，或章學誠《文史通義》之類，爲有益於史學也。諸儒治經，實皆考史。〔註9〕

柳氏指出乾嘉經學，實多關注於古史制度考證，可謂研究古史之學，亦即考史之學，而「經史考證」之領導地位，亦從此確立。

逮及清中葉以降，由於社會問題漸次浮現，經世思潮大興，學術從取證經典、重實證方法之訓詁章句，轉向突出西漢今文經、講微言大義之趨勢，落實具體改革之經世實學，成爲嘉道時期之訴求與思想核心，故對經、史之取捨態度，轉爲相互消長趨勢。如龔自珍（1792～1841）於〈古史鉤沉論〉說「六經者，周史之宗子」，〔註10〕將史學提升到無以復加之地位，且自言因欲治史學，而將早年「寫定群經」之夙願捨棄，〔註11〕此即儒者由「重經」，轉而「重史」之典型。此外，與龔自珍同時之沈垚（1798～1840），早年亦好名物訓詁，後來「自知瑣屑之非計」，以爲社會風氣之敗壞，即由於此。遂轉而從漢學入手，走上側重史學之路，〔註12〕與龔自珍一樣，皆主張「以史代經」。至於魏源（1794～1857）亦指責乾嘉漢學，由於重考據而「爭治訓詁聲

〔註7〕　詳參本書第七章〈易釋的「通貫」精神〉。
〔註8〕　錢大昕撰，呂友仁校點：〈惠先生棟傳〉，《潛研堂文集·傳三》（上海：上海古籍出版社，2009），卷39，頁699。
〔註9〕　柳詒徵：〈考證學派〉，《中國文化史》，收入《民國叢書》第二編（上海：上海書店，1990），第42冊，頁119。
〔註10〕　龔自珍著，王佩諍校：〈古史鉤沉論二〉，《龔自珍全集》，頁21。
〔註11〕　同上註，頁25。
〔註12〕　沈垚：《落帆樓文集》，收入《叢書集成續編》，第195冊（據《吳興叢書》排印），卷4，頁1～5。

音，爪剖釽析」，導致「重經而輕史」，可謂舍本逐末。〔註13〕故魏源所撰《四洲志》、《海國圖志》、《元史新編》等，實爲激憤時艱，欲借史學挽清廷於頹敗既傾之力作。可見嘉道時期之學術趨勢，具有「經消史長」之轉移態勢。據路新生《經學的蛻變與史學的轉軌》指出：

> 大略而言，赴新潮，急功利者主以史代經；敦厚沉潛，懷舊固守者，
>
> 則重經而不輕史。〔註14〕

可見嘉道以降儒者，對於史學之關注逐漸超越經學，而產生「經消史長」趨勢。黃氏身爲傳統儒者，雖不同意「以史代經」，仍「以治經爲天職」，〔註15〕卻也一面勉勵後學，「曷若枕經葄史，無負於學」，〔註16〕強調「經史相成」、「重經不輕史」。

二、繼承浙東史學之「以史經世」精神

學術界關於「浙東學術」、「浙東史學派」、「浙東學派譜系」等定義與討論頗夥，〔註17〕本文贊同杜維運持論「浙東地區，數百年間，史家前後相望，

〔註13〕 魏源：《魏源集》（臺北：鼎文書局，1978），頁358～359。
〔註14〕 路新生：《經學的蛻變與史學的轉軌》（上海：上海古籍出版社，2006），頁124。
〔註15〕 黃式三：〈知非子傳〉，《儆居集・雜著四》，頁20。
〔註16〕 黃式三：〈示諸生書〉，《儆居集・雜著四》，頁35～36。
〔註17〕 關於「浙東學派」、「浙東史學派」之提出與定義方面：「浙東學派」始見於黃宗羲〈移史館論不宜立理學傳書〉，用以批評明史館負責制定《修史條例》者「其言浙東學派最多流弊」，內容指「王學」而言。（見黃宗羲：〈移史館論不宜立理學傳書〉，《南雷詩文集》，收入《黃宗羲全書》，第10冊，頁213。）全祖望續纂《宋元學案》反用以彰顯「浙學」之卓越性，並分浙東、浙西。章太炎《文史通義》界定「浙東之學」與「浙西之學」之異同。（見章學誠：〈浙東學術〉，《文史通義》，臺北，廣文書局，1967，卷5，頁29～30。）梁啓超〈近世之學術〉說：「復有浙東學派者，與吳派、皖派不相非。」（見梁啓超：〈近世之學術〉，《中國學術思想變遷之大勢》，臺北，臺灣中華書局，1972，頁95。）周予同提出了「浙東史學派」之稱。（見周予同：〈五十年來中國之新史學〉，收入朱維錚編：《周予同經學史論著選集》，上海，上海人民出版社，1983，頁518。）不同意有浙東學派者，如金毓黻不承認有「家法互相傳授」的浙東史學派。（見金毓黻：〈清代史家之成就〉，《中國史學史》，收入《民國叢書》第一編，第72冊，頁255。）又如何佑森以爲浙西與浙東之學亦絕無嚴格分野，不贊成有浙東史學、浙西史學之分。（見何佑森：〈黃梨洲與浙東學術〉，收入《中國書目季刊》第7卷第4期，1974年3月，頁9～16。）又何冠彪認爲清代浙東地區學者雖有共同冶學精神，卻沒有一個組織嚴密而延續不斷的「學派」，故反對浙東學派、浙東史學派等稱。（見何冠彪：〈清代「浙東學術」問題平議〉，《明末清初學術思想研究》，臺北：臺灣學生

其精神相銜接，其傳授之脈絡可追尋，然則名之爲『浙東史學派』，又有何不可」之觀點，〔註18〕以及陳訓慈〈清代浙東之史學〉所云「定海黃薇香玄同父雖學風略異，要足爲浙東學後起之餘波」，〔註19〕而將黃式三納入浙東史學派之譜系之觀點，認同黃氏爲浙東學派之後勁。

　　浙東史學之最大特色，在於「以碑傳爲史傳」。試觀浙東史學自梨洲秉蕺山「證人書院」傳統，由理學走向史學，而梨洲於明統既絕、抗清失敗已成定局後，感於孤臣之淚無補於故國之亡，遂稟承父親「不可不通知史事，將架上《徵獻錄》涉略可也」之遺命，轉而廁身儒林，專意著述，並矢志發明幽隱、表揚先賢節烈精神，並致力於徵存近代當身文獻。其「自明十三朝《實錄》上溯《二十一史》，每日丹鉛一本」之發憤下，〔註20〕撰成《弘光實錄鈔》、《南雷文定》、《行朝錄》、《海外慟哭記》等，得之親歷、言有實據之南明史錄，爲浙東史學定下治史基調。稍後，又有萬斯同繼之以《兩浙忠賢錄》、《明季兩浙忠義考》等地方史，至於邵廷采《明遺民所知傳》和邵念魯《東南記事》、《西南記事》，與全祖望之《鮚埼亭集》，〔註21〕以及眾多私著野史等，皆本於浙東在明清之交有極特殊之抗清經驗，〔註22〕而發展出浙東史學「以碑傳爲史傳」，以逃避文網之特殊歷史紀傳方式。

　　至於浙東史學之學風宗旨，乃爲「以史經世」。梨洲雖以宗社淪亡而隱居著書，但其志量所寄，誠如全祖望用以稱述梨洲學術所云「以《六經》爲根柢」、「經術所以經世」之致用精神，並以「濂洛之統，綜會諸家，橫渠之禮

書局，1991，頁376。）關於黃式三是否歸入浙東學派方面，章太炎以爲「黃式三傳浙東學」，故爲浙東學派之完集者。（見章太炎：〈清儒〉，《訄書》，頁23。）陳訓慈以黃式三「足爲浙東史學之後勁」，（見陳訓慈：〈清代浙東之史學〉，頁603。）又張麗珠同意黃氏父子「踐履篤實、破除門户精神、致力於史乘之爲學態度，亦多與浙東前賢相契」，乃爲浙東史學之殿軍。（見張麗珠：《全祖望之史學》，臺北：花木蘭文化出版社，2009，頁139。）反之，吳光認爲所謂「浙東學派」實際上不是一個宗旨一以貫之的單一學派之連續發展，故不包括師承上毫無關係，但在思想上關係密切之黃式三父子。（見吳光：《黃宗羲與清代浙東學派》，北京：中國人民大學出版社，2009，頁233～234。）

〔註18〕杜維運：〈黃宗羲與清代浙東史學派之興起〉，《清代史學與史家》，頁165。
〔註19〕陳訓慈：〈清代浙東之史學〉，頁600。
〔註20〕黃炳垕：《黃梨洲先生年譜》，收入《黃宗羲全集》，第12冊，頁12。
〔註21〕關於浙東史家對於南明史籍之討論，詳參管敏義：《浙東學術史》（上海：華東師範大學出版社，1993），第五章〈清代的浙東學術〉。
〔註22〕詳參張麗珠：〈「一代賢奸托布衣」——萬斯同之明史修撰與浙東史學的聯繫〉，《成大中文學報》第25期（2009年7月），頁51～57。

教，康節之數學，東萊之文獻，艮齋、止齋之經制，水心之文章，莫不旁推交通」之持平兼采性格，〔註 23〕會同朱、陸而不偏曲，展現有宗主而不存門戶之公正立場。至於教人，則以「學必原本於經術，而後不爲蹈虛；必證明於史籍，而後足以應物」之徵實原則，〔註 24〕表現「明經通史」、「以史經世」之宗旨。

黃氏乃承「浙東學脈之正」，治學亦兼重經史，並視史學爲「經濟實用」之學。如《讀通考》中考論職役、市糴、選舉、財政等實際制度，皆措意於治亂得失；又對於當世之務，籌之甚審，曾應聘輔佐軍幕，提出海防實務對策，此皆經世關懷之所繫，闡發浙東「以史經世」之宗旨者。又黃氏治學向來秉以博綜兼采態度，《清史稿》稱其「博覽經史諸子百家，斟酌今古，不拘門戶之見」。〔註 25〕故其采錄眾說、不拘門戶，亦展現浙東兼容並包之一貫精神。

三、融會考據史學之「稽古實證」原則

清代史學主流－－乾嘉史學派，乃承浙西史學而發展，其開山之祖爲顧炎武。亭林遭逢明末散亂、遷徙流離，故本於力挽明季以來之空疏學風，倡以務實之學，於經義、史學、吏治、財賦、典禮、輿地等屬，皆疏通其源流、考正其謬誤。其所關注者，亦皆民生國命之務，〔註 26〕寄經邦濟世理想於學術，開創徵實、重視科學實證之「浙西史學」，並與乾嘉考據學結合，卓立乾嘉學壇，而開展出乾嘉史學。誠如杜維運所稱，一時史學大家「咸以考據治史學」，其範圍廣闊，已不限於浙西地區。其特色爲「不言近世，但攻古代」，專力於古史考訂、辨正、補遺，對上古史之研究、主於各史表志、舊史之補作或改作、舊史之注釋及辨證等等，成果洵稱豐碩。〔註 27〕諸如王鳴盛《十七史商榷》、錢大昕《廿二史考異》等，於整理古籍、考訂眞僞方面，成績卓越，且聲勢浩蕩，〔註

〔註 23〕 全祖望：〈梨洲先生神道碑文〉，《鮚埼亭集》，收入全祖望撰，朱鑄禹彙勘：《全祖望集彙校集注》（上海：上海古籍出版社，2000），卷 11，頁 219。

〔註 24〕 全祖望：〈甬上證人書院記〉，《鮚埼亭集外編》，卷 16，頁 1059。

〔註 25〕 趙爾巽等著：〈黃式三傳〉，《清史稿》，列傳 269，頁 13296。

〔註 26〕 詳參陳邦禎：《顧亭林先生學術思想研究》（臺北：文化大學中國文學研究所博士論文，1988），頁 125～190。

〔註 27〕 關於乾嘉考據史學的研究成果，詳參梁啓超：〈清代學者整理舊學之總成績三〉，《中國近三百年學術史》。

〔註 28〕 詳參羅炳良：《清代乾嘉歷史考證學研究》（北京：北京圖書館出版社，2007），頁 159～238。

28〕儒者亦漸趨此途，使中國史學於乾嘉時期，驟放異彩。

乾嘉史學派之學風宗旨，乃以考訂古史爲特徵。據杜維運總結考據學派之特色有三：其一，護惜古人，爲古人考誤訂疑；其二，嘉惠後學，將史之茫昧膠葛處，疏通而證明之；其三，實事求是，追尋眞理，去古人之非等數端。〔註29〕而羅炳良《清代乾嘉歷史考據學研究》又指出其具有拋開前人臆解附會，而闡發新見之「空無依傍」特色。〔註30〕至於顧氏「重抄書」作箚記之工夫、「重校勘」以發現問題、凡立一說必憑證據之「重證據歸納」性格、博蒐金石文字以助考史之「重博雅」態度、引書詳注出處、取信資料較信於古，以及不虛美、不隱惡之客觀精神等等，〔註31〕皆成爲乾嘉史學派之治史原則。

嘉道年間，阮元亦致力於蒐集、整理、總結歷史文獻，並倡導以治經方法治史，影響二浙史學甚大。陳訓慈嘗云：「考證之學初盛於吳、皖之間，芸臺督學浙江，旋任巡撫中任浙撫，倡導漢學，兩浙人士聞風興起，從事訓詁考訂之業者日眾。」〔註32〕指出由於阮元在浙江地區以訓詁方法治史，使浙儒治史亦漸趨考據之途。尤以阮元治史，自言：

> 枕經胙史之功計，惟留意「二通」。庶知千百年來理亂之原，政事之
> 述，可備他日出爲世用。「二通」者，《資治通鑑》、《文獻通考》也。
> 〔註33〕

強調儒者欲通經治史以爲世用，唯有《資治通鑑》、《文獻通考》二書得以致之。而黃氏亦於此二書用力甚多，並撰寫《讀通考》與參據《資治通鑑》等書而作《周季編略》，推測受阮元影響甚多。

可見，黃氏治史，兼有乾嘉史學之稽古原則，故專攻古史，其代表作《周季編略》即爲纂輯戰國史蹟之作，《史說》五卷亦皆古籍、古事之考論。此外，黃氏又以考據方法治史，引書詳注出處，並爲古人考誤訂疑。誠如大陸學者趙永紀《清代學術辭典》評其有「間作考正，辨析異說，勘正訛誤，評論是非」等特色，〔註34〕程繼紅教授亦以乾嘉精神視野爲觀照，指出《周季編略》

〔註29〕詳參杜維運：《清代史學與史家》，頁279。
〔註30〕詳參羅炳良：《清代乾嘉歷史考證學研究》，頁8～20。
〔註31〕詳參杜維運：《清代史學與史家》，頁151～156；
〔註32〕陳訓慈：〈清代浙東之史學〉，頁633。
〔註33〕陳康祺撰，褚家偉、張文玲點校：〈阮元言二通〉，《郎潛紀聞四筆》（北京：中華書局，1990），卷2，頁35。
〔註34〕趙永紀主編：《清代學術辭典》（北京：學苑出版社，2004），頁1195。

有「重考據」、「重細節」、「善議論」等三項特點，〔註35〕皆點出《周季編略》趨於考據學風之表現。

總此，黃氏治史，除了受嘉道以降「經消史長」之時風影響而「重經不輕史」外，其居於浙東之地域因素，亦受浙東「明經通史」、「史學經世」，以及表彰氣節、發揚忠義之精神所披，又受乾嘉史學派與阮元以經治史、以考據治史，而重舊史考證、注釋及辨證之啓發，發展出以考古史爲內容、以考據爲方法、以經世關懷爲依歸的會通兩浙之史學研究特色。

第二節　強調治亂得失、因革損益的《讀通考》

黃式三身處清中葉以後之衰世，治史以「經濟」爲宗旨，故攸關治亂因革得失與夷夏之防的典章制度，即成爲其關注之首要。黃氏又受阮元推重《文獻通考》可知「千百年來理亂之原，政事之述，可備他日出爲世用」之影響，遂嘗就馬端臨《文獻通考》書中所考論之二十四種制度，逐一撰寫讀書札記——《讀通考》。除了考證歷代典章制度源流、得失外，亦兼對馬氏之說校勘、訂訛，展現乾嘉史學之考證性格。故張舜徽《清儒學記》評價《讀通考》云：

> 他（式三）研究史學，不獨注意治亂，尤喜推尋典章制度的因革利
> 弊。讀《文獻通考》很仔細，嘗謂不讀《文獻通考》，則無以論史。
> 對馬氏原著〈賦役〉、〈學校〉、〈市糴〉、〈封建〉諸考，多所補正，
> 可見他究心此書，功力深厚。〔註36〕

張氏所言甚是。《讀通考》之內容與價值，正在於對《文獻通考》之思想繼承與補正。試探馬端臨撰寫《文獻通考》之動機，雖於〈自序〉表明撰成《文獻通考》有：會通歷代典制、補司馬光《資治通鑑》略於典章經制之不足、補杜佑《通典》節目未明、去取欠精審之缺失等四項原因。〔註37〕實際上，馬端臨以由宋入元之遺民身份，銜亡國之痛，試圖通過對典章制度考論，檢討南宋淪於少數民族政權之因，亦爲其宗旨寄託。〔註38〕故特重與治亂關係最切之財政經

〔註35〕程繼紅：〈黃式三《周季編略》及其與乾嘉學風和浙東學派之關係〉，收入黃式三撰，程繼紅點校：《周季編略》，頁 6～15。

〔註36〕張舜徽：《清儒學記》（武漢：華中師範大學出版社，2005），頁 194。

〔註37〕馬端臨：〈自序〉，《文獻通考》（臺北：新興書局，1965），書前，頁 4。

〔註38〕曾貽芬：〈試論「戶口考」、「職役考」——兼論其與《通典》相應篇目的關係〉，收入王瑞明主編：《文獻通考研究》（鄭州：中州古籍出版社，1994），頁 51。

濟，而將有關國計民生之〈田賦〉、〈錢幣〉、〈戶口〉、〈職役〉、〈征榷〉、〈市糴〉、〈土貢〉、〈國用〉八考，列於全書之首，此即其重視經濟史學之意識反映。而黃氏推崇馬氏之用心，故嘗自言：

> 讀史不可苛論人品，先宜精考事實，事之得失既定，人之明暗邪正
>
> 始分，而治亂因之以見，不讀《文獻通考》，無以論史也。〔註39〕

黃氏以為褒貶歷史人物之得失、邪正，首要稽核各代典章制度，先明其治亂，而後才能客觀評價。故以為能對歷朝典章制度做最詳盡完整之考論者，非《文獻通考》莫屬，於是強調「不讀《文獻通考》，無以論史」，一以表達對馬端臨之推重，一以展現其與浙東相契之經世精神。

綜觀黃氏《讀通考》之內容與思想寄託，大致有以下三端：

一、以《三禮》校馬氏之失

馬端臨終究為史學家，黃氏亦知「馬氏之學未深於經，二十四門所引經說固略矣！其間有詳加辯析者，亦未必盡是也。」〔註40〕是以黃氏以其深於《三禮》之長，就《文獻通考》所論歷代典制之凡與禮學相涉者，於馬氏略於經說、未加詳考而有訛誤之處，提出辨正。除本文第五章將專論之禘郊、宗廟等禮制糾謬之外，〔註41〕又如頗能反映馬端臨改革思想之〈職役考〉，馬氏感嘆「後世之任戶役者也，曷嘗凌暴之至此極」，故「敘歷代役法之詳，而以復除附焉」而作。〔註42〕馬端臨並考證「職役」可追溯到周代之「里宰」、「黨長」，兩漢之「三老」、「嗇夫」等有祿秩之「鄉官」或名士，不過後來演變為差役性質之「戶役」，遂造成人民沉重負擔。故試圖通過討論役法之利弊得失，寄託所懂憬之「役人者，如父母之令其子弟，恩愛素孚。役於人者」理想社會。〔註43〕但黃氏卻據《周禮》，辨正《文獻通考》對於職役制度考辨失實之處，他指出按《周官》「族師」、「胥徒」皆為通過學校「選士」產生，又證之以《孟子》「庶人在官」，可知其不在「下士」之列，亦非以農夫身份推編。〔註44〕黃氏除了引證經書之外，亦舉二個實例：其一為漢代多以博士弟子補郡太守，其二為黃氏之伯曾祖父，乃由縣選雋材而為郡守吏，證實直到康熙

〔註39〕黃以周：〈敕封徵仕郎內閣中書先考明經公言行略〉，《儆季文鈔》，卷5，頁37。
〔註40〕黃式三：〈讀經籍考〉，《儆居集·讀通考二》，頁11～12。
〔註41〕詳參本書第五章〈致用出發的禮學考證〉。
〔註42〕馬端臨：〈自序〉，《文獻通考》（臺北：新興書局，1965），書前，頁4。
〔註43〕馬端臨：〈職役考〉，《文獻通考》，卷12，頁127。
〔註44〕黃式三：〈讀職役考〉，《儆居集·讀通考一》，頁7。

年間之吏職選用，仍在學校舉行，而非馬端臨所稱之出於戶役，可見《文獻通考》有失考之處。

又如黃氏於〈讀職官考〉說：「馬氏錄《周禮》命官員數謂：『周之卿共二十四人。』誤矣！」經其考證，當爲「大夫」每鄉卿一人；「世婦」每宮卿二人，是以王后六宮，有卿十二人，〔註45〕而非馬端臨所載之二十四人，亦爲黃氏對馬端臨關於《三禮》方面之釐正。近代學者賈貴榮編輯《九通拾補》，以《讀通考》爲「兼具研究性及校誤性的讀書札記類」而收錄全文，〔註46〕即看重《讀通考》對於制度源流之補正。

二、藉考論財政，諭當局戒奢崇簡

黃氏治史，既以經濟之實用爲目的，故其《讀通考》亦試圖通過歷代財賦之制度考論，表達對當代財政制度之建議。如馬端臨於〈國用考〉申論「量入爲出，以制國用」之理財原則，〔註47〕強調國富關鍵乃在「節源」，主張財富應有聚、有散，取之有制，散之有當，更以唐德宗（742～805）、後唐莊宗（885～926）只知聚斂而引起民怨之教訓，印證「富而愈貪，求愈多，而財愈不俱」，〔註48〕告誡君主去侈奢、尚節儉。黃氏極爲認同馬端臨之「去奢尚儉」觀點，於是申之以「國之用在量入以爲出，不容量出以爲入，明矣」，〔註49〕並引用陳傅良（1137～1203）寬民力爲先務之主張，以爲其最存「仁」，〔註50〕以及葉適（1150～1223）〈定謀篇〉「非先盡去其害，則不能得其利，害盡去則利見」，與〈財計篇〉「今之言理財者，聚斂而已」等理念，〔註51〕藉以指責晚清吏治腐敗、貪官充斥，對於國家整體財政之貽害，建議須改革盡去之，國家才能致富。

黃氏又於〈讀征榷考〉，以漢代爲例，指出三代下積貯之富，莫如漢文帝，但武帝卻盡耗之；既耗之而利術乃興，既興利矣，而弊竇乃啓。故羅列武帝諸多耗財之舉，包括征伐、置郡、納降、封禪、出巡、興築華麗宮室等等，

〔註45〕黃式三：〈讀職官考〉，《儆居集・讀通考一》，頁23。
〔註46〕賈貴榮：《九通拾補》（北京市：北京圖書館，2004），頁2～3。
〔註47〕關於《文獻通考》的主張量入爲出，以制國用的理財原則論述，詳參蕭也珍：〈試評馬端臨的理財思想——「國用考」札記〉，收入王瑞明主編：《文獻通考研究》（鄭州：中州古籍出版社，1994），頁70～79。
〔註48〕馬端臨：〈國用一〉，《文獻通考》，卷23，頁227。
〔註49〕黃式三：〈讀國用考〉，《儆居集・讀通考一》，頁13。
〔註50〕馬端臨：〈國用一〉，《文獻通考》，卷23，頁228。
〔註51〕黃式三：〈讀國用考〉，《儆居集・讀通考一》，頁14。

接著舉武帝原用以興利之政策，諸如榷酤、榷鹽鐵、算船、算軺車、告緡錢、更造錢幣、郡國置均輸、京師置平準等等，後來反變成「致弊」關鍵，於是用錢可贖禁錮，造成廉恥衰；鹽戶、大冶、賈人、牧夫，相率登朝，而使吏選雜。故黃氏批評漢武帝曰：

> 以奢靡之窮而興利術，以利術之窮而濫刑賞，漢室之敝甚矣！如桑
> 宏羊者，所謂長國家務財用之小人，而彼為善之者也。〔註52〕

怪罪武帝未能遵守前朝恭儉遺規，而導致漢室疲敝，也指責桑宏羊主導國家財政，而未能勸戒武帝「行之以仁義」，〔註53〕要後人以武帝為殷鑑，戒奢崇簡，方為富強之道。黃氏討論歷代財政，實別有用心，表面上雖指責武帝奢侈，導致國家經濟困乏。實際上，面對清中業以降之財政赤字，在太平天國爆發後，更是雪上加霜。為了紓解財政壓力，清廷大開捐納之門，更加促官員綱紀之紊亂與腐化，惡性循環衝擊之下，導致統治與財政體系瓦解。故黃氏藉以暗諷治國者，須戒奢崇簡、改革財政制度之用心，亦昭然若揭。誠如黃氏摯友劉燦評其：

> 論選士、選吏之並行不悖；諭農兵、募兵之各有所失；擇帥、任師
> 之必展所長，非經世之大猷乎？由是讀其經注，知其不為無用之空
> 談也。〔註54〕

劉燦點出黃氏對於任官、兵農、軍事等有關經世實務之關懷與考論，可見其不作無用空談之治學性格。黃以周亦認為《讀通考》「校馬氏諸考之說，多補馬書所未備，或辨馬書之誤，以成其是」，〔註55〕肯定其辨正之功，並將其歸入「十略」之經濟略，自是看重其對於「經濟史學」之重視。

三、喚起民族大義

　　浙東儒者向來善於寓存民族大義於史著，從梨洲以勝國遺老，匡復無成，乃以故國之思發而治史，二萬、全祖望等人，亦拳拳於黍離之痛而撰史。〔註56〕嘉道以後，黃氏目睹甲午戰敗，亡國滅種危機迫在眉睫，民族思想忠憤內激，故試圖藉由考論史事喚醒民族意識。於是針對馬端臨據《通典·邊

〔註52〕黃式三：〈讀市糴考〉，《儆居集·讀通考一》，頁9。
〔註53〕同上註。
〔註54〕劉燦：〈儆居集序一〉，見黃式三：《儆居集》，書前，頁1。
〔註55〕黃以周：〈敕封徵仕郎內閣中書先考明經公言行略〉，《儆季文鈔》，卷5，頁37。
〔註56〕詳參陳訓慈：〈清代浙東之史學〉，頁642～644。

防》所增之〈四裔考〉，討論夷狄從臣服到後來入主中原之教訓，對當局提出警告。黃氏論曰：

> 以中國之休戚相關，箕畢異好，弊不盡革，化不盡興，況在四裔，安能兼容并包，遽躋仁壽之域。故古今引四裔入朝中國者，當時誇其盛，後世受其弊。自漢至明，莫不皆然，可以爲鑒，馬氏之言近是。〔註57〕

他同意馬端臨指責古代漢化四裔之目的，本在於「震耀當時，而誇示後世」，〔註58〕但後來卻有昏庸之帝，反而引狼入室，招致大禍，終至亡國。在黃氏看來，四裔本爲域外氏族，無論文化、經濟等等文明，皆不如中原。但中國基於儒家道統，敦睦四方，對夷狄推行漢化、和親等改善雙方關係之策略，以圖和諧相處。不過，黃氏也看出夷狄之侵略本性，故以凡引四裔入中國者，最後都蒙其弊，提出警惕。黃氏曰：

> 古今引四裔入朝中國者，當時誇其盛，後世受其弊。自漢至明，莫不皆然，可以爲鑒。〔註59〕

認爲欲達到四裔兼容並包，遽躋仁壽之域極爲困難，但與域外四裔過於親善，卻恐又會導致後世深受其弊。故藉以提醒當局，當引以爲戒。

　　黃氏討論四裔問題之背後動機，其眼見當時遠渡重洋而來之英國、法國、西班牙、葡萄牙等域外民族，受到中國皇帝重用者大有人在，舉凡湯若望、南懷仁、徐日升等等。而這些域外洋人，對於中國之侵略，黃氏在親歷二次鴉片戰爭後，更是痛心疾首，故藉由制度考論，期使當局能以史爲鑒，戒慎外人侵略野心。

　　綜觀《讀通考》之撰作目的，除了對馬氏之辨正外，大抵皆藉由考論歷代制度，寄託對時事之不滿與建議，尤以深寓民族意識，表現出傳統儒者處於亂世的社會關懷。對照清代兩大史學主流之特色，則黃氏以《三禮》校馬氏之失的考史方法，正是乾嘉史學以經治史之考據特色，而藉考論「四裔」所欲喚醒民族精神之寄寓，更展現浙東史家強調民族大義之遺風。故《讀通考》除了表現其史學思想之外，就清代史學之發展脈絡而言，更具有會通清代二大史學主流之特色，可提供觀察整體史學發展之線索。

〔註57〕黃式三：〈讀四裔考〉，《儆居集・讀通考二》，頁17。
〔註58〕馬端臨：〈自序〉，《文獻通考》（臺北：新興書局，1965），書前，頁4。
〔註59〕黃式三：〈讀四裔考〉，《儆居集・讀通考二》，頁17。

第三節　重新纂輯戰國史的《周季編略》

黃式三之史學研究，受後人關注較多者，即為《周季編略》。《周季編略》九卷，二十餘萬言，內容輯纂周貞王元年，到始皇滅六國統一天下，計二百四十八年之編年「戰國史」，亦即黃氏所稱之「周季史」。全書分成「正文」與「注文」二部份；「正文」主要記載諸如列國結盟、戰爭始末、外交策略、人物傳記等，並及於地震、日蝕、月蝕等等特殊天文、地理現象。至於附錄於正文之下，以小字書寫之「注文」，黃氏除了自注史事之所出外，亦辨析諸家異同、勘正謬訛史事、考論史籍得失，兼以評議人物是非。

黃氏於五十七歲起草撰寫《周季編略》，歷經多次刪改、增補，謄寫，到七十一歲才正式定稿。其編纂期間，正是中國遭逢第一次鴉片戰爭，定海淪陷而黃氏避亂於鎮海之三年後，當時課館於慈溪富商成仁聚寓。歷經三年，初稿竣編。後經多次修訂，復交予黃以周校讀，並據黃以周〈史越世家補并辨〉再次校改。今檢閱《周季編略》於威烈王十年，載「十年，越滅郯，以郯子鴣歸」，即據黃以周〈史越世家補并辨〉所改，黃氏並特別註明乃據「《外紀》、《大事記》、《前編》、近《繹史·表》俱言於八年，由烈公即位之年先後不同也」以辨正。〔註60〕

黃氏後又重新謄寫全書，並增補〈周季編略書後〉，〔註61〕且請託考據學家方成珪審校書稿，方氏並作書序一篇。〔註62〕今書中〈貞王〉十一年之「赤章蔓……，至齊。七月而亏繇亡」，黃氏解釋「七月而亏繇亡」之「七月」，除了引《呂覽》之「九日」、《韓非子》之「九月」外，更加註：「方雪齋曰『七月，畢刻《呂覽》作七日』。據高《注》，『亏繇』，國之近晉者，既以師隨鐘，則作七日為是。」〔註63〕黃氏同意方成珪之建議，於是修訂時，即引用之。

《周季編略》直到同治十二年，才在浙江布政使楊昌濬之推薦下，由黃以周刻行，後來亦全文收入《續修四庫全書》。此外，黃以周又曾將書稿交

〔註60〕黃式三：〈威烈王〉，《周季編略》，頁4～5。

〔註61〕此近二百字之敘言補述，收入《儆居集》內〈周季編略書後〉之後，黃氏文末署曰「又書後」。《周季編略》則置於書後，以跋繫之。

〔註62〕黃式三〈周季編略敘〉載：「稿再易，幸得方雪齋先生校讀一周。」另可參王逸明：《定海黃式三黃以周年譜稿》，頁29～37。

〔註63〕黃式三：〈貞王〉，《周季編略》（臺北：國防研究院中華大典編印會，1967），卷1，頁6。

予鮑聲甫（？～1894）校訂，〔註64〕並撰寫〈校勘記〉。不過，由於是書並未重新刊刻，故〈校勘記〉無法附錄於書後，今已不復見。換言之，《周季編略》今存有二種版本：其一爲黃氏咸豐九年謄寫，現藏於北京中國科學院國書館之手稿本；其二則爲經過黃以周校改，由浙江書局出版，並收入《續修四庫全書》之同治刻本。此外，1967 年台北國防研究院中華大典編印會，亦據同治十二年刻本，影印出版單行本，並於書末增附索引，以利讀者檢索，本文所據即此刊本。又大陸浙江海洋學院程繼紅教授，於 2008 年點校《周季編略》，並由南京鳳凰出版社出版。至於《周季編略》序文則爲有二篇，包括黃氏〈自序〉與譚獻代楊昌濬所作〈序〉各一。而書跋亦有二篇，一爲黃氏自作之〈周季編略書後〉，一爲方成珪所作之〈周季編略跋〉。

　　《周季編略》之內容特色，倘參照梁啓超對「乾嘉史學」精神之總評價爲「實事求是」，並將其成就歸納出：「校勘前史文句之訛舛」、「訂正其所載事實之矛盾錯誤」、「補其遺闕」、「整齊其事實使有條理易省覽」四項，〔註65〕則《周季編略》之考史精神與內容，大致具有乾嘉史學派之特點。至於博采眾說、不拘門戶則爲浙東精神之發揮。試就其撰著動機、內容、立場與價值暨後人之評議討論於下：

一、顯揚「周德之盛」的撰述宗旨

　　《周季編略》爲一部編年體之上古史，其撰著動機起於感嘆周季史事散佚，以及不滿《戰國策》之變詐乖於道。誠然，《周季編略》所載年代起自周貞王（前468），下迄於秦王稱皇之庚辰（前221）之248年，史家對於這段期間之完整記載，相當缺乏。如顧炎武〈周末風俗〉即指出，自《左傳》記載終結之年，以迄於六國稱王之間，「史文闕軼，考古者爲之茫昧」，〔註66〕慨然於周季史事之散佚、闇昧不明。而清儒以編年體寫成之「戰國史」，在黃氏之前，只有二部；其一爲陳厚耀（1648～1722）之《春秋戰國異辭》，另一部《戰國紀年》則爲林春溥（1775～1861）所作。《春秋戰國異辭》成書於乾隆年間，陳氏「分國」編次，而復以「通表」冠於前，以「摭遺」附

〔註64〕黃以周：〈答鮑聲甫書〉，《儆季文鈔》，卷3，頁31～32。
〔註65〕見梁啓超：〈清代學者整理舊學之總成績三〉，《中國近三百年學術史》，頁299。
〔註66〕顧炎武：〈周末風俗〉，《日知錄》（臺北：平平出版社，1974），卷 17，頁375。

於後。〔註67〕不過《四庫》館臣評其有「眞贗雜糅」之弊,「如莊、列之寓言,《亢倉子》之僞書,皆見採錄,未免稍失裁斷」,〔註68〕故將其列於「別史」。至於林春溥《戰國紀年》比《周季編略》成書稍早,梁啓超《中國近三百年學術史》嘗評以「兩書(《戰國紀年》與《周季編略》)性質體裁略同,黃書晚出較優」,〔註69〕認爲《戰國紀年》之考證,仍不夠全面與詳備。黃氏亦感嘆此「非周季之全書也」,〔註70〕故自我期許曰:

> (式三)不揆固陋,裒集二百四十八年之事,列國之強弱存亡,旣
> 爲之考其本末,溯其原流。〔註71〕

表明試圖通過史籍,將列國強弱、存亡等事蹟,考證比對,使《周季編略》成爲一部完整、通貫之「戰國史」。

其次,《周季編略》之纂輯宗旨,則起於對《戰國策》之不滿。黃氏自言少愛《國策》之文,嘗比較前人評價,如秦宓(?~226)以爲「策士之術,殺人自生,亡人自存,其書無用」,對其甚爲貶抑;但吳師道(1283~1344)卻認爲「君子之於是書也,考事變,究情僞,守益以堅,知益以明;小人之於是書也,見其始利而終害,小得而大喪,悔悟懲創之心生」,〔註72〕反而相當稱善。

黃氏對此兩極化之評價,產生質疑,故比對其他史書,而云:

> 復合《史記》,校訂其字句之異,而竊怪二書所載善言善行之足法者
> 少,不善之足鑒者多。〔註73〕

他發現《戰國策》、《史記》所載之戰國史蹟,的確皆爲善言、善行之足法者少,不善之足鑒者多。遂又覆核韓愈所稱儒家「道統」,則孔子傳之孟軻,軻之死,才不得其傳,且孟子卒於赧王二十六年,可見戰國時期,承繼孔門道統之門人,仍致力於發揮孔門仁義遺教。是以黃氏曰:

> 泛覽周末及秦、漢諸子之書,始信周之衰,老師大儒猶在,唐韓子

〔註67〕詳參陳厚耀:《春秋戰國異辭》(臺北:鼎文書局,1977)。
〔註68〕紀昀總纂:〈春秋戰國異辭提要〉,《四庫全書總目・史部》,卷50,頁453。
〔註69〕梁啓超:《中國近三百年學術史》,頁306。
〔註70〕黃式三:〈敍例〉,《周季編略》,書前,頁2。
〔註71〕黃式三〈周季編略敍〉:「不揆固陋,裒集二百四十八年之事,列國之強弱存亡,旣爲之考其本末,溯其原流。蘇秦、張儀、公孫衍之縱橫,白起、王翦、蒙恬之攻戰,亦詳書之以爲戒。」
〔註72〕黃式三:〈周季編略敍〉,《儆居集・雜著一》,頁13。
〔註73〕同上註。

之言爲不誣。〔註74〕

證實其質疑爲確，亦即韓愈所言孔門後學於戰國時期仍相當活躍地宣揚儒家仁義之說法不誣，可惜《戰國策》皆未載入，才造成後儒對戰國時期，只見變詐、乖於道之偏頗評價。故黃氏以爲《戰國策》之「乖於道」，不足以立典型，示法戒。因而矢志以此「軼見於它說」，且前儒雖「欲彙爲一書」而未暇之史蹟，試圖「網羅放失之文，搜尋遺佚之士，將使周季之衰，猶見周德之盛，留遺於六百載以後也」，〔註75〕還原周季（戰國）史實原貌。誠如程繼紅教授認爲《周季編略》之撰述宗旨，「其實是對《戰國策》著述立場的一種反動。」〔註76〕至於書名，由於黃氏寓有「顯揚周德」之旨，故不取「戰國」，而稱「周季」。全書體例亦以「周王世系」爲經，以「列國」爲緯。黃氏又認爲《周季編略》始於貞王，「雖依《左氏傳》孔子卒後之體例」，卻「不敢擬續經」，亦不名爲「傳」，僅曰《周季編略》以示不敢與聖人並列。

《周季編略》之撰述，既以凸顯戰國之世仍見周德之盛爲宗旨，故側重於儒家後學在戰國施行仁義遺教之史蹟纂述，以彰顯周、孔遺澤。首先，黃氏推闡孟子處於務攻戰、不講信義之滔滔濁流中，卻能獨揭仁義，稱堯、舜之德，宣揚孔子仁義之道。故記載孟子於周赧王二年適宋，擇取孟子與宋牼對話，以及孟子不受齊王之餽，讚揚孟子勸宋牼勿以「利」遊說秦、楚，而該以「仁義」說服兩國罷兵，彰顯孟子對於「仁義」之堅持。〔註77〕又如慎敬王元年，記載孟子與魏惠王「何必曰利」之對話，評價「孟子言忠孝本仁義，治化大綱，非私利比矣」，〔註78〕強調孟子對於推行仁義之努力與堅持。又於顯王四十五年，側寫「孟子自宋反鄒」，適滕王薨，於是問三年之喪於孟子事，〔註79〕凸顯戰國時期之君王，亦重儒家禮儀，且此禮儀、禮制，正是周德之遺跡。對於孟母之喪，黃氏載其事親至孝，生能事之以禮，死亦葬之以禮，〔註80〕指出此皆禮教施行於戰國之實。最後對於孟子卒，黃氏感嘆孟子畢生「憫列國之不行仁政」，雖曾對列國提出警戒，以爲「民

〔註74〕黃式三：〈周季編略敍〉，《儆居集・雜著一》，頁13～14。
〔註75〕同上註，頁14～15。
〔註76〕黃式三撰，程繼紅點校：《周季編略》，頁3。
〔註77〕黃式三：〈赧王〉，《周季編略》，卷8上，頁7。
〔註78〕黃式三：〈慎靚王〉，《周季編略》，卷7，頁1。
〔註79〕黃式三：〈顯王〉，《周季編略》，卷6下，頁24。
〔註80〕黃式三：〈慎靚王〉，《周季編略》，卷7，頁8。

之歸仁也，猶木之就下，獸之走壙也。天下之君苟不志於仁，終身憂辱以陷於死亡」，〔註81〕並以「後果如其言」作結。證明列國由於不施行孟子之仁義主張，結果正如孟子所預料，皆漸至滅亡。

其次，《周季編略》也對荀子之重禮，記述甚多。黃氏看重荀子對於「稷下」之影響，以爲稷下學士盛達數百人，而「荀子年已六十餘」，且三爲祭酒，故曰老師，〔註82〕並宣揚儒家禮樂教化，試圖重建周代精神。又如《周季編略·列國》選錄荀子〈議兵〉之文，認爲荀子不同於兵家權謀變詐，而是以「仁」爲本、以「禮」議兵，歸結出「觀此，知荀子崇王黜霸之大略也」之結論，強調荀子之軍事思想，皆在於闡發儒家禮樂之道。至於荀子特重禮樂教化，整理編次禮書文獻之功，《周季編略》亦記載曰：

> 荀子況書重於言禮，以駁列、莊之輕禮，主於法周王，以駁列、莊
> 之高談皇古。《禮記》如〈三年問〉、〈樂記〉、〈鄉飲酒義〉、〈聘義〉、
> 〈哀公問〉五義，〈三本〉、〈勸學〉，皆出自荀子況。〔註83〕

黃氏稱許荀子畢生皆在推闡周、孔禮義之道，對於禮學、禮書整理不遺餘力。《周季編略》中記載荀子事蹟，無論是對「稷下」之影響、論強國、議兵法，抑或舉其最具代表之門生，如指責李斯與韓非不守師門禮樂之教，都將重心置於對儒家仁義、禮學之強調，表現其重禮思想。

再者，《周季編略》又通過子思與魯穆公、魏侯之對話，彰顯其以德輔君之事蹟。黃氏父子極爲推崇子思，黃以周曾「命南菁講舍諸生，廣爲蒐羅」古人徵引子思之語，〔註84〕撰寫《子思子》一書。故《周季編略》於威烈王十八年，便記子思與魯穆公之對話，凸顯子思以儒家「仁德」爲思想主軸，表面上要魯侯將多餘居室賜給窮民、將嬖寵之賞賜拿來救濟困窮、不做令人悲怨之事，〔註85〕反諷魯穆公過度建築宮室、過度賞賜嬖妾，造成百姓稅賦負擔之「非德」指責。黃氏以爲子思所以強調「除非德之事」，正是繼承孔子一貫堅持之仁政主張。又如威烈王二十年，載孔伋適齊，對於齊侯問以圖帝之策，子思回答要其「去貪利之心」，亦強調子思宣揚仁德之用心。最後並通過魯穆公之逝，眾人聽從子思建議，以爲「各賢其所愛，不能審賢愚之分」，

〔註81〕黃式三：〈赧王〉，《周季編略》，卷8，頁11。

〔註82〕黃式三：〈赧王〉，《周季編略》，卷8下，頁4。

〔註83〕黃式三：〈列國〉，《周季編略》，卷9，頁10。

〔註84〕黃以周：《子思子》（臺北：廣文書局，1975），書前，頁4。

〔註85〕黃式三：〈威烈王〉，《周季編略》，卷3，頁11。

〔註 86〕於是立太子奮以尊「周制」之「親親」繼位傳統，皆為周德禮制之留遺實例。

除上述大儒外，《周季編略》對於曾子德行亦記述頗多。如於考王三年，記曾子「性至孝，問孔子孝道，《孝經》因之作。質魯而善思，禮之有可疑者，必摰窮之以極其變，使事之難理者無不就理，禮經中所傳〈曾子問〉是也。其尊所聞，行所知，必以忠恕為主，能明聖道一貫之傳。……晚自箸書，言孝、言禮、言忠恕者為詳」，〔註 87〕推崇其踐履孔子孝道以及仁義主張。又如記子夏者，於威烈王元年載曰：「孔子歿，知道不行，退而設教於西河之上。愍學者之狂而簡也，先教之灑埽、應對、進退，作其敬恭，化其驕惰，然後講授經義。日引月長，漸至其道，如百工之居肆成事者然。弟子顯名者，如段干木、田無澤，富貴無所屈。曾申、高行子傳其《詩》學，公羊高、穀梁赤傳其《春秋》、《易》、《禮》之學。……譬諸草木概種而時耨之，風雨既至，莫不各遂其性，以成其材。」〔註 88〕皆遵行孔子「天下有道則見，無道則隱」之志，〔註 89〕且著書立說，施教天下，使儒家之道，於亂世亦得以傳布。又如安王二年，記載輔佐魏文侯走上富強之路的李克，「為卜子商之賢弟子」。〔註 90〕凡此，黃氏對於孔門弟子於戰國時期，堅持仁義、推行仁政、注重禮學等等，皆特別予以表彰。其目的就在彰顯戰國亂世之中，仍有不少堅持周、孔道統且終身推行仁義之儒者，而非如《戰國策》所載盡為縱橫、謀略、攻伐之術。此亦《周季編略》有別於《戰國策》記載縱橫之士的謀略事蹟，而顯揚「周德之盛」的寫作宗旨。

二、以「直書」原則反對筆削微言

浙東、浙西同具徵實精神，皆強調客觀求眞。尤以乾嘉史學派，向來反對以強調尊王、正名分、寓褒貶、為尊者諱之「筆法」。〔註 91〕如顧炎武對於宋、明儒以正統觀念治史，即指責此乃造成「國論之所以未平，而百世之下難乎其

〔註 86〕黃式三：〈安王〉，《周季編略》，卷 4，頁 23。
〔註 87〕黃式三：〈考王〉，《周季編略》，卷 2，頁 1。
〔註 88〕黃式三：〈威烈王〉，《周季編略》，卷 3，頁 1。
〔註 89〕阮元校勘：〈泰伯〉，《十三經注疏・論語疏》，卷 8，頁 5。
〔註 90〕黃式三：《周季編略・安王》，卷 4，頁 2～5。
〔註 91〕關於乾嘉史學拒斥筆削之討論，詳參許蘇民：〈顧炎武與浙西史學〉《東南學術》，2004 年第 1 期，頁 19～21。

信史」之因，〔註92〕故強調「據事直書」才是作史法則。王鳴盛亦不滿宋儒「橫加與奪褒貶，以筆削之權自命」，而造成「事實不明」，〔註93〕書法講之愈密，史實晦之愈深，徒增後人臆測，反致湮沒史實，故主張據事直書、羅列證據，保存歷史眞相。錢大昕亦言「史家以不虛美、不隱惡爲良，美惡不揜，各從其實」，〔註94〕強調良史須有實錄、據事直書、不虛美、不隱惡之態度。至於浙東史家，亦強調客觀直書，如黃宗羲以爲「歷史之爲學，譬畫我然，畫我須是我，非若文學之畫美人，可以絲毫增損其間」。〔註95〕具見浙東史學雖主張以史爲鑑，要在垂訓後世，供後人法戒，以移轉風氣人心之用心。

　　黃氏秉持「客觀直書」精神，不贊成史家之主觀褒貶。黃氏曰：

> 不知惟孔子能作《春秋》，惟聖人能責備賢者，非聖人而責賢者，其所據以相責之事，或古賢之所棄而不屑爲，抑亦古賢之勢所不能爲，誣衊忠良，迷惑青史。〔註96〕

在他看來，唯有如孔子之聖，才有褒貶之識，故一般史家當以求眞、謹愼態度，通過考證而忠實記載，以確保史蹟客觀。此一「客觀直書」態度，亦爲清代史學之共同精神。綜觀《周季編略》全書，可歸納出以下幾項治史態度，呈顯其「客觀直書」精神：

（一）據事直書

　　《周季編略》反對筆削微言而強調據事直書，從其記載諸王即位，即可見其態度之一斑。倘依《春秋》之書例原則，對於非正統而繼位，或不按照禮儀即位之君，則不書即位、不稱爵位，〔註97〕故《春秋》書楚、吳之君，皆稱爲「子」。黃氏則反對此一寓有褒貶之書法，而曰：

> 禮備則書即位，禮不尚則不書即位。今事隔二千餘年，莫辨其禮之盛。〔註98〕

〔註92〕顧炎武：〈三朝要典〉，《日知錄》，卷20，頁522～523。
〔註93〕王鳴盛：《十七史商榷》，收入《續修四庫全書・史部》，第452冊（據乾隆五十二年洞涇草堂刻本影印），頁138～141
〔註94〕錢大昕：〈史記志疑序〉，見梁玉繩：《史記志疑》，收入《叢書集成初編》，第148冊，書前，頁1。
〔註95〕黃宗羲：〈與李杲堂陳介眉書〉，《南雷文案》，卷2，頁23。
〔註96〕黃式三：〈褚僕射論〉，《儆居集・史說一》，頁11。
〔註97〕詳參程發軔：〈春秋之書例〉，《春秋要領》（臺北：三民書局，1996），頁7～8。
〔註98〕黃式三：〈貞王〉，《周季編略》，卷1，頁1。

黃氏以爲即位既屬事實，就該如實記載，無須以隱晦褒貶手法，或書、或不書，徒增後世判斷困難。故《周季編略》對於貞王、考王、威烈王……等八位周王，皆一概書以「王踐位」。〔註99〕至於《國策》、《史記》在諸侯未稱王之時多追書爲「王」，黃氏亦不認同，故《周季編略》對於「未稱王」前已即位的列國之君，即以「侯」、「君」從實書之，亦即稱其繼位時之實際身份。如《周季編略》於貞王元年只書「宋公即位」、「衛侯即位」，安王三年書「秦伯即位」，〔註100〕表示其以「公」、「侯」、「伯」身份即位。唯有「既稱王」之後而登位者，才書「王」，如「越王即位」、〔註101〕「楚王即位」，〔註102〕皆據實際身份，書其爲「王」。

《周季編略》又多以人物對話記錄史蹟，以表達據事直書原則。如載張儀未發跡時，曾陪楚相飲酒，席間楚相丟失璧玉，門下疑其盜之而遭鞭打數百。而後張儀敗魏有功而相秦，便立即檄告楚相曰：「始我從汝飲，我不盜汝璧，汝笞我。汝善守國，我將盜汝城。」〔註103〕對於當年未曾偷取璧玉而被鞭打，一直耿耿於懷，且警告楚國將以攻取其城池作爲復仇。黃氏雖未特別評論此事，誠如梁啓超所言，「歷史的正則，無論那一門，都應據事直書，不必多下批評」，只要「描寫這個人的眞相，不下一句斷語，而能令讀者自然了解這個人地位或價值，那纔算是史才」。〔註104〕故黃氏據實著錄此事，則張儀睚眥必報之性格，自是不言而喻。

又如威烈王十七年，《周季編略》記魯國公儀休之爲相，亦參照史籍，擇取其對話，如記其不與下民爭利事蹟，以及通過簡短對話，記公儀休之奉法循理，始終如一，讓循吏形象，躍然紙上。此皆據事直書之例。

（二）自注出處

對於史家自注，章學誠向來強調史家必有自注之法，除了得以標明去取之所據，亦得以從中見其聞見之廣狹，以及撰寫功力之疏密，甚至心術誠僞，亦灼然可見。章氏曰：

> 使自注之例得行，則因援引所及，而得存先世藏書之大概，因以校

〔註99〕按手稿本《周季編略》皆作「王登位」。
〔註100〕黃式三：〈貞王〉，《周季編略》，卷1，頁1。
〔註101〕同上註，頁3。
〔註102〕黃式三：〈烈王〉，《周季編略》，卷5，頁6。
〔註103〕黃式三：〈顯王〉，《周季編略》，卷6，頁15。
〔註104〕梁啓超：《中國歷史研究法》（臺北：里仁書局，1984），頁269。

正藝文著錄之得失，是亦史法之一助也。〔註105〕

可見自注之法，爲歷代史家所採用，如班固作〈十志〉即是。黃氏亦強調「必注所出」，以達到「使讀者易於校正」之目的。〔註106〕故《周季編略》每載一事，必以小注記之，以示徵實。

《周季編略》之自注主要爲標注史蹟來源，並辨別各家異同。如〈安王四〉二十二年，黃氏正文僅有簡短之「鄭伐韓」三字，〔註107〕小注則曰：

> 〈韓表〉云「鄭敗晉」。敗，疑叛之訛。〈韓世家〉云鄭反晉，言鄭不服晉而來伐也。《大事記》書韓伐鄭，與此異。《紀年》於二十一年書韓滅鄭，尤歧異。〔註108〕

黃氏詳細標注徵引史料來源，並綜合《史記》之〈年表〉與〈韓世家〉，考證出鄭伐韓，肇因於鄭不服晉。

其次，黃氏自注，又兼有考辨史事與糾謬之目的。如〈烈王五〉二年，正文記：「秦徙都櫟陽，勢漸強。太史儋見秦伯曰：『始周與秦國合而別，別五百歲復合，合十七歲有霸王者出焉』」。〔註109〕黃氏注曰：

> 本〈周紀〉、〈秦紀〉、〈老子傳〉、《漢書・郊祀志》合纂。〈周紀〉十七歲，〈秦紀〉作七十七歲，〈老子傳〉作七十歲，注家說各不同。《漢書・郊祀志》顏注云《史記》舊本，皆作十七，今從之。「儋見秦獻」，據《漢書・郊祀志》在靈公作時後之四十八年，周、秦〈紀〉去孔子死後百有五年，年數相符。〈老子傳〉云「孔子死後百二十九年」，亦誤。〔註110〕

除誌其所出，亦兼以糾謬前說。黃氏逐一羅列〈周紀〉、〈秦紀〉、〈老子傳〉、《漢書・郊祀志》諸家異說，並說明採用某說之理由，又兼以辨正〈老子傳〉之誤。

此外，《周季編略》又有以自注考論史籍得失、評定人物是非之處。如貞王十六年，記豫讓隱姓埋名、滅鬚去眉、吞炭爲啞，以伺機爲荀瑤復仇，不願接受仇家賞識重用之苦心，即評價曰：

〔註105〕章學誠：〈史注〉，《文史通義・內篇三》，卷3，頁12。
〔註106〕黃式三：〈敘例〉，《周季編略》，書前，頁4。
〔註107〕黃式三：〈安王〉，《周季編略》，卷4，頁12。
〔註108〕同上註。
〔註109〕同上註。
〔註110〕黃式三：〈烈王〉，《周季編略》，卷5，頁2。

　　　　禮至仕邢滅邢，蘇代仕齊滅齊，不如豫讓。〔註111〕

黃氏藉由豫讓之忠心耿耿，不受任何條件引誘而背叛故主，反批蘇代既已事楚，又懷有貳心，趨於利祿而滅楚之不義。接著對豫讓刺殺仇家失敗而拔劍自殺，亦表彰其以身殉死之忠誠，與其不懷貳心之忠烈，以爲最得人臣之義。又如譏蘇秦說：「孟子以妾婦斥公孫衍輩，而蘇秦直以妾婦自居，作僞心勞，彼亦自道苦衷耳。可鑑也！」〔註112〕鄙斥蘇秦曲解忠誠、顛倒是非，並譏笑其爲求取富貴，竟然委曲求全，自比妾婦，人格卑賤至此，後人當引以爲戒。

　　至於其自注原則，黃氏對於史蹟重見於各書而文義相同者，則只注明「先出之書」，並不備載諸說，以免蕪雜。

（三）闕疑存真

　　《周季編略》於史蹟共疑之處，亦闕而不究。如赧王八年載醫家「扁鵲」事蹟，由於諸家對於扁鵲生平記載各異，故黃氏注云：

　　　　式三按：扁鵲，黃帝時之醫，後之善醫，遂以扁鵲爲號。《史記》
　　　　云……，《釋文》云……，徐廣曰……，揚子《法言十》曰……。是
　　　　里居難考也。讀古書者，如此類，存疑可矣。〔註113〕

黃氏考證古籍記載「扁鵲」，乃爲黃帝時之醫者，而後來凡善醫者，皆稱以「扁鵲」，亦即「扁鵲」實爲善醫者之通稱。而赧王八年所載之「扁鵲」爲何人，黃氏比對《史記》、《釋文》、《法言》諸說，皆甚歧異，無一定說，故爲求客觀，只能闕而不究，以爲「存疑可矣」。

　　又如《周季編略》於威烈王十七年，載齊國大夫陳莊子之喪，訃於魯君，由於君無哭鄰國大夫之禮，於是魯君希望遣使而弔，故問於魯大夫「縣子瑣」。關於「縣子瑣」之考證，倘按魯穆公立於齊宣公四十七年，而陳莊子死於齊宣公四十五年，似不相涉，故黃氏於注文考證曰：

　　　　〈檀弓〉縣子名瑣，又有歲旱問縣子而徙市事，無年可附，闕之，
　　　　俟考。〔註114〕

比對〈檀弓〉所載，仍無法斷定「縣子瑣」之生平，在無其他文獻可供比對之下，亦僅能暫時「闕之」。諸如上述之有疑而難以確考者，黃氏皆以「闕疑」

〔註111〕黃式三：〈貞王〉，《周季編略》，卷1，頁13～14。
〔註112〕黃式三：〈顯王〉，《周季編略》，卷6下，頁25。
〔註113〕黃式三：〈赧王〉，《周季編略》，卷8上，頁31。
〔註114〕黃式三：〈威烈王〉，《周季編略》，卷3，頁9。

方式記載，以示謹慎與客觀。

（四）辨訛考異

史家之考異，如司馬光作《資治通鑑》、李燾《續通鑑長編》、李心傳《建炎以來繫年要錄》，皆附有考異，以說明材料來源與去取所據。《周季編略》亦以考異精神，考證異說。如安王二十二年，《周季編略》載「鄭伐韓」，注文曰：

> 〈韓表〉云「鄭敗晉」。「敗」，疑「叛」之訛。〈韓世家〉云「鄭反晉」，言「鄭不服晉而來伐」也。《大事記》書「韓伐鄭」，與此異。《紀年》於二十一年言「韓滅鄭」，尤歧異。〔註115〕

黃氏考證出「鄭伐韓」一事，指出《史記》於〈六國年表〉、〈韓世家〉皆載爲「鄭伐晉」，但《大事記》卻說「韓伐鄭」，至於《竹書紀年》更記以「韓滅鄭」，實皆有誤。

《周季編略》又有考證史籍缺失者；如貞王十六年載：「趙無恤之居晉陽也，城中緣木而處，縣釜而炊，群臣皆有外心，漸疏慢，惟高共不敢失臣禮。」並考證「高共」之名，倘按《韓非子》、《淮南子》、《說苑》、《漢書》作「高赫」，而《呂覽》卻作「高赦」，可見「古書時事，舛錯如此」，〔註116〕實皆諸書之失考。

又如顯王四十四年，黃氏載韓、魏相攻，久不解，遂求救於秦，於是韓將韓舉聯合趙將趙護，與魏師、齊師戰於桑郊。最後韓、趙師敗，韓舉死。對於這段史蹟，黃氏特別詳考出前人多項訛誤，其云：

> 〈趙世家〉肅侯二十三云「韓舉與齊、魏戰，死於桑邱」，事在前二年。今據〈年表〉、〈韓世家〉編。〈韓表〉宣惠王八年：「魏敗我韓舉。」〈趙表〉趙武靈元年：「魏敗我趙護。」〈韓世家〉宣惠王十八年文與〈表〉同。《索隱》於〈韓世家〉兩引《紀年》，時既歧異。《水經》五〈河水注〉引《紀年》此事云十年，惠王後十年也。輯《紀年》者言此事於威烈王之十六年，是以魏惠王後十年爲晉烈公十年矣，而復重出於赧王四年，益脫訛不可讀。近校《水經注》及《紀年》者，說紛雜不可信，特辯之。〔註117〕

〔註115〕黃式三：〈安王〉，《周季編略》，卷4，頁45。
〔註116〕黃式三：〈貞王〉，《周季編略》，卷1，頁12。
〔註117〕黃式三：〈顯王〉，《周季編略》，卷6上，頁19～20。

此乃黃氏參考諸家以斷史疑之例。此外，又如顯王四十一年，正文記：「秦敗趙師於河西，殺其將趙疵，取藺、離石。」注文則云：

> 據〈趙世家〉此事在張儀相秦後，《大事記》誤，且有脫字，今正之。〔註118〕

今檢閱《大事記》顯王四十一年，第一條載「秦敗趙師於河西，殺其降趙疵，取離石」，同年第五條載「秦以張儀為相」，〔註119〕的確將此事繫於張儀相秦之前，且有脫字，證明黃氏之釐正不誣。

又如顯王三十七年，黃氏載蘇秦於顯王三十六年倡「合從」之謀，到顯王三十七年，秦使公孫衍激齊、魏伐趙，趙決河水灌之，齊、魏之師乃去，蘇秦只好「去趙，而從約皆解」。〔註120〕並於注文中強調，此乃本於「《國策》、〈年表〉、〈世家〉、〈秦傳〉、《通鑑》、《大事記》」而編。故就時間而言，應當為：

> 蘇秦約從，踰年即解。越二年，秦遂伐魏。策士言秦兵不出函谷者十五年，誇語耳。近《王白田集》曲為之解，不足信。復謂從約未解，益謬矣。〔註121〕

黃氏合諸家之說以證史實，並對後人過於誇大蘇秦之功，以及王懋竑《王白田集》曲為之解，皆指出其失實之處。

黃氏又有以文字訓詁讎校之處；如顯王四十四年，載淳于髡事蹟，最後引用齊人「談天衍，雕能奭，炙轂輠髡」之頌作結，並於注文中辨析諸家對「輠」之書法各異。其曰：

> 「輠」史傳作「過」。徐廣引劉向《別錄》云「過」當作「輠」，輠者，車之盛膏器也。《索隱》以「過」為「鍋」。依《說文》，輠、鍋乃楇之或字，過，借字。〔註122〕

此為以《說文》訓詁考辨之例。凡此，皆見黃氏通過考異，表現其客觀存真之精神。綜觀《周季編略》釐正前說，試圖揭示、還原歷史真相之例尚夥，此不贅引。

〔註118〕同上註，頁41。
〔註119〕呂祖謙：《大事記》，卷3，頁12～13。
〔註120〕黃式三：〈顯王〉，《周季編略》，卷6下，頁11。
〔註121〕同上註。
〔註122〕同上註，頁14。

三、博綜約取，無門戶之見

「尙博」與「貴約」乃爲浙東、浙西治學之殊，「稽古」與「通今」亦爲兩浙史學之異。〔註123〕章學誠以爲「浙東貴專家，浙西尙博雅，各因其習而習也。」〔註124〕是以，浙西學者治學必徵之有言、有據。如王鳴盛《十七史商榷》、錢大昕《廿二史考異》、趙翼《二十二史劄記》、洪頤煊《諸史考異》皆爲尙博務實的稽古之作。反觀浙東則以發揚節義、保存當代文獻爲首務，故窮遍山陬海隅，搜索遺聞，而不專於章句考訂，要求「由博返約」。如章實齋論學，以爲書卷浩如煙海，雖聖人猶不能盡，是以「善取不如善棄」，強調「學貴博而能約」，〔註125〕否則無以成家，旨在決斷去取，各自成家。於是諸如黃宗羲身繫力矯心學流弊重任，而撰寫《明儒學案》；〔註126〕萬斯同負國史之重，以布衣參修《明史》；全祖望爲闡揚南明幽隱、表彰亳社先德，撰作《鮚埼亭集》，皆因其「各有其事事故也」，〔註129〕展現隨各人所處時勢、地位而變易之史學特色。至於「不拘門戶」亦爲浙東治學之風，如全祖望撰《宋元學案》，即薈萃各派學說，無所偏廢，並不專事抑揚。

黃氏以爲史書在博文之列，〔註128〕故《周季編略》即堅持「博證」原則，綜會諸家以爲考訂，表現不廢浙東「約取」、不存門戶之大公精神。綜觀《周季編略》之治史態度，可歸結出以下特點：

（一）博而能約，嚴於裁削

對於良史之評價標準，《四庫全書》於〈史部總敘〉開宗明義即曰：「史之爲道，撰述欲其簡，考證則欲其詳。」〔註129〕指出「尙簡」、「詳考」爲良史之共同要求。學術界對於史之「尙簡」，〔註130〕如劉知幾《史通》嘗言：「敘事之工者，以簡要爲主。簡之時義大矣哉！……文約而事豐，此述作之尤美

〔註123〕詳參張麗珠：《全祖望之史學》，頁33～36。
〔註124〕章學誠：〈浙東學術〉，《文史通義》，卷5，頁30。
〔註125〕章學誠：〈博約中〉，《文史通義》，卷2，頁24。
〔註126〕詳參劉述先：〈陽明學研究叢書總序一〉，收入吳光：《黃宗羲與清代浙東學術》書前，頁1～3。
〔註129〕章學誠：〈浙東學術〉，《文史通義》，頁31。
〔註128〕黃式三：〈敘例〉，《周季編略》，書前，頁5。
〔註129〕紀昀總纂：〈史部總敘〉，《四庫全書總目・史部》，卷45，頁1。
〔註130〕關於中國史學的尙簡討論，詳參章益國：〈論傳統史學的尙簡〉，《史學理論研究》2001第2期，頁20～23；吳福助：〈論史才〉，《國魂》第423期（1981），頁86～87。

者也。」〔註131〕強調史料紛繁冗沓，千彙萬狀，非運用簡達筆法，無以裁制。而黃氏則推崇司馬遷之簡潔筆法，認爲：

> 史書必嚴裁削。子長裁取《尚書》、《春秋》、《國語》、《國策》；司馬《通鑑》裁取《史記》，皆增損改易之。錄長篇則不簡，沿疑訛則不明。是編依舊裁削，闕其疑，芟其雜，舊例如比。子長引經、傳，遇有簡質難明之處，多以訓詁字代之，取其易憭，是編亦間從其例。〔註132〕

強調史蹟材料龐雜，筆之於書，務必刪減增補、嚴於裁削，才能避免蔓枝過繁，不著要點之弊。以《史記》而言，司馬遷剪裁史料主要有摘要、增文補史、訓釋古文、熔鑄改寫諸法。〔註133〕而《周季編略》對於連綴史料與改寫過程，即效法司馬遷之寫作筆法，通過梳理繁雜事件，再參閱、考證諸說，並梳理融裁後，常以三或四個字摘要條列，記載一個事件。

如考王八年「彗星見」、〔註134〕考王十年「楚滅莒」、〔註135〕顯王十年「秦置法官」、〔註136〕顯王三十三年「趙築長城」，〔註137〕皆極明白簡當。又如《史記‧趙世家》於成侯五年載：

> 伐齊於鄄。魏敗我懷。攻鄭，敗之，以與韓，韓與我長子。〔註138〕

《周季編略》則記以：

> 趙攻鄭，得之，以與韓，韓以長子與趙。〔註139〕

此乃黃氏剪裁摘要記載之例。

又如烈王五年，黃氏載韓山堅弒其君一事，從其自注曰：

> 〈世家〉哀侯六年。子懿侯，《史》失名，據《紀年》名「若」。《紀年》云「山堅賊其君，姓山名堅」。《史》作「嚴」，堅、嚴一聲之轉也。《通鑑》書「韓嚴遂弒其君」，又牽入聶政刺韓傀事，不可

〔註131〕劉知幾：〈敘事〉，《史通》，卷6，頁12。
〔註132〕黃式三：〈敘例〉，《周季編略》，書前，頁4。
〔註133〕參張大可：〈論《史記》取材〉，收入張大可，趙生群等著：《史記文獻與編纂學研究》，（北京：華文出版社，2005），頁445～450。
〔註134〕黃式三：〈考王〉，《周季編略》，卷2，頁3。
〔註135〕同上註，頁5。
〔註136〕黃式三：〈顯王〉，《周季編略》，卷6上，頁9。
〔註137〕黃式三：〈顯王〉，《周季編略》，卷6下，頁3。
〔註138〕司馬遷：〈趙世家〉，《史記》，卷43，1780。
〔註139〕黃式三：〈烈王〉，《周季編略》，卷5，頁6。

　　從。哀侯被弒，烈侯因刺傀并中，以救得免，二事迥異。
可知《周季編略》鑑於取材眾多，對於前說難明之處，則仿效《史記》先博
證於諸家，考覈其實，復疏通以「訓詁字詞」，再辨正異說，最後以簡鍊文句，
載曰「韓山堅弒其君，諡曰哀。子若立」。〔註140〕據此，可見其博綜約取，而
嚴於裁削之寫作技巧。

（二）合纂諸說，條貫史蹟

　　《周季編略》取材極為廣博，黃氏卻能舉撮機要，悉加鎔範條貫。如定
王十五年，《周季編略》記曰：「蜀取秦南鄭。秦伐蜀，復收南鄭。」〔註141〕
黃氏註記「據〈年表〉、〈本紀〉合纂」，〔註142〕檢閱司馬遷〈六國年表〉原只
載「蜀取我南鄭」，〔註143〕〈秦本紀〉也僅記「伐蜀，取南鄭」。〔註144〕倘就
原始材料來看，對於南鄭本為秦地、蜀地？最後落入秦、或蜀之手？誰為侵
略者？記載並不明確。但經黃氏之考證、合纂，則事件始末得以通貫。再將
黃氏「合纂」結果，比對《南鄭縣志》所載先秦以前之土地歸屬，曰：「南鄭……
（周公）東遷後，地入於秦，屬共公始城之。惠文土取楚漢中地，置漢中郡，
以邑隸焉。」又對照六國之紀年，〔註145〕屬共公（前 476～443）築南鄭城以
後，到事件發生之安王十五年（前 387），亦即秦惠公十三年，南鄭確為秦國
屬地，證實黃氏考證最為正確。

　　又如顯王三十一年，《周季編略》正文載：「秦與魏戰於岸門，虜其將錯。」
〔註146〕黃氏特別注記乃根據「〈秦紀〉、《索隱》引《竹書紀年》合纂」。對照
其據以合纂之原始文獻，〈秦本紀〉原文載：

　　　　二十四年，與晉戰鴈門，虜其將魏錯。〔註147〕
司馬貞之《索隱》與張守節《正義》之原文，分別載曰：

　　　　《索隱》：「與魏戰岸門」，此云「鴈門」，恐聲誤也。又云「敗韓岸

〔註140〕同上註，頁 5。

〔註141〕黃式三：〈安王〉，《周季編略》，卷4，頁 12。

〔註142〕同上註。

〔註143〕司馬遷：〈六國年表〉，《史記》，卷 15，頁 713。

〔註144〕司馬遷：〈秦本紀〉，《史記》，卷 5，頁 200。

〔註145〕關於六國之紀年，可參陳夢家：〈六國紀年〉，《西周年代考》（北京：中華書
　　　　局，2005），頁 83～92。

〔註146〕黃式三：〈顯王〉，《周季編略》，卷6上，頁 37。

〔註147〕司馬遷：〈秦本紀〉，《史記》，卷 5，頁 204。

門」，蓋一地也。尋秦與韓、魏戰，不當遠之鴈門也。

《正義》：《括地志》云：「岸門在許州長社縣西北二十八里，今名西武亭。」〔註148〕

黃氏考證地名與參戰國家，引用《索隱》說法，事件過程則採用〈秦本紀〉觀點。且經其「合纂」後，戰爭之時、地、始末，皆條貫明瞭。檢覈黃氏「辨正」諸說訛誤之處，比對其參看之《竹書紀年集證》，於顯王三十一年，的確只記「秦蘇胡帥師伐鄭」等與此事無關之另一個戰爭，〔註149〕故黃氏曰「今《紀年》失編此事」。再對照古本《竹書紀年》，原書爲「三十二年，在岸門與秦國交戰」，〔註150〕顯然爲陳逢衡作《集證》漏載原文，故黃氏亦特別辨正。

從上述「合纂」諸例，可見《周季編略》蒐羅史料之豐富、考證之詳備、與所具之史識以及融裁史蹟之用心。

（三）徵引宏富，不囿於門戶

不存門戶爲浙東之一貫精神，故《周季編略》除了主要參考之《戰國策》、《史記》、《大事記》、《資治通鑑》、《大事記》、《竹書紀年》以外，所旁及之材料，相當宏富。諸如記述西南地區史事之《華陽國志》、宣揚周武王與周公文治之《逸周書》，以及《墨子》、《孫子兵法》、《孫臏兵法》、《老子》、《列子》、《尹文子》、《孟子》、《莊子》、《荀子》、《韓非子》、《呂氏春秋》、《公孫龍子》、《商君書》、《管子》、《鶡冠子》《易繫辭》、《禮記》、《周禮》、〈禹貢〉、《山海經》、《楚辭》、《說苑》、《新序》、《韓詩外傳》、《水經注》等等，取材涵蓋經、史、子、集各部。此外，對於地形與水文等問題，甚至還參閱法國Benoist M.之《地球圖說》譯本，其取材、徵引宏富，可見一斑。

黃氏治史力主博采眾說，不拘一家。其原因在於黃氏以爲歷代史籍，失考難免，如：

《史記·年表》與〈本紀〉、〈世家〉異，司馬《通鑑》與《稽古錄》異，呂氏《大事記》與《解題》異，比一人之書，是非迭出也。《綱目》書法謹嚴，凡例定於朱子，而趙訥齋未能不違其例，此二人參

〔註148〕司馬遷：〈秦本紀〉，《史記》，卷5，頁204。

〔註149〕陳逢衡：《竹書紀年集證》，收入《續修四庫全書·史部》，第335冊（據嘉慶十八年裛露軒刻本影印），卷47，頁5。

〔註150〕李民等注：《古本竹書紀年》（鄭州：中州古籍出版社，1990），頁72。

定而是非迭出也。〔註151〕

他指出司馬遷、司馬光、呂祖謙等史學大家，都仍有同一書而前後不一之處，更何況有些史籍歷經多人完成，其觀點與史料採用，恐非一致。如《史記》徵引《國策》，便有與今《策》本不同之處，恐怕「司馬子長所見《策》本如比」，抑或「子長據別書校正《國策》」，甚至是「劉子政校《國策》，據別書以改《策》文」，而與《史記》不同，故纂史「不可專守一書」，〔註152〕更何況：

> 周末諸子之書，醇駁互見。依《後漢書》錄公理《昌言》、節信《潛
> 夫論》之例，書其醇者，亦有裨於人心治術。〔註153〕

黃氏以爲《昌言》與《潛夫論》雖被儒家視爲一家之言的「子書」，但《後漢書》卻采錄不少，可見文獻采擷，應以公正客觀態度，不可心存成見，唯有博觀，才能約取，亦才能客觀判斷。

《周季編略》不拘一家之撰寫方式，如本文前已論述之「合纂」即屬之。此外，又如貞王二十二年，載楚司馬舍帥師伐蔡，黃氏便考校經、史等諸多材料，引用觀點亦取自不同文獻。〔註154〕又如考王十五年，記「魯季孫會晉侯於楚邱」一事，亦依《紀年》、《外紀》、《大事記》參定，又釐正《水經‧濟水注》引《紀年》「訛作晉文公」，而《大事記》「晉幽公、魯元公會於楚邱，亦訛」。其徵引不拘一家之撰寫特色，自是可見。

總此，可知《周季編略》之考史態度與方法，兼有浙西、浙東治史特色。既能博觀，又能以不拘門戶態度，約取鎔裁，避免瑣碎之失，且能融洽貫穿，故楊昌濬嘗評其「群言淆雜，落其實而枝葉盡去，條貫終始，是非自見」，〔註155〕並非溢美。

四、彰善癉惡之史評宗旨

浙東精神貴在不務空言，歸本實用，以爲史學具有垂訓後世實功。故試圖通過歷史，以明天下治亂之道、得失成敗、安危利害，強調以「善」爲法，以「惡」爲戒。《周季編略》亦具有彰善癉惡之史評宗旨，黃氏自言：

> 任俠、貨殖、亂賊諸事，詳錄備鑑，古史所同，讀者必觀其敘事寓

〔註151〕黃式三：〈敘例〉，《周季編略》，書前，頁3。
〔註152〕以上引文，皆見黃式三：〈敘例〉，《周季編略》，書前，頁3。
〔註153〕黃式三：〈敘例〉，《周季編略》，書前，頁5。
〔註154〕黃式三：〈貞王〉，《周季編略》，卷1，頁16。
〔註155〕楊昌濬：〈周季編略敘〉，書前，頁1。

抑揚之意。〔註156〕

強調其以史鑑戒後世之志。故諸如任俠、貨殖、亂賊等事，歷來史家皆詳錄之者，亦據實記載以發揮殷鑑作用，並通過議論，發揮史學彰善癉惡之實用目的。

程繼紅先生歸結《周季編略》之議論，指出具有「引他人之議代己之論」、「緣他人之議而論之」、「自發爲議論」等三端，且認爲其「不出褒善貶惡之格局」。〔註157〕誠然，黃氏認同史家對歷史人物應當有所評鑑，才能發揮褒善貶惡、移風易俗之功用。張高評嘗述評《周季編略》指出：

> 薇香有《周季編略》九卷，記周之末季，戰國以來二百四十年事，
> 足徵其治經而歸宿於史。薇香之爲是略，將以立典型而示法戒
> 也。……此所謂「足法」、「足鑒」、「以爲戒」、「有小補」云云，固
> 出於致用思想之垂訓史觀也。〔註158〕

「足法」者，乃黃氏本於遺留周德、彰顯戰國時期亦有善言、善行之足法者。「足鑒」、「以爲戒」者，則爲《周季編略》撻伐蘇秦、張儀、公孫衍、白起、王翦等詭詐、嗜殺之徒，絕無善終之殷鑑。

試探《周季編略》所彰、所癉之議論如下：

（一）批駁縱橫家之權謀詭詐

歷來史家對戰國策士之行事權謀，指責甚多。如《鮑氏戰國策注》說：「蘇秦、張儀、公孫衍、陳軫、代厲之屬，生從橫短長之說，左右傾側。……是故始皇蠶食六國，兼諸侯并有天下，仗於詐謀之積，終無信篤之誠，無道德之教、仁義之化……，上小堯、舜，下邈三王。」〔註159〕除了不齒蘇秦、張儀、公孫衍等人，毫無誠信之奸謀詭詐，對於術士善用辯才，助秦併吞六國，導致秦皇焚書坑儒，盡失堯、舜仁義之道等罪行，大加撻伐。黃氏對戰國縱橫術士亦甚爲鄙視，故試圖通過史蹟記載以及附辨之評論，撻伐其權謀機變惡行，並以其不得善終爲借鑑。

首先，黃氏批駁蘇秦之奸謀巧詐。《周季編略》於顯王三十六年，合編《戰

〔註156〕黃式三：〈敘例〉，《周季編略》，書前，頁5。
〔註157〕程繼紅：〈黃式三《周季編略》及其與乾嘉學風和浙東學派之關係〉，收入程
　　　繼紅點校：《周季編略》，頁12～15。
〔註158〕張高評：《黃梨洲及其史學》（臺北：文津出版社，1989），頁203～204。
〔註159〕劉向：〈戰國策序〉，見鮑彪《鮑氏戰國策注》，收入《景印文淵閣四庫全書‧
　　　史部》，第406冊（據國立故宮博物院藏本影印），總頁470。

國策‧蘇秦始將連橫》以及《史記》載蘇秦先縱橫說秦、後又合縱楚、趙，趙，聯合山東六國共同抗秦，最後身佩六國相印，顯赫一時，回鄉後家人對其前倨後恭態度。黃氏不同於眾人皆嘆以世態炎涼之評論觀點，反而感嘆「使我有洛陽負郭田二頃，豈能佩六國相印乎」。〔註160〕又不同於大部分史家正面評價蘇秦之懸樑刺骨、奮發上進，終於功成名就，如司馬遷即以「毋令獨蒙惡聲」，〔註161〕試圖為其辯解。黃氏卻以為：

> 呂氏曰，此雖驕滿之言，然學校廢而士失其教，井田廢而士無以養，
> 廉恥所以決，禍亂所以不息，可鑑矣！〔註162〕

在黃氏看來，真正之「傑士」，要通過有綱紀的學校養成，而蘇秦僅靠縱橫遊說之術，獲取厚祿，實不配稱為雄傑之士。更因蘇秦處於綱紀敗壞世代，致使真正良士無以發展，才讓不依循正道之徒，得以逞其辯才，謀求富貴。反諷蘇秦等人之功成名就途徑，更不足為法。對照黃氏於《儆居集》又專論蘇秦不配稱為雄傑之士云：

> 此所謂士，指傑士也，非指習詩賦求科舉之士也；此所謂民，指凡
> 民也，非指陰穿窬、陽攻劫之民也。蘇秦無田二頃，讀書思遊說，
> 非古之傑士，祇謂之凡民。〔註163〕

黃氏讚揚真正傑士，必不以追求富貴利達為目的，而蘇秦靠穿窬、攻劫等卑劣手段謀取富貴，最多只能稱之為「凡民」，並以此警示後人，當以蘇秦造成廉恥決絕、禍亂不息之後果為借鑑。

《周季編略》亦特別記載蘇秦之死，以為「蘇秦將死之言，既以報仇，且知身死必有以亂齊進言者，如此，則言者不聽矣。此行譎於生前，復行譎於死後也」。〔註164〕證實蘇秦一生無時無刻皆工於算計，於是密奉燕王之命至齊，目的就是要設法破敗齊國，卻在臨死前，故意要齊王將他五馬分屍示眾，假裝懲罰其為燕國而謀亂於齊之罪行，藉以引出刺殺自己之凶手。黃氏認為蘇秦果然為工於心計之徒，如此一來，不僅為自己報仇，亦為死後凡有進言其謀亂於齊之言論，經過上述策劃，齊王必定不會採信，可謂行譎於生前，復行譎於死後，乃權謀巧詐之甚者矣！

〔註160〕黃式三：〈顯王〉，《周季編略》，卷6下，頁3～9。
〔註161〕司馬遷：〈蘇秦列傳〉，《史記》，卷69，頁2277。
〔註162〕黃式三：〈顯王〉，《周季編略》，卷6下，頁9。
〔註163〕黃式三：〈恆心說〉，《儆居集‧雜著四下》，頁18～19。
〔註164〕黃式三：〈慎靚王〉，《周季編略》，卷7，頁7。

其次，《周季編略》亦批駁張儀之遊說權謀行徑。誠如宋朝李格非言「《戰國策》所載，大抵皆從橫捭闔，謫誑相輕傾奪之說也」，〔註165〕尤以張儀採用連橫策略，遊說五國連橫事秦，更運用雄辯之才，散六國之從，使之西面事秦，使秦國威大張。黃氏對張儀之遊說權謀行徑，自是不滿，故對其批駁甚多。如載張儀爲秦王謀於楚，楚王記恨張儀曾離間齊、楚，導致楚國受齊、秦聯兵所敗而囚之，最後張儀靠著好友靳尙，運用辯才說服楚王愛妾鄭袖爲其說情，才得以獲赦。〔註166〕黃氏評價此事，便藉由史籍所載鄭袖爲爭得寵幸，謀害其他侍妾之不齒行爲，直指「鄭袖姦僞類如此」，〔註167〕亦即鄭袖與張儀實爲一丘之貉，皆奸佞之屬。對於張儀之死，黃氏藉由鬼谷子稱蘇秦、張儀擁有天下奇才，卻好雲路之榮，慕長久之功，貴一夕浮爵，寧願選擇當路邊任人攀折之柳樹，永世遭人辱罵，而不願淡泊名利，立志成爲永延之喬松，以享萬古美名，深表惋惜與悲痛。故評論曰：

> 《法言》曰：「儀、秦學乎鬼谷術而習乎縱橫言，詐人也，聖人惡諸。
> 然則亂而不解，子貢恥之。說而不富貴，儀、秦恥之。」式三按：
> 儀、秦定論，《法言》是矣；然儀、秦富貴，究何足恃哉？讀者思之。
> 〔註168〕

以爲此二人下場，足爲此乃後世法戒，張儀、蘇秦僅靠縱橫之謀，爲亂天下，實爲天下人所不齒。且二人雖曾暫得富貴，卻也落得悲慘下場，蘇秦甚至被處以車裂極刑，可見不義之富貴，實不足恃。更何況讀聖賢書者，所求本非富貴，而當立志於嵩岱之松柏，華霍之擅桐，反能千秋萬歲，不受斧斤之傷，而爲萬世效法典型。

最後，《周季編略》對於公孫衍以辯才汲汲求富貴，亦多所指責。如記載公孫衍爲求重用，不斷更換侍主，毫無忠誠可言。又以權謀離間與其不相善之田需，〔註169〕甚至爲求破解張儀之聯齊策略，竟趁著晉見衛君，假意尊崇張儀，而「衍跪行，爲儀千秋之祝。明日儀行，衍送之至於齊疆。齊王聞之，

〔註165〕鮑彪：〈李文叔書戰國策後〉，《戰國策校注》，收入《四部叢刊正編》（臺北：臺灣商務印書館，1979），第14冊（據上海涵芬樓元至正十五年刊本影印），頁14。
〔註166〕黃式三：〈赧王〉，《周季編略》，卷8上，頁15～16。
〔註167〕同上註，頁16。
〔註168〕同上註，頁24。
〔註169〕黃式三：〈顯王〉，《周季編略》，卷6下，頁27。

怒於儀：『衍，吾仇也，儀與之俱，必與衍鬻吾國矣！』遂不聽儀」，〔註170〕
實際上卻陷害張儀。又於顯王十七年讒害張儀，暗中遣人向韓公叔進讒言，
使得「衍果相，儀免相」，〔註171〕凸顯公孫衍爲小人之甚。故黃氏評論曰：

> 觀此，則儀爲衍所欺也，小人之姦詐如此。〔註172〕

指出張儀之狡詐已眾所皆知，但公孫衍之奸險，則更甚於張儀。評論其人品
卑劣，已無須置喙。

（二）以「枉殺人者終自害」爲鑑

戰國人物中被黃氏視爲首惡者，乃嗜殺攻戰之白起。黃氏除了痛加撻伐，
亦以其不得善終，提出借鑑。有關白起事蹟，《戰國策》多次載其爲秦出征，
殺敵無數，屢建戰功。但黃氏卻對其嗜殺行徑，深惡痛絕。如赧王二十四年，
載其「斬首二十四萬，拔五城」，〔註173〕赧王三十五年，又載「殺三萬人」，
〔註174〕赧王四十二年，復「敗趙將賈偃，沈其卒二萬於河，取趙觀津；敗魏
將芒卯於華陽，斬首十五萬」、〔註175〕赧王五十一年，再次「攻韓汾、陘，拔
九城，斬首五萬」，〔註176〕赧王五十三年，「起伐韓，拔野王」，〔註177〕迫使
野王降秦，斷絕上黨通往都城鄭縣之道路，並埋下韓國亡於秦之主因。至於
史書所載白起殺人最多的「長平之役」，黃氏論曰：

> 白起此役殺趙卒四十五萬，合前後計之，所殺百萬，所謂秦以爲功，
>
> 天下以賊者也。〔註178〕

將白起視爲賊害天下首惡，嚴厲譴責其攻戰嗜殺。黃氏對白起被賜死後，司
馬遷於〈白起王翦列傳〉評議其「死而非其罪，秦人憐之，鄉邑皆祭祀焉」，
〔註179〕亦即秦人皆憐惜白起無任何罪過而死。黃氏卻不以爲然，故云：

> 所殺之數，史不詳載，大抵所殺百萬有餘。其後起爲范雎所譖，
>
> 自刃。枉殺人者終自枉，則知嗜殺非天意矣！……夫天以好生爲

〔註170〕黃式三：〈赧王〉，《周季編略》，卷8上，頁22～23。

〔註171〕黃式三：〈顯王〉，《周季編略》，卷6下，頁30。

〔註172〕黃式三：〈赧王〉，《周季編略》，卷8，頁23。

〔註173〕黃式三：〈赧王〉，《周季編略》，卷8中，頁6～8。

〔註174〕同上註，頁43。

〔註175〕黃式三：〈赧王〉，《周季編略》，卷8下，頁13。

〔註176〕同上註，頁40。

〔註177〕同上註，頁46。

〔註178〕同上註，頁51。

〔註179〕司馬遷：〈白起王翦列傳〉，《史記》，卷73，頁2337。

心，雖恆雨恆寒，不失暘燠之氣。仁人體此以生道，殺民雖刑，亂用重典，常恐代天司殺之或過。後世之敘戰功者，喜言殺人之多，皆離愛言仁者爲屬階，而昧夫彼蒼好生之心者也。〔註180〕

黃氏以爲蒼天有好生之德，而白起殺人不計其數，罪孽深重，正如其自殺前所自嘆殺人過多，有違天意而「宜死」。並對白起終於自殺，倍感欣慰，以爲此正警告枉殺人者，不有人禍，必有天刑，雖曰殺人，適足自害。

其次，同樣殺人無數之王翦，黃氏除了譴責其殺人暴行，更對其身居秦師要職，卻無法輔佐秦國施行仁義，痛加指責。《周季編略》記秦王以王翦爲將，「攻鄴，拔之。王翦復攻閼與、橑陽，破之，獲九城」，〔註181〕又始皇十八年，載王翦賄賂趙王寵臣郭開，行反間計，害死趙國良將李牧，李牧死後五個月，王翦便滅趙。〔註182〕黃氏對此慨嘆曰：

李牧死於忠，雖死，至今如生。郭開以一人毀顏、牧二將，未知死處。〔註183〕

他嘆息李牧雖不得善終，但忠信精神長存，並指責郭開聽信王翦之言，終至國滅身亡之不智，亦撻伐王翦陷害忠良之惡行。

《周季編略》又載「王翦破燕太子丹軍，拔薊。燕王東保遼東。翦斬太子丹首以獻秦王」，〔註184〕彰顯王翦之殘暴，又於始皇二十三年，帶領六十萬秦軍伐楚，〔註185〕翌年，王翦、蒙武滅楚，項燕之子梁、孫籍亡走，〔註186〕隔年始皇完全併吞諸侯，統一天下。黃氏以爲秦能統一天下，王翦最爲功高，但據《史記》載「翦爲宿將，始皇師之，然不能輔秦建德，固其根本，偷合取容，以至歿身。及孫王離爲項羽所虜，不亦宜乎」。〔註187〕可見司馬遷指責王翦不能輔佐秦皇建立德行，穩固根本，以致於孫子王離爲項羽所俘，以爲此皆爲王翦之罪。黃氏亦附議司馬遷之評論，認爲王翦靠屠殺列國諸侯而建立功業，其手段雖應受譴責，但倘王翦能於秦統一六國之後，以仁義道德輔佐秦王，似乎可以抵其殺人之過。可惜王翦並未如此，而是一心只

〔註180〕黃式三：〈白起在死說〉，《儆居集・史說五》，頁18～19。
〔註181〕黃式三：〈列國〉，《周季編略》，卷9，頁42。
〔註182〕同上註，頁47。
〔註183〕同上註，頁48。
〔註184〕同上註，頁51。
〔註185〕同上註，頁54～55。
〔註186〕同上註，頁55。
〔註187〕司馬遷：〈白起王翦列傳〉，《史記》，卷73，頁2341。

求「田宅爲子孫業」，〔註188〕身爲重臣，卻自私自利，導致秦祚不出三代即覆亡，其子孫亦淪爲項羽之階下囚。以此勸戒後世，殺人者終皆自枉之。

（三）備錄嘉言懿行

黃氏本於一反《戰國策》「善言善行之足法者少」而作《周季編略》，故書中備載嘉言、懿行，用以彰顯周、孔遺德。如前所述孟子、荀子、子思、曾子之事蹟外，黃氏於安王十四年，記載無擇不忍鵠飢渴讓其飲水，說明無擇之仁；想要刺腹絞頸而死，說明無擇之勇；擔心別人非議楚王，說明無擇之忠；不願另買類似之鳥以替代，說明無擇之信；痛心齊、楚兩國因此事件斷交，說明無擇之義；來獻空籠唯君命之，說明無擇之誠，〔註189〕突出無擇兼具仁、勇、忠、信、義、誠之德。

又如表彰賢士公儀潛能夠砥節勵行，樂道好古，且不慕榮利，故魯侯提出「參分魯國而與之一」的條件，希望子思前往勸說，使其輔佐魯君。但子思卻回絕以：

> 如君之言，則公儀子之所以不至也。君若饑渴待賢，納用其謀，雖疏食水飲，佽亦願在下風。今徒以高官厚祿，釣餌君子，無信用之意。公儀子之智，若魚鳥可也，不然，則彼將終身不躡乎君之庭矣。
>
> 且臣不佞，又不任爲君操竿下釣，以蕩守節之士也。〔註190〕

子思以爲有仁德之君，要以尊賢態度納才，天下賢者自然樂於爲其獻謀。而公儀潛既以砥節勵行、不慕榮利稱善，便不會因高官厚祿而接受魯侯之聘，否則豈不自毀名節。黃氏藉以凸顯戰國之時，仍有如公儀潛之砥節勵行，安貧樂道之可法者，而非盡是巧詐之徒。

又如威烈王十七年，對魯穆公重用奉法守節之公休儀與家貧守道之泄柳，評議曰：

> 呂氏曰：穆公雖不能用子思，然尊賢尚德，時所罕見。以魯之弱，
>
> 崎嶇彊暴之間，竟能與戰國終，皆由此歟！〔註191〕

他借用前儒評議，認爲戰國諸侯王中，能尊德尚賢者，實在少之又少，而魯穆公能如此，亦可見有德者，必有善終。

〔註188〕黃式三：〈列國〉，《周季編略》，卷9，頁54。
〔註189〕黃式三：〈安王〉，《周季編略》，卷4，頁13～14。
〔註190〕黃式三：〈威烈王〉，《周季編略》，卷3，頁10。
〔註191〕同上註，頁8。

對於《周季編略》之史學評議，楊昌濬以爲「時表其勸懲之微旨，則從司馬公之例而加愼焉」，〔註192〕認爲黃氏之議論觀點，不僅具有勸善懲惡作用，亦稱許黃氏評論人物立場公正。楊鍾羲《續修四庫全書提要》論以「嘉言懿行錄之倍詳，使讀者於周季之衰，猶見周德之遺」，〔註193〕肯定黃氏備載戰國之嘉言懿行，以彰顯周、孔遺德之用心。

倘對照黃氏所參考之《大事記》與《竹書紀年》二書之記載孔門後學，《大事記》僅簡要記錄子思及孟子二人事蹟，如周威烈王十七年，記「子思」事蹟二條，一記「魯穆公尊事孔伋，以公儀休爲相，泄柳申詳爲臣，然終不能用」，二記「孔伋作《中庸》」。〔註194〕又記「孟子」二條，其一愼靚王二年，記：「魏襄王問孟子天下惡乎定？曰：定於一，孰能一之？曰：不嗜殺者，能一之。」其二赧王二年，載：「孟軻自齊之宋，自宋適滕，勸滕文公修井法，不果，行。」〔註195〕至於遊學於稷下之「荀子」，則隻字未及。呂祖謙或許受宋儒「尊孟抑荀」之影響，而未載荀子事蹟，但就歷史「客觀性」而言，的確失之偏頗。

此外，《大事記》對於子夏、曾子等儒亦完全未著墨，倒是對當時各國戰爭、將帥等，述之較詳。再比對《竹書紀年集證》，由於陳逢衡作是書以《竹書紀年》爲底本，目的在於考證年代、徵審史蹟，故凡是《竹書紀年》所未記之事，亦未討論。是以，孔門後學事蹟，本非其考證宗旨，當然討論不多。相較之下，《周本編略》記載周、孔仁義之道，要比同性質諸作，更爲詳盡。

再對照與黃氏同時期之《戰國紀年》，二書皆同嘆「周秦之際，王澤一統竭，不復道統，無傳自封建、井田、學校大政，以及民間禮俗，欲復三代之治，卒不可得」。但《戰國紀年》對「戰國之君，如魏文武、齊威宣、秦獻孝、燕昭、趙武陵，皆有過人之才，而前有子夏、子思，後有孟子順向使大用，皆足以興道致治，庶乎與三代比隆」。〔註196〕也同樣具有凸顯周、孔遺德用意。但就內容來看，黃氏記錄孔門後學事蹟，內容較《戰國紀年》爲多，敘述亦更爲詳備。

〔註192〕楊昌濬：〈周季編略敘〉，《周季編略》，書前，頁1。
〔註193〕楊鍾羲：〈周季編略提要〉，王雲五主編：《續修四庫全書提要·史部》（臺北：臺灣商務印書館，1972），第4冊，頁165。
〔註194〕呂祖謙：《大事記》，收入《景印文淵閣四庫全書·史部》，第324冊，卷1，頁19。
〔註195〕分見呂祖謙：《大事記》，卷4，頁3、6。
〔註196〕林春溥：〈戰國紀年序〉，《戰國紀年》，收入《續修四庫全書·史部》，第347冊（據道光十八年竹柏山房刻本影印），書前，頁1。

五、《周季編略》之學術價值與後人評議

後人評價《周季編略》，以稱賞其博證稽考爲最多。如楊鍾羲（1865～1940）於《續修四庫全書提要》讚其編纂方法「旁采諸子傳記，於時事有關合者，彙而編之，每條下各載出處，加以剪裁，擇善而從，去取不苟」。讚其議論「皆有裨於人心治術，不敢以刻爲深」，〔註197〕展現客觀態度，皆持以正面肯定。又如楊寬嘗感嘆戰國史料分散殘缺，年代紊亂，真僞混雜，而對《周季編略》稽補闕漏戰國，以爲：

> 《周季編略》綜合搜輯《史記》、《戰國策》、以及先秦諸子的戰國史料加以排比編輯，並注有出處，較爲完備，作者黃式三對此終身用力很多。〔註198〕

肯定黃氏輯纂《周季編略》之用心，且認爲其對於史料、史事之增補與考訂，皆比同性質之史籍更爲完善，故曾批點《周季編略》全書。

學界徵引《周季編略》之考證結論者，亦不少。如楊寬《戰國史料編年輯證》即多次徵引黃氏觀點；其於周貞定王十六年「趙襄子攻翟」一事，由於王先謙列此事於周貞定王十二年，楊寬則認爲貞定王十二年當晉出公十八年，此年知伯瑤伐中山。但當知伯勢強，趙襄子不可能與知伯爭奪中山之地，可知「黃式三《周季編略》繫於周貞定王十六年，其說較爲合理」，〔註199〕贊成黃氏考證成果。

又如錢穆（1895～1990）《先秦諸子繫年》，亦有多處徵引《周季編略》之考證結果。其考證荀卿赴秦見昭王、應侯，認爲荀卿與應侯問答，稱秦四世有勝，指自孝公至昭王，而曰「憂患不可勝校焉，諰諰然常恐天下之一合而軋己」，故推翻劉向〈荀卿書錄〉、胡元儀〈荀卿別傳〉，以及《孔子世家》說法，認爲：

> 《周季編略》列荀況如秦於周赧王五十一年，是年爲齊王建元年，荀卿殆以襄王死而去齊，如孟子以惠王死去梁之例，黃氏之說則可信。〔註200〕

〔註197〕楊鍾羲：〈周季編略提要〉，王雲五主編：《續修四庫全書提要・史部》，第 4 冊，頁 165。

〔註198〕楊寬：〈戰國史緒論〉，《戰國史》（臺北：臺灣商務印書館，1997），頁 34～35。

〔註199〕楊寬：《戰國史》，頁 111。

〔註200〕錢穆：〈荀卿赴秦見昭王應侯考〉，《先秦諸子繫年》，頁 458～159。

錢穆以荀卿與應侯之問答並不及秦師失利一事，認爲荀卿游秦當在邯鄲一役之前，可見《周季編略》之說法最爲可信。又如〈龐煖即臨武君考〉曰「林氏《紀年》、黃氏《編略》均以魏加論臨武君係之此役，皆是」、〔註201〕〈孔穿與公孫龍辨於平原君所考〉曰「黃式三曰《莊子·天下》，惠子言雞三足，與臧三耳相似。龍意兩耳形也，又有一司聽者以君之，故爲三耳。今按黃說甚是」，〔註202〕皆對於黃氏之推論與考辨，多所肯定與徵引。

反之，對《周季編略》偶有以主觀意見推之處，後人亦有所辨正與糾誤。如楊寬《戰國史料編輯證》指出《周季編略》據《大事記》將齊宣王生卒延長十年、齊湣王縮短十年，勉強湊合於齊宣王破燕之年代能合於《孟子》等書，並無史實根據，且對其他國家之年代亦有錯誤而未能糾正。〔註203〕又如《周季編略》於周貞定王二年，正文載「秦伐晉，拔魏氏城」，並自注曰：「《史·表》云拔魏城，〈魏世家〉無文，或是魏氏邊邑耳。」〔註204〕經楊氏考證，認爲應當是「秦厲共公十年庶長將兵拔魏城」，故曰：

> 案：黃式三《周季編略》改作「秦伐晉撥魏氏城」，並云「或是魏氏
> 邊邑耳」。此說無據，史文未見其例。〔註205〕

認爲黃氏之說無據，故不贊成其推論。

又如《周季編略》載「故魯侯蔣薨，諡曰哀」，自注「《左傳》於哀公十六年載子貢之言曰『君不歿於魯』，錄其言之驗也」。〔註206〕楊氏則認爲據〈魯世家〉載「悼公之時，三桓勝，魯如小侯，卑於三桓之家」，故指出：

> 黃式三《周季編略》既據《左傳》悼公四年苟瑤圍鄭之事，定魯悼
> 公元年當周貞定王二年，又從〈六國表〉定魯哀公卒於同年。黃氏
> 據《左傳》哀公十六年，載子貢之言「君不歿於魯，錄其言之驗」，
> 因而斷言哀公卒於越，當依〈六國表〉定在出奔之明年，並云：「知
> 哀公尚在，悼公已立。」其說不足信。〔註207〕

楊寬指出黃氏觀點，有失考與前後矛盾之處，故不可信。又如對於「田莊子」

〔註201〕錢穆：〈龐煖即臨武君考〉，《先秦諸子繫年》，頁483。
〔註202〕錢穆：〈孔穿與公孫龍辨於平原君所考〉，《先秦諸子繫年》，頁455～456。
〔註203〕楊寬：《戰國史》，頁34。
〔註204〕黃式三：〈貞王〉，《周季編略》，卷1，頁3。
〔註205〕楊寬：《戰國史料編年輯證》，卷1，頁81。
〔註206〕黃式三：〈貞王〉，《周季編略》，卷1，頁3。
〔註207〕楊寬：《戰國史料編年輯證》，卷1，頁82。

之卒年，黃氏將之繫於周威烈王十七年，經楊寬考證，當在十五年，故認為：
「黃式三《周季編略》未能明辨，乃云田『莊子卒，非魯穆公時，魯穆公時
悼子卒也』，非是。」〔註208〕凡此，《戰國史料編輯證》發現《周季編略》有
不少訛誤、失考之處，故為之考辨、訂誤。

　　錢穆《先秦諸子繫年》，亦對《周季編略》有多處辨誤。如錢氏考證曾子卒
年，應為魯元公之元年，便指出「黃氏《周季編略》依文獻考定在周安王四年，
誤也」。〔註209〕又如〈田莊子卒年考〉論證田莊子死當在繆公五年，故「《周季
編略》未能辯證今本《索隱》之有脫字，而據以校〈檀弓〉，謂莊子乃悼子之誤，
疏矣」。〔註210〕又如〈白圭考〉據《史記・秦本紀》，可知昭襄王十七年，城陽
君朝秦，其與〈魏策〉所載果為一時事否，今不可知，故指出「《周季編略》徑
以白圭之說定在城陽朝秦之年，亦疏」。〔註211〕又如考辨張儀卒於魏哀王九年，
非十年，明辨「《周季編略》謂張儀逐惠施在哀王九年，尤誤」，〔註212〕錢穆《先
秦諸子繫年》指出黃氏錯誤，約有十餘處。

　　其他如陳訓慈，則對《周季編略》評價甚高。其云：

　　　　（《周季編略》）其其間辨謬訛，（如智伯圍晉陽三年，舊云一年；樂
　　　　毅徇齊七十二城舊云六月，當作五年）或別同異，（如《通鑑》與《稽
　　　　古錄》異，呂氏《大事記》與《解題》異），大抵皆推考辨證，以求
　　　　其是。……則其孜孜考訂，固不僅在闡明前聞而已矣。〔註213〕

認為《周季編略》並非僅是摘錄羅列舊聞而已，而是以實事求是態度，對於
史料考訂、辨訛，以為其用心與價值，皆足以肯定。

　　又張舜徽《清儒學記》稱賞黃氏將戰國終付缺如之史實，在林春溥《戰
國紀年》賅備不足之下，毅然以彌補此一古史缺陷，引為己任。並評價《周
季編略》云：

　　　　稽其事實，考其年次，寫成《周季編略》九卷。或辨訂史事的謬訛，
　　　　或分析傳說的同異，推考校證，務求其是。論者稱其去取不苟，確

〔註208〕楊寬：《戰國史料編年輯證》，卷7，頁325。
〔註209〕錢穆：〈魯繆公禮賢考〉，《先秦諸子繫年》，頁157。
〔註210〕錢穆：〈田莊子卒年考〉，《先秦諸子繫年》，頁163。
〔註211〕錢穆：〈白圭考〉，《先秦諸子繫年》，頁252。
〔註212〕錢穆：〈張儀卒乃魏哀王九年非十年辨〉，《先秦諸子繫年》，頁381。
〔註213〕陳訓慈：〈清代浙東之史學〉，頁634。

是一部好書。〔註214〕

肯定《周季編略》對古史遺文佚事之補輯價值，得以彌補舊史缺失。尤以對黃氏辨訂史事謬訛、分析傳說同異之成果，評價甚高。

黃氏本於網羅放失之文，搜尋遺逸之士而纂著《周季編略》，使上接《左傳》末年，下迄於秦俑皇之周季事實，得以通貫呈現，既補《資治通鑑》所缺貞王、考王以及威烈王二十三年以前，計三王六十四年事蹟，亦補《皇王大紀》所缺漏赧王後三十五年之事，確實為輯纂完整之戰國史。但黃氏當時所見史料，仍然不夠全面，如近代出土之大量先秦文獻，黃氏已不及見，此雖不得咎其失考，但歷史最重真實，故黃氏之考證是否為定論，則仍待檢驗。其次，黃氏所徵引之文獻，如鬼谷子被學界質疑「秦欲神秘其道，故假名鬼谷」，〔註215〕而有作偽之疑，黃氏卻引以評價張儀功過；《孔子家語》之真偽，黃氏自言「乃王肅贗本」，〔註216〕卻引為考辨證據，此皆仍待商榷之處。

第四節　肯定躬行實踐的人物論贊

「躬行」精神，向為清代浙東史學之傳統與特色，自陽明倡知行合一之教，其門人皆以踐履行誼相互砥礪。如劉宗周（1578～1645）以誠意慎獨為學，持躬尤篤，而黃宗羲承其教，亦好以道誼引詔後學，生平雖流離顛沛，卻能堅毅好義。又有全祖望謹嚴自持，嘗謂「聖學莫重於躬行，而立言究不免於有偏」，〔註217〕所著《宋元學案》，亦諄諄以學者深思力行相期。是以，黃氏亦以誠孝為本，推重史傳人物之風節，持躬之嚴，垂老彌篤，故嘗為「漢處士」與「漢孝子」撰作傳贊，並藉以寓託躬行之志。黃以周述其：

年六十二，述漢三十處士事，而綴以贊；年六十五，述漢六十四孝

〔註214〕張舜徽：《清儒學記》（武漢：華中師範大學出版社，2005），頁193～194。

〔註215〕據《四庫全書總目》載：「樂壹註云：秦欲神秘其道，故假名鬼谷。」鬼谷子之人，又楊雄《法言・淵騫》曰：「儀、秦學乎鬼谷術而習乎縱橫言，安中國者各十餘年。」王充《論衡・答佞》中說：「人自有知以詐人，及其說人上，須術以動上，猶上人自有勇威之人，及其戰鬥須兵法以進眾，術則縱橫，師則鬼谷也。」應劭《風俗通義》亦云：「鬼谷先生，六國時縱橫家。」鬼谷子被視為縱橫家開山鼻祖大體並無爭議。然而，鬼谷子之著作與言論，即仍待考證。詳參張彥修：《縱橫家書──戰國策與中國文化》（開封：河南大學出版社，1998），頁134～144。

〔註216〕黃式三：〈讀孫校孔子家語〉，《儆居集・讀子集四》，頁1。

〔註217〕全祖望：〈奉臨川先生帖子一〉，《鮚埼亭集外編》，卷44，頁1682。

子事，而綴以贊，以見志所嚮慕。〔註218〕

他追述父親爲「處士」、「孝子」傳贊之目的，除了頌揚傳主行誼，主要在於
表達嚮慕瞻依之情。試探黃氏人物傳贊內容與思想如下：

一、以「處士」勵節操

歷來古籍對於「處士」之注解甚多，如《荀子》以爲「盛德者也，能靜
者也」，〔註219〕顏師古（581～645）注《漢書》說是「不官於朝而居家者」，
〔註220〕李賢注《後漢書》認爲指「有道藝而在家者」，〔註221〕至於楊倞注《荀
子》則主張爲「不仕者」。〔註222〕可見「處士」一詞，乃對學有道藝與隱居不
仕者之美稱，故歷來儒者對處士行誼稱頌不絕。如皇甫謐（215～282）曾輯
纂自堯至魏之處士九十餘人，撰成《高士傳》。皇甫氏自云其立傳標準爲：「采
古今八代之士，身不屈於王公，名不耗於終始」，可知所載之九十餘名高士，
皆經過旁推堯緯、鉤探九流、水中澄金而得道、未出仕的「高讓之士。」〔註
223〕正因這些處士不願仕進，往往被視爲志節清高，備受推重。如不食周粟之
伯夷與叔齊、箕山下農耕而食之許由等等，皆成爲後人讚頌典型。

黃氏推重這些道藝與德行俱備，卻不願仕進之「高士」，故作〈漢處士傳
贊〉表達依慕之情。其曰：

> 避世金馬門，曼倩之詼諧也。而毛於博，薛於漿，朱於屠，雖魏信
> 陵之所愛而蒙穢，亦已過矣！漢之士，榮華邱壑，甘足枯槁，類皆
> 以誠樸純修，閎通博學，著於當世，而垂示來茲。縉紳之貴，不如
> 韋布之尊；鞅掌之勞，莫若棲遲之樂。班、范史冊與皇甫之《高士
> 傳》，已萬載輝煌矣！取其尤者，系以贊辭，表幽趣也。〔註224〕

他分別引用《史記》中詼諧滑稽自稱避世於金馬門之「曼倩」（東方朔），以

〔註218〕黃以周：〈敕封徵仕郎內閣中書先考明經公言行略〉，《儆季文鈔》，卷5，頁
　　　　42。

〔註219〕王先謙：〈非十二子篇第六〉，《荀子集解》（臺北：世界書局，1991），卷3，
　　　　頁63。

〔註220〕班固：〈異姓諸侯王表第一〉，《漢書》，卷13，頁364。

〔註221〕範曄：〈劉寬傳〉，《後漢書》，卷25，頁244。

〔註222〕王先謙：〈非十二子篇第六〉，《荀子集解》，卷3，頁63。

〔註223〕皇甫謐：〈高士傳序〉，《高士傳》，收入《四部備要》，第286冊（據《古今逸
　　　　史漢魏叢書》本影印），頁1。

〔註224〕黃式三：〈漢處士傳贊〉，《儆居集・史說三》，頁24～25。

及藏於博徒之毛公、藏於賣漿家之薛公、屠者朱亥等「處士」，認爲無論是曾居於朝廷，或決不入世之「處士」，後人僅能從史籍憑弔其流風遺跡。正如其終身不仕而以著述爲志，不羨慕縉紳之貴與建業立功，反而嚮往寒素處士能肆恣倘佯之樂，故從《漢書》、《後漢書》之列傳，以及《高士傳》中所列之「處士」，選擇三十人贊傳之，表明自己傾心其遺風之志。

如論贊高鳳專精誦讀，晝夜不息，後遂爲名儒，乃教授弟子於西唐山中，太守連召請，皆力辭不仕，家中分財亦力推之，而獨自隱身漁釣。黃氏贊曰：

> 誦經漂麥，道味獨得，推財止爭，以仁化刻，漁釣終身，卓爾碩德。
> 〔註225〕

稱許高鳳專注於誦讀，終於有成，又能以所學教化山中眾民，並以仁德排解鄉人紛爭，且力卻財富而隱身漁釣、淡泊名利之人生觀。試探黃氏對於高鳳畢生誦讀、終身不仕、教化鄉民之稱頌，對照其〈上達說〉以爲「士不用世，當以治經爲天職」，〔註226〕又作〈求是室記〉以「天假我一日，即讀一日之書」自許，〔註227〕皆見其終身未仕，並專於著述、教化鄉邑之生命歷程與態度，皆與高鳳甚近，此蓋黃氏對處士嚮慕瞻依之因。

黃氏記述最詳、論贊最多者，則爲經學宗師鄭玄。黃氏記其家世、受學、學成歸鄉里耕讀授徒、杜門不出而隱修經業、不受朝服、避居注經、遺命薄葬，以及詳列其所有經學著作等等。並論贊以：

> 匹夫爲師，天下所屬，清語皆綺，儒林所讀，君歿一千六百五十年，
> 言之行如，布帛菽粟。〔註228〕

黃氏表現出對鄭玄專心治學、授徒鄉里、安貧樂道等人格與人生態度之全面嚮依。

綜觀黃氏所讚頌之「處士」典型，除了前人稱頌之高潔情操之外，大致具有博通儒家經典，並教化一方之共同特質。如向子平之「好讀《易》」、逢子慶「學通《春秋經》」、井大春「通五經」、周彥祖「專精《禮》、《易》」、法高卿「博通圖典，爲關西大儒」、魏仲英「是爲醇儒」、郭林宗「博通墳籍」、姜伯淮「通五經」、申屠子龍「博貫五經」、管幼安經於《詩》、《書》，與精於

〔註225〕黃式三：〈漢處士傳贊〉，《儆居集‧史說三》，頁8。
〔註226〕黃式三：〈上達說〉，《儆居集‧經說二》，頁10。
〔註227〕黃式三：〈求是室記〉，《儆居集‧雜著四》，頁26。
〔註228〕黃式三：〈漢處士傳贊〉，《儆居集‧史說三》，頁16～20。

「三禮」之王彥方、「沈酣經籍」之胡孔明，以及經學宗師鄭玄等等，人數幾乎佔了〈漢處士傳贊〉之一半，可見黃氏看重這些處士所具有之「明經」特質。倘就漢代宗經之學術趨勢而言，博通五經本就是時代風尚，但比對《高士傳》所錄諸人，或有卓識、或有高論、或為讓王、辭聘、辭賞、逃隱等淡泊名利，超越流俗之高尚節操等等，〔註229〕皆為黃氏以治經為天職之意識反映。

　　黃氏通過讚頌這些博通儒家經典，卻不願仕進而避居鄉野之處士，以其大多能以其學、其德教化鄉邑，端正鄉俗，對比自己亦終身未仕，卻能躬行禮教、教化鄉里，正與處士之生命情操一致。是以，黃氏除了表達孺慕嚮往之志，亦藉以自勵節操。

二、以「孝子」勉事親

　　黃式三事親以孝聞，嘗作〈童訓〉勉勵後學為人之本，以為日常生活中對父母養則致樂，疾則致憂、喪則致哀、祭則致嚴地極力躬行，〔註230〕才是為人子之天職。故黃氏據《漢書》、《東觀漢記》、《初學記》、《蒙求》諸書所載之「漢代孝子」，選擇六十四人，作〈漢孝子傳贊〉。黃氏自述其作意與孝子之選錄標準，曰：

> 《書》曰：「若考作室，既底法，厥子乃弗肯堂，矧肯構？厥父菑，厥子乃弗肯播，矧肯穫？」不孝莫大焉。讀班氏《漢書》萬石公、王子陽、於曼倩、韋長孺父子諸傳，心竊喜之。范書特立毛少節、薛孟常諸傳，而高季回、伏叔齊之能傳父業，散見於各篇，皆足錄也。……
> 擇其文之雅馴，不詭於道者，並節錄之，以明為人之本。〔註231〕

他引用《尚書・大誥》之義，強調孝子應當繼志述事，宣揚以孝傳家之德。故試圖通過〈漢孝子傳贊〉中所選錄之漢代孝子典型，以示為人之本。

　　黃氏〈漢孝子傳贊〉首列漢文帝，記其「母疾，不交睫、不解衣，湯藥必口嘗之而後進」，故能以孝聞天下，後來以其孝且仁，被迎立為天子。黃氏並作贊語曰：

〔註229〕霍建波：〈高士風流千古奇文──皇甫謐《高士傳》藝術鑑賞〉，《名作欣賞》第 22 期（2008 年 12 月），頁 4～5。
〔註230〕黃式三：〈童訓〉，《儆居集・雜著三》，頁 19。
〔註231〕黃式三：〈漢孝子傳贊〉，《儆居集・史說四》，頁 1。

漢文仁賢，以孝爲本，厚其所厚，推之無限。〔註232〕

黃氏論贊漢文帝能以仁、孝爲本，樹立典範，發揮上行下效之功。其他又如載記幼失父、母瞽，家貧之萬奮，以孝聞於郡國，其子萬建亦能繼承父志，每五日洗沐歸，「竊問侍者，取巾幃側牏，身自澣濯，復與侍者，不敢令萬石公知之」，其諸子孫亦咸孝。黃氏贊曰：「石氏之孝，越世遞傳，素行醇謹，推之有原。」〔註233〕讚頌萬奮能樹立行孝家風，使後世亦皆以孝聞。又如載韋賢父母卒，哀毀，三年不出廬寢，服竟羸瘠，骨立異形，醫療數年乃起，其子孫亦綿遠其德。故黃氏贊曰：「韋氏經纂，世守厥寶，子孫繩繩，孰蔽其好。」稱賞其以孝傳家之典範。

此外，又如母薨乞身行服居冢次之鄧閭、爲後母吮癰之樊儵、身甘啖賊之倪萌、匍匐柩上以身扞火之邠恮、涌泉出鯉之姜詩、採桑椹赤黑異器之蔡順、讓國於異母弟而乞身之鄧彪、母病抱持嗁泣不飲食之汝郁、受後母毒害卻事之愈謹之馮豹、母歿哀幾至於毀滅，服終廬於冢側之周磐、推先父餘財數百萬與從昆弟之韓稜、扇枕溫席之黃香、年八十仍孝養繼母淳心不墮之胡廣、遭父憂每哀輒嘔血絕氣之陳紀、殺雞供母自以草蔬之茅容、喪父不進酒肉十餘年，每忌日輒三日不食之申屠蟠、「牧豕養母並感化黃巾賊之孫期、刻木事親之丁蘭等六十四人，〔註234〕黃氏皆概述其孝行並論贊之。

綜觀黃氏擇選孝子大致具有以孝傳家、處喪哀毀二種典型，除了用以表彰前人孝行，亦期勉自身之躬行事親。對照黃氏嘗因省試失恃，以不親嘗藥、視斂而有後不赴省試之誓，館課之餘，常侍父側，先意承志，常得歡心，因念父老，年已八旬，於母喪後即長伴父寢。父臥牀第數年，衣食齎洗諸事，皆躬親之。比卒，又持喪以禮，鄉里宗族皆稱其孝，正是效法古代孝子行誼。〔註235〕換言之，黃氏傳贊古代孝子，乃將其視爲可以躬行效法對象，故強調：「若郭巨之埋兒，嫌其愚；董允之妻織女，疑其誕，非儒者所宜言。」〔註236〕在他看來，孝雖是爲人之本，然諸如郭巨雖有孝心，但殺兒之舉卻有違人性，故嫌其愚；董允妻織女，又過於荒誕，且偏離常情，已非眾人能夠躬行典範。顯然，黃氏論贊史傳人物，不論是漢代處士或孝子，皆表現其修於身、教於

〔註232〕黃式三：〈漢孝子傳贊〉，《儆居集・史說四》，頁1。
〔註233〕同上註，頁1。
〔註234〕以上諸例，見黃式三：〈漢孝子傳贊〉，《儆居集・史說四》，頁1～24
〔註235〕黃以周：〈敕封徵仕郎內閣中書先考明經公言行略〉，《儆季文鈔》，卷5，頁1。
〔註236〕黃式三：〈漢孝子傳贊〉，《儆居集・史說四》，頁24。

鄉之躬行精神。

本章論述黃氏史學，可知其受道咸以降之「經消史長」學風影響，亦重史學。而以其居於浙東之地域因素，治學展現同具有「以史經世」精神。又受乾嘉史學重於舊史之辨僞、校注、考訂、輯佚，以及補正改作等以考據治史之影響，遂發展出會通、兼具「歷史考據派」與「浙東史學派」之特色。鉤稽其整體史學特點如下：

（一）經邦致用的治史宗旨

黃氏治學不爲無用之空談，治史特重實用價值，故《讀通考》所考論者，皆爲實際典章制度。而《周季編略》寓以彰善癉惡之旨，亦有教化實用之功。其他諸如〈對倭寇海戰問〉、〈對浙江海防問〉、〈備外寇議〉諸文，亦皆爲實際應務之作。

（二）博約兼容、實事求是的治史態度

黃氏展現兼容精神，學無藩籬，不拘門戶，並以「博雅」原則，於《周季編略》中采摭眾說，取材詳備，且撰述簡質，屏棄繁文冗句，以求是爲極則。誠如方成珪所稱「分若列眉，合如貫串，去取不苟」，〔註237〕展現兼容約取態度。至於考證史實避免筆削褒貶之主觀臆見、直書記事、闕而存疑、引書詳注出處，皆具有實事求是精神。

（三）「以經證史」的考據手法

黃氏篤志治經，亦善於「以經治史」，尤以藉其所長之《三禮》證史。如《讀通考》中以《周禮》命官有卿十二人，糾正馬端臨「周之卿共二十四人」之誤，以《禮記》辨馬氏禘郊之失。又如《周季編略》顯王四十五「禮既葬稱子，踰年稱君」，考證滕王之問國爲未踰年之稱。其他《史說》中諸如《讀濮議》、《讀段集明世宗非禮論》，亦皆以經證史。

（四）專研古代史

黃氏專於古代史，《周季編略》即爲戰國史蹟之辨僞、校注、考訂、輯佚以及補正之書。其次，《讀通考》之所考，亦多爲古代制度。至於《史說》之考論史籍得失、勘正謬訛史事，亦皆屬古籍與古事，此與浙東史學由於特殊之抗清經驗，而輯存當代史之南明書寫方向，並不相同。

此外，黃氏先有浙東義士轉入舟山之抗清精神感召，後有晚清列強入侵

〔註237〕方成珪：〈周季編略跋〉，《周季編略》，書後，頁1。

之警悟，故以異族入主中原為漢族奇恥，期能藉由考史，喚醒民族大義。如《讀通考》直指凡引四裔入中國者，後世受其弊，提醒有識者，當引以為鑒，振勵民族意識。又黃氏治史亦強調「躬行」，嚮慕漢代處士畢生窮經而教化鄉邑、漢代孝子以孝傳家，己身亦推以誠孝，持躬甚嚴。甚至關注邊海實務，嘗於鴉片戰爭之前，應聘軍幕，作文力陳海防策略，表現謀於軍國之精神。

　　總此，黃氏史學，一方面繼承乾嘉考據史學專於古代史之考訂，以經證史之訓詁稽考手法，反對筆削之書法而直書其事；一方面又踵繼浙東諸賢之後，效法其「以史經世」精神，視史學為經邦致用實學，而以實事求是、不拘門戶、強調民族意識之精神特點，展現其兼具乾嘉與浙東史學風格，亦即會通兩浙之史學特色。

卷下：各經分論

第五章　致用出發的禮學考證

　　黃式三務力發揚禮學，諸如《清史稿》、譚廷獻〈黃先生傳〉、徐世昌《清儒學案》、蔡冠洛《清代七百名人傳》，皆盛稱其「尤長《三禮》」。〔註1〕而黃氏禮學主要表現在禮制考證與實踐禮義上，亦即通過古禮考辨，釐清疑義與錯解，並具體實踐禮義。不過，黃氏並無禮學專書流傳，其摯友傅夢占在〈儆居集序〉說：「《禮叢說》之未成，掇為〈禮說〉，並列於集中，為〈經說一〉。」〔註2〕可知黃氏論禮專篇，皆已收入文集。此外，黃氏又藉由經典詮釋，以禮釋經，寄託禮治理想。是以本章探究黃氏之禮學內容、思想立場，考察其「何以重禮」、「如何考禮」，以及如何將「禮制」與「禮義」落實於倫常日用，闡明「以古禮正今俗」之禮學考據動機與目的，並評價其禮學研究價值。

第一節　黃式三的禮學考證背景

　　「重禮」是清代學術特色，清初諸儒在經世理想追求下，重新將學術興趣，定調於經學。據張麗珠教授之研究指出，順治、康熙、雍正三朝，儒者面對晚明以來或鑿空不學、或不切實際之學術蹈空危機，改弦易轍地從外王經世理想出發，從理學內向修身的心性之學跨出，並立足在儒家經典上，要求「經典、經世」一體，期藉由「通經→明道→致用」途徑，實現經世理想，

〔註1〕　趙爾巽修：〈黃式三傳〉，《清史稿》，列傳269，頁13296。譚廷獻：〈黃先生傳〉，《半厂叢書》，收入繆荃孫纂錄、周駿富輯：《續碑傳集》，卷73，頁249。徐世昌等纂：《清儒學案》，第6冊，卷153，頁5931；蔡冠洛編：《清代七百名人傳》，下冊，頁1689。
〔註2〕　傅夢占：〈儆居集序〉，見黃式三：《儆居集》，書前，頁2。

〔註3〕於是將學術重心置於傳統經典，發展出清初、乾嘉、晚清等三階段不同樣貌之學術取向。

清初經學家重視「群經辨僞」，當儒者重新檢討傳統經典，發現經書闕脫亡佚、真僞相雜嚴重，遂意識到回歸原典，判斷義理是非，當從「正經」開始。而正經之首要，就在判別經書「真僞」，於是清初之「群經辨僞」，亦即林慶彰教授所稱「新舊傳統競爭中的回歸原典運動」，〔註4〕已躍爲學術主流。這股經學辨僞風潮，對經學之辨正、校補與疏注，更成爲清代考據學之重要型態，並以「三禮學」最爲蓬勃興盛。是以禮家輩出，儒者奮其精力，竭心整理禮書，或探其源流、或辨其真僞、或釐其章句、或重作新疏賦以新義，或爲之校補，成果相當豐碩。

繼而乾嘉儒者則透過文字音義、名物、典章制度等考訂工夫，全面重讀古經，並發展出「重禮」風潮。尤以戴震、凌廷堪等人，結合「考禮」、「習禮」之禮學思想與理論建設，使禮學由《六經》之一，躍升爲《六經》代表。〔註5〕儒者試圖將倫常禮制與導民正俗理想，通過文字訓詁，從知解禮之器數、儀文，到灑掃應對等及身工夫之實踐，皆投入全面討論。不但在乾嘉時期蔚爲風潮，更有「三禮館」之開設，以及《四庫全書》、《皇清經解》、《皇清經解續編》等大量收錄《三禮》研究成果之巨編，使禮學研究造成風靡之勢，形成一股復禮思潮。

道咸以降，隨著內憂外患之紛來沓至，儒者意識到與政治疏離之經學無法發揮經世致用實效，於是闡發今文《公羊》派大一統、張三世之微言大義，恰與時事相激盪而大爲發皇。且在清廷政制框架內，經典仍是政治事務之基本指南，多數儒者試圖從經典中，找到經世的歷史先例，成爲《皇朝經世文編》等一系列巨作纂輯之最大動機。而此時期之禮學研究，隨著「經世」目的之強調，儒者大致上結合政治，而以實際儀節制度與社會風俗，亦即以「致用」爲最大目標，黃式三亦然。

黃氏致力於實際禮制考辨、禮學推廣等「矯世正俗」之禮義實踐。「經世致用」雖爲歷來儒者共同追求目標，不過經世要求越爲活躍之時代，表示社

〔註3〕 張麗珠：〈清代之三禮學復興暨清初禮學名家〉，《經學研究集刊》第6期（2009年5月），頁161。

〔註4〕 林慶彰：《清初的羣經辨僞學》（臺北：文津出版社，1990），頁39〜50。

〔註5〕 詳參拙作：《一代禮宗——凌廷堪之禮學研究》（臺北：萬卷樓圖書公司，2004）。

會所面臨之危機越嚴重，明末清初是顯例，黃氏所處之嘉道以降亦然。因此，欲探究黃氏禮學，應結合以下幾項歷史背景、地理環境、政治因素與學術氛圍一同考察，才能定位其價值與意義。

第一，黃氏如何總結前說。就清代禮學發展脈絡來看，在歷經清初大量「考禮」辨僞，到乾嘉結合「習禮」之理論建構下，禮學研究儼然成爲經學主流，許多長久以來被忽略之資料再次呈現儒者面前，重新開啓文人討論興趣。而黃氏踵繼乾嘉之後，如何在前儒豐碩之研究成果基礎上，總結歷代經說，並疏通考證，提出個人觀點與釐正，則爲黃氏禮學研究之主要內容。

第二，對於壁壘分明之漢、宋經注，黃氏立場爲何？乾隆年間由官方主導之「三禮館」與「四庫館」，雖全面收錄與整理歷代禮學研究成果，但在「尊漢抑宋」之時代趨勢中，館臣對經典詮釋存有門戶之見，亦在所難免。是以，黃式三向來堅持學無藩籬、不拘門戶，如何取捨漢、宋經說，如何兼采漢、宋，當爲探究黃氏禮學思想不可忽視之觀察面向。

第三，黃氏如何通過禮學，表現經世關懷。當《皇朝經世文編》等系列「經世」專書刊行時，黃氏三十八歲，到《皇朝經世文編續編》刊行時，黃氏六十一歲。這段期間正好是黃氏諸多專書之完成階段，故在此徵實、經世之學術氛圍下，其禮學探討議題，是否與上述《文編》相同，亦爲研究黃氏禮學不可忽略之處。

第四，黃氏是否受嚴禁傳統禮俗之太平天國影響。歷時十九年之太平天國轄區內，浙江爲所佔州縣最多之省份，統治時間也較長，太平軍之領袖都曾入浙，甚至當天京陷落，湖州成爲太平天國最後一個據點，〔註6〕可見浙江受到太平天國影響，遠比其他地區爲大。而起事者視清朝皇帝爲「閻羅妖」，於是清廷之各種禮儀，如打拱、作揖、叩頭等，便成了「妖禮」而被嚴禁。〔註7〕尤以洪秀全參照基督教義所建立起一套獨特禮俗，改革昏喪儀制最多，〔註8〕對

〔註6〕詳參王興福：《太平天國在浙江》（北京：社會科學文獻出版社，2007），頁1～5。

〔註7〕詳參嚴昌洪：〈太平天國禮俗改革述評〉，收入王承仁主編：《太平天國研究論文集》（武漢：武漢大學出版社，1994），頁153～159。

〔註8〕如李文海先生所舉，一、升天是頭頂好事，宜歡不宜哭。二、喪事不可做南無（即做佛事），大殮、成服、還山俱用牲醴茶飯祭告皇上帝。三、所有升天之人，俱不准私有棺木，以錦被綢緞包埋便是。四、父母死，禁不得招魂設醮。五、反對葬墓講風水。詳參李文海：〈太平天國統治區社會風習素描〉，收入北京太平天國歷史研究會編：《太平天國學刊》（北京：中華書局，1983），

人民生活方式衝擊極大。故居於浙江地區之黃氏，目睹反叛傳統禮俗之太平軍，其對策如何？且對於其禮學思想有何影響？此亦討論黃氏禮學不可忽視之社會背景。

第五，面臨列強入侵與西化風潮，黃氏如何捍衛傳統禮學。西方列強以武力入侵，加上基督教、天主教極力反對祭拜宗廟、先祖，對傳統禮學與儀俗帶來前所未有之衝擊，此時更有不少儒者主張西化「變革」。因此，黃氏如何突破困境，固守傳統禮教價值，且影響為何？此亦黃氏禮學異於前儒特殊之處，也為黃氏研治禮學之最大動機與目的，亦為本文觀察之重要歷史背景。

第六，黃氏處於孤居海外之舟山群島，身為島上少數儒者，肩負教化鄉邑重責，是以其禮學討論之議題與內容，是否受此特殊地理因素影響，亦值得關注。

綜觀上述黃氏探討禮學之諸多背景，即可見其求「致用」之迫切性。故黃氏研究禮學，就在乾嘉復禮思潮之後，循著考禮、崇禮、實踐禮義等階徑，倚重訓詁考據，窮究典章制度，並藉禮學達到化民成俗理想。

第二節　黃式三駁斥天主教不祭祖、不祀天的古禮考證

黃氏考證祭祀禮制之動機，除了釐正古禮疑義，更蘊有發揚禮學傳統、捍衛民族與文化之使命，尤其具有對抗天主教義不祭祖、不祀天之禁制的特殊目的。試觀中國從明朝萬曆，到清道光年間，傳教士於北京活動、任官者，不在少數。尤其康熙皇帝重用南懷仁（1623～1688），除了命其教授西方科學文化，當吳三桂（1612～1678）發動三藩叛亂時，為了對付叛軍，康熙帝竟下令南懷仁試製新式火炮，〔註9〕可知其倍受倚重。但傳教士之宗教活動，卻與中國傳統文化，產生相當大之扞格與衝突，甚至爆發激烈的禮儀之爭。尤其天主教義認為祭祖、祭孔之祭祀對象屬於「異端」，而下令教徒放棄祭祀。〔註10〕是以黃氏即以捍衛中國傳統文化立場，反駁天主教義為才是「異端」，並挺身撻伐之。黃氏曰：

第3輯，頁30。
〔註9〕黃伯祿：《正教奉褒》（北京：中華書局，2006），八十三圖。
〔註10〕上論詳參劉潞：《清代皇權與中外文化‧康熙與西方傳教士》（香港：香港商務印書館，1998），頁96～112。

> 近天主教入中國，……以耶穌之人鬼爲天主，未嘗行天地之正祀也。
> 而主其教者，則謂天主外皆淫祀，可以一切罷之。非特彼教之敢肆
> 其說，亦由儒者不能詳言《周官》三大禮以折之，其禍遂至此極。
> 〔註11〕

他指責天主教徒雖不祭祀先祖，卻敬拜耶穌之自相矛盾，並認爲造成人民信
仰天主而不再崇敬先祖之關鍵，在於儒者不明《周官》禮義，以致無法與天
主教徒論辯所致。

　　黃氏所稱之《周官》三大禮，即「大宗伯」所掌建邦之「天神」、「人鬼」、
「地祇」三者，亦即包括祀昊天上帝、日月星辰、社稷、五祀、五嶽、山林
川澤、四方百物、享先王等等祭禮。〔註12〕換言之，黃氏認爲能藉以反駁天
主教義不祀先祖，以延續民族文化傳統之依據，乃在於明辨、發揚各種祭祀
禮制。是以黃氏試圖通過考論宗廟、禘、郊等祭祀活動，一來總結前說，釐
清疑義，二來宣示捍衛中國傳統文化。

一、「禘郊」乃天地之「正祀」

　　黃氏考論禘、郊，具有駁斥天主教義之實用目的。天主教義只承認耶穌
爲唯一天主，故視中國之祭祖、祭天皆非正祀，而盡罷之。黃氏則力辨禘、
郊皆天地正祀，予以反駁。清儒之所以不明禘、郊之義，乃出於清代禘、郊
之祭，優先考量政治目的，而使禮義盡失。由於禘、郊爲帝王之禮，《禮記》
即以「禮，不王不禘」，〔註13〕強調需由天子親自主持，更被賦予具有宣示王
室、安撫臣民，以及耀威域外等政治意義，西漢甚至以禘、郊爲政教合一之
核心。〔註14〕故歷代史籍皆詳載君王禘祭、郊祀之時間、次數、祭文內容與
行儀細節。

　　清代祭天禮制，前後變化極大，從皇太極爲征戰始行祭天禮開始，到康
熙祭天參雜皇儲之爭，以及雍正因病遣人代祭，進而衍生出敬天不周、受天
懲罰之指責等等，皆優先考量政治目的，〔註15〕直到乾隆皇帝，才強調要「悉

〔註11〕 黃式三：〈申梨洲上帝說〉，《儆居集・經說三》，頁 16～17。
〔註12〕 阮元校勘：〈春官宗伯〉，《十三經注疏・周禮疏》，卷18，頁 1～9。
〔註13〕 阮元校勘：〈喪服小記〉，《十三經注疏・禮記疏》，卷32，頁 7。
〔註14〕 王葆玹：《西漢經學源流》（臺北：東大圖書公司，1994），頁 201～218。
〔註15〕 上論詳參劉潞：〈清初祭天禮的政治內容〉，《清代皇權與中外文化》（香港：
　　　　香港商務印書館，1998），頁 54～61。

遵古制」，重視祭天禮之實質內涵。〔註16〕由於乾隆之前祭天，與古禮時有違背，且乾隆皇帝要求「悉遵古制」細節，儒者於是熱衷於禘祭考辨。但禮制大多出於先秦，是以周制與殷禮便常相混雜，於是經學家之解釋，並不一致。

歷來經學家論辯禘祭，主要有認同鄭玄或王肅之分歧。鄭玄的主要觀點，在於主張禘、郊分屬冬至昊天上帝的「祭天」之禮，以及孟春郊祭感生帝之「宗廟」祭祀。〔註17〕而王肅以爲禘郊皆屬「宗廟」祭祀，故力駁鄭玄曰：

> 郊之祭也，迎長日之至也（冬至），大報天而主日，配以月，故周之始郊，其月以日至（即冬至），其日以上辛，至啟蟄之月，則又祈穀於上帝，此二者天子之禮也。〔註18〕

王肅主張不論冬至始郊，或夏正月之啟蟄又郊，皆以先祖后稷爲崇祀對象，其目的在於祈求農事豐收，故郊祀皆爲「宗廟」祭祀。是以後儒或尊鄭說、或宗王論，而引發諸多攻辯。

到了唐代趙匡作〈辨禘義〉以申論王肅，提出「禘祭」須爲與自己同帝系、同血脈者之「所自出」，大力反駁鄭玄。〔註19〕由於鄭、王主張並不一致，加以趙匡採用王說，於是宋、元、明之學者，大多贊成趙匡觀點。〔註20〕清儒則在回歸漢代古注潮流下，尊鄭與宗王者皆有之，並展開論辯。如萬斯同（1638～1702）著有〈禘說〉八篇與〈書禘說後〉諸文，顧棟高（1679～1759）隨即撰寫〈辯四明萬氏兄弟論禘之失〉、〈辯萬季野論禘之失〉力以反駁。又如胡培翬（1782～1849）〈與陳碩甫論禘祫及國語註書〉，包慎言〈與凌曉樓論禘祫從先君敷徐彥疏之誤書〉，〔註21〕亦爲往返考辯之文。

〔註16〕 乾隆敕纂：《皇朝文獻通考》（光緒八年浙江書局刊本），第21冊，卷93，頁25。

〔註17〕 鄭注：「凡大祭曰禘。大祭其先祖所由生，謂郊祀天也。王者之先祖，皆感大微五帝之精以生。……皆用正歲之正月，郊祭之，蓋特尊焉。《孝經》曰：郊祀后稷以配天，配靈威仰也，宗祀文王於明堂以配上帝，汎配五帝也。」見阮元校勘：〈大傳〉，《十三經注疏・禮記疏》，卷34，頁1。

〔註18〕 王肅：〈郊問〉，《孔子家語》，收入《國學名著集成》珍本初編（臺北：中國子學名著集成編印基金會，1978），第21冊，卷7，頁280～281。

〔註19〕 陸淳纂：〈禘郊辨〉，《春秋啖趙集傳纂例》，收入《叢書集成初編》（北京：中華書局，1985），第3636冊，據《經苑本》排印，卷2，頁27。

〔註20〕 上論詳參楊天宇：〈西周郊天禮考辨二題〉，《經學探研錄》（上海：上海古籍出版社，2004），頁63～64。

〔註21〕 參郭善兵：〈略論清儒對漢學、宋學的繼承與創新——以清儒對周天子宗廟祭祖禮制的詮釋爲中心〉，《河南大學學報》第48卷第4期（2007年8月），頁

　　黃氏則以「宗鄭」立場，闡論補充，且對後儒駁斥鄭玄之處，提出辯解。
首先，黃氏質疑王肅、趙匡之論，並無典籍根據。黃氏曰：

> 〈祭法〉之「禘嚳」，鄭君謂〈祭法〉之「郊稷」。〈大傳〉之「禘祖
> 所自出」，鄭君謂夏正祭感生帝於郊，配以稷。是冬至、孟春之祀天，
> 俱稱「禘」也。自王肅始駁鄭君說，而趙氏說又汨之，尤經義益不
> 明矣。〔註22〕

黃氏比較鄭、王之立論，指出鄭玄按〈祭法〉、〈大傳〉經文立說，將禘、郊
分成「祭天」、「宗廟」，乃有憑有據。至於王肅、趙匡諸儒，卻僅是盲目反對
鄭說，不僅無經典根據，甚至已悖離經義仍不自知。

　　黃氏繼而就趙匡之說，逐一駁正。他列舉諸多典籍，證明鄭玄將禘祭分
爲祭天、祭祖（宗廟），乃據於經典。其云：

> 經、傳之言禘者不一，有專指祭天言者，如〈祭法〉、〈大傳〉之禘，
> 及《國語》以禘郊對宗廟烝嘗言者是。有專指廟祭者，如上文（《論
> 語・八佾》）「禘自既灌而往」，「灌」是廟祭，〈中庸〉以「禘嘗」對
> 「郊社」言，亦指廟祭。又《左傳》所言，皆廟禘也。〔註23〕

黃氏以《禮記》、《左傳》、《論語》，以及《國語》等書，皆明指禘郊爲兩種儀
制，印證鄭說無誤。

　　黃氏於是針對趙匡非難鄭玄之處，提出六項反駁：

　　第一，舉趙匡所引以立論之《國語》，多處稱禘祭時在「郊上」，又將「禘
郊」與「宗廟」、「烝嘗」對文，明顯都同指「禘祭」，可見趙匡未能通貫《國
語》全書，故其說並不可信。第二，以《詩經》、《周禮》皆載后稷無父，糾
正趙匡以后稷爲帝嚳子之說，並考證出祭祀帝嚳，亦非尊其爲血緣之「先祖」，
而是推其有功於天下，故「禘祭」不可專指「宗廟」祭祀。第三，據上論反
對趙匡以后稷配享帝嚳之說。第四，指出趙匡既不承認鄭玄「禘於郊上」，故
質疑鄭玄混禘於郊，卻又承認禘郊時，有祭天才用之牛角、繭栗等祭品，乃
自相矛盾，自伐其說。第五，舉萬斯同、顧棟高之考論，證明魯禘非追所自
出，反對趙匡所持論周公所自出爲文王之說。第六，斥趙匡以「疑經」態度

66～67。
〔註22〕黃式三：〈八佾〉，《論語後案》，收入嚴靈峯編輯：《無求備齋論語集成》（臺
　　　　北：藝文印書館，1966），第10函，第1冊（據浙江書局九年刊本影印），卷
　　　　3，頁26。
〔註23〕同上註，頁25。

詆毀經典，最不可取。〔註24〕

　　黃氏最後又據《爾雅》、《史記》之說，總結禘、郊之義。其云：

　　　　《爾雅》曰「禘，大祭也」，是天神、人鬼合言也。或人所問，未必

　　　　專指廟禘。《史記·封禪書》引此經以證，是漢儒以此經爲祭天之禘。

　　　　要之，渾稱曰禘。禘天地、廟，於義皆晐。〔註25〕

黃氏舉證《爾雅》明載「禘」爲大祭通名，且兼有祭祀天神、人鬼之義。可知王肅、趙匡諸儒將之專指祭祀「宗廟」，皆未明禘、郊之義。故黃氏認爲「說經者豈必拘守鄭君學。但求異於鄭君說者，往往不可通於經，則知從鄭君說之爲得矣」。〔註26〕希望後儒治經，當以明經義爲要務，不可拘於門戶成見而攻訐鄭玄。

　　黃氏將天主教徒之所以禁止「禘郊」，歸因於不明祭祀眞義，故考證出「禘郊」包含天地、宗廟，而非王肅、趙匡以爲僅有宗廟之結論，可以證明天主教將耶穌視爲「人類共主」與「天之主」而敬拜，倘對照中國之共祖爲「宗廟」祭祀之感生帝，則中國的天之主即「祭天」之禮所祀之「昊天上帝」，可證中國之天主教徒，倘祭祀天地、宗廟，皆不違背天主教義。

二、「宗廟」之文、武「二祧」爲不遷共主

　　黃氏考論宗廟之目的，主要在釐正廟數與崇祀對象，證明宗廟崇祀爲天之正祀，據以反駁天主教義。廟數問題由於禮文缺微，歷來爭議紛紜，主要有鄭玄之「七廟」說、劉歆之「九廟」說，以及主張依實際情況而增減之「無定制」說。「廟數」問題由於《禮記·禮器》載：「天子七廟，諸侯五，大夫三，士一。」〔註27〕亦即依身分「尊卑」不同，祭祀先祖數目亦有差異。又按〈王制〉曰：「天子七廟，三昭、三穆，與太祖之廟而七。」〔註28〕於是「天子七廟」與「三昭、三穆」，便成爲儒者聚訟焦點，尤以劉歆之詮釋觀點最具爭議。

　　劉歆認爲「七者，其正法數，可常數者也。宗不在此數中，宗變也」，〔註29〕以爲「苟有功德，則宗之，不可預爲設數」，亦即數量不可事先預定。

〔註24〕黃式三：〈八佾〉，《論語後案》，卷3，頁25～28。

〔註25〕同上註，頁25～26。

〔註26〕同上註，頁32。

〔註27〕阮元校勘：〈禮器〉，《十三經注疏·禮記疏》，卷23，頁5。

〔註28〕阮元校勘：〈王制〉，《十三經注疏·禮記疏》，卷12，頁13。

〔註29〕班固：〈韋賢傳〉，《漢書》（北京：中華書局，2000），卷73，頁3127。

更提出周自武王克殷後，便以后稷爲太祖，增立高圉、亞圉二廟於公叔、太王、王季、文王「二昭、二穆」之上，而爲「七廟」。至懿王時，始立文世室於「三穆」之上，至孝王時，又立武世室於「三昭」之上，因此實爲「九廟」。劉歆並據此認爲「七廟」當不計文、武，主張只有「六親廟」。

　　鄭玄反對劉歆之說，故將《禮記》所定之廟制，視爲「周制」。而云：

> 此周制。七者：太祖及文王、武王之祧，與親廟四。太祖后稷。殷則六廟：契及湯與二昭、二穆。夏則五廟，無太祖，禹與二昭二穆而已。〔註30〕

鄭玄認爲《禮記》所載皆爲「周制」，故有「周七廟」、「殷六廟」與「夏五廟」之異。而周代除了始祖之外，由於文王建立制度、武王滅殷，王朝才得以成立，故以功高之文王、武王，尊其爲不遷之「二祧」（遠祖）。再加上與己身關係親疏而上之父親、祖父、曾祖、高祖等「四親廟」，以及太祖后稷，計爲「七廟」。

　　鄭玄主張之「七廟」、「四親廟」，與劉歆之「九廟」、「六親廟」並不相同。稍後王肅申論劉歆「九廟」之說，不僅反對鄭玄所稱「七廟」爲周制，〔註31〕更指出鄭玄所持論之「四親廟」，與諸侯五廟之「二昭、二穆」的「四親廟」同數，顯然自相矛盾。後儒或主鄭義、或持王說，相互非難，聚訟不已。

　　黃式三認同鄭說，故以禮書經文，力申鄭注主張之「七廟」與「四親廟」。黃氏曰：

> 〈王制〉：「天子七廟、三昭三穆，與太祖之廟而七。」〈祭法〉：「王立七廟，曰考廟，曰王考廟，曰皇考廟，曰顯考廟，曰祖考廟，皆月祭之。遠廟爲祧，有二祧，享嘗乃止。」〈祭法〉之祖考廟，即〈王制〉之太祖廟也。〈祭法〉之二祧及四親廟，即〈王制〉之三昭、三穆也。〔註32〕

他指出〈祭法〉所指之「祖考廟」或〈王制〉之「太祖廟」，加上〈祭法〉之「二祧」及「四親廟」，即是「七廟」。並認爲「二祧」既然是周人爲文、武之始設，故將顯考以上之昭主，遷藏於左祧，穆主遷藏於右祧，以「二祧」合「四親廟」之數，亦合於〈王制〉所稱之「三昭、三穆」，證明二者名異而實同。換言之，黃氏強調唯有將「二祧」計入親廟，才能合於〈王制〉三昭、三穆之數。

〔註30〕鄭玄：〈王制〉，《禮記鄭注》（臺北：學海出版社，1979），頁158。
〔註31〕王肅：〈廟制〉，《孔子家語》，卷8，頁321。
〔註32〕黃式三：〈釋廟〉，《儆居集・雜著四》，頁1。

黃氏並據以駁斥劉歆、王肅之「九廟」說。其徵引群經云：

〈禮器〉及《春秋穀梁傳》（僖公十五年）云：「天子七廟，諸侯五，大夫三。」是天子七廟之證也。……繹〈曾子問〉之意，天子巡守，以遷廟主行，而太祖與四親廟之主不行，是謂五廟無虛主。……繹〈小記〉之文，王者有四親廟，疑庶子王不得立私親廟，經又明之也。〔註33〕

黃氏指出〈禮器〉與《穀梁傳》明載「天子七廟」，而〈曾子問〉與〈喪服小記〉更可印證鄭玄親廟爲「四」之數，本諸經典。至於劉歆、王肅之「九廟」、「六親廟」，卻毫無根據，斷不可信。

黃氏又證之於史，故以《漢書》中討論「親廟」禮制改革問題最多的〈韋玄成傳〉，申論鄭義。由於韋玄成（？～前36）憂心宗廟逐代遞增，每駕崩一君即增加一批廟宇、陵園，不僅造成空間擴散，又加重財政負擔，故組織廷臣「議罷郡國廟」，訂立「宗廟迭毀」制度。〔註34〕不過鑑於漢代存有天子「五廟」、「六廟」、「七廟」、「多於七廟」等不同意見，故韋玄成引用先籍、典故之「五廟」說，〔註35〕建議元帝毀棄有「祖」、「宗」廟號之高、文、武等三帝宗廟，並將太上皇以及惠、文、景等四廟，執行「毀廟」，讓「親廟」只剩武帝、孝昭、皇考、孝宣，加上太祖高帝廟等五座。〔註36〕由於韋玄成之說，被視爲漢人宗廟考證結論，故後儒每有廟制改革爭議，便常以韋說爲據。

黃氏亦徵引韋玄成的說法，論證「親廟止四」。黃氏云：

《漢書·韋玄成傳》曰：「王者禘其祖自出，以其祖配之，而立四廟，言始受命而王，祭天以其祖配，而不以立廟，親盡也。立親廟四，親親也。」繹韋之意，王者遠追始祖所自出，而親廟止四，其餘親盡禮殺，不立廟專祀也。此皆親廟止四之證也。……王肅疑鄭君言天子之四親廟，無以異於諸侯，其說非也。〔註37〕

他強調「四親廟」乃在於實踐「親親」之禮義，故以爲同意韋玄成「周之所

〔註33〕黃式三：〈釋廟〉，《儆居集·雜著四》，頁2。
〔註34〕班固：〈韋玄成傳〉，《漢書》，卷73，頁3118。
〔註35〕關於韋玄成與西漢宗廟褅祫制度的改革與論爭過程，詳參王葆玹：《西漢經學源流》（臺北：東大圖書公司，1994），頁251～261。
〔註36〕詳參郭善兵：《中國古代帝王宗廟禮制研究》（北京：人民出版社，2007），頁440～447。
〔註37〕黃式三：〈釋廟〉，《儆居集·雜著四》，頁2～3。

以七廟者，以后稷始封，文王、武王受命而王，是以三廟不毀，與親廟四而七」之詮釋，〔註38〕故將太上皇廟、孝惠廟、孝文廟、孝景廟等四位先帝，以及在位皇帝「親盡」之祖廟毀棄。如此一來，則宗廟不超過五座，亦即包含「世世不毀」之祖廟，加上四座與在位天子血緣關係最接近之「親廟」，合計爲「五」之數。且此既爲漢代史實，即可證明「親廟止四」於史有據，也證明王肅等人之論，不符史實。換言之，黃氏論證鄭玄之說，合於經典與史實，而王肅之駁鄭，實爲誤駁。

黃氏又考論文、武「二祧」，乃爲不遷之共主，藉以反駁天主教義之不祭祖。「二祧」爭議，亦起於鄭玄與王肅之觀點歧異。「祧」之釋義，據章景明之研究，指出大抵有七：一、指遠廟而言，二、諸侯始祖之廟，三、曾祖之廟，四、遷主所藏之廟，五、祭先祖，六、升遷之意，七、祭遷主。〔註39〕鄭玄持論「祧，遷主所藏之廟」，〔註40〕亦即將功高之周文王、武王，列爲不遷之遠祖的「二祧」。〔註41〕王肅則主張「祧」爲始祖之廟，並據劉歆「七廟」不計文、武，當有「六親廟」而反駁鄭玄。王肅云：

> 應爲太祖者，則其廟不毀。不及太祖，雖在郊禘，其廟亦毀矣。古
> 者祖有功而宗有德，謂之祖宗者，其廟皆不毀。〔註42〕

王肅以「二祧」爲高祖之父及高祖之祖廟，認爲文、武爲有功德之先祖，廟皆不毀，是以文、武皆不當列入「七廟」之數，亦即太祖之外，三昭、三穆不應包含文、武二廟。

黃氏認同鄭說，故申之曰：

> 繹鄭君之意，周之始立「二祧」以藏遷主，其後以「二祧」爲文、
> 武之世室，而文、武以上之遷主，藏於太祖后稷廟；文、武以下之
> 遷主，藏於文、武之世室。後之世室，即始之「二祧」也。〔註43〕

黃氏據鄭玄立「七廟」者，唯有「周代」之前提，亦認爲依周代世系，列文、武入「二祧」，乃爲定制。他又按周代特設藏文、武二帝之「世室」，而將文、

〔註38〕班固：〈韋賢傳〉，《漢書》，卷73，頁3118。
〔註39〕章景明：〈論廟祧昭穆之制〉，《殷周廟制論稿》（臺北：學海出版社，1979），頁58～93。
〔註40〕阮元校勘：〈春官宗伯〉，《十三經注疏・周禮疏》，卷19，頁3。
〔註41〕鄭玄：〈王制〉，《禮記鄭注》，頁158
〔註42〕王肅：〈廟制篇〉，《孔子家語》，卷8，頁322
〔註43〕黃式三：〈釋廟〉，《儆居集・雜著四》，頁1。

武以上之遷主，藏於太祖廟；文、武以下之遷主，藏於「世室」，論證「世室」即「二祧」。

　　黃氏並指出後世之所以論爭「二祧」，關鍵在於不認同「世室」即「二祧」。由於鄭玄將文、武另立之「世室」，稱爲「二祧」，並列入天子「七廟」。但劉歆卻主張「二祧」外，當別立「世室」，亦即文、武不該列入「七廟」，故有「九廟」之說。於是後儒之申劉歆者，無法合理解釋經文明言「四親廟」之事實，只好懷疑經文有誤，而強加曲解牽合。如劉敞（？～1132）即云：

> 「而立四廟」，云天子立四廟，亦非也，此一句上有脫簡爾。文當曰：
> 「諸侯及其太祖，而立四廟。」〔註44〕

劉敞認爲太祖之下，當立四親廟，但不包括「二祧」，並懷疑「而立四廟」經文有闕漏，並非完句。元代吳澄（1249～1333）撰寫《禮記纂言》，亦贊成劉敞之說，故申之曰：

> 舊本「而立四廟」四字，在上文「以其祖配之」之下無所系屬，義不可通。……劉氏所謂有缺文者，是也，今從其說。……太祖之下，則立二昭二穆之廟，爲四親廟也。〔註45〕

吳澄引用劉敞禮書缺文之觀點，申論二昭、二穆才是「四親廟」。黃氏則以「廟制之疑，考禮者之過」，指責劉敞、吳澄不明古禮，又擅自疑經、改經，以致貽誤後學。

　　黃氏考論文、武「二祧」爲後世不遷共主之結論，正可反駁天主教義以耶穌爲天主，卻不承認「二祧」爲天主之矛盾。黃氏指出「天、地、人爲三才，天之不可無地與人，猶國之有君，不可無臣；家之有父，不可無子」。因此，假使舉上帝爲正祀者，也不可絕地示、人鬼之祭享。更何況上帝並非「正祀」，而天主教徒竟然以人鬼（耶穌）爲天主，欲廢一切祭享之典，以致「主其教者，苟急於自反，知己之智略萬萬不及周公，則必悔前說之非」。否則「自以爲是」，認爲「周公之典爲不足法」者，將導致怨恫日滋，災異頻起，「天下之禍無已日」。〔註46〕此亦身爲晚清儒者所肩負之使命，當其面臨社會風氣敗壞與傳統文化受到破壞之關鍵時刻，故試圖通過經典詮釋，捍衛傳統文化價值。

〔註44〕劉敞撰，項楊整理，朱維錚審閱：〈禮記〉，《七經小傳》（海口：海南國際出版中心，1996），卷中，頁589。

〔註45〕吳澄：〈喪服小記〉，《禮記纂言》（臺北：臺灣商務印書館，2005），卷12，頁142。

〔註46〕黃式三：〈申梨洲上帝說〉，《儆居集・經說三》，頁17。

此外，《清史稿》載黃氏「論禘郊、宗廟，謹守鄭學」，[註47] 此言恐兼有褒貶二義。論辯「廟數」，並非單純之學術問題或解經差異，背後常牽涉複雜之王室血緣鬥爭，有時更衝突舊有禮制，故成爲後儒聚訟焦點。[註48] 如唐武宗（814～846）本立「九廟」之制，但其駕崩後神主祔於太廟，按照以往遷毀慣例，則應遷毀唐德宗（742～805）之廟。但唐德宗爲武宗之高祖父，對唐宣宗（810～859）而言，又是曾祖父，且血緣關係尚未終結，於是出現昭穆異世之棘手問題。此類特殊情況，在唐代屢屢重演，故每駕崩一君，廟制問題即須重定。據郭善兵之研究指出，自唐高祖至唐宣宗，皇帝宗廟廟數經歷了四廟→六廟→七廟→八廟→六廟→九廟→十一廟等不同階段。[註49] 這些歷史因素，遠超出禮制規範，儒者倘拘於成說，不僅無法解決當下問題，又徒增衝突與爭議。不如採用萬斯同「七廟、五廟爲王者初定之制，而後嗣有聖賢之君則不得拘此爲定制」之權變原則，[註50] 應當較爲客觀。故黃氏「僅守鄭學」之堅持，倘就學術討論而言，其說爲「是」；若以解決實際廟制爭議而言，其成效恐怕有限。

第三節　考辨禮制以釐正舊說

黃氏父子考證《三禮》，皆具有總結前說並釐正舊說之特點。黃式三對於前說之總結與釐正，被黃以周《禮書通故》收錄與採用不少。後儒評價黃式三之禮學，小看重其對於禮制之考辨成果。如《清史稿》載其「論封域、井田、兵賦、學校、明堂、宗法諸制，有大疑義，必釐正之」，[註51] 即看重其對於前說之總結與辨正。尤以明堂步筵與井田之釐正，受後人關注、引用最多。試探其考論內容如下：

一、釐定明堂夏世室堂修爲「七步」

黃氏之考禮成果，受後人關注最多者，乃對於明堂舊說之「釐正」。他

〔註47〕趙爾巽修：〈黃式三傳〉，《清史稿》，列傳 269，頁 13296。
〔註48〕詳參章景明：《殷周廟制論稿》，頁 2～6。
〔註49〕郭善兵：《中國古代帝王宗廟禮制研究》（北京：人民出版社，2007），頁 372～417。
〔註50〕萬斯同：《廟製圖考》，收入《景印文淵閣四庫全書・史部》（臺北：臺灣商務印書館，1983），第 662 冊，頁 183～184。
〔註51〕趙爾巽修：〈黃式三傳〉，《清史稿》，列傳 269，頁 13296。

考證明堂夏世室的堂修步數，不僅繪圖說明，並針對鄭玄不敢論定之「尺數」疑義，全面考證補充。故後人評價黃氏禮學，如譚廷獻〈黃先生傳〉、施補華〈定海黃先生別傳〉、徐世昌《清儒學案》、蔡冠洛《清代七百名人傳》等，皆看重其「釐正」舊說之功。又同治三年，浙江學政吳存義主試於寧波，以「明堂考」命題，黃以周據父親考證觀點應答，深獲稱賞，〔註52〕可見黃氏之明堂考證，頗具參考價值。

「明堂」向為禮制史上之聚訟焦點，故王國維（1877～1927）云：「古制中聚訟不決者，未有如『明堂』之甚者也。」〔註53〕清儒對於「明堂」考證，以惠棟最具代表，影響最大。其《明堂大道錄》主張「明堂」乃天子之太廟，禘祭、宗祀、朝覲、耕籍、養老、尊賢、鄉射、獻俘、治曆、望氣、告朔、行政皆行於其中。……始於盡性、終於盡人性、盡物性、贊化育而成既濟者也。〔註54〕亦即施行「明堂制度」為聖王「贊天地之化育」的重要途徑，更試圖通過明堂制度，結合儒家之天道、神權及治道，達到禮制與君權制衡目的。〔註55〕是以清儒關注明堂甚多，意見卻也頗為分歧。

黃氏明堂考證之內容，主要是對「世室」數目與「堂修」步數之釐正。「世室」數目之爭議，在於對「世室」與「明堂」之界定不同。倘依〈考工記〉「夏之世室，殷曰重屋，周人明堂」之意，〔註56〕則「世室」為「明堂」代稱，不過後來有人將明堂中「放置祖先神主」之區域稱為「明堂」，又有將「明堂」解釋成「祖廟」者，〔註57〕使「世室」定義，出現歧異。又據《西漢會要》記載元封二年（前110），天子（漢武帝）封泰山，「上欲治明堂奉高帝，未曉其制度」，〔註58〕即可知「明堂」於西漢已不存其制。於是經學家各依不同文獻，並摻雜社會實際需要作出異解，且主要有「五室」、「九室」二說。

〔註52〕清國史館原編，王鍾翰點校：〈黃以周傳〉，《清史列傳‧儒林下》（北京：中華書局，1987），第18冊，卷69，總頁5660。

〔註53〕王國維：《觀堂集林》（北京：中華書局，2004），卷3，頁28。

〔註54〕詳見惠棟：〈明堂總論〉，《明堂大道錄》，收入《續修四庫全書》，第108冊（據乾隆畢氏刻《經訓堂叢書》本影印），頁545。

〔註55〕詳參張壽安：《十八世紀禮學考證的思想活力——禮教論爭與禮秩重省》（臺北：中央研究院近代史研究所，2001），頁50。

〔註56〕阮元校勘：〈冬官考工記〉，《十三經注疏‧周禮疏》，卷41，頁25。

〔註57〕張一兵：〈明堂名義考〉，《明堂制度研究》（北京：中華書局，2005），頁117。

〔註58〕徐天麟：《西漢會要》（臺北：世界書局，1971），卷11，頁110。

「五室」之說，出於〈考工記〉；〔註59〕「九室」之說，則爲《大戴禮記》之觀點。〔註60〕鄭玄贊成「五室」之說，其注〈考工記〉曰：

> 堂上爲五室，象五行也，木室於東北，火室於東南，金室於西南，
> 水室於西北，……土室於中央。〔註61〕

鄭玄根據「四時」配「四方」，將明堂「五室」與「五行」相配，同意「五室」之說。

蔡邕（132～192）則力申「九室」之數，其〈明堂月令論〉認爲明堂有世室、重屋、青陽、總章、玄堂、太室等別稱，〔註62〕並根據《大戴禮記・聖德篇》「凡人民疾、六畜疫、五穀災者，生於天。天道不順，生於明堂不飾；故有天災即飾明堂」之義，〔註63〕以爲明堂之功用在於「明天氣，統萬物」，故「明堂上通於天，象日辰；故下十二宮，象日辰也」。〔註64〕蔡邕於是解釋「九室」之說爲：

> 八闥以象八卦，九室以象九州，十二宮以應辰，十六戶、七十二牖，
> 以四戶九牖，乘九室之數。〔註65〕

蔡邕依陰陽之數，主張明堂當爲「九室」。

歷來經學家或依鄭玄，或遵蔡邕，莫衷一是，〔註66〕尤其六朝更形混亂，

〔註59〕〈考工記〉載「周人明堂，度九尺之筵，東西九筵，南北七筵，堂崇一筵。五室，凡室二筵。」見阮元校勘：《十三經注疏・周禮疏・冬官考工記》，卷41，頁27。

〔註60〕《大戴禮記》曰：「明堂者，古有之也。凡九室，一室而有四戶八牖，三十六戶，七十二牖，以茅蓋屋，上圓下方。」指出「明堂」共有九處屋室，東南西北各二室，中央一室，並將九室配以九個數目，即「二、九、四、七、五、三、六、一、八」。見戴德撰，王文錦點校：〈明堂〉，《大戴禮記》（北京：中華書局，1998），卷8，頁149。

〔註61〕阮元校勘：〈冬官考工記〉，《十三經注疏・周禮疏》，卷41，頁27。

〔註62〕蔡邕：〈明堂月令論〉，《蔡中郎集》，收入《四部備要》（臺北：臺灣中華書局，1981），第428冊（據海原閣校刊本校刊），卷10，頁14。

〔註63〕戴德撰、王文錦點校：〈盛德〉，《大戴禮記》，卷8，頁143。

〔註64〕蔡邕：〈明堂月令論〉，《蔡中郎集》，卷10，頁14。

〔註65〕同上註，頁15。

〔註66〕如《隋書》載漢代到隋朝之爭議曰：「先是，帝（漢武帝）欲有改作，乃下制旨，而與群臣切磋其義。制曰『明堂準《大戴禮》九室八牖，三十六戶。以茅蓋屋，上圓下方』」。鄭玄據《援神契》亦云……，朱異以爲……，其議是非莫定，初尚未改。十二年，太常丞虞飄復引《周禮》明堂九尺之筵，以爲高下修廣之數，堂崇一筵，故階高九尺。」見魏徵：〈禮儀一〉，《隋書》（北京：中華書局，2000），卷68，頁120。

〔註67〕且因無法達成共識，不敢修建明堂。隋朝也在多次論辯後，依據宇文愷（555～612）按〈月令〉「五室」形制建構之木樣，完成建造，並成為後儒參考之主要依據。

　　黃氏認為只要統一「世室」形制，則「五室」、「九室」皆可通。他引用六朝李謐、北魏賈思伯二人觀點，重新釐定世室形制，並繪製〈周明堂步筵圖〉以示。（見圖一）

圖一：黃式三繪「周明堂步筵圖」〔註68〕

上圖即黃氏引用李謐〈明堂制度論〉「五室，古今通則」，〔註69〕以及北魏賈思伯（468～525）〈明堂議〉「青陽右個，即明堂左個；明堂右個，即總章左個；總章右個，即玄堂左個；玄堂右個，即青陽左個。如此，則室猶是五」，

〔註67〕《隋書》載曰：「陳制，明堂殿屋十二間。中央六間，依齊制，安六座。……後齊採《周官‧考工記》為『五室』，周採漢《三輔黃圖》為『九室』，各存其制，而竟不立。……高祖平陳，收羅杞梓，郊丘宗社，典禮粗備，唯明堂未立。……（隋煬帝）開皇十三年，詔命議之。……後檢校將作大匠事宇文愷，依〈月令〉文，造明堂木樣，重檐複廟，五房四達，丈尺規矩，皆有準憑，以獻。……方欲崇建，又命詳定，諸儒爭論，莫之能決。……時非議既多，久而不定，又議罷之。及大業中，愷又造明堂議及樣奏之。煬帝下其議，但令於霍山採木，而建都興役，其制遂寢。」見魏徵：〈禮儀一〉，《隋書》，卷6，頁121～122。

〔註68〕黃式三：〈明堂步筵說〉，《儆居集‧經說一》，頁27。

〔註69〕魏徵撰：〈李謐傳〉，《魏書》（北京：中華書局，2000），卷90，頁1933。

〔註70〕所制定之各室名稱。黃氏認爲賈思伯雖主「九室」之說，但依「〈月令〉之文，原其制置，不乖五室」。意謂扣除夾室，即能「不乖五室」。故堂序房室之度數名稱與結構，其居於太室之中者，稱爲「太廟」，太廟之東者，謂之「青陽」；當太室之西南者，即稱爲「明堂」。而當太室之西者，謂之「總章」；當太室之北西者，謂之「玄堂」。至於四面之室，各有夾房，共計三十六戶七十二牖。黃氏於是總結曰：

> 李謐撰〈明堂制度論〉，謂五室外有左、右各個，實亦九室之制。蔡、
> 李兩家之說並同於〈考工記〉、《大戴禮記・盛德篇》。〔註71〕

他綜合李謐、鄭玄之「五室」說，加上賈思伯別立「夾室」名稱，證明其數正與蔡邕之「九室」相通。

　　黃氏繼而考證歷來頗具爭議，且鄭玄亦未能定論之夏世室堂修步數。夏世室堂修步數，主要有二說：一爲鄭玄注〈考工記〉之「堂脩十四步，廣十七步半」，〔註72〕另一則爲隋代宇文愷之「堂脩七步」。〔註73〕實際上，鄭玄曾質疑「堂脩七步爲隘」，故僅註以「今堂脩十四步者，言假令」而未正面肯定。〔註74〕黃氏則引宇文愷觀點補充曰：

> 〈考工記〉曰：「夏后氏世室堂脩二七。」《隋書・宇文愷傳》言：
> 「《記》文云堂脩七，雠校古書，並無『二』字。」式三案：殷度
> 以「尋」，堂脩七尋；周度以「筵」，堂脩七筵；則夏度以「步」，
> 堂脩七步。鄭君康成以堂脩七步爲隘，注有：「今堂脩十四步之文，
> 假令之辭也。」而後人乃依此作「二七」字，宇文愷所規，固得
> 其實也。〔註75〕

他認同宇文愷據山東古本僅記「堂脩七」，而將「堂脩二七」之「二」字，解釋成「桑間俗儒，信情加減」之推論，贊成「二」爲衍字，故夏世室應是「堂脩七步」。據此，黃氏定出殷堂脩「七尋」、周堂脩「七筵」、夏堂脩「七步」之結論，並繪〈夏世室步尺圖〉以示。（見圖二）

〔註70〕嚴可均：〈明堂議〉，《全後魏文》（北京：商務印書館，1999），卷39，頁383。
〔註71〕黃式三：〈明堂步筵說〉，《儆居集・經說一》，頁24。
〔註72〕阮元校勘：〈冬官考工記〉，《十三經注疏・周禮疏》，卷41，頁25。
〔註73〕魏徵撰：〈宇文愷傳〉，《隋書》，列傳33，卷68，頁1590。
〔註74〕阮元校勘：〈冬官考工記〉，《十三經注疏・周禮疏》，卷41，頁25。
〔註75〕黃式三：〈明堂步筵說〉，《儆居集・經說一》，頁24～25。

圖二：黃式三繪「夏世室步尺圖」〔註76〕

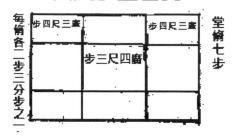

黃氏又指出《禮記》「四隅之室二筵」，其中大室東西五筵，南北三筵；明堂、元堂東西五筵，南北二筵。青陽總章，東西二筵，南北三筵，四隅室廣脩皆二筵，合之爲東西九筵，南北七筵，證明與其考證結果相合，且合於神農宮室之隘於夏后，而後商「尋」、周「筵」逐漸加廣之演進過程。

黃氏更就後人對鄭玄「五室」說之批駁，提出辯解。黃氏指出：

〈考工記〉言五室，鄭君以中央爲太室，餘四室在四隅，則以四正
之爲堂也。合堂室渾言之，曰九室、曰九堂。〔註77〕

認爲鄭玄雖主張「五室」，但加上旁邊之夾室，亦與「九室」相合。至於宋儒李覯（1009～1059）、唐仲友（1136～1188）所言明堂之制，黃氏則以「秦氏《五禮通考》已駁之，不待贅辯」，指引後儒讀秦惠田（1702～1764）之論，即可知李覯、唐仲友之誤。而乾嘉學者孔廣森所言明堂丈尺，黃氏亦指出其「過求廣大，亦未足據」。唯有汪中（1745～1794）〈明堂通釋〉，其解周之大廟路寢之文，與〈顧命〉所言相通，但對於夏、殷之制，卻言之未詳，有「夏過大，殷過小」之疑。〔註78〕黃式三最後並表明其考論堂修步數之動機，乃出於戴震《考工記圖》與賈思伯之說大同小異，而匠人「步筵」考證卻未詳盡，〔註79〕是以對戴說提出補充。

黃氏明堂考論乃建立於總結前說不足之基礎上，疏通證明。綜觀其研究成果，不僅可以得到正確詮釋，疑義釐清，另一方面，通過其考證過程，亦

〔註76〕黃式三：〈明堂步筵說〉，《儆居集‧經說一》，頁28。

〔註77〕黃式三：〈明堂步筵說〉，《儆居集‧經說一》，頁27。

〔註78〕黃式三：〈明堂步筵說〉，《儆居集‧經說一》，頁26。

〔註79〕黃式三：〈明堂步筵說〉，《儆居集‧經說一》，頁27。

得以一窺「明堂制度討論史」，掌握各說之討論觀點，具有總結性之參考價值。

二、釐正井田步尺之數

儒者討論井田，雖常落入迂腐、不切實際之負面譏刺，但井田卻是清儒實踐「經世理念」之中心課題，不少清儒曾建議恢復或適度修改施行井田。如顏元（1635～1704）《存治編》即欲「法三代」之治，特重土地之分配使用，主張斟酌變通，恢復井田之制，以便養民，〔註80〕又提出「天地間田，宜天地間共用之」之均田主張。〔註81〕又如耿極《王制管窺》亦認爲實行井田勢在必行，更羅列井田有「十便」，呼籲世家大族讓出多餘土地，重新平均分配。〔註82〕黃宗甚至直言「井田不復，仁政不行，天下之民始敝矣」，希望「有王者起」，「重定天下之賦」「而後合於古法」，〔註83〕以解救萬民之困敝。而王夫之（1619～1692）亦提出「若土，非王者之所得私也」、「田不均，則教養諸政俱無措施」，希望將官田改爲「井田」、「均田」，以防土地兼併與維護私有財產權。〔註84〕常州學派之莊有可（1744～1822），也建議「不井田之禍烈也。……今夫時有旱潦，地有肥磽，農有勤惰，口有多寡，至不齊也。而唯井田之制能則能使之均，能使之一」，〔註85〕宜推行井田，以達到均富。

黃氏考論井田，亦出於實用目的。試觀道咸以降，由於內有白蓮教、回民和捻軍之起兵，外有鴉片不斷輸入，得白銀大量外流，造成財源枯竭、國

〔註80〕 參孫廣德：〈顏元與李塨之實利思想〉，《社會科學論叢》第 27 期（1979），頁 41～73。

〔註81〕 顏元：〈存治篇〉，《四存編》（臺北：世界書局，1974），卷 1，頁 3。

〔註82〕 耿極：《王制管窺》，收入《叢書集成初編》（北京，中華書局，1985），第 762 冊（據《畿輔叢書》本排印），總頁 405。「十便」：其一民有恆產，不事末作，知重本也；其二同井並耕，勞逸巧拙不相負，齊民力也；其三奉生送死，有無相贍，通貨財也；其四貨財不匱，富者無以取贏，決兼併；其五取其十一，天下知中正，吏無橫斂；其六比其邱甸，革車相轂，於是乎出，有事以足軍食；其七一同知之田，萬溝百洫，又有川澮，戎馬不得馳突，無邊患也；其八畎澮之水，潦則疏之，旱則引以溉注，少凶荒；其九少壯皆土著，奸僞無所容，善心易生，暇日習詩書俎豆，養老息物，成禮俗；其十遠近共貫，各安其居，樂其業，尊君親上，長子孫其中，不煩刑罰而政教。」

〔註83〕 以上引文，皆見黃宗義：〈田制一〉，《明夷待訪錄》，頁 95。而顧氏另有〈田制二〉、〈田制三〉、〈田制四〉、〈田制五〉等篇，對於恢復古代田制，論之甚詳。

〔註84〕 以上引文，分見王夫之：《噩夢》（臺北：新興書局，1985）；〈三代第九〉，《顏習齋先生言行錄》，頁 643、97。

〔註85〕 莊有可：《慕良雜著》（民國十九年武進莊氏刊本），卷 2，頁 13。

庫空虛、白銀價格上漲；嚴重之銀荒，使清政府財政陷於困境，銀價暴漲，
納捐制度又助長官場賄賂與聚斂之風，吏制敗壞，並導致土地買賣加劇，土
地高度集中，過多佃戶與流民，平添社會動盪。對照《皇朝經世文編》選錄
農政討論之文，包括張士元〈農田議〉主張勸農功，施行授田為改革農政之
首要；楊芳〈田制說〉提出施行遂徑溝畛遺意的「區田」、建堤障水的「圍
田」、築土避水的「櫃田」、培葑泥而泛水上的「架田」、瀕江沿海積淤泥而
成的「沙田」等等各因地以制宜之田制建議；以及孫宅揆〈區田說〉、王心
敬〈區田圍田說〉、陸世儀〈論區田〉等討論各種田制利弊之文，〔註86〕皆
可見田制為最迫切改革之時代課題。再就太平天國於咸豐三年（1853）所頒
訂的《天朝田畝制度》，要求「凡天下田天下人同耕」、「凡分田照人口」之
改革方針，〔註87〕可見道咸年間，土地集中於大地主之情形相當普遍。是以
黃氏試圖對土地分配提出建議，表達對土地兼併嚴重之憂心與解決意見。

　　黃氏主張恢復井田，並以為「井田之行，必俟其時」，〔註88〕指出秦代以
後之井田制度無法成功施行，在於主政者未參酌實際社會情形作調整所致。
黃氏首先就社會人口逐次遞增之必然結果，重新討論授田畝數。倘按古制，
則《孟子》載「夏后氏五十而貢，殷人七十而助，周人百畝而徹」，〔註89〕由
於未說明三代授田畝數不同之理由，於是歷來經學家便有不同詮釋。如皇侃
（488～545）曰：

　　　　夏之民多，家五十畝而貢五畝；殷時民稍稀，家得七十畝而助七畝；

　　　　周時其民至稀，家得百畝而徹十畝。〔註90〕

將三代授田畝數不同，解釋為領土快速遞增，而人口成長速度較為緩慢，於
是才有五十、七十、百畝之別。又如熊安生（？～578）則認為是「夏政寬簡，
一夫之地惟稅五十畝；殷政稍急，一夫之地稅七十畝；周政極煩，一夫之地
稅皆通稅」，〔註91〕將「授田」變成「賦稅」，並以為政寬簡，作為授田依據。

〔註86〕 以上引文，分見魏源編，曹堉校：《皇朝經世文編》（臺北：國風出版社，1963，
　　　　據光緒十二年善化賀氏石印本影印），卷36，頁920、934、936、937、938。
〔註87〕 王重民等編：〈天朝田畝制度〉，收入《中國近代史資料叢刊‧太平天國》（上
　　　　海：上海人民出版社，2000），頁321。
〔註88〕 黃式三：〈讀田賦考〉，《儆居集‧讀通考一》，頁1。
〔註89〕 阮元校勘：〈滕文公上〉，《十三經注疏‧孟子疏》，卷5，頁7。
〔註90〕 皇侃：《禮記皇氏義疏》，收入山東文獻集成編纂委員會編：《山東文獻集成》
　　　　第一輯（濟南：山東大學出版社，2006），第47冊，卷1，總頁212。
〔註91〕 熊安生：《禮記熊氏義疏》，收入山東文獻集成編纂委員會編：《山東文獻集成》

孔穎達（574～648）則針對「土質」良窳，依次分成「不易之地」、「一易之地」、「再易之地」三個等級，再依次發給每家一百、二百、三百畝。〔註92〕唐代賈公彥據此，亦將「授田」變成「賦稅」，做出「夏據一易之地，家二百畝，其佃百畝稅之，一百畝稅百畝，為五十而貢；殷據上地百畝，萊五十畝，而稅七十五畝；周據不易之地，百畝全稅之」之結論。〔註93〕至於顧炎武則解釋為「丈尺不同」，其云：

> 三代取民之異在乎貢、助、徹，而不在乎五十、七十、百畝。其五十、七十、百畝，特丈尺之不同，而田未嘗易也。〔註94〕

顧炎武認為三代授田畝數不同，乃因「丈尺不同」，而非授地面積有異。

黃氏贊成顧炎武之觀點，亦認為「積步成畝，步之多寡不同，積尺成步，尺之長短不同也」，〔註95〕同意三代授田畝數有別，在於「尺、步」度數並不統一。故黃氏根據《孟子》夏五十、殷七十、周百畝之數，參考《大戴禮記·主言》曰「三百步而里，千步而井」，〔註96〕推算三代實際授田面積，皆同為「一千步」。亦即：

▲夏田：一畝為200步（橫10縱20步），乘以一夫五畝，因此一夫實際上受田1000步。

▲殷田：一畝為142又6/7步（橫10縱14.2又6/7步），乘以一夫七畝，因此實際受田面積仍為1000步。

▲周田：一畝為100步（橫10步縱10步），乘以一夫十畝，因此實際受田面積亦為1000步。

可見三代授田面積，同為「一千步」。

黃氏鑑於清代之「步」數，有官方、民間異制情形，試圖考證釐定。據現代學者侯家駒指出，「清初田制各府州縣大小不一」，〔註97〕比對《大清會典》記載當時混亂情形曰：

第一輯（濟南：山東大學出版社，2006），第47冊（據《玉函山房輯佚書》影印），總頁258。
〔註92〕阮元校勘：〈地官司徒〉，《十三經注疏·周禮疏》，卷10，頁16。
〔註93〕賈公彥：〈地官司徒疏〉，收入阮元校勘：《十三經注疏·禮記疏》，卷12，頁24。
〔註94〕顧炎武：〈其實皆什一也〉，《日知錄》，卷10，頁209。
〔註95〕黃式三：〈釋畝〉，《儆居集·經說四》，頁12。
〔註96〕同上註，頁12～13。
〔註97〕劉家駒：《清朝初期的八旗圈地》（臺北：國立臺灣大學文學院，1964），頁40～48。

順治十一年定二四〇步爲畝，《會典》云：「丈量州縣地用步弓，旗
地莊屯用繩。民間以二四〇步爲糧畝，其大制，則縱黍營造尺長五
尺爲弓，方五尺爲步，畝積二四〇步，里長三六〇弓。頃有百畝，
頃積二四〇〇步，畝爲十分積二四步，河北又有三六〇步中畝，七二
〇步大畝，不分糧畝數也，江南畝制又異。」〔註98〕

顯然清初到乾隆年間，官方與民間之步、尺度數，並不一致。直到乾嘉時期，
才頒行定制。據沈彤（1688～1752）《周官祿田考》載「古一步六尺，今一步
五尺。……今尺乃乾隆元年工部所重頒」，〔註99〕意謂乾隆時以「一步五尺」
爲統一定制。

　　黃氏引用漢代蔡邕觀點，〔註100〕以爲古制一步爲「六尺」，而非今之「五
尺」。他更進一步徵引《史記索隱》、《管子》、《司馬法》、《左傳注》、《國語注》、
《公羊傳注》及《說文》「田」部注，皆言「六尺爲步」，證明「周以六尺爲
步」。黃氏遂據「一步六尺」，推算出「夏」尺一步，實得四尺八寸；「殷」尺
一步，實得五尺三寸有九分寸之三。再據《孟子》所載，夏田五十畝、殷七
十畝、周百畝，換算「夏」爲四尺八寸爲步，「殷」則是五尺三寸有九分寸之
三爲步，周就是六尺爲步。換言之，夏尺九寸等於殷尺十寸、周尺八寸。試
以表格示之如下：

朝　代	尺	步
夏	10 寸	四尺八寸
殷	9 寸	五尺三又 3/9 寸
周	8 寸	六尺

故黃氏主張三代雖同爲授田一千步，但由於「步」之多寡，各代皆異，才會
造成夏、殷、周有五十、七十、百畝之差異。

〔註98〕俞正燮：《癸巳存稿》，收入《叢書集成新編》（臺北：新文豐圖書公司，1985），
　　　　第 14 冊（據民國二十年排印本影印），卷 10，頁 294。

〔註99〕沈彤：《周官祿田考》，收入阮元輯：《皇清經解》（臺北：復興書局，1972），
　　　　第 5 冊（據清咸豐十一年補刊、道光九年刊本影印），卷 317，頁 13。

〔註100〕蔡邕注曰：「夏以十三月爲正，十寸爲尺，律中太簇，言萬物始簇而生，故以
　　　　爲正也。殷以十二月爲正，九寸爲尺，律中大呂，言陰氣大勝助黃鐘，周以
　　　　十一月爲正，八寸爲尺，律中黃鐘，言揚棄踵黃泉而出，故以爲正。」見蔡
　　　　邕：《獨斷》，收入《四部叢刊三編》（上海：上海書店，1985），第 32 冊（據
　　　　明鈔涵芬樓藏板本影印），卷上，頁 6。

　　黃式三考證周代「一步六尺」之結果，除了提供當時畝數與步法不一之參
考依據，其究心考證之成果，影響黃以周頗多。當黃以周撰寫《禮書通故》，除
了採用父親之考證成果外，並據以駁正皇侃、熊安生、賈公彥等人之說。〔註101〕

　　井田是否眞實存在，學術界至今仍觀點歧異。如金景芳、徐喜辰、日本學
者佐竹靖彥，皆主張井田制確實存在。〔註102〕郭沫若、陳昌遠雖承認有井田制，
但認爲非《孟子》之井田制。〔註103〕顧頡剛、胡適、李亞農、侯家駒、金春峯
等多數學者都認爲井田制只是戰國時代之烏托邦。〔註104〕至於陳伯瀛《中國田
制叢考》則考證歷代的確有多處小規模實行井田事實，如清初亦曾「小試井田」。
此一推論，較爲可信。對照俞正燮（1775～1840）《癸巳存稿》亦云：

> 雍正二年，在新城、固安二縣制井田。選八旗人戶，往耕，以內務
> 府餘地及戶部官撥新城縣一百十六頃，固安縣一百二十五頃八十九
> 畝，合八旗選無產之人前領種。自十六歲以下六十歲以上，各撥田
> 百畝。周圍八分爲私田，中百畝爲公田。其公田之穀，候三年後徵
> 收。〔註105〕

〔註101〕黃以周說：「皇侃說，夏之民多，家五十畝而貢；商之民稀，周之民尤稀，
　　　　　故家受田多。熊安生說，夏政寬簡，一夫之地稅五十畝，商政稍急，一夫
　　　　　之地稅七七畝；周政極煩，一夫之地盡稅焉。賈公彥說，夏據一易之地，
　　　　　家二百畝，其佃百畝稅之，一百畝稅百畝，爲五十而貢；殷據上地百畝，
　　　　　萊五十畝，而稅七十五畝；周據不易之地，百畝全稅之。皆謬說也。」「錢
　　　　　說似簡戛，而步法有五尺、五尺六寸，任臆立說，有何依據。」分見黃以
　　　　　周著、王文錦點校：〈井田通考〉，《禮書通故》（北京：中華書局，2007），
　　　　　頁1519、1522。
〔註102〕分見金景芳：《論井田制度》（濟南：齊魯書社，1982），頁8～10；徐喜辰：
　　　　　《井田制度研究》（長春：吉林人民出版社，1984），頁31；佐竹靖彥：《佐
　　　　　竹靖彥史學論・從井田制到商鞅田制》（北京：中華書局，2006），頁16～38。
〔註103〕分見郭沫若：《中國古代社會研究》（上海：上海書店，1989），頁229～234；
　　　　　陳昌遠：〈周代井田制度簡論〉，《人文雜誌》增刊（1982年8月），頁72。
〔註104〕分見顧頡剛：〈周公制禮的傳說和《周官》一書的出現〉，收入《文史》第六
　　　　　輯（北京：中華書局，1979），頁1～12；胡適：《胡適文存・井田辨》，收入
　　　　　《民國叢書》第一編（上海：上海書店，1989），第93冊，卷2，頁247～282；
　　　　　侯家駒：《周禮研究・周禮中的財經思想及制度》（臺北：聯經出版事業公司，
　　　　　1987），頁183～190；金春峯：《周官之成書及其反映的文化與時代新考》（臺
　　　　　北：三民書局，1993），頁21～27；胡寄窗：《關於井田制的若干問題探討》，
　　　　　收入《學術研究》1981年第4～5期；高光晶：〈井田質疑〉，《華中師院學報》
　　　　　1981年第3期；李亞農：《中國的奴隸制與封建制》（上海：上海人民出版社，
　　　　　1957），頁74～80。
〔註105〕俞正燮：《癸巳存稿》，收入《叢書集成初編》，第362冊，卷9，頁266。

證實清初曾於新城、固安二縣，以八旗子弟爲對象，小規模試行井田。因此，
商鞅（前 395～前 338）前曾小區域試行井田，應當可信。但倘欲將田地切割
成方正整齊區域，並施行全國，的確有技術上之困難。故黃氏以相信井田確
爲商鞅前全國施行之立場，考證出三代授田皆同爲一千步之結論，恐怕亦有
待商榷。

第四節　纂修宗譜落實「尊祖收族」之禮義

「族譜」最大功用在於發揮「敬宗收族」之實效，可爲「民族遷移、社
會演進、文物盛衰、及遺傳優生等有關之事實，及其與中國歷史發展之關係」，
提供客觀資料。〔註 106〕故族譜纂修，自古即倍受重視。有學者認爲，最早之
族譜，出現於甲骨卜辭中之「兒氏家譜」。〔註 107〕又司馬遷作《史記》，常說
「余讀諜記」、「太史公讀春秋曆譜諜」、「蓋取之譜牒舊聞」，可見「譜」、「牒」、
「諜」，皆爲族譜之早期形式，只不過性質皆爲記載君王與貴族世系之官修本。

直到漢代，私修家譜才在門閥觀念漸深下，逐漸出現。鄭樵《通志·氏
族略》記唐代以前族譜之發展概況曰：

> 自隋、唐而上，官有簿狀，家有譜系。官之選舉，必由於簿狀；家
> 之婚姻，必由於譜系。歷代並有「圖譜局」，置郎令史以掌之，仍用
> 博通古今之儒，知撰譜事。凡百官族姓之有家狀者，則上之官，爲
> 考定詳實，藏於祕閣，副在左戶。若私書有濫，則糾之以官籍；官
> 籍不及，則稽之以私書。此近古之制，以繩天下，使貴有常尊，賤
> 有等威者也。所以人尚譜系之學，家藏譜系之書。自五季以來，取
> 士不問家世，婚姻不問閥閱，故其書散佚，而其學不傳。〔註 108〕

鄭樵總結中國私家宗譜興起之因，實出於區別士庶階級。所以譜系雖本私家
之事，卻爲朝廷用人、社會門第之依據，其所繫甚大。是以即便是私家之譜，
亦職以官司，不容紊亂。晚唐以後，門閥世族逐漸式微，族譜既失去任官與
婚配之實質作用，其法自是大壞，以致於「其學不傳」。族譜再興，要到宋代；
宋儒復興儒學，譜牒具有敦宗收族之實效，加以庶族逐漸興起，於是編修族

〔註 106〕羅香林：《中國族譜研究》（香港：中國學社，1971），頁 305。
〔註 107〕參陳龍貴：〈敬宗收族──清代編修族譜的目的、經費及其相關問題〉，《故宮
　　　　文物月刊》第 264 期（2005 年 3 月），頁 54～55。
〔註 108〕鄭樵：〈氏族序〉，《通志·氏族略》（臺北：新興書局，1965），卷 25，頁 1。

譜風氣又漸次復甦。尤以歐陽修所創以「序」、「圖」、「傳」三部份之纂修體例，〔註109〕更成為後世家譜編纂者之遵循規範。〔註110〕黃氏亦參據歐陽修所創之體例，修纂宗譜。

　　清人在官方鼓勵提倡與禮學興盛之雙重影響下，修譜甚為昌盛。清廷基於維繫社會秩序之需求，奉行漢代「以孝治天下」之策，雍正頒發《聖諭廣訓》，要求「篤宗族以昭雍睦」、「修族譜以聯疏遠」，〔註111〕而大力鼓勵民間修譜。其次，清儒重禮，恢復「宗法制度」之議論不斷，儒者希望藉由大宗領繫小宗，進而統組全族，達成互恤、互助目的，故纂修族譜即成為「敬宗睦族」之首務。是以，清人無不致力於編修家譜。

　　再就修譜之地域而言，南方居民所修宗譜之數量最多。原因在於晉代以後之三次大規模民族遷移，皆由北向南遷徙，南移之民更將修譜視為維繫宗族血脈聯繫之重要方式。而浙江地區自明清以降，則因工商繁榮，經濟發達，人文薈萃，縉紳、官宦、文學家輩出，其家譜數量，即成為全國之冠。據曾經參與編輯《上海圖書館家譜提要》之王鐵先生指出，中國大陸國內公共圖書館所藏宗譜為例，大半屬於吳越地區，以上海圖書館收藏 1949 年以前之舊宗譜 12000 種，其中浙江、上海、安徽三省，占總藏量三分之二，且以浙江地區居冠。〔註112〕不過，黃式三居於舟山群島，與外界聯繫不易，島民大多以農漁維生，經濟、文化相對皆較內地落後，亦無大家望族，以致家譜修纂並不發達。但黃氏卻本於凝聚宗族之向心力，亦於資料散佚、財力匱乏之下，多次纂修族譜。

　　黃氏參與纂修之宗譜，至少有三種。其〈對為人後問〉云：

　　　　庚子（1840）修《族譜》，辛亥（1851）修《鄞族譜》，嗣復修鎮海

　　　　縣各族譜。〔註113〕

比對《儆居集》中有〈族譜敘〉、〈族譜書後〉、〈鄞縣族譜敘〉三篇序文，前

〔註109〕 「序」，記本支自得姓以來的源流概況。「圖」，為家族世系圖，以支為經，以世次為緯，一世祖之下，以長幼順序橫列其子輩，每一子之下類推。「傳」，即世傳，或稱行傳，依世次列各人之小傳。

〔註110〕 詳參王鐵：《中國東南的宗族與宗譜》（上海：漢語大辭典出版社，2002），頁8～9。

〔註111〕 玄燁撰，胤禛廣訓：〈篤宗族以昭雍睦〉，《聖諭廣訓》，收入故宮博物院編：《故宮珍本叢刊》（海口，海南出版社，2001），第 350 冊，總頁 259。

〔註112〕 王鐵：《中國東南的宗族與宗譜》，頁 21。

〔註113〕 黃式三：〈對為人後問〉，《儆居集·雜著三》，頁 8。

二篇置於《翁洲紫薇莊墩頭黃氏譜》書前，另一篇則為黃氏主導修纂之《鄞縣族譜》敘文。《翁洲紫薇莊墩頭黃氏譜》手稿，今藏於上海博物館；《鄞縣族譜》手稿，今藏於寧波天一閣；至於鎮海各譜，目前仍待訪尋。

　　黃氏纂修宗譜之動機與目的，在於肩負繼承父志與校訂舊譜，以敦宗睦族之使命。其〈翁洲紫薇莊墩頭黃氏續修宗譜敘〉言：

> 紫薇墩頭黃氏，本無譜也。有之，自先君子始。先君子年幾六旬，議創斯舉，出訪事實，入定體例，辛苦兼營，遂不得親鈔錄，而力復不足以延請名師，為之贊成其事。譜中魯魚亥豕之譌，未嘗不自以為憾。〔註114〕

又〈族譜書後〉曰：

> 以族無公資，不能請才學閎博者董其事，迺與季弟稽生言曰：「族中讀書者，止吾兄弟二人，譜不續修，二人能謝責乎？」稽生唯唯聽命，而議遂定。〔註115〕

可知式三父親黃興梧曾擴建「黃氏宗祠」、起纂黃氏族譜，夙有實踐「尊祖敬宗」之志，而式三則繼以完成父親未竟之志。

　　黃氏修纂宗譜最艱鉅之處，在於資料湮沒難稽且無足夠資費延聘修譜師。清代不識字者仍不在少數，加以族譜向來祕不示外人，即便是讀書人，亦未必嫻熟族譜編纂體例，故常專聘「譜師」完成。〔註116〕而黃興梧生前僅完成追溯遠祖，以及長房族支徙居定海為紫薇莊墩頭黃氏之始脈，並於嘉靖庚申（1800）在同鄉周畏庵之協助下，完成初稿。〔註117〕卻因族人大多避亂而散居各地，資料蒐羅不易，又缺乏經費延請譜師，以致「譜中所載事蹟年次，參差不合」，訛誤不少。並且先祖之個人行傳，亦有待補寫，於是囑託黃式三「別作傳贊以載於譜，俾我子孫讀是譜者，憭然於先烈」，〔註118〕予以續成。黃氏感於「宗譜之續修，歷久愈難」，〔註119〕故從道光二十年（1840）始，

〔註114〕黃式三：〈翁洲紫薇莊墩頭黃氏續修宗譜敘〉，《翁洲紫薇莊墩頭黃氏譜》（手稿），書前。

〔註115〕黃式三：〈族譜書後〉，《儆居集・雜著三下》，頁3。

〔註116〕參陳龍貴：〈敬宗收族——清代編修族譜的目的、經費及其相關問題〉，《故宮文物月刊》第264期（2005年3月），頁57～59。

〔註117〕黃興梧：〈翁洲紫薇莊墩頭黃氏譜前序〉，《翁洲紫薇莊墩頭黃氏譜》（手稿），書前。

〔註118〕黃式三：〈族譜唐太傅明遠公傳贊〉，《儆居集・雜著四》，頁1。

〔註119〕黃式三：〈翁洲紫薇莊墩頭黃氏續修宗譜敘〉，《翁洲紫薇莊墩頭黃氏譜》（手

全心投入增補舊譜。

　　黃氏修譜體例，乃仿效歐陽修所創之「序」、「圖」、「傳」形式。其「序」文有七篇，包括文天祥（1236～1283）「不私其親，不誣其實」之讚序，〔註120〕又有宗人黃震（1213～1281）撰寫之〈鄞姜山古千里黃氏家乘原序〉期勉後人修譜以爲宗法倫理之志、〔註121〕黃興梧概述家族淵源與各支分脈之遷徙情形、式三塾師楊思繩稱許宗譜「克誌源流」之功、弟弟式穎言己「繼志述事」之職責，以及式三各於族譜二修、三修時所作序文二篇，主要記述纂譜過程之艱辛。〔註122〕「圖」則有三，圖一爲黃氏修《鄞縣族譜》所攜回之〈四明姜山黃氏家乘世系圖〉，圖二則抄錄黃興梧以翁洲爲分譜所作之〈翁洲紫薇莊墩頭黃氏世系遠追圖〉，圖三〈翁洲紫薇莊墩頭黃氏世系圖〉爲黃氏仿歐陽修「五世則遷」形式，由黃晟之二十三世孫黃俊爲分譜一世祖，以下共計十四代之世系圖。「傳」主要爲先祖黃晟之多篇論贊，以及族裔墓誌銘數篇。

　　纂修族譜亦具有實踐禮學之意義。明代羅欽順（1465～1547）即強調：

> 譜作而源委明，昭穆辨，戚疏之分著，顯晦之跡彰。一展閱間，必將惕然有動乎其中者。仁讓之行、詩書之業，相與敦其所未厚，廓其所未宏，則於前爲有光，於後爲可大，此譜之所系未可輕視也。
>
> 故凡有志於尊祖厚族以大其家者，未嘗不以譜牒爲重。〔註123〕

他將修纂族譜作爲強化家族仁讓之行、詩書之業以厚族之方法，在宗法制廢除後，「譜牒」無疑成爲維繫睦族之最佳憑藉。通過睦族，可使族人相接相愛，使人倫之明、風俗之厚藉以彰顯，在強調具體實踐之清儒看來，修宗譜便成爲最具收效之禮學實踐方式。

　　黃氏於戰亂中，排除萬難，主導纂修族譜，以落實尊祖收族之效。比對黃氏續修宗譜期間，正遭逢鴉片戰爭、定海淪陷巨變之時，受到族人避亂而分散於各地之衝擊，黃氏纂修族譜，「敬宗收族」之意義甚爲深重。再就黃氏家譜用以排輩份之用字，皆寓有盡忠盡孝，飭行勤儉之志，如《鄞縣族譜》

　　　　稿），書前。
〔註120〕文天祥所作〈序〉，見黃式三：《翁洲紫薇莊墩頭黃氏譜》（手稿），書前。
〔註121〕黃震：〈鄞姜山古千里黃氏家乘原序〉，見黃式三：《翁洲紫薇莊墩頭黃氏譜》（手稿），書前。
〔註122〕黃式穎：〈翁洲紫薇莊墩頭黃氏續修宗譜敘〉，見黃式三：《翁洲紫薇莊墩頭黃氏譜》（手稿），書前。
〔註123〕羅欽順：〈龍陂謝氏族譜序〉，《整庵存稿》，收入《景印文淵閣四庫全書・集部》，第1261冊，卷9，頁126。

依次爲「爾永謙泰順，忠孝勤儉，百千萬載。祖有善行，仁義禮智信，賢良方正直。恭敬中和端，可昭宣聖」，〔註124〕至於《翁洲紫薇莊墩頭黃氏譜》則是「朝廷大國，甫仲士，必興邦，式以維家」，〔註125〕可知其先祖砥礪後人，承繼積善務實、立身行道之遺志。故黃氏在患病「手腕疲弱，未能親謄」之下，仍「命子以愚、以周續書之」，〔註126〕奮力完成，以實現父志與達到《儀禮》「收族」、「別親疏」、「序昭穆」之禮義實踐。

第五節　矯世正俗的禮治實踐

清儒之所以重「禮」，乃看重禮能做爲矩身範行、體國經野之有效規範，達到「經國家，定社稷，序民人，利後嗣」之作用，亦即最具實用價值之學。黃氏面臨國家遭受列強入侵之覆亡危機，甚至傳統學術文化亦受到摧毀之際，故強調傳統經典價值，並將之落實於人倫日用，即成爲其終身最重要之課題。是以，黃氏通過研究禮學、傳承禮學，以落實禮義實踐。

黃氏終身踐禮，纂修宗譜、教育私塾、教化鄉民。其禮學實踐，約略有以下數端：

一、推行禮教，教化鄉邑

黃氏於鴉片戰後，即避亂於鎮海，當地由於屢受外寇侵擾，故民風「強悍」。〔註127〕黃氏嘗嘆云：

> 余年五十二，遭英吉利之兵厄，旅寓鎮邑十二年，始有居室。今又越八年，始有園圃，得種藜藿以爲羹。旅居寡稠，意以親仁善鄰爲務，而以仁之可親者寡，鄰之難睦而易忤，未嘗不歎遇人之艱難矣！
> 〔註128〕

其對惡鄰之感嘆與控訴，恐非冰山一角，而是普遍現象。試想眾多逃難災民，頓時湧入他鄉，對戰亂下之百姓而言，姑且不論其物質生活之匱乏，當他們

〔註124〕見黃式三等修：《鄞縣宗譜》（光緒間鈔本）。
〔註125〕見黃式三：《翁洲紫薇莊墩頭黃氏續修宗譜》（手稿）。
〔註126〕黃式三：〈族譜書後〉，《儆居集·雜著三下》，頁3。
〔註127〕陳訓正、馬瀛等纂：〈風俗〉，《定海縣志》，收入《中國方志叢書·華中地方》（臺北，成文出版社，1970），第75號，頁33。
〔註128〕黃式三：〈讀狄氏孔孟編年質疑〉，《儆居集·讀子集四》，頁31～32。

面對流離失所之遭遇與殘破家園，以及心理、身體之多重創傷，社會秩序與風氣之敗壞，自是不待言。加上當時「西洋天主教盛行，入教者假冒請書，侵奪廟寺屋宇田產，甚至倚勢橫行，莫可禁止」，鄉民雖有畏逼群起而攻擊入教者，卻被外國領事索取賠償。〔註129〕是以面對社會失序、列強入侵、西學東漸之多重影響，黃氏推行禮教於鄉塾，試圖達到以傳統經典、禮制移風易俗之目的，甚為強烈。

黃氏畢生專力於著述與館課，長期課席於父親所創建之「黃氏家塾」。黃氏嘗作〈示諸生書〉，戒門人登科甲、獻高謀、立大功或因著述而名垂千古，皆非等閒之輩所能為，切勿汲汲於此。故黃氏勉勵諸生曰：

> 反復思惟，幻想無用，曷若枕經葄史，無負於學。學何能遽及聖賢，
> 而孳考數年，必有數分之得。〔註130〕

他極為重視道德培育，勗勉諸生精勤於經、史以進德修業。檢閱黃氏最後遺作《黃氏塾課》，其所徵引之文，如《逸書》、《逸禮》、《逸詩》、《管子》、《晏子》、《國語》、《列子》、《列女傳》等等非「正經」之書。然其所列之條目，舉凡〈孝親〉、〈友悌〉、〈臣道〉、〈節介〉、〈師友〉、〈聖賢〉、〈言行〉、〈寬仁〉、〈禮讓〉、〈誠信〉、〈神智〉、〈儉德〉、〈受諫〉、〈慎獨〉、〈廉退〉、〈知人〉、〈情行〉等等，皆歸依於「禮學」。故《塾課》乃以「禮義」通貫全書，屢屢徵引禮文為教，皆可見其推擴禮學、實踐儒家「禮教」之作意。

黃氏《儆居集》又有〈童訓〉之文，亦以「禮」為宗旨。其以事親「居則致敬，定省溫清」、「養則致樂」、「疾則致憂，不脫冠帶」、「喪則致哀，服斬食粥，小祥大祥，守禮惟篤」、「祭則致嚴，春露秋霜，優見愾聞，誠達幽明」；對於先祖基業「堂構肯承，先業為大，析薪負荷，志立不敗」，〔註131〕皆發揮儒家「生事之以禮，死葬之以禮，祭之以禮」之旨。故後人讚以「親戚僚友之有問者，子弟之請業請益者，告之一出於誠。故鄉人服其義，而後生之造就尤眾」、〔註132〕「宗族僚友間或以事相詢，或以學相問，莫不各愜其情而去，薰其德而善良者，不可勝數」，〔註133〕具見黃氏傳授禮學、教化親戚

〔註129〕史致馴修，陳重威、黃以周纂：〈人物〉，《光緒定海廳志》（光緒十年御書樓刊本），卷10，頁28。

〔註130〕黃式三：〈示諸生書〉，《儆居集・雜著四》，頁35～36。

〔註131〕黃式三：〈童訓〉，《儆居集・雜著三》，頁19～20。

〔註132〕施補華：〈定海黃先生別傳〉，《澤雅堂文集》，頁332。

〔註133〕黃以周：〈敕封徵仕郎內閣中書先考明經公言行略〉，《儆季文鈔》，卷5，頁3。

僚友與鄉邑之實功。

　　黃氏後輩亦能繼承家學,闡發《三禮》。黃氏臨終遺言以周「謹守祖訓,弗墜家學」。〔註 134〕故以周亦深究《三禮》,並總結成《禮書通故》一百卷,書中多處徵引父親觀點,闡發父學。黃以周於光緒五年(1879)應聘於寧波知府宗源瀚所建之「寧波辨志精舍」,主講漢學,〔註 135〕光緒十年起,出任「南菁書院」院長,並主講漢學達十五年。〔註 136〕其〈南菁講舍論學記〉強調治學宗旨曰:

> 文章者,華身之物,經濟者,澤民之具,義理者,淑性陶情之資。
> 而不以禮爲權衡,文章雖工,亦鄭衛淫哇之聲也;經濟雖長,亦雜
> 霸刑法之治也;義理雖明,亦莊老虛無之談也。禮也者,天之經,
> 地之義,民之則崇效卑法,有天地,即有是禮。〔註 137〕

可知其「徵實」之教育宗旨,而歸趨於「禮學」。黃以周更陸續出版黃式三遺作,作爲書院授課教材。檢閱諸生之課習成果,被黃以周擇優彙編成《南菁講舍文集》者,即有不少引用黃式三的經說成果。如唐文治(1865～1945)〈讀湯誓〉說:「近讀黃儆居《尚書啓蒙》,乃恍然於湯之伐桀,本因乎眾心。此篇正是仁人之言,先儒解之者,均失其意。」〔註 138〕又如王允〈先進野人後進君子解〉也說:「嘗讀儆居先生之《後案》,而昭然發矇也。《後案》云:《書・文侯之命》、《詩・雲漢》、《禮・緇衣》……。可謂以經證經,渙然冰釋矣。」〔註 139〕從課生屢引儆居觀點,可見式三對於南菁書院諸生,頗有影響。而這些南菁書院後勁,有不少成爲民國以後之重要經學家,對民國經學亦頗有影響。

二、躬身實踐禮義

　　黃氏禮學價值,又可從其躬身實踐禮義來觀察。其終身踐禮之表現如下:

〔註 134〕黃以周:〈帶經草堂記〉,《儆季文抄》,卷 6,頁 34。

〔註 135〕唐文治:〈黃玄同先生學案〉,《茹經堂文集》,收入林慶彰主編:《民國文集叢刊》第一編(臺中:文听閣圖書有限公司,2008),第 62 冊,頁 130。

〔註 136〕據胡適〈關於江陰南菁書院的史料〉載:「書院於光緒十年秋開課。掌教爲南匯張嘯山(文虎),到院兩月,以足疾辭歸。即改延定海黃元同先生以周,在院凡十五年。」見胡適:〈關於江陰南菁書院的史料〉,《大陸雜誌》第 18 卷第 12 期(1959 年 6 月),頁 359。

〔註 137〕黃以周:〈南菁講舍論學記〉,《儆季文抄》,卷 6,頁 22～23。

〔註 138〕唐文治:〈讀湯誓〉,見黃以周編輯:《南菁講舍文集・文一》,收入趙所生、薛正興主編:《中國歷代書院志》(南京:江蘇教育出版社,1995),第 11 冊,頁 7。

〔註 139〕王允:〈先進野人後進君子解〉,見黃以周編輯:《南菁講舍文集・文二》,頁 34。

第一，事親以孝

黃氏館課之餘，常侍父側，因赴考省試時母病卒於家，而誓不再赴試，且自此長伴父寢。父親臥牀第數年之「衣食盥洗諸事，皆躬親之」；〔註140〕父親辭世，亦遵循其「經紀喪事，不用浮圖，不拜經懺」遺規，〔註141〕「持喪以禮」，使得宗族皆稱其孝。又繼承父志纂修多種宗譜，達成「尊祖收族」之效，亦為至孝之道。此外，黃氏又分別撰寫父、母以及宗人行傳，讚頌母親「持身之懿柔」、「教子之謹慎」，〔註142〕以及父親創修族譜、每逢多至崇祭遠祖之行，又能「事之切於身心，關於風教，有益於宗族，於鄉里、於姻友者，力所能為，毅然以自任」之義行，皆載入宗譜，顯揚先祖之德。凡此，皆黃氏事親以孝之實。

第二，安貧樂道

孔子讚美顏淵「安貧樂道」，對於一簞食，一瓢飲，在陋巷，仍能不堪其憂之人格典範。黃氏清貧儉約，〈晚黴居記〉更表明安貧樂道之志。其告諸子曰：

> 富與貴，聖人亦言所欲，而不願以強致。讀詩書而不絕貴之原，務勤儉而不絕富之原，天不與以富貴，則貧賤亦分也。……衣綻裂者，補之，不嫌其陋；飯雜之以諸屑、或菽、或麥、或蘆稷，苟可口，不求甘旨。〔註143〕

黃氏以為君子謀道不謀食，不當追求物質充裕之富貴，且認為「士當思孔、顏之所樂，當復思孔、顏之所憂」，〔註144〕故於鴉片戰敗後，將書房名為「聽雷書屋」，而「終日攢眉，終夜假寐，戒懼不能須臾離」，〔註145〕時時以國事為憂，對於「當世之務，籌之甚審」，〔註146〕展現安貧樂道與憂國憂民節操。

第三，以禮為度，謹言慎行

《禮記》以「修身踐言，謂之善行；行修言道，禮之質也」，〔註147〕禮之實踐重於時常警惕於言行，使之勿違於禮。而黃氏律己甚嚴，言行必以合於禮

〔註140〕以上引文，皆見黃以周：〈敕封徵仕郎內閣中書先考明經公言行略〉，《黴季文鈔》，卷5，頁2〜5。
〔註141〕黃式三：〈先考屏山府君事實〉，《黴居集·雜著四》，頁21。
〔註142〕黃式三：〈裘氏先妣事實〉，《黴居集·雜著四》，頁23。
〔註143〕黃式三：〈晚黴居記〉，《黴居集·雜著四》，頁25。
〔註144〕黃式三：〈為我兼愛說〉，《黴居集·經說二》，頁19。
〔註145〕黃式三：〈聽雷書屋記〉，《黴居集·雜著四下》，頁25。
〔註146〕施補華：〈定海黃先生別傳〉，《澤雅堂文集》，頁332。
〔註147〕阮元校勘：〈曲禮上〉，《十三經注疏·禮記疏》，卷5，頁9。

爲準則，嘗仿韓愈〈五箴〉作〈續韓子五箴〉，明示謹嚴守禮之態度。其曰：

> 不調適乎性情，雖朝悔而夕誤，古之人毫作，抑戒舌捫莫錯，言如布
> 帛，心爲尺度，大小短長，必循典故，如何金人，緘口不固。〔註148〕

可知黃氏隨時以「禮」檢束一己之言行。黃以周嘗追憶父親「與長老接，恭
而順；與後生小子語，曲而詳；與有道君子相切磋，虛懷若谷一空」，〔註149〕
於待人接物，皆重於禮之表現。至於續〈行箴〉，則秉持「十目視爾，十手指
爾，爾不密察，於幾之初起，神人共排擠」之態度，〔註150〕隨時警醒自己，
皆見其謹守禮節之行誼。黃氏又嘗以猴子爲喻，警惕以人之言行猶如猴子之
升木，乃本於性而成於習，故猴子不升木則失所依。黃氏曰：

> 「依於仁」者，無仁則失所依；「依於禮」者，無禮則失所依。推之
> 詩人、文人以及農工商賈，莫不皆然，失其所升，必失其所依也。〈表
> 記〉曰：「君子莊敬日強，安肆日偷。」〔註151〕

他認爲君子一切言行唯有依歸於仁、禮，莊重恭敬，才能日比一日意氣堅強。
反之，失去仁、禮，則失其所依，在在強調終身踐禮之態度。

總結黃氏禮學，大致可歸結出五項要點：

一、重視《大戴禮記》

《大戴禮記》自鄭玄遍注《三禮》，獨遺《大戴》，孔穎達撰《五經正義》，
於《三禮》亦獨取《小戴禮》，孫詒讓曾感嘆「《小戴》誦習二千年，昭然如
揭日月。《大戴禮》乃殘帙，僅存不絕若線，綴學者幾不能舉其篇目」。〔註152〕
到清代才在大規模之整理舊籍下，重新受到重視，〔註153〕從事校勘之學者不
下數百人，〔註154〕成績相當輝煌。而黃氏亦頗看重《大戴禮記》，指出《小戴》

〔註148〕黃式三：〈續韓子五箴〉，《儆居集・雜著三》，頁18。

〔註149〕黃以周：〈敕封徵仕郎內閣中書先考明經公言行略〉，《儆季文鈔》，卷5，頁5。

〔註150〕黃式三：〈續韓子五箴〉，《儆居集・雜著三》，頁18。

〔註151〕黃式三：〈日升堂記〉，《儆居集・雜著四下》，頁24。

〔註152〕孫詒讓：〈大戴禮記斠補敘〉，《大戴禮記斠補》（臺北：文史哲出版社，1988），
頁169。

〔註153〕諸如王聘珍《大戴禮記解詁》、任兆麟《大戴禮記》、翁方綱《大戴禮記附
記》、丁杰《大戴禮記繹》、丁宗洛《大戴禮記管箋》、俞樾《大戴禮記平議》、
孔廣森《大戴禮記補注》、汪紹《大戴禮記注補》等等皆爲代表作。詳參高
明：〈自序〉，《大戴禮記今註今譯》（臺北：臺灣商務印書館，1984），頁1
～6。

〔註154〕詳參莊雅州：〈經學的新天地──大戴禮記〉，《國文天地》1999年2月號，
頁17～18。

之禮不備於《大戴》，祀聖而置德，失禮之本，此皆《貞觀禮》之可議者也。
〔註155〕以爲《大戴》義恉閎邃，所闡釋之禮義甚至比《小戴》更爲詳備，故釋經時亦徵引《大戴》頗多。如考證明堂步筵取〈聖德〉、〈明堂〉諸篇之義，論學校則取〈保傅〉，考三代步、尺之數，亦以〈主言〉爲據等等，皆可見其重視《大戴》之表現。

二、推尊鄭玄

黃氏服膺鄭玄之《三禮》宗師地位，是以考證宗廟、禘郊即「謹守鄭學」。至於考論其他禮制，亦大致闡發、補充鄭玄觀點爲主，甚至在後儒有駁斥鄭說之處，也極力爲其辯解，表現推尊鄭玄之立場。

三、徵實求是

黃氏對於禮制考證，不論是以經證經、以史證經，都堅持徵以「實證」。故對於啖助、趙匡、陸淳等人之疑經、改經，大加撻伐指斥，表現實事求是之治學性格。

四、以「致用」為宗旨

綜觀黃氏考禮之議題，諸如禘郊、宗廟、明堂、田制、布尺等等，皆爲實際施行之制度。而其考論目的，亦在於實用價值；如禘郊、宗廟之考證，乃用於反駁天主教不祭祀先祖爲不明祭義。黃氏又通過「教化」，將禮學落實於己身與鄉邑，如以事親盡孝、終身踐禮的身教、言教，作育後學，視「禮學」爲「實用」之學。

五、以「禮」通貫群經

黃氏發揚禮學，主要通過「以禮釋經」方式，將「禮」條貫於經書，並本於《六經》皆孔聖所作之信念，通過禮制，次第將禮融入諸經，以求通貫於「禮」。如其《詩》、《禮》互證、《論語後案》通貫於「禮」、《春秋釋》亦多引《三禮》印證經例、又主張《易》之吉凶與禮之節度相同，《易釋》屢屢以《禮》證《易》，皆見其「以禮證經」之運用表現。

總此，評價黃氏禮學不能僅從「學術」角度來論定，應當兼由「推廣」、「教化」面向以觀其價值。黃氏以孤居海外的舟山群島之環境，而能躬身踐禮、推行禮教，倘將之置於「推廣」、「教化」面來看，兒子黃以周能傳其學而光大之，並實際影響南菁書院諸生，則黃式三之教化、推廣，實功不可沒。

〔註155〕黃式三：〈讀學校考〉，《儆居集・讀通考一》，頁22。

第六章　求是與求實的《論語後案》

　　《論語後案》二十卷，爲黃氏仿效王鳴盛《尙書後案》體裁而作之第一本專書，兼有學術與時儒應試參考價值。清代《論語》詮釋在清廷「以道統爲治統後盾」之政權主導下，重歸程、朱學統，官方及士人應舉，皆以朱子《集注》爲憑式。故《論語後案》書中並列《集注》與《集解》，以利於應試者之研讀。至於「案語」之考論詮釋，則以「徵實」出發，誠如李慈銘《越縵堂讀書記》評曰：「以之教授子弟，既不背於功令，又可以資實學。」〔註1〕此外，《論語後案》繼承清儒「重禮」傳統，而以禮學通貫其中，章炳麟亦稱其「時有善言，異於先師，信美而不離其樞者也」。〔註2〕松川建二編纂《論語思想史》，取其漢、宋兼學特色，視其爲清代《論語》注疏代表之一，〔註3〕其價值與影響皆不容忽視。

　　本章探討黃式三《論語後案》之版本、內容、撰寫動機、成書過程與釋經方法，以及寓於經典詮釋之義理闡發。

第一節　《論語後案》版本考述

　　《論語後案》現存二種版本；一爲黃氏五十六歲時所刊行之聚珍版「甲辰本」，另一則爲晚年修訂，並於黃氏辭世後，由黃以周刻行之「浙本」。二

〔註1〕　李慈銘：《越縵堂讀書記》（北京：中華書局，1963），上冊，頁17。
〔註2〕　章太炎：〈清儒〉，《訄書》（臺北：世界書局，1987），頁27。
〔註3〕　松川建二編，林慶彰等合譯：《論語思想史》（臺北：萬卷樓圖書公司，2006），
　　　　頁513～532。

書內容、思想，略有差異，書名又一度更易爲《論語管窺》，書序亦有二篇。
今二種刻本皆存，容易造成混淆與誤解，故本章首先概述二個版本之成書過
程與內容差異。

一、《論語後案》與《論語管窺》有別

《論語後案》初稿竣編於道光十年（1830），六年後作〈論語後案自敘〉，
直到道光二十四甲辰年（1844）五十六歲時，以聚珍活字出版，亦稱爲「甲
辰本」，即今收入《續修四庫全書》者。（見圖三）

「甲辰本」書前有黃氏自作〈聚珍版論語後案弁言〉，表明此爲「未定之
本」，故以「不求苟異，不辭苟同」態度，而「求正於有道君子」，〔註4〕以便
日後修訂，使無誤於後人。「甲辰本」書後附有書跋二篇，依次爲黃氏自撰之
〈論語後案自敘〉，與黃式穎所作之〈穉生論語後案敘〉。

「浙本」爲黃氏晚年之改訂本，由黃以周刊行。黃氏「甲辰本」復歷經
多人校讀，七十二歲時作全面修訂，並採用嚴可均、柳河東二人「舊解人所
習見，不必錄」之建議，〔註5〕刪去何《解》、朱《注》，書名亦更爲《論語管
窺》，並作〈論語管窺敘〉。七十四歲（1862），命兒子黃以周謄錄全書，正式
定稿。是年黃氏壽終，可惜礙於經費不足，未能隨即出版，置於家塾十餘年。
1883 年黃以周擔任南菁書院院長，方於浙江總督譚鍾麟建議協助下，將《論
語管窺》書名、體例、案語、字體調整後，交由浙江書局於光緒九年（1883）
刊行，即爲「浙本」（見圖四）。

黃以周之改動情形，書名方面回復甲辰本之《論語後案》，體例亦回復
並列《集解》、《集注》，以求「錄《集解》以存古義，錄《集注》以遵功令」。
〔註6〕案語方面，則採用《論語管窺》之定稿「案語」，至於字體，亦將「古
字」改爲「今體」，以便於時人閱讀。換言之，《論語管窺》與「浙本」《論
語後案》之書名、體例各異。

「浙本」書前置「序文」三篇與「書跋」一篇，作者有三人。書序有黃

〔註4〕 黃式三：〈聚珍版論語後案弁言〉《論語後案》，收入《續修四庫全書‧經部》，
第 155 冊，總頁 415。

〔註5〕 黃式三：〈論語後案敘〉，《微居集‧雜著一》，頁 1。

〔註6〕 黃以周：〈論語後案跋〉，見黃式三：《論語後案》，收入嚴靈峯編輯：《無求備
齋論語集成》（臺北：藝文印書館，1966），第 10 函，第 1 冊（據浙江書局九
年刊本影印），頁 8。

氏〈論語管窺敘〉、〈論語後案自敘〉，以及黃式穎〈穭生論語管窺敘〉。書跋則由黃以周所作，目的在辨明「《論語管窺》即是本」，〔註 7〕交代書名雖異，實同爲一書。當然，黃以周之改動，雖是聽從譚鍾麟之建議，但未必授意於父親。筆者以爲，經黃以周回復之體例，讓讀者得以省去翻閱原書時間，直接比對黃氏與《集解》、《集注》觀點異同，相當便利。但以周改易書名，反讓內容頗有差異之二書同名，讀者倘有不察，容易誤引，且未必爲父親原意，作法有待商榷。

圖三：甲辰本（道光二十四年甲辰刊本）**《論語後案》書影**〔註 8〕

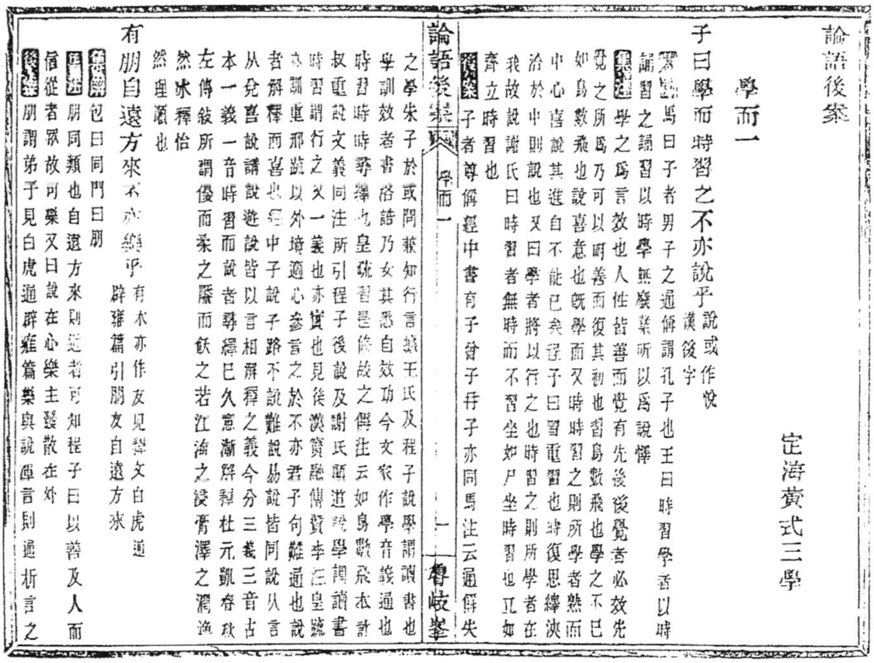
論語後案

定海黃式三學

學而一

子曰學而時習之不亦說乎 說或作悅 漢後字

集解 馬曰子者男子之通偁謂孔子也王曰時習學者以時誦習之誦習以時學無廢業所以爲說懌

集注 學之爲言效也人性皆善而覺有先後後覺者必效先覺之所爲乃可以明善而復其初也習鳥數飛也學之不已如鳥數飛也說喜意也既學而又時時習之則所學者熟而中心喜說其進自不能已矣程子曰習重習也時復思繹浹洽於中則說也又曰學者將以行之也時習之則所學者在我故說謝氏曰時習者無時而不習坐如尸坐時習也立如齊立時習也

後案 子者尊偁經中書有子曾子冉子亦同馬注云通偁失

論語後案 學而一 一

之學朱子於或問兼知行言幾王氏及程子說學謂讀書也學訓效者書洛誥乃女其悉自效功今文家作學斉義通也時習時時尋繹也皇疏習是修故之偁注云如鳥數飛太討叔重說文義同注所引程子後說及謝氏所道學謂讀書時習謂行之又一義也亦實也見後漢賢傳賈李注皇疏亦謂重邪誦以外境適心參言之於不亦君子句難通也說者解釋而喜也經中子說子路不說難說易說皆同說从言从兌喜說講說遊說皆以言相解釋之義今分三義三音古本一義一音時習而說者尋繹已久意漸解釋杜元凱春秋左傳敘所謂優而柔之饜而飫之若江海之浸膏澤之潤渙然冰釋怡然理順也

有朋自遠方來不亦樂乎 有本亦作友見釋文白虎通辟雍篇引朋友自遠方來

集解 包曰同門曰朋

集注 朋同類也自遠方來則近者可知程子曰以善及人而信從者眾故可樂又曰說在心樂主發散在外

後案 朋謂弟子見白虎通辟雍篇樂與說對言則通析言之

〔註 7〕黃以周所作小識，收入《論語後案》，頁 8。筆者按書眉誌曰「跋」，故將之稱爲〈論語後案跋〉。另，張涅教授點校本，則稱爲〈論語後案識〉，見張涅、韓嵐點校：《論語後案》（南京：鳳凰出版社，2008），頁 3。

〔註 8〕黃式三：甲辰本《論語後案》，收入《續修四庫全書・經部》，第 155 冊。

圖四：浙本（光緒九年浙江書局刻本）《論語後案》書影〔註9〕

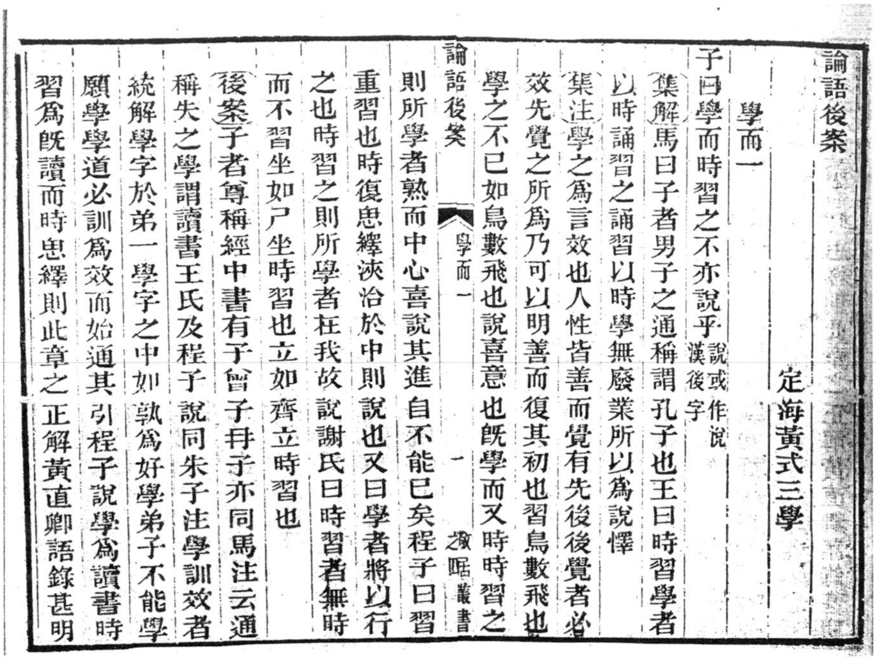
論語後案　定海黃式三學

學而一

子曰學而時習之不亦說乎說或作悅漢後字

集解馬曰子者男子之通稱謂孔子也王曰時習學者以時誦習之誦習以時學無廢業所以爲說懌

集注學之爲言效也人性皆善而覺有先後後覺者必效先覺之所爲乃可以明善而復其初也習鳥數飛也學之不已如鳥數飛也說喜意也既學而又時時習之

論語後案　學而　一　儆居叢書

則所學者熟而中心喜說其進自不能已矣程子曰習重習也時復思繹浹洽於中則說也又曰學者將以行之也時習之則所學者在我故說謝氏曰時習者無時而不習坐如尸坐時習也立如齊立時習也

後案子者尊稱經中書有子曾子冉子亦同馬注云通稱失之學謂讀書王氏及程子說同朱子注學訓效者統解學字於弟一學字之中如孰爲好學弟子不能學願學學道必訓爲效而始通其引程子說學爲讀書時習爲既讀而時思繹則此章之正解黃直卿語錄甚明

二、「甲辰本」與「浙本」內容有異

「甲辰」與「浙本」之出版時間，先後相距近二十年，其內容思想略有不同。二本之差異，黃氏自言：

> 《後案》中之語，刪者十之二，增亦十之二。〔註10〕

可知二個版本之案語內容，差異將近五分之二，比例不小。如〈學而〉「巧言令色鮮矣仁」句，「甲辰」本《論語後案》曰：

> 近或空言本心，指心爲仁，是言心不言心之德也。容貌、辭氣、顏色，君子所貴之道。〔註11〕

「浙本」則言：

> 後儒或空言本心，指心爲仁，是言心不言心之德也。下篇云：「其心三月不違仁，不可解矣！」君子九思，言、色居二。〔註12〕

〔註9〕黃式三：浙本《論語後案》，卷3，頁7。
〔註10〕黃式三：〈答許印林書〉，《儆居集・雜著四》，頁31。
〔註11〕黃式三：〈學而〉，《論語後案》，卷1，頁4。（甲辰本）
〔註12〕黃式三：〈學而〉，《論語後案》，卷1，頁8。（浙本）

兩個版本無論是用語或詮釋，皆有差異。又如〈述而〉「子曰：志於道」，《集解》曰：「志慕也。道不可體故志之而已。」《後案》評議何解、邢疏以虛無為道，「老佛之說」，更舉曹端（1376～1434）「佛氏以空言性，非天命之性，人受之中；老氏以虛無為道，非率性之道，人由之路」之說，反對《集解》之觀點。修訂後之版本，黃氏已將「老佛之說」改為「異端之說」，並將所引曹氏之言，全段刪去。〔註13〕相較之下，原來直斥「近」、「老佛」之失，容易樹敵，而修訂後，統稱「後儒」、「異端」，已無明確對象指稱，顯得較為圓融。

「浙本」之義理闡發，較「甲辰」為多。如〈學而〉「人不知而不慍，不亦君子乎」句，「甲辰本」說：

> 「慍」本訓「怒」，《注》云「含怒意」者，少有忿意，即謂之慍，以見不慍之難。金吉甫以慍、怒為二，非也。《釋文》引鄭君康成注：「慍，怒也。」《集注》、尹說、皇、邢之正解。皇、邢又以教學言教之不知，不以慍而棄之，是誨人不倦也。焦里堂主此。〔註14〕

「浙本」則修改為：

> 《集注》尹說同皇、邢之正解。人不知之囂囂自得，仍學而不厭之道也。皇、邢又言教之不知，不以慍而棄之，善與人同，不忍自私，是誨人不倦之道也。羅近溪、焦里堂取之。阮雲臺曰：「『人不知』者，世之天子、諸侯皆不知孔子也。『不慍』者，不患無位也。學在孔子，位在天命，天命既無位，則世人必不知矣，何慍之有？此章三節皆孔子一生事實。篇終曰「不知命，無以為君子」，與此始終相應也。」此又一解。〔註15〕

比對二個版本之差異，「甲辰本」偏於字義訓解，除駁斥金吉甫之說，又針對眾說，指出《釋文》本於鄭玄，而焦循卻本於皇侃與邢昺。相較於「甲辰本」多偏重於字義訓詁考證，「浙本」則詮釋乾嘉義理學以自然氣化論命之觀點甚多，除了存「甲辰」所論，又增錄阮元與羅近溪之說，整體義理詮釋，明顯有更大發揮。顯示黃氏晚年對於乾嘉義理學有更明確之闡發。

　　總體而言，「浙本」為其晚年思想之最後定論，故用語圓融，所收材料更多元豐富，義理思辨亦呈顯出「乾嘉新義理學」之整體思想脈絡。是以，本

〔註13〕黃式三：〈述而〉，《論語後案》，卷7，頁7。（浙本）

〔註14〕黃式三：〈學而〉，《論語後案》，卷1，頁2。（甲辰本）

〔註15〕黃式三：〈學而〉，《論語後案》，卷1，頁3。（浙本）

文即以「浙本」為主要參考文本，並以「甲辰」為比對觀察依據，以呈現黃氏《論語》詮釋之整體大義。

第二節　《論語後案》強調徵實之撰述動機

　　《論語後案》以「求是」原則，主張漢、宋兼采，並以「求實」態度，反對玄虛。清代「論語學」以是否「尊朱」，呈現清初、乾嘉、晚清三階段之不同樣貌。清初之「論語學」，除了毛奇齡、王之之、顏元、李塨等人對朱注提出詰問外，〔註16〕大致遵奉朱《注》。乾嘉時期，在「尊漢」潮流下，朱《注》受到不少批評。道咸以降，儒者關懷重心在於「經世實用」，釋經不再拘於漢、宋門戶，漸漸趨於兼容。《論語後案》即具有「漢宋兼采」特色。黃氏認為鄭玄「就魯論篇章，考之齊、古，以為之注，當時尤貴之」，〔註17〕一面看重鄭玄輯存漢注精華之價值，一面又稱賞朱《注》乃「六百餘年之儒說，群奉正宗。後之人補輯鄭君之逸，考校何氏之異同，紛紛藉藉，各明娸家，卒未聞有繼漢軼魏實能駕朱子上者」，〔註18〕肯定朱熹思想，乃為儒家正宗，最得聖人本旨，故《論語後案》即主張漢、宋兼采。

　　黃氏撰作動機，約略有二：

　　第一，打破門戶藩籬，擇是而存

　　《論語後案》撰作之主要動機，在於打破門戶之見。就清代《論語》詮釋史來看，「輯存眾說」幾乎成為趨勢。但「輯存」材料之擇取，卻不免有門戶藩籬。甘鵬雲（1862～1941）曾論清代之「論語學」，指出乾嘉以後，劉台拱（1751～1805）《胖枝》、方觀旭《偶記》、錢坫《後錄》、包慎言《溫故錄》始一宗漢詁以說《論語》。」〔註19〕之後陸續有宋翔鳳、鄭珍等人之輯古注；焦循《補疏》、劉寶楠《正義》以何氏《集解》為主，集眾說之大成；而劉逢錄、宋翔鳳、戴望等人以《公羊》家之說解經，自成一派，桑調元《論語說》、崔紀《溫知錄》，則以闡發《集注》為主。〔註20〕這些注疏，

〔註16〕詳參柳宏：《清代「論語」詮釋史論》（北京：社會科學文獻出版社，2008），頁70～100。
〔註17〕黃式三：〈論語後案原敘〉，《儆居集・雜著一》，頁6。
〔註18〕同上註，頁6。
〔註19〕甘鵬雲：《經學源流考》（臺北：廣文書局，1977），卷7，頁240。
〔註20〕同上註，頁240。

顯然具有鮮明門戶立場。

黃氏不滿當時之分門別戶現象，反認爲《論語》注疏歷經漢、宋先賢，以及後儒補述，大致詳備，各具價值。於是不滿當時有不少儒者拘於漢、宋門戶，導致經義乖違。故表明《論語後案》之撰作立場曰：

> 近日之學，宗漢、宗宋判分兩戒，是書所采獲上自漢、魏，下逮元、
> 明以及時賢，意非主爲調人，說必備乎眾，是區區之忱端在於此，
> 而分門別戶之見不敢存也。〔註21〕

不滿時儒之墨守門戶，故本於「六經異師，是非不可偏據」原則，與其「過而黜之，不如過而存之」，遂以明經義爲要務，搜討各書、廣收眾說，〔註22〕讓讀者自己判斷取捨，達到持平公允之詮釋態度。

誠如黃式穎嘗指出「博采眾說」、「彙而存之」爲《論語後案》最大特色，〔註23〕檢閱全書所引證者，涵蓋不同時代之諸家觀點，甚至包含經、史、子、集各部。故甘鵬雲評價曰：

> 至黃式三《後案》出，則又兼采漢、宋，而持其平。〔註24〕

甘氏以爲《論語後案》最具有不拘漢、宋門戶之公允特色。

第二，強調徵實，不滿玄虛

黃氏所不滿之玄虛有三：一爲魏晉「義疏」，二爲佛學之常惺惺，三爲王學之明心見性。魏晉「義疏」重視形上面之思考，不拘於文字訓詁，是以歷來常被冠以「玄虛」之名，屢遭貶抑。如《晉書》中，范寧即批評說：「蔑棄典文，不遵禮度，遊辭浮說，波蕩後生，飾華言以翳實，騁繁文以惑世。」因此「二人之罪，深於桀紂」。〔註25〕對何晏、王弼之義疏模式，亦加以「始有玄虛之言」之負面評價。黃氏治學強調「徵實」，故不滿何晏、王弼既失之訓詁，又雜有佛家玄虛思想，故斥以：

> 魏末何平叔與夏侯太初、荀奉倩、王輔嗣之徒，競爲清談，祖尚
> 虛無，是以六經爲糟粕者也，而作《集解》以行於世。晉、宋、
> 齊、梁媚佛成俗，聖教不明，儒者借《列》、《莊》之語以譯釋典，
> 復援聖經賢傳以文飾之，其始以儒亂釋，其終遂以釋亂儒，皇氏

〔註21〕黃式三：〈論語後案敘〉，《儆居集・雜著一》，頁5。
〔註22〕同上註。
〔註23〕黃式穎：〈穉生論語後案敘〉，見黃式三：《論語後案》，卷首，頁3。
〔註24〕甘鵬雲：《經學源流考》，卷7，頁240。
〔註25〕唐太宗御撰：〈范寧傳〉，《晉書》（北京：中華書局，2000），卷75，頁1025。

《義疏》黜鄭君之注而宗何，有由來矣。邢氏疏衹刪皇氏之疏而
就簡耳！〔註26〕

他不滿魏晉儒者之《論語》注疏，指責其不尊漢儒之訓詁解經，而循莊、老之「義疏」模式，不僅偏離經書原意，更無法傳達聖人意旨。黃氏更指責魏晉「援道入儒」、「援佛入儒」之雜揉佛、道思想，以爲其非儒家正宗。黃氏也對皇侃不取鄭注而採《集解》，甚爲不滿，以爲其乃毫無判斷而盲從時風，疏漏可知。至於刑昺，黃氏以爲他只是刪改皇侃《義疏》的因陋就簡之作，皆非聖人大義。故試圖通過《論語後案》，逐一指出其玄虛、不合於聖人意旨之處。

此外，黃氏以經學爲格物之實學，不滿王學之「心即理」、「明心見性」，陽明後學又專主靜坐，持論《六經》注我，大力指責其蹈空玄虛。如黃氏詮釋「七十而從心所欲，不踰矩」，即曰「至聖七十而後能之，中人非可遽期。……爲後儒明心見性者所藉口」，〔註27〕強調唯有寄託於經典之義理，才能導人於正道，使人不踰矩，於是通過《論語》詮釋，一一揭其玄虛之處。

第三節　「以考據治經」的乾嘉學風發揚

清儒治經最具「徵實」精神，以爲「凡立一義，必憑證據，無證據而以臆度者，在所必擯」。〔註28〕尤其乾嘉學者治經，據鄭吉雄之研究指出其不外二途：1、「向內返求經典」，而以本經、他經貫串《六經》的「歸納」原則。2、「向外」證諸於「史」、闡發思想而推衍的「演繹」方法。〔註29〕黃氏治學，最重「求是」，嘗於全面修定《論語後案》，並作〈知非子〉，歎「蘧大夫行年五十，知四十九之非，行年六十，知五十九之非。」〔註30〕其以「今日」之是，改「昨日」之非警惕自我，隨時以「求是」態度檢閱己說，故以實證原則其求其「是」，並通過「博證」，註解《論語》。

《論語後案》之治經方法，大致如下：

〔註26〕黃式三：〈論語後案原敘〉，《儆居集・雜著一》，頁6。
〔註27〕黃式三：〈爲政〉，《論語後案》，卷2，頁19。
〔註28〕梁啓超：《清代學術概論》（臺北：臺灣商務印書館，1993），頁77。
〔註29〕鄭吉雄：〈乾嘉學者治經方法與體系舉例試釋〉，收入蔣秋華主編：《乾嘉學者的治經方法》（臺北：中研院文哲所籌備處，2000），頁109～110。
〔註30〕黃式三：〈知非子傳〉，《儆居集・雜著四》，頁20。

一、以經證經

　　黃氏以爲經書皆原出於孔聖，各經義旨，自當通貫一體，故「以經證經」
乃爲其治《論語》之主要途徑。《論語後案》之「以經證經」，又徵引《三禮》
最多，如黃氏解釋〈八佾〉「管氏亦有反坫，管氏而知禮，孰不知禮」，指出
管仲之所以被指責爲「不知禮」，在於管仲「樹塞門、三歸反坫」皆僭越禮制。
黃氏即曰：「天子外屏，諸侯內屏，大夫以簾，士以帷。」強調君臣相見，至
屏而加肅敬，但管仲卻以牆爲屏，僭越諸侯只能「內屏」之禮制。又引〈郊
特牲〉、〈士冠禮〉、〈士喪禮〉強調：「鄉飲酒是卿大夫之禮，尊於房戶間；燕
禮是燕己之臣子，尊於東楹之西；若兩君相敵，則尊於兩楹間，故其坫在兩
楹間。」〔註31〕指出管仲以人臣身份，反坫於兩楹之間，明顯踰越禮節。

　　又如《論語後案》解釋「巧言令色，鮮矣仁」，即引《禮記‧燕居》曰：
「給奪慈仁。」復引用《周禮》，強調「面譽者不忠，飾貌者不情」、「其就人
甚速，其叛人甚易」，〔註32〕認爲覬人寵說者，常常飾親愛之似，實際上並無
親愛之實。又如〈憲問〉子曰：「爲命，裨諶草創之，世叔討論之，行人子羽
修飾之，東里子產潤色之。」《後案》即引《儀禮》曰：

> 命者，聘會之書，圖於使者未行之前也。以〈聘禮〉言之，臨行
> 之日，君揖使者進之，上介立於左接聞命。迨宰執圭以授，使者
> 授圭，主垂繅以受命。其行聘之日，几筵既設，擯者出，請命賓
> 入，升西楹，西東面致命，此所謂命，即彼〈聘禮〉之所謂命也。

〔註33〕

黃氏將「命」解釋爲「聘命」使者之禮，而「圖」即謀劃聘命之事。按「聘
禮」過程，頗爲繁瑣，故黃氏用了千餘字，解釋整個儀式，包括臨行前，國
君使卿召使者進入，隨行人員跟隨進門，面北而立，並以東方爲上位。接著
國君揖使者靠近自己，再由國君左側持玉圭，授命給使者。行聘之日，國君
上堂，在東牆前端親自接受，國君面向東南，使者上堂，聽從國君之命等等
行禮儀式。《論語後案》引《三禮》證經者，尚在比比，此不復贅。

　　《論語後案》又廣引他經爲證。如引《易經》之例，黃氏於〈述而〉「用
之則行，舍之則藏，惟我與爾有是夫。」曰：

〔註31〕黃式三：〈八佾〉，《論語後案》，卷3，頁53～55。
〔註32〕黃式三：〈學而〉，《論語後案》，卷1，頁7。
〔註33〕黃式三：〈憲問〉，《論語後案》，卷14，頁12。

《易》言：知進退存亡者惟聖人，自非樂天知命者未能及此。〔註34〕
由於〈乾〉卦解釋九五爻辭說：「知進而不知退，知存而不知亡，知得而不知喪。其唯聖人乎？知進退存亡而不失其正者，其唯聖人乎！」〔註35〕意謂只有聖人，能知事物進取、退守、存在、衰亡之理，又不失正道。黃氏引此，認爲唯有如顏淵一般樂天知命之人，才能正確決斷進取、退守、存在、衰亡之理以行舍。又如釋「非也，予一以貫之」曰：

> 貫之，貫所學之多也。一者，總詞，謂總以貫所學之多也。聖人雖生知，於制度之殊、事變之極，待學以驗其實，豈必不博而推十合一？《易・咸》之四爻，所感未大，必分「往來」之界，故夫子言同歸一致之道。〔註36〕

黃氏以爲按〈咸〉爻之義，則失正而有悔，但陽與初六爲正應，能守持貞正而使悔亡，與初六爲正應。但是中有九三阻隔，故憂慮重重、心神不定地徘徊，又因其能貞正專一，故能遂其所思。是以，倘若學而不能通貫，則必定會如〈咸〉爻所說，徘徊不定，無法全體洞然。

《論語後案》又有引《春秋》以證者。如解釋「君子哉蘧伯玉」而云：

> 蘧伯玉值獻、殤、襄、靈四君之世，吳公子札适衛，稱衛多君子，事見《左傳》，在襄公初立之時。……《春秋傳》載近關再出事，前儒有疑，式三舊作論以破之矣。……《左氏》，信史也。伯玉，賢大夫也。……顧震滄《大事表》以三大義責伯玉，……此皆因伯玉之賢見稱於聖人，不敢不以《左氏》爲疑。然則伯玉之賢，使不有聖人之定論，而後儒如顧氏者，將據《左氏》之文而貶伯玉於人表之下矣。論古之士，其慎之哉！〔註37〕

黃氏除了主張《左傳》爲傳經之書，又引以考論蘧伯玉之生平與人格，並兼以反駁顧震滄誤解《左傳》之失。又如黃氏解釋「聘命」，即據《左傳》「展喜受命於展禽以犒師」之文，以及《春秋》中，執書之六個例子，〔註38〕顯示子產出使，乃任重道遠。又如黃氏解釋「故君子名之必可言也，言之必可行也」，亦徵引《春秋》衛世子蒯聵出奔宋，不諫母，忘父讎，輒以讓國之歷

〔註34〕黃式三：〈述而〉，《論語後案》，卷7，頁14。
〔註35〕阮元校勘：《十三經注疏・周易注疏》，頁17。
〔註36〕黃式三：〈衛靈公〉，《論語後案》，卷15，頁8。。
〔註37〕黃式三：〈衛靈公〉，《論語後案》，卷15，頁17。
〔註38〕黃式三：〈憲問〉，《論語後案》，卷14，頁12〜14。

史事件，〔註39〕論證經文中既有父子之名，則不可以子拒父，蒯聵父而名以仇，名不正則不可言。

黃氏有時同時徵引諸經以證。如註解「五十而知天命」即曰：

> 《詩》所謂「維天之命，於穆不已」，盈天地間無時無處而不然者
> 也。……《中庸》所謂「知天地之化育」，《易》所謂「知鬼神之情
> 狀」者也。……此則夫子自知之，不能與人言也。〔註40〕

黃氏解釋天命乃天地之氣的流行推動現象，是以往來屈伸，皆為陰陽之氣的不同作用而已。黃氏並同時引用《詩經》、《中庸》、《易經》等關於天地陰陽氣化之文，證成己說。綜觀《後案》全書，採用「以經證經」之詮釋方式最多。

二、以史證經

黃氏亦深究於史，故也以經史互證，詮釋《論語》。他認為經、史中之事件或制度，援以回證「通貫」於《論語》，最能達到徵實目標，是以《論語後案》中「以史證經」之例頗多。

黃氏考證孔門人物之生平事蹟，最常徵引〈仲尼弟子列傳〉。如考證「公冶長」生平引《史記》之「齊人，字子長」、〔註41〕「宰予」引「予，當作我」、「司馬牛」「司馬耕，字子牛。牛多言而躁」等等皆屬之。黃氏又有引《史記》，考論君臣之義；如解釋「陳恒弒其君，請討之」，《論語後案》釋曰：

> 《史記·六國表》曰：「田常殺簡公而相齊國，諸侯晏然弗討。三國
> 終之率分晉，田和亦滅齊而有之，六國之盛自此始。」然則請討之
> 計行大義著於天下，所以弭篡奪而正綱紀者，不由此哉？此事不行
> 而戰國勢成四，篡逆之國橫於天下。〔註42〕

黃氏以《史記》所載三家分晉史蹟為例，認為孔子乃引史為鑑，以為倘不討伐弒君之臣，恐會發生篡君後果。故雖已致仕歸於魯，卻仍基於「弭篡奪而正綱紀」大義，沐浴齋戒，以告魯君，請哀公聲討陳恆。

黃氏又有引《漢書》者。如「足食，足兵，民信之矣」之句，黃氏則曰：

> 《漢書·晁錯傳》兵法曰：丈五之溝，漸車之水，山林積石，經川丘

〔註39〕黃式三：〈子路〉，《論語後案》，卷13，頁9～11。
〔註40〕黃式三：〈為政〉，《論語後案》，卷2，頁10。
〔註41〕黃式三：〈公冶長〉，《論語後案》，卷5，頁1。
〔註42〕黃式三：〈憲問〉，《論語後案》，卷14，頁21。

> 阜，草木所在，此步兵之地，車騎二不當一。……據此言步兵地、
> 車騎地、弓弩地、長戟地、矛鋋地、劍楯地，凡地形六，兵備亦六。
> 〔註43〕

黃氏據《漢書》所載，論證治兵指執兵之人，亦即指「兵器」。

《論語後案》又有引《後漢書》爲證者。如解釋「孝弟也者，其爲仁之本與」云：

> 古今未有不孝、不弟之人而不以涼薄待人者，惟君子敏捷於本，仁
> 由此廣。《後漢書・延篤傳》「孝在事親，仁施品物。孝以心體，本
> 根爲先」，《經》意如此而已。〔註44〕

黃氏按〈延篤列傳〉記載延篤因事親至孝，推舉孝廉，爲政寬仁，卻因不願求利害仁而殺人，時人疑其仁孝二致。黃氏卻認爲，孝在於成己之德，仁則功濟於時，故必先有事親至孝之心，才能推擴於仁德之道，可見孝弟之心爲仁之本。

黃氏又有引《三國志》者。如「我未見好仁者，惡不仁者」句，即云：

> 好仁者，惡不仁者，上「者」字《漢石經》本無見。洪氏《隸釋》
> 「矣」作「也」，見《三國志・顧雍傳》注。〔註45〕

此乃黃氏引《三國志》考證經文之異說。此外，亦有一句徵引多部史著者，如「無適也，無莫也」句，則同時引用《後漢書・劉梁傳》、《三國志・陳群傳》、《蜀・蔣琬傳》、《吳・顧雍傳》所載，論證其義皆指「待人」言。〔註46〕凡此，《論語後案》中之「以史證經」之處甚多。

三、廣收眾說，不判軒輊

《論語後案》以博證原則，廣收眾說，但爲免於落入個人主觀評斷，故不作軒輊之分，而是「彙眾說而存之」，展現公正客觀之立場。其中有其義可通者，皆並存之，如「深則厲，淺則揭」之句，黃氏即並列眾說曰：

> 鄭君注《論語》，服氏注《左傳》皆云……。皇《疏》申包《注》如
> 此。《說文》引《詩》作……，許氏意蓋謂……，戴東原《詩考正》

〔註43〕 黃式三：〈顏淵〉，《論語後案》，卷12，頁15。
〔註44〕 黃式三：〈學而〉，《論語後案》，卷1，頁16。
〔註45〕 黃式三：〈里仁〉，《論語後案》，卷4，頁11。
〔註46〕 黃式三：〈里仁〉，《論語後案》，卷4，頁21。

以屬爲石梁，……喻禮義之大防不可踰。王氏《述聞》駁戴說。式
三謂：水之深不一，則《爾雅》、《說文》、《韓傳》及戴氏所引諸解
皆可通，學者不必偏守一說。〔註47〕

他羅列鄭玄、皇侃、許慎、戴震、王引之諸說，以爲其義皆可通，故並而存
之，以強調治經不可拘守一說之原則。

又如一句數義者，黃氏亦並列之。如「子釣而不綱，弋不射宿」，《論語
後案》則分別羅列「綱」字二說與「弋」字三說。黃氏曰：「綱」有二說，綱
者，作大綱，橫遮於廣水而羅列多鉤者取魚也。二以細網爲羅，以繩爲大綱，
以羅屬著綱橫絕流而取魚。……「弋」之三說，一云：「古人以細繩繫丸而彈，
謂爲繳射也。」一云：「取一杖，長一二尺許，以長繩繫此杖，而橫颺以取鳥，
謂之繳射也。」一云：「鄭君注《周禮》司弓云『結繳於矢謂之矰。』」〔註48〕
可知黃氏並未作優劣軒輊之分，而是羅陳不同詮釋之三說。又如解釋「吾日
三省吾身」，則並存二義。釋曰：

以文日旦就業，夕而自省，……此日省之意也。……「日三省」謂
日屢省之，亦一義也。〔註49〕

黃氏亦如實地並陳二說。

同樣並列諸說之例，又如解釋「溫故而知新」句，黃氏先釋義曰：「溫，
燖溫也。故，古也，已然之跡也。新，今也，當時之事也，此明師之不易爲
也。」繼而列漢代四說，包括第一，《論衡·謝短篇》「知古不知今，謂之陸
沈；知今不知古，謂之盲瞽。溫故知新，可以爲師；古今不知，稱師如何」，
第二，〈別通篇〉「守信一學，不能廣觀，無溫故知新之明」，第三，《漢書·
成帝紀》「陽朔元年詔云，儒林之官宜皆明於古今，溫故知新」，第四，「《百
官表》云，以通古今，備溫故知新之義」，並表明「以上四文以通知古今爲說，
漢師相傳如此」。〔註50〕又如解釋「過，則勿憚改」也同樣並列四說，亦即第
一，鄭君《注》憚訓難，明知宜改而心有所難，或自慮表暴，或苟爲因循，
雖夜覺曉非，今悔昨失，而終不改也。第二，朱子曰：爲學之道，惟事事審
求其是，決去其非，積習久之，心與理一，自然所發皆無私曲。第三，薛敬

〔註47〕黃式三：〈憲問〉，《論語後案》，卷14，頁39。
〔註48〕黃式三：〈述而〉，《論語後案》，卷7，頁32～33。
〔註49〕黃式三：〈學而〉，《論語後案》，卷1，頁8～9。
〔註50〕黃式三：〈爲政〉，《論語後案》，卷2，頁21～22。

軒曰：自念己德所以不大進者，正以舊習纏繞故，爲善而善未純，去惡而惡未盡。第四，李中孚《二曲集》曰：天地之性人爲貴，而爲氣質所蔽，情欲所牽，習俗所囿，時勢所移，知誘物化，旋失厥初。誠能加刮磨洗剔之功，則垢盡穢去而德日醇矣。悔過於明則明無人非，悔過於幽則幽無鬼責，從此日新月盛，必浩然於天壤之內。〔註51〕黃氏將歷來之不同觀點，一一並陳，而不作軒輊之判。

又如訓詁字義，亦有同存諸說者。如訓「有恥且格」，曰「格、革，音義同。何氏訓正，變革不正以歸於正也，義亦通」、「格，鄭云來也，人皆有恥慚之心，且皆來服。此又一義」、「〈費鳳碑〉格作佫，《玉篇》佫，至也，至與來義相通」、「〈祝睦碑〉格作挌。挌，敬也，別一義」，黃氏同時並存四說。

經學流傳數千年，後儒之註解，若能廣引眾說，並斟酌比對，的確能避免泥於一家之失。綜觀《論語後案》同時徵存不同時代、不同學門、不同門派之說法，其資料兼及經、史、子、集各類，引證相當廣博。

四、不拘門戶，兼采漢、宋

黃氏不滿學術之門戶偏見，故《論語後案》亦打破學術成見，而漢、宋兼采。黃氏於「甲辰本」與「浙本」之書序，皆不斷重申漢、宋兼采態度。「甲辰本」序文曰：

> 近日之學，宗漢、宗宋，判分兩戒，是書所采獲，上自漢、魏，下逮元、明以及時賢，意非主爲調人，說必備乎眾是，區區之忱，端在於此，而分門別戶之見不敢存也。〔註52〕

黃氏表明漢、宋兼采之目的，並非刻意扮演調停或仲裁者，而是希望拋開派別陳見，專力於探究經義。於是站在屏除門戶之公正立場，以持平態度，客觀呈現歷來經說。黃氏更進一步指出，其擇取眾說之原則有五：

第一、雖不滿《集解》之義疏內容，但就學術之「求是」目的，「雖漢、魏諸說之醇，有存於何氏之《解》、皇邢之《疏》及陸氏《釋文》諸書，而不可盡廢者」，亦予以採錄。

第二、諸經當中之注疏，與子史中所雜引之經文，及其他說解而有可拾其遺、補其闕者，亦不偏廢。

〔註51〕黃式三：〈學而〉，《論語後案》，卷1，頁14。
〔註52〕黃式三：〈論語後案原敘〉，《儆居集・雜著一》，頁6。

第三、倘元明數百年以來之遵朱子者，其「有能發明之，而糾正之者」，
　　　亦採擇之。

第四、清儒注解中，「有考異文者、精訓詁者、辨聲類者、稽制度名物者、
　　　撰聖賢事蹟者；有考論身心，辨析王霸，學務見其大者；有不惑
　　　於異端，復明析於儒之近異端，學務得其正者」，亦皆列入。

第五、其他諸說，「苟有裨於經義，雖異於漢鄭君、宋朱子，猶宜擇其是
　　　而存之」。

　　綜括上述五項原則，可以歸結出其擇取經說之用意，乃在於「求是」原則
下，打破門戶之見，達到學無藩籬目的。黃氏晚年改定之「浙本」，序文即強調：

　　　自元、明以來數百年，聚天下之才人學士，使之畢力於論語，故說
　　　之者多，不佞素無門戶之見，急分漢學、宋學，故采之也備。〔註53〕

認為歷來注疏，皆具有不同學術背景與對治之時代課題，絕對不可以今非古，
或因派別不同，即盲從地任意攻訐，而是要站在兼容角度看待眾說。故對於
當時學術界治經之漢、宋門戶，甚為鄙棄。

　　茲舉《論語後案》之漢、宋兼采數例，說明如下：

（一）徵存漢說

　　漢代《論語》詮釋，以鄭玄之總結眾說，最具代表、影響最大。鄭玄以
《張侯論》為本，參考《齊論》、《古論》而注解之，可謂集結漢人注說代表。
唐代獨宗「鄭學」，流傳更廣，可惜五代以後，鄭《注》漸亡。〔註54〕於是何
晏《論語集解》由於輯存部份鄭注，更彙集漢代包咸、周氏、孔安國、馬融
等說，並以漢人注說佔大多數，〔註55〕成為「尊漢」者之重要參考文本。

　　黃氏《論語後案》徵引漢注甚多，又以鄭玄為大宗。如〈為政〉「非其鬼
而祭之，諂也」句，據程樹德《論語集釋》所列，至少包含了《集解》、《集
注》、淩曙《四書典故覈》、戚學標《四書偶談》、毛奇齡《論語稽求篇》、雷

〔註53〕黃式三：〈論語管窺敘〉，《儆居集・雜著一》，頁1。

〔註54〕關於鄭玄之《論語》注疏內容、流傳情形，詳參朱華忠：《清代論語學》（成
　　　都：巴蜀書社，2007），頁13～16。

〔註55〕據日本學者室谷邦行統計指出，《集解》以收漢注為主，所錄諸家注解，以孔
　　　安國佔篇幅最多（約四成），其次是包咸，再次為何晏、馬融、鄭玄、王肅之
　　　說，但分量極少，最後是周生烈、陳群等。詳參氏著，陳靜慧譯：〈何晏《集
　　　解》魏晉的時代精神〉，收入松川健二編，林慶彰等合譯：《論語思想史》，頁
　　　75～76。

學淇《經說》諸人觀點，〔註56〕但黃氏卻獨尊鄭注曰：

〈祭法〉「人死曰鬼」，五代不變，鄭君言祖考義甚明。聖王制禮別

宜居鬼，不遵先王之禮，非諂而何？諸說紛紛，不足據。〔註57〕

黃氏以〈祭法〉為證，指出其他諸說，皆無所憑證，唯有鄭注可信。又如注解「君子無所爭，必也射乎」句，亦申論鄭說，以為不為諸侯者，乃所貢之士，不能報諸侯選舉之恩，不能助諸侯益地之慶，故「為，有報義」，可見「鄭君皆訓『助』，是也」，如此一來，「得為諸侯、不得為諸侯之義如此，復何疑」。〔註58〕肯定鄭說最能通貫經義。

又如〈雍也〉「中庸之為德也，其至矣乎，民鮮能久矣」之「庸」字，《後案》曰：

鄭君於「君子中庸」注云「常」也。何《解》亦同，「庸」為「經常」

之義，程子「不易」之訓本此，足見後人註解，皆推本鄭玄。〔註59〕

黃氏根據鄭玄觀點，將「庸」釋為「常」，意謂平常之人而能不偏不倚者，由於能以恆常之德執事，故能至廣至大，至平至易。黃氏更指出後儒註解，無論是何晏解為「經常」，或程子釋為「不易」，皆不出鄭義。

黃氏討論《論語》中之禮制，徵引漢說最多。如釋「喪，與其易也，寧戚」，即引包咸之說曰：

易，《釋文》引鄭君《注》云「簡也」，陳仲魚謂斥時人治喪以薄為

道也。朱子訓「易」為「節文習熟」，必增說無實義，皆未必是也。

式三謂：「」易，坦易也，包說為是。〔註60〕

贊同「坦易」之解釋，亦即以坦率平易態度治喪。黃氏從內心與儀式二方面分論之，認為鄭玄釋為「簡」，則會落入道家之齊死生而簡率治喪，使儀節盡失；而朱子強調「節文習熟」，恐怕會只在乎儀節形式，而無法流露哀傷之真情。換言之，黃氏認為喪禮之所以尚「儉」，在於使其不敢有越分之心，取「戚」則有不忍背死之心，關鍵在於內心的態度，而非儀節制度之繁複。故以為鄭、朱皆不確，因為這樣，不合於清代社會實際之喪禮治辦時俗。黃氏舉當時民間實例，指出百姓「喪中祭奠如吉禮，又用僧道贏鈸以喧雜之，皆由於坦易」，

〔註56〕程樹德：《論語集釋》（北京：中華書局，1990），第 1 冊，卷 4，頁 132～134。
〔註57〕黃式三：〈為政〉，《論語後案》，卷 2，頁 35。
〔註58〕黃式三：〈八佾〉，《論語後案》，卷 3，頁 12。
〔註59〕黃式三：〈雍也〉，《論語後案》，卷 6，頁 42～43。
〔註60〕黃式三：〈八佾〉，《論語後案》，卷 3，頁 9。

既有禮敬儀式，又能表現不忍死的哀傷之情。

此外，黃氏重視讀經，不滿王學「《六經》注我」之說，故引漢說反駁陽明。其詮釋〈述而〉「多見而識之；知之次也」，即不滿陽明二分「德行之知」與「聞見之知」二分，而曰：

> 王伯安曰：「德性之良知非由於聞見，專求於聞見之末，故曰知之次。」是豈得聖人勸學之恉矣！聖人教人為知之次，王氏專教人為知之上。為知之上而不得，則無知妄作之人從此多矣，可乎哉？〔註61〕

指出道德乃經由「知」、「習」所積累，反對陽明將「知」視為「次要」，而另立「德行之知」於見聞之上，並將之視為成德之首要。在黃氏看來，此乃大悖於孔子重「學」之工夫強調，於是贊成包咸「時人多有穿鑿妄作篇籍者，故云然也」之注解。強調當時篇籍淆亂，眾說紛紜，故孔子需要「述而不作」，通過「從之」、「識之」、「擇之」、「辨之」等學習歷程以折中之，可見所重在於「學」，亦即唯有學才能知。黃氏不滿陽明之「以知為次」，不僅不能擇多、識多，反而流入「臆創」，而害於理。

（二）多采朱《注》

清代「論語學」在官方的尊朱立場下，朱《注》不僅為科考定本，清儒之申朱者，為數不少。如李光地、陸隴其等人，皆尊奉程、朱，被視為宋學派之代表。是以，《論語後案》除了大量引用朱《注》以外，對於清儒宋學派之觀點，亦徵引不少，如李、陸二人注解，黃氏亦間以錄採。

黃氏推崇朱《注》為漢以下儒學之正傳，故《論語後案》徵引甚多，僅舉數例，窺其大概。如解釋「異端」一語，《集解》以為「異端，不同歸者也」，朱子則言「異端，非聖人之道，而別為一端，如楊、墨是也」。黃氏認同朱子，故云：

> 式三謂：自古聖賢修齊治平、外內合一者曰仁與義，凡邪說誣民充塞仁義者曰異端。……宋當程、朱之時，儒、釋不分，程、朱二子所以於此《注》婞鬭釋也。觀朱子晚年論仁、論義，欲學者分明限界，不宜儱侗言理。〔註62〕

他贊同朱熹以與「時」而變，詮釋「異端」之對象，指出朱子眼見時儒雜揉儒釋而不分，於是辨明天理、天道以反駁佛家，強調以仁義作為宗旨，以為有害

〔註61〕黃式三：〈述而〉，《論語後案》，卷7，頁18。
〔註62〕黃式三：〈為政〉，《論語後案》，卷2，頁17。

仁義者，即為異端。朱子又因楊、墨不以仁義為務而另創「為己」之說，於是將其視為「異端」。可見朱子根據不同時代背景，解釋異端的觀點，最為妥切。

　　黃氏之徵引朱《注》者，又如〈述而〉：「亡而為有，虛而為盈，約而為泰，難乎有恒矣！」《集解》曰：「難可名之為有常也。」朱子則言：「三者皆虛夸之事，凡若此者，必不能守其常也。」依照朱子之意，認為沒有卻裝作有，空虛卻裝作充實，窮困卻裝作奢華者，皆為虛夸不實之舉。黃氏亦尊朱子之說，而云：

> 意在襲善，已無持久續學之意也。久則自知名實俱喪，而心術猶如不可問矣！後世為明心見性之學者，求速化、頓悟，不知恆以一德之意。朱子所切戒，故注云然。〔註63〕

在他看來，朱子要人持之以恆不斷續學，目的乃在於使人向善，亦即通過學問之積累，達到潛移默化之功。否則如部份心學家，一昧追求速化、頓悟，結果內心修養無法與日俱增，導致沒有卻裝作有，空虛卻裝作充實，窮困卻裝作奢華等等虛夸現象，相當不可取。

　　黃氏亦屢屢針對後儒駁斥朱熹之處，提出辯解。如解釋「溫、良、恭、儉、讓」，朱子以為「五者，夫子之盛德光輝接於人者也」，強調溫、良、恭、儉、讓要德容。黃氏認同朱《注》，並為金吉甫、許益之等人以「子貢說容不說德」而駁斥朱說，提出解釋。黃氏指出，五德之儉與奢反，宗廟之美，百官之富，發越於外者，易失不儉。正如顏回有若無，實若虛，是為五德之儉，顯然亦兼稱其容。因此《注》言過化存神之妙非子貢所知」，故不可說朱《注》淺言五德是掊擊先賢。筆者統計黃氏採用朱熹之處，比鄭玄還多，故嚴可均校讀《論語後案》，以為黃氏「說經多回護朱子」，〔註64〕實為持平之論。

　　《論語後案》對於清代宋學派陸隴其、李光地之觀點，也採用不少。如其〈自序〉明言「關雎」采李安溪說、「女為君子儒」引李安溪、「盡力溝洫」引李安溪、「空空如也」引李安溪、「知及之」引李安溪、「性相近也，習相遠」兼采李安溪，可見徵引李光地之說不少。至於採用陸隴其者，數量更多。如其自言「雖曰未學，必謂之學」采陸稼書、「禮後」采陸稼書、「乘桴浮海」采陸稼書、「南宮適尚德」引陸稼書，筆者統計其援引、兼采引陸隴其之說者，有四十餘處，相較於引李光地之十餘處，高出許多。

〔註63〕黃式三：〈述而〉，《論語後案》，卷7，頁32。
〔註64〕黃式三：〈與嚴鐵橋書〉，《儆居集・雜著四》，頁31。

　　此外，《論語後案》於前說不足之處，亦另出新義。黃氏本於「求是」原則，考證他經而指正《論語》舊注闕失，於前說不足之處，則另出新解，獨抒創見。如詮釋〈子路〉記載冉有退朝晚歸，孔子問其故，而冉有回答「有政」，子曰：「其事也！如有政，雖不吾以，吾其與聞之！」關於「政」、「事」二字之解，《集解》以為「政」是有所改更匡正之事，而「事」即所行之常事，意謂孔子認為更改制度，須告知大夫，而孔子曾當過士大夫卻未聞之，遂告訴冉有，應當只是一般平常之事。朱熹則認為，「政」乃國事，「事」為家事，冉有當時擔任季氏家宰，可見只是家事。黃氏於是另出新解曰：

> 周公之典在，率由舊章，聖心所樂。若有大事紛更正，當會集公朝，
> 詢及國老。……教冉有知國知舊典，不可輒謀更張於私室也。……
> 革故鼎新主於君者謂之「政」，常則臣下奉行者謂之「事」。〔註65〕

主張唯有詢問國老公議之程序，並有實際制度之變革，才可稱為「政」；若只是私下召集臣下討論國事，只能稱為「事」。故冉有與季氏之論「事」，當然不屬於「政」。

　　《論語後案》又有以義訓，另立新說之例。如〈為政〉「孝慈，則忠」，《集解》以為「君能上孝於親，下慈於民，則民忠矣」，重視為政者以孝、慈化民。而《集注》則言「孝於親，慈於眾，則民忠於己」，強調孝慈為修養之本，非為使民忠而為之。《後案》則曰：

> 孝慈則忠，諸家說甚費解。式三謂：孝，當作斈，謂引導之使人可
> 仿效也。凡人有所仿效曰學，為人所仿效曰教。教，其字皆从斈。
> 斈有引導義；斈慈則忠者，以身導之，以恩養之，而民忠也。〔註66〕

黃氏通過釋「斈」本義，以為其具有引導、使人仿效之意。但二字形似，故經、史文獻誤「斈」為「孝」甚多。於是黃氏又徵引其他經文，指出〈表記〉「威莊而安，孝慈而敬，使民有父之尊，有母之親」、〈鄉飲酒義〉「君子之所謂孝者，非家至而日見之也」、〈保傅〉「孝者襁之」，皆寓有引導、仿效之義，證明他經亦多有以「孝慈」作「斈慈」之處。所以黃氏以為「孝慈，則忠」，當作「斈慈，則忠」，意謂通過以身導之、以恩養之，使民仿效而生忠誠之心。

　　總此，黃氏《論語後案》通過以經證經、以史證經為主要治經方法，並兼引諸子之說。其注經立場，雖尊朱子為多，卻仍不失「漢宋兼采」之公正

〔註65〕黃式三：〈子路〉，《論語後案》，卷13，頁22～23。
〔註66〕黃式三：〈為政〉，《論語後案》，卷2，頁31。

原則,而能廣存眾說,此即《論語後案》之特色。至於黃氏於前說不足,另創新說之處,乃爲面對「經世」之時代課題,通過儒家經典詮釋,具體提出之義理改革與對治之道,具有時代意義與價值。

第四節　崇實與經世的義理主張

「經世」爲歷來儒者共同追求目標,而「徵實」則爲清代學術之最大特徵。從清初顧炎武、黃宗羲等人,討論學校、兵制、財政等實際社會制度,提出改造社會之建議。復至「乾嘉新義理學」對形下實在界、道德價值經驗面之發揚,以及嘉道經世思潮,更突出「援經議政」之經世致用精神,皆深具「崇實黜虛」之實學精神。黃氏視經學爲實學,以爲學者當通經以致用,並通過經典詮釋,闡發義理。尤以視《論語》爲聖人義理之精微所在,故《論語後案》可視爲黃氏寄託「經世」思想之主要文獻。

黃氏服膺戴震湛精博雅的哲學思想與考據成就,除了治《春秋》、考《禮》、論《詩》屢屢徵引戴氏成果外,黃氏義理思想,更具有強烈「申戴」色彩。〔註67〕而以戴震爲領軍的「乾嘉新義理學」,最大特色在於經驗取向,重視實在界之具體事爲。故本文就清儒所共同關懷之義利之辨、天命、禮理之爭、仁、欲等議題,探究《論語後案》之義理要旨。

一、善取「義中之利」

黃氏肯定人欲之合理存在,以爲義利可以兼得。清儒沿襲明儒重情之風,對人情、人欲,採取正視態度,尤其肯定人情、人欲在道德學中的積極作用。不同於理學反對言利、堅持天理人欲之分,進而正視人欲,對於農工商之具養、利器、通貨等採取正面肯定立場。鑑於此,乾嘉新義理學者在私、利、欲中復區別出一個「不害義」之層次,使追求「己利」,開始被賦予正當性,〔註68〕不再桎梏於「恥言利」之義理框架。黃氏亦正面肯定追求「己利」,並將「利」之追求對象,由理學家之專指上位者,轉變爲大眾階層。故對於現實人心之馳騖利欲,反因不必再閃躲、可以正面承認,而有了更積極之討論

〔註67〕詳見本書第三章〈黃式三對戴震義理學之繼承暨「約禮求理」之提出〉、第五章〈致用出發的禮學考證〉、第八章〈「以《禮》證《詩》」的「詩經學」〉、第十章〈肯定《左傳》傳經的《春秋釋》〉。

〔註68〕詳參張麗珠:《清代的義理學轉型》(臺北:里仁書局,2006),頁 175～189。

與規範重建，認為如何節制過當之利欲、自利？如何能兼及道義，才是討論「利」之重心。故舉「聖門四科，必列政事，講論經濟，安得以功利為譏」，〔註69〕鼓勵追求「義中之利」。

　　黃氏立足於求利不害義之觀點上，解釋「君子喻於義，小人喻於利」，反對理學「嚴辨義利」、「貴義賤利」之義利對立模式。黃氏曰：

> 義者，通行、咸、宜，去人之害者也。利者，一端所得，而有害於人道者也。〔註70〕

黃氏亦不反對求利，以為義利之別，在於「害義」與否，不害人而取，亦合於義。於是求「利」為生活中的一種過程，無須將利視為唯一的道德層面之「欲惡」來探討，而是當落實到實際人生來判準。因此義利之取捨，則以「合於義」為標準。黃氏並以《易》言「利貞、利用、利涉，言利始於此」，證明古人亦鼓勵求利己之事。又舉《周官・肆師》、《中庸》、《祭義》詮釋「義」即「宜」，可見「除去天地之害」謂之義。

　　黃氏於是區分「利」有「義中之利」與「義外之利」，並主張追求「義中之利」，戒防「義外之貪」。黃氏曰：

> 「義中之利」，聖人有勸言。《易》有利見、利涉、利往、利物和義之訓。利而無害萬事之所宜也，故勸言之。勸則使人樂為善義外之利。「義外之利」，聖人有箴言。《經》中有「放利多怨」、小人喻利之戒，利彼則害此，非《易》所謂「義之和」也，故箴言之，箴則使人惡夫貪。〔註71〕

他以《易》之經文「利見大人」、「利涉大川」、「利有攸往」、「利物足以和義」為例，證明聖人亦勸言追求己利，於是人所需對治的對象，不在「求利」，而是如何以「宜」、「義」戒之於「貪」。換言之，利之追求以「合宜」來判準，合宜之利可以合理追求。

　　誠然，黃氏持論勇於求義中之利（合義之利），雖未必能夠符合孔子思想原義，但卻是清儒義利之辨的共識反映。對照焦循詮釋「君子喻於義，小人喻於利」，也說：

> 卿士大夫，君子也；庶人，小人也。貴賤以禮義分，故君子、小人

〔註69〕黃式三：〈讀絜齋集書贈傅正夫〉，《儆居集・讀子集二》，頁 21。
〔註70〕黃式三：〈里仁〉，《論語後案》，卷 4，頁 20。
〔註71〕同上註，頁 10。

> 以貴賤言。以能禮義不能禮義言。能禮義故喻於義，不能禮義故喻
> 於利。……此教必本於富，驅而之善，必使仰足以事父母，俯足以
> 蓄妻子。儒者知義利之辨，而舍利不言，可以守己而不可以治天下
> 之小人。〔註72〕

焦循擺脫理學家以道德價值爲判準之君子、小人之辨，承認庶民「求利」可
以在道德意義上獲得肯定，不再被視爲道德負面義的小人。並將君子、小人
之判準關鍵，導向清儒禮論中之「禮秩」，亦即傳統階級與宗法社會下之個人
地位貴賤。於是卿士大夫不言利，亦非出自個人高尚情操，而是相應於所處
位階之政治道德，不被容許與民爭利。更以爲欲辨義利，需先求富、求利，
才能驅之以善。焦循之說一出，「注《論語》者多採此說」，〔註73〕如劉逢錄
《論語述何》、劉寶楠《論語正義》皆屬之。

　　劉寶楠《論語正義》詮釋「子罕言利」曰：

> 人未有知其不利而爲之，則亦豈有知其利，而避之弗爲哉？……君
> 子明於義利，當趨而趨，當避而避。其趨者，利也，即義也；其避
> 者，不利也，即不義也。〔註74〕

劉寶楠之趨於求利態度，正與黃氏一致。他認爲「豈有知其利，而避之弗爲
哉」，顯然已能就實際「人情」立論，而對於義利之趨與避，更從「利即義；
不利即不義」角度來看待，一舉突破了過去理學家認爲「計此害彼」，以義利
爲截然對立之思考模式。

　　此外，黃氏又通過訓詁考辨，論證孔子亦顯言「利」。他解釋「子罕言利」
乃「子顯言利」。其曰：

> 罕當从网，隸變从罒，俗从四、冈。依據《說文》：「罕訓網。」《漢
> 書》注罕訓畢者，本義也。經傳中罕訓少者，借字也。由於「罕」，
> 借爲軒豁之「軒」，古罕、玕二字通用。〈樂記〉「致右憲左」，注讀
> 「憲」爲「軒」，〈內則〉皆有軒注讀「軒」爲「憲」。……《禮‧中
> 庸》「憲憲令德」，《詩》本作「顯」。〔註75〕

黃氏以罕、軒、憲、顯同爲桓部之音、且同母，故音義相通，於是「罕言」，

〔註72〕 焦循：〈君子喻於義，小人喻於利〉，《雕菰集》（臺北：鼎文書局，1978），卷
　　　　9，頁137。
〔註73〕 詳參程樹德：〈里仁下〉，《論語集釋》，第1冊，卷8，頁268～269。
〔註74〕 劉寶楠：《論語正義》（北京：中華書局，1990），上冊，卷10，頁320。
〔註75〕 黃式三：〈子罕〉，《論語後案》，卷9，頁1。

就是「顯言」，意謂孔子亦顯言於「利」。如此一來，聖人既然不避於言利，則無須將利與義分判爲對立兩端，可進而肯定追求事功。

　　黃氏指出聖人亦不輕事功，其詮釋「士不可以不弘毅，任重而道遠。仁以爲己任，不亦重乎」曰：

> 仁以爲己任，猶孟子所謂「自任以天下之重」也。《後漢書・荀彧傳》論曰「誠仁爲己任，期紓民於倉卒也」，《三國志・邴原傳》注「孔融以書喻原」，云「仁爲己任，授手援溺，振民於難」。古人言仁兼德業，不輕事功也。〔註76〕

相較於理學家將「仁」視爲人心之全德，黃氏則轉而從庶民需求出發，認爲追求事功只要不害義，也算是即行仁了。於是古人紓民困、授手援溺、振民於難等等，看似事功之業，實際上亦爲仁德之行。

　　黃氏肯定義中之利、鼓勵追求事功等思想，已能從君子食無求飽，居無求安之「安貧樂道」牢籠，脫困而出，取代長期來「嚴辨義利」之傳統道德標準，而不再桎梏於「恥言利」之義理框架，此正是重視經驗面價值的乾嘉新義理學之思想要旨。

二、讀經以安命

　　黃氏重視實在界之客觀事物，故將「天理」視爲天地陰陽之氣的推行原理、規則，強調唯有落實在經驗界、能以客觀途徑驗證之事理，才是天理。其《論語後案》詮釋〈八佾〉「不然！獲罪於天，無所禱也」之「天」，即曰：

> 天者，蒼蒼之表，專主威福者也。既有天譴，莫得禱免之路。……《集解》以天諭君，固非語意；朱子訓天爲理，謂天不外於理，則可謂天即理，則語未瑩。……胡說指心爲理，指理爲天，由失之。〔註77〕

黃氏將「天」視爲自然界之陰陽氣化流行現象，由於氣之清濁有別，於是施之於人，亦有威福差異，藉以反對理學家將「天」釋爲道德層面之「天理」。

　　黃氏又根據「天」爲自然之陰陽氣化現象，詮釋「天命」。其解釋〈爲政〉「五十而知天命」曰：

> 子曰「五十而知天命」，此以氣化言命者也，此言陰陽往來屈伸，無非命也。……《太傅禮》曰分於道謂之命，言有道斯有命也。流行之

〔註76〕黃式三：〈泰伯〉，《論語後案》，卷8，頁17。
〔註77〕黃式三：〈八佾〉，《論語後案》，卷3，頁36。

謂道，賦予之謂命，稟受之謂性，氣之有先後次第者如斯也。〔註78〕
他直接將「命」落到經驗界之人事來講，讓「命」就如人之知覺運動，各有
所異。並以爲這種差異，來自人之殊性。此一殊性，如同血氣心知，皆本於
陰陽。是以「命」既然只是天地陰陽氣化現象而已，則一切壽夭、屈伸窮達，
自有天命。黃氏曰：

> 陰陽所運，往來消息之機，禍福吉凶之兆，皆天之命也。天命變化
> 無常例，故難測。測人所不能測者惟聖人，其在五十學《易》之候
> 乎！觀子路問死、問鬼神，而教之知生事人，子貢言近亂近疾之朕
> 兆，而戒之多言，則天命難知，不告其所不知，與警其有所知而輕
> 言也。天命誰知之哉？……此則夫子自知之，不能與人言也。〔註79〕

他以爲天命不可測、無法掌握。至於人能掌握者，唯有多讀聖人典籍，以經典
中之義理，作爲行事依據，自能避免速禍。如心於吉凶悔吝之由不能知其幾，
則讀《易》；於治亂盛衰之數，不能洞其原，則讀《書》；心之過剛且或薄也，
而讀《詩》；心之不敬讓、失輕重，而讀《禮》；心之眛於時務、昧於處變，而
讀《春秋》三傳；心之殽雜眾說，無以折中也，而讀《論語》、《孟子》。〔註80〕
黃氏將經書義理，視爲人倫日用之唯一典範，強調通經致用之實用價值。

黃氏以氣言命，與乾嘉新義理學之觀點完全一致。戴震主張性命皆是以
「氣」言，從「人物生生，本於陰陽五行」之性出發，明言耳目口鼻之「存
乎材質所自爲謂之性，如或限之謂之命」。〔註81〕直接從氣化生人生物前提
下，從人、氣來論人、物之性。不贊成朱子所以爲的在「氣」之作用下，知
覺運動之蠢然者，人與物同之觀點。於是主張，當所分得之氣不同，則表現
在知覺運動上的也有差異，譬如一切動、植物同具「氣之自然潛運」，但每一
動植物秉受之氣各有不同，所需要的氣也就各異，〔註82〕皆與宋儒論命兼有
「天命」、「性命」不同。

朱子解釋「命」字，以爲「天命謂性」之「命」，是言所稟之理也；「性
也有命焉」之「命」，是言所以稟之分有多寡厚薄之不同也。於是將「命」分

〔註78〕黃式三：〈爲政〉，《論語後案》，卷2，頁10。
〔註79〕同上註，頁11。
〔註80〕黃式三：〈畏軒記〉，《儆居集・雜著四》，頁26～27。
〔註81〕戴震：《原善》，卷上，頁7。
〔註82〕詳參劉又銘：《理在氣中：羅欽順、王廷相、顧炎武、戴震氣本論研究》，頁
　　　　132～137。

爲理、氣二種，貧富、貴賤、死生、壽夭屬理；清濁、偏正、智愚、賢不肖屬氣。因此「『死生有命』之命，是帶氣言之，氣使有稟得多少厚薄之不同；『天命謂性』之『命』，是純乎理言之。」強調「不知命無以爲君子」，與「五十知天命」，兩「命」不同。「不知命」是氣稟之命，「知天命」卻是聖人知其性中四端之所自來。因此「氣厚者則福厚，氣薄者則福薄；氣長者則壽，氣短者則夭折。」〔註83〕界分出「天命」與「性命」之別。

黃氏反對朱子分「天命」、「性命」二說，故駁之曰：

> 生平研究宋諸儒之說，而無極、先天諸說不以附於經，意有所不敢強也，詳見式三所著《易釋》矣。此章朱子之注「四十不惑」以事理言，「五十知命」以天理言。由人事之當然，推本於天性之自然，猶可也，然非聖人五十之所知也。若求天理於陰陽之前，聖經中無此語矣，尤不可也。〔註84〕

黃氏以「徵實」原則，指出朱子之說無典籍根據，且天命/性命、天理/事理之分，亦非經典義理，據此反對朱子認爲陰陽之上，復有主宰天地之理之觀點。換言之，黃氏取消形上、形下界限，將所有事物都落實於形下之經驗界來談。如此一來，天命雖由自然所賦予，但仍可通過六藝之文、百王之典的義理戒訓，趨吉避凶。

黃氏又循孟子善性立場，強調仁、義、禮、智之成德作用。其解釋「不知命，無以爲君子」即引《韓詩外傳》言：

> 天之所生，皆有仁、義、禮、智順善之心，故曰，不知命，無以爲君子。式三謂：人不安於窮達之數者，必枉其仁義之性。知性之賦於天者，以違道之逆天心，自不行險以儌幸，性命、數命非截然二事也。〔註85〕

他將「知人順善之心」轉換爲「知德命」之作用，以爲所謂「命」，即仁、義、禮、智等「德性」而言。並以「德」釋「命」，把「知命」與「爲君子」之聯繫，導向德性思考方向，將自從宋儒以來長時期解釋爲「德性」、「定命」之性、命觀，重新扭轉到漢儒唯有知命方能知己之思想理路。使人便能夠通過

〔註83〕 本段朱子引言，分見於黎靖德編，王星賢點校：〈性理一〉，《朱子語類》（北京：中華書局，1986），第 1 冊，卷 4，頁 77、79、80。
〔註84〕 黃式三：〈爲政〉，《論語後案》，卷 2，頁 10。
〔註85〕 黃式三：〈堯曰〉，《論語後案》，卷 20，頁 14。

對於德行之掌握，安於窮達之命，並反對將命分「數命」與「性命」為二。《後案》又徵引諸說，印證論點，「數命」與「性命」不可二分；黃氏舉《易》言「吉凶」，《詩》言「降幅」、《書·盤庚》言「斷命、續命」、〈召誥〉言「用德祈命」、《尚書·甫刑》言「惟克天德，自作元命」等「德命」角度出發，闡釋天命。

黃氏於是據上述之「德命」觀，強調人之壽夭，亦決於天。其詮釋〈雍也〉「亡之，命矣夫」曰：

> 天命暗不可測。……，天心福善俾善人免六極之禍者，命之常也。
> 此不應有而有之，命之變也。〔註86〕

黃氏以為天命不可測，人唯有堅守禮義，方得以求福免禍。於是又解釋「仁者壽」曰：「人孰不求壽，而有視聽言動之累、機械變詐之謀、貪功私利之計，神既耗散而凶悔吝亦因之。惟如仁者之靜而能壽也。」〔註87〕對於顏淵有德卻短命，《後案》則云：

> 修短定於生初，非必盡可轉移在人者。盡性至命，克終天年是為壽，
> 否則戕其生是不壽也。〔註88〕

在他看來，顏回短命只是少有之變數。雖然能終於天年者，方謂之「壽」，但顏回之生不永，孔子以其德行而稱之短命、命矣，意謂此乃命之「變」，不可為常。常者，多且久；變者，少且暫，倘以少且暫之變而言命數，不足為憑。

黃氏於是提出行「禮」以感於天，以安於命。其詮釋「罕言利，與命，與仁」曰：

> 言命者申天道自然之說，遭事不可轉移，遂付諸莫不相關之數，如
> 此言命，……又與道乖。言命者以天人闊遠，不能降福禍，如此言
> 命，又與道乖。〔註89〕

他深信人之禍福相倚，自有其感應之道，正如積善能有餘慶，積不善必有餘殃。正如董子言「人之所為，美惡之極，乃與天地流通而往來相應」。是人為萬物之靈，能盡其性者，實有轉移造化之驗，言禮義而數可推也」。〔註90〕足見「禮義」，乃感通天地之最佳途徑。

〔註86〕黃式三：〈雍也〉，《論語後案》，卷6，頁18。
〔註87〕同上註，頁34。
〔註88〕同上註，頁35。
〔註89〕黃式三：〈子罕〉，《論語後案》，卷9，頁3。
〔註90〕同上註，頁3。

　　黃氏亦勉人以禮義補世運之衰。其詮釋〈述而〉「用之則行，舍之則藏，唯我與爾有是夫」，便直接徵引《易》言「知進退存亡者惟聖人，自非樂天知命者不能及此。」並批判程、朱「中人以下宜爲之說命」之觀點曰：

> 庸俗之言命，與聖賢之言命，迥然不同。庸人以智術之不能挽者爲命，聖賢以禮義之可得、不可得爲命，而以智力挽之者謂之不受命，以禮義之順遂卜世運之盛衰，此正夫子之知命樂天而爲聖之時者。
>
> 以數命與性命分爲二，而有命不足道之說命也。〔註91〕

強調「知禮義」便能卜吉凶，故聖人當竭力追求禮義實踐，而不空談運命，如此一來，命即成爲可以掌握之對象。

　　黃氏又引董仲舒之言，以爲明乎天性，知自貴於物，然後知仁義；知仁義，然後重禮節；重禮節，然後安處善；安處善，然後樂循理；樂循理，然後謂之君子。〔註92〕說明君子不應以命定自限，而要從「明乎天性」，到達「樂循理」，重視忠孝仁義等實際作爲，通過天人之感通，得其善報。

　　黃氏論「命」，將其定義爲「氣」之運行，反對將性命、數命截然二分，認爲命不可測，遂人之窮通、壽夭、得失之數，亦取決於天意，人唯有行德義才得以感通天之「德命」觀。遂將「天」與「天命」、「知天」與「知天命」兩個不同概念，以其「知人有順善之心」導向「德命」，視「知命」與「知天命」爲同一層面，認爲「命」乃來自於《易傳》之說，以「德義」決定命。筆者以爲，黃氏之說，雖有其特出之處，但未必符合孔子「知天命」之原始理念。首先，孔子仍然承認人有天生之命限，孟子在盡心、知性、存心、養性之後，依然強調修身以俟天命，黃氏卻將「知人有順善之心」，完全導向德性之聯繫，不僅無法取消「俟天命」之限制，在「天命暗不可測」之下，顏淵命短他也說是少有之「變數」，說法有些牽強。其次，黃氏由董仲舒「天人相感」之線索出發，推出只要藉由禮義實踐，自然能與天地相感通之原則，雖於理可通，卻未必爲孔子原義。是以黃氏之思辨視野，雖具有「徵實」、「致用」之時代性，試圖溯求經典本來面目，探尋聖人之道的原始涵義。但其所建構之義理思想，卻與其強調合於聖人之旨的本意，仍有其侷限性。不過其思想與強調重視形下經驗面價值之乾嘉新義理一脈相承，其理論價值，正是儒學邁向現代化進程，在思想變遷上所必要之「價值轉型」。

〔註91〕黃式三：〈述而〉，《論語後案》，卷7，頁14。
〔註92〕黃式三：〈堯曰〉，《論語後案》，卷20，頁14。

三、復禮以成德

宋明理學偏重發揚儒學之「仁學」傳統，清儒則偏重於「禮學」闡發，故黃氏亦強調崇禮與復禮之成德工夫。其《論語後案》即以「禮」爲詮釋中心，強調禮學之實用價值。如詮釋「林放問禮之本」即以《禮記・禮器》立說，而曰：

> 忠信，禮之本也；義理，禮之文也。〔註93〕

他指出禮具有內心、有外物；有文、有質。若能出於本心之「忠信」，則爲禮敬之表現，唯有通過誠敬之心來行禮，才能內外兼之。故重新詮釋「理」、「禮」關係，以爲其互爲表裡，而非兩判。

黃氏重禮，乃著眼於「禮」爲實際可行之行事規範，有具體依循之標準。其解釋〈八佾〉「禮後乎？子曰：起予者商也，始可以言詩已矣」句，即言：

> 禮者，先王所立之制度，品節、忠信、儀文，本末兼具者也。〔註94〕

黃氏以爲禮制兼有禮文與禮義，故人之品節、忠信之道，皆可通過禮以導正。黃氏於是不滿近儒之言理，「專以儀文爲禮，遂滋本末輕重之說」，甚至演變成「忠信，理也，本也；禮，文也，末也」，豈不與《禮記・禮器》所指相背謬乎？故黃氏指責前儒持論之「禮豈爲我輩設」、「《六經》皆我注腳」，皆「講學不明，即流毒天下」。〔註95〕唯有通過古聖先賢之經典，才能知禮。

相較於思孟一系和理學傳統，皆將「禮」落在「仁義禮智」等人之善端、眾德之一，黃氏則自客觀禮制出發，凸顯孔子禮治理想，要求落實實際禮制。其《論語後案》舉凡以《禮記》之〈祭法〉、〈祭統〉、〈檀弓〉、〈明堂位〉，以及《儀禮》所載「禘、祫、蒸、嘗」之儀節詳述《論語・八佾》之「禘」；〔註96〕以〈祭統〉之制度詮釋論「祭如在，祭神如神在」；〔註97〕以《禮記・郊特牲》之「反坫」論《論語・八佾》之「管氏亦有反坫」一事，〔註98〕不斷重申唯有通過實踐禮制，才可成德。

黃氏強調「以禮成德」之觀點，於「克己復禮」一句，論述最爲明確。其曰：

〔註93〕黃式三：〈八佾〉，《論語後案》，卷3，頁7。
〔註94〕同上註，頁18。
〔註95〕同上註，頁19。
〔註96〕同上註，頁21～32。
〔註97〕同上註，頁32。
〔註98〕同上註，頁53。

「樊遲問仁問知」章明智以成仁之道，此言禮以成仁之道。……克
己復禮，克責己之失禮以復之也。……"克己復禮爲仁"者，一己
失禮有欺忍天下之心，而歉愛利天下之量，能於人己相接之交專責
己之失禮以反於禮，是爲仁也。〔註99〕

相較於朱熹解釋爲「禮者，天理之節文」，並引程子「非禮處便是私意」，而
論之以「爲仁者必有以勝私欲而復於禮」，並以「有無私欲」作爲合禮判準，
而將禮導向「反求諸己」、「我固有之」之存養省察、內在善性。黃氏則強調
主觀存養與客觀事爲，使「克己復禮」之所重，轉爲「復禮」工夫，亦即了
解禮義，然後「約非禮之身，以反於禮」。故黃氏以爲，「深自克責」工夫固
然重要，但是如何向外學習以「知禮」，才是成德關鍵。

　　黃氏不同意宋儒以「反求諸己」、「克制私欲」，詮釋「克己復禮」。他說：

揚子《法言‧問神》篇「勝己之私之謂克」，是解「克」爲勝私，
非訓「己」爲私。且以克己訓責己，而去私之學在其中也。〔註100〕

他主張人皆具有惻隱、羞惡、辭讓、是非之本心，是以無須克己，而是要「責
己」，亦即克責己之失於禮者。於是成仁、成德關鍵，在於「修禮」。

　　黃氏又通過聖人制禮，源於自然理序，強調「禮」才是矩身範行、體國
經野之有效規範。其詮釋「周監於二代，郁郁乎文哉！吾從周」曰：

文謂禮文也。夫子於樂取虞，於禮取周；樂以虞爲盡善，禮至周而
大備也。……禮經三百，威儀三千，於是教化恢恰，民用和睦，災
害不生，禍亂不作，囹圄空虛。〔註101〕

孔子認爲禮制源於自然理序，故通過禮制、禮義，即可達到教化世俗，民用
和睦，災害不生，禍亂不作，囹圄空虛。於是「內而起居出入之微，外而尊
卑親疏之節，各有所持循。存於心者莊敬日強，非僻無自入，施諸事者固執
而允蹈之，不爲習俗所惑也」，〔註102〕強調要從日常行事當中實踐禮義。

　　黃氏又提出以「博學於文，約之以禮」，達到禮治。其曰：

約之以禮，謂行其所爲，必節之以禮也。……禮者，先王制爲不易
之經，以別仁義、明是非也。〔註103〕

〔註99〕黃式三：〈顏淵〉，《論語後案》，卷12，頁2。
〔註100〕同上註，頁3。
〔註101〕黃式三：〈八佾〉，《論語後案》，卷3，頁37。
〔註102〕黃式三：〈泰伯〉，《論語後案》，卷8，頁21。
〔註103〕黃式三：〈雍也〉，《論語後案》，卷6，頁40。

他以爲「約禮」即在於「節禮」，讓人皆能執守出於自然理序之具體儀節，使人恢復本有之善心、善性。換言之，成德關鍵，在於習體與踐禮。故黃氏詮釋「道之以德」爲「德以躬行無虧」，〔註104〕看重「禮」能「本人心之當然而節制之」，強調要發揚禮學之躬行精神，亦即通過落實禮治，使人成德。

　　總此，可見《論語後案》之特色，就釋經學而言，在於漢、宋兼采，倘就義理而論，則將經典義理，導向於實際人倫日用，反對理學家之天理、人欲對立，轉而強調合理追求義中之利、戒義外之貪，並鼓勵追求事功，以爲世用，爲救國存亡盡一己之力。論「命」則反對性命、數命二分，直接將「命」落到人事經驗界來講，認爲人之壽、夭、窮、通，皆無逃於「命」，又將安於天命之方法，導向通過聖人典籍所教、所戒之禮義，感通天人，趨吉避凶。此乃黃氏遭遇道咸以降之亂世，於是強調唯有「禮」才是「經國家，定社稷，序民人，利後嗣」之憑藉，希望通過儒家經典，安定人心，遂以「禮」通貫全書。對於「禮」、「理」爭議，則主張將其置於同一層面，視「禮」爲可以實際踐履之制度，而「理」是別仁義、明是非之道理，兩者互爲表裡，進而提出「以禮成德」之實踐工夫，落實禮治理想。凡此，皆其強調致用，以解決時代課題之詮釋特色。

〔註104〕黃式三：〈爲政〉，《論語後案》，卷2，頁12。

第七章　《易釋》的「通貫」精神

　　清儒治學，強調徵實，治《易》亦然。如黃宗羲宣稱「儒者之學，經緯天地」，〔註1〕視孔子之學爲天地賴以常運不息，人紀賴以接續不墜之綱紀。故論《易》之價值曰：「象數之變遷爲經，人事之從違爲緯，義理即在其中。……聖人寫天象以爲象數，不過人事之張本。」〔註2〕主張《易》理即人事之理，重其實用價值。至於顧炎武治《易》，亦主實用，其曰：

　　　　聖人所聞所見，無非《易》也。若曰掃除聞見，并心學《易》，是《易》
　　　　在聞見之外也。六十四卦三百八十四爻，皆所以告人行事。〔註3〕

反對將「易學」當作義理或數術探討之古籍，強調其當與人倫日用、政事治下，休戚相關。於是回歸古注、復興漢學，即成爲清初之實學思潮主流。「易學」研究亦逐漸回歸經典，學者逐漸重視本經及古義。

　　乾嘉時期，學者延續清初徵實原則，解《易》以內證爲主，重視以本經自證、通諸經以通一經等方法。如《四庫全書總目》即論以：

　　　　宋人以數言《易》，已不甚近於人事，又務欲究數之所以然，於是由
　　　　畫卦推奇偶，由奇偶推《河圖》、《洛書》，由《河圖》、《洛書》演爲
　　　　黑白、方圖、縱橫、順逆，至於汗漫而不可紀。〔註4〕

不滿宋儒臆造《圖》、《書》之解《易》模式，紛紛以復原漢《易》爲首務，並認爲漢人去古未遠，所言亦當較近古義，遂不滿當時流傳之《十三經注疏》，

〔註1〕　黃宗羲：〈贈編修弁玉吳君墓志銘〉《南雷詩文集・碑志類》，收入《黃宗羲全集》（杭州：浙江古籍出版社，1993），第10冊，頁421。

〔註2〕　黃宗羲：〈畫川先生易俟序〉，《南雷詩文集》收入《黃宗羲全集》，第10冊，頁98。

〔註3〕　顧炎武：〈與人書二〉，《顧亭林文集》（臺北：新興書局，1956），卷4，頁9。

〔註4〕　紀昀總纂：〈易類總敘〉，《四庫全書總目》，卷1，頁1。

多有未取漢注，而批評甚烈。於是惠棟云：

> 「易學」一壞於王弼，再壞於孔穎達，再壞於邵氏，而《易》道遂
> 亡。〔註5〕

惠棟極爲尊漢崇古，不滿王弼一系雜揉莊、老之論《易》內容，於是對於魏晉、唐宋經說，屢加撻伐。除了重新闡發卦氣象數之說外，特別重視輯佚、校勘，探求漢注遺文，以輯存古義。故專力增補《鄭注》，搜輯鉤稽，考校與推闡漢魏諸說，高舉尊漢抑宋大旗，堪稱清代漢《易》典範。

　　繼惠氏之後，儒者紛紛著書，推闡漢人《易》說。如張惠言針對虞翻象數之說，大規模輯錄整理，被視爲繼惠棟之後，復原漢《易》最有成就者。稍後的江藩，亦抨擊王弼、韓康二注，實皆「空言說理，失漢家法」，孔疏又「依注敷衍」，根本「毫無足據」，〔註6〕而譏以「棄尊彝而寶康瓠，舍珠玉而收瓦礫」。〔註7〕此言雖近於情緒語，卻也道出清儒對於魏晉、唐宋經說之輕視態度。江藩《國朝漢學師承記》，則稱許惠棟《周易述》一書，「專宗虞仲翔，參以荀、鄭諸象之義，約其旨爲注，演其說爲疏，漢學之絕者千有五百餘年，至是而燦然復章矣！」〔註8〕其強烈的漢學立場，雖扭轉了清初以來宋學獨尊之勢，使漢學成爲學術主流，卻同時存在偏執立場與門戶之見。故嘉道以降，經學家即倡議折衷漢、宋，將重心置於經義之通貫與實用價值，黃式三亦屬其一。

　　本章以《易釋》爲主要考察文獻，〔註9〕並旁及其文集中關於《易經》議題之多篇專論，探究其「易學」內涵與特色。

第一節　《易釋》通貫經傳之詮釋立場

　　《易釋》之纂述動機，在於考論諸家異說，以求「經傳通貫」。黃氏嘗遍

〔註5〕惠棟：〈易纂言跋〉，見惠周惕、惠士奇、惠棟撰，漆永祥點校：《東吳三惠詩文集》（臺北：中央研究院中國文哲研究所，2006），頁403。

〔註6〕江藩：〈注家有得有失第六〉，《經解入門》（臺北：廣文書局，1977），卷1，頁19～21。

〔註7〕江藩：〈歷代經學興廢第九〉，《經解入門》，卷2，頁30。

〔註8〕江藩：〈惠周惕〉，《國朝漢學師承記》（臺北：廣文書局，1993），頁29。

〔註9〕黃式三《易釋》四卷，版本有二：一爲據光緒十年（1884）廣雅書局刊本影印，收入嚴靈峯編輯：《無求備齋易經集成》（臺北：成文出版社，1976），第122冊。（本文所據即是本）；又收入《叢書集成續編》第29冊。一爲據上海圖書館藏光緒十四年（1888）定海黃氏家塾刻本影印，收入《續修四庫全書‧經部》（上海：上海古籍出版社，1995），第30冊。

覽歷代經說，感嘆曰：

> 大道多歧，南轅北轍，往往分道揚鑣，先儒各是其是，不知其誰爲
> 實是？則其互相非者，亦不知其實非矣！〔註10〕

不滿前儒眾說分歧，讓人無所適從，於是立志發憤讀《易》，並撰書考證諸說
異同，解決大道多歧、南轅北轍紛爭。

黃氏認爲造成諸說分歧之因，在於對經傳相合、或經傳分離之立場歧異。
據林麗眞研究指出，西漢末，費直首次以《易經》解經，經過鄭玄、王弼傳
費氏易，將〈易傳〉分割，附到《周易》古經相應之處，並在書中稱「彖曰」、
「象曰」，遂使經傳相合。〔註11〕此後坊間所見版本，多採「經傳相合」樣式，
亦即除〈乾〉卦將〈彖〉、〈象〉、〈文言〉置於該卦之爻辭以外，其餘六十三
卦，均將〈彖〉、〈大象〉分別附入各卦卦辭之下，將〈小象〉分別附入各爻
爻辭之下，且冠以「彖曰」、「象曰」等語辭。而〈繫辭〉、〈說卦〉、〈序卦〉、
〈雜卦〉四者，則置於六十四卦之以〈傳〉附經體裁。孔穎達《周易正義》
亦採用王弼本子，因此亦使「經傳相合」。但亦有反對此種編排者，如李鼎祚
《周易集解》即在王弼注本之基礎上，把〈序卦〉分割，逐條放到每卦經文
之前，或按照王弼本將〈易傳〉有關部分，附到每一卦之後。宋代許多《易》
學家，又不同意這種分法，紛紛恢復漢初《周易》十一篇，讓《周易》經傳
不相混雜，如呂祖謙、朱熹等人皆採用「經傳分離」編次，朱熹《周易本義》
原分十二卷，即是「經傳分離」。於是，經傳是否相合，屢屢引發爭訟。

清初「易學」發展，從清世祖敕撰《易經通注》、聖祖令李光地編纂《周
易折中》來看，雖言「歷代諸儒敍述源流，講論指趣，其說皆不可廢」之立
場，〔註12〕看似博取眾說。實際上，諸家取捨，仍以朱注爲宗，亦即採取「經
傳分離」模式。黃氏卻主張「經傳相合」，故試圖通過經傳互證，以證「經傳
通貫」。其內容與要義，述之如下：

一、以「彖爻合釋」明卦、爻辭一意相承

黃氏首先以〈彖〉辭、爻辭合釋，以申明「經傳通貫」。〈彖〉爲十翼之一，
分別解釋六十四卦之卦名、卦辭與全卦大旨。自漢代以降，費氏即強調以十翼

〔註10〕黃式三：〈易釋敍〉，《易釋》，頁3。
〔註11〕林麗眞：《義理易學鉤玄》（臺北：大安出版社，2004），頁37～48。
〔註12〕紀昀等纂：〈周易折中凡例〉，《景印文淵閣四庫全書‧經部》，第38冊，頁12。

解經，步之者如東漢馬融（79～166）、鄭眾（？～114）、荀爽（128～190），乃至虞翻皆然。〔註13〕孔穎達《周易正義》引褚氏、莊氏釋「彖」字云：「彖，斷也。斷定一卦之義，所以名爲彖也。」〔註14〕而後儒解釋「彖」字，則有二義：第一，據孔穎達《左傳‧襄公九年‧疏》所界定的「《周易》卦下之辭，統論一卦之體，明其所由」的「彖辭」。〔註15〕第二，指《易》傳中的〈彖傳〉。而黃氏〈彖爻合釋〉所指之「彖」，乃爲第二義，亦即〈彖傳〉。由於〈彖傳〉用以闡釋卦名、卦辭、卦義，一般從卦體、卦德、卦象之角度來進行，且多能指明卦中主爻，有時亦揭示隱藏於卦形之義理。黃氏即將六十四卦之〈彖〉、爻辭合釋，申明其皆一意相承。

　　黃氏以〈屯〉卦爲例，論證卦辭、爻辭與〈彖傳〉皆一義相承。據〈屯〉卦辭曰：「元、亨、利、貞，勿用有攸往，利建侯。」倘從文字本義來看，「屯」爲象形字，《說文解字》釋爲「象草木之初生」，亦即「芚」字；〔註16〕又〈序卦傳〉亦云「屯者，物之始生也」，對照《說文》：「生，進也。象艸木生出土上。」〔註17〕故「屯」字象草木從土中冒出，「生」字則象其已完全長出，可見二者皆以「屮」，故「屯」有「難」義，又有「始」義。黃氏以〈屯〉之字形爲「草木初生」，引申到「事物初生」之艱難，亦即具有初生與艱難之雙重意義。從卦象看，〈屯〉䷂下卦爲〈震〉，上卦爲〈坎〉，〈震〉義爲動，〈坎〉義爲險，動於險中，必有艱難。再從卦之排列順序看，〈乾〉、〈坤〉之後，緊接著爲〈屯〉卦，而〈乾〉、〈坤〉象徵天地，隨著天地陰陽之交合，萬物開始生長，故以〈屯〉卦繫於其後，表示人生可能面臨各種類型之凶難。如六二「屯如、邅如」，象徵馬之回旋不前，初九象徵初生之艱難，於是初爻說「利居貞，利建侯」，以爲若能保持貞正之德行，必將有利，正如王者建立諸侯，倘能固其根本、漸次發展成長，亦必將能得利。於是〈象傳〉亦曰：「宜建侯而不寧」，認爲此時王者宜於建立諸侯，固其根本，以求其安寧，戒其不宜輕舉妄動。黃氏則將此〈彖〉、爻合釋，以證明其義可通。他指出：

　　「利居貞」，即〈彖〉之「勿用攸往」，以五未變復不願建侯（〈象傳〉

〔註13〕關於費氏《易》之版本、淵源影響、特色價值等探討，詳參徐芹庭：〈費氏易導論一〉，《中華易學》第6卷第2期（1985年4月），頁18～20。

〔註14〕阮元校勘：《十三經注疏‧易疏》，頁10。

〔註15〕阮元校勘：《十三經注疏‧春秋疏》，頁526。

〔註16〕段玉裁：《說文解字注》（臺北：黎明圖書公司，1991），頁22。

〔註17〕同上註，頁276。

不寧，即不願），而屯其膏也。屯膏者，以爵祿不容濫而有重難之意，膏賜陰小常守，此重難之意，非不吉也。有陽大之宜建侯者，貞屯之則凶，能建侯。〔註18〕

黃氏根據〈象傳〉「勿用攸往」，認爲九五爻爲〈屯〉之君位，故亦得中、得正，本應膏澤天下，施恩於民。但處於屯難剛頓之下，只能暫時不動，以免招致凶險。黃氏特別詮釋〈象傳〉「不寧」二字，以爲其有「不願」之義，亦即此時「不願」浮濫賞賜爵祿，以求安寧。換言之，「利用初」即「利建侯」，動則吉，不動則凶，意謂艱難之時，未必不可建立諸侯，倘能注意恩澤施予限度，未必不吉。如此一來，卦辭、爻辭與〈象傳〉皆一義相承，揭示此時處於草創、初生之艱難階段，若能謹慎行事、遵循正路，亦可伺機而動。

黃氏又將〈復〉之〈象〉、爻合釋，以證「經傳相合」。黃氏曰：

言七日而復者，〈震〉少陽以七而復，失心不遠；待老陽之九而後復，於爻則言人之復也當不遠，義相貫也。復之者何？復之初即〈剝〉上之碩果之仁。仁者，生生之德也。……是從道不從人也。〔註19〕

黃氏據〈復〉卦辭言「反復其道，七日來復」，〔註20〕可知其具有「回復」、「亨通」之象，但由於此時，正當陽氣即將反轉復歸於陽剛正道之際，於是等待經過七日，必將回復到來。故〈象〉傳曰：「反復其道，七日來復，天行也。……復，其見天地之心乎？」〔註21〕意謂此七日來復，乃天道運行規律，由於此時陽剛正逐漸增長，於是陽剛回復，得以體現天地生生不已之用心。故黃氏以爲〈復〉卦（䷗）乃下〈震〉上〈坤〉組合而成，因此參以〈震〉卦所言「七日得」之義，將七日視爲轉變週期，正可體現天地生生不已之循環法則，亦如初九所言之「不遠復」。

再者，〈復〉爲一陽處於群陰之下，象徵復道之始，代表起步不遠，即回復之象，正與〈象〉「天地之心」之義相合。黃氏接著又解釋〈復〉之義，由於〈剝〉、〈復〉兩卦爲「往來卦」，而〈剝〉卦揭示陽剛正氣逐漸被剝蝕過程，但仍留有上九一陽碩果不食（䷖）。此不食之碩果，即爲「仁」，象徵人事「生生之德」，正與〈復〉卦陽剛逐漸回復之運動軌跡，構成一個完整變化週期，

〔註18〕黃式三：〈屯〉，《易釋》，卷1，頁7。
〔註19〕黃式三：〈復〉，《易釋》，卷1，頁24～25。
〔註20〕阮元校勘：〈復〉，《十三經注疏‧易疏》，頁64。
〔註21〕同上註，頁64。

遂七日回復之象，爲天地自然之循環，可見從道不從人，反映順應天道運行，陰陽消長、循環不已之變化觀。

二、以「同辭合釋」申卦辭之同者俱歸一義

「釋例」爲清儒所好用之治學方法，譬如淩廷堪《禮經釋例》即據《儀禮》十七章經文之儀節度數、行進舉止，藉由前後文脈絡及經文所載之不同禮儀，條列歸納，會通成八類「禮例」之「釋例」代表作。〔註22〕這種解經方式，已脫離名物訓詁內容，特別就經學而言，儒者不斷歸結前說，提出己見，有時須統整散見於不同章節之同一字辭或觀念，以求通貫。

黃氏以爲卦辭之同者，前後不可異解，故將其「合釋」，使其歸於一義。黃氏舉卦辭中凡有「中行」二字者爲例，諸如〈師〉、〈泰〉之六二與六五，皆言「中以行」，其共同規則，都在「二」、「五」二爻言「中」。但亦有例外者，如〈益〉、〈復〉二卦，〈益〉之六三曰「有孚，中行」，〈復〉之六四曰「中行獨復」，可見此二卦言「中」，分別落在三、四，而非二、五，其矛盾自是可知。故黃氏將六十四卦辭中凡言「中行」者，歸納統整，以爲其當歸於一義。黃氏曰：

〈象〉爻之言中者，皆指二、五：二爲下卦之中，五爲上卦之中也。

〔註23〕

他指出「中」應當指上、下二卦之「中位」，亦即二、五兩爻。以〈泰〉、〈夬〉、〈師〉、〈臨〉等四卦爲例：〈泰〉之九二言「得尚於中行」，此爻下卦爲☰，亦即以陽剛居「下卦」之中，上與五有應，剛健充沛，處通泰之盛時，故有心胸開闊，既不遺棄遠者，又不結黨偏私的中庸美德。其次爲上卦之居中者，如〈夬〉卦之九五言「中行无咎」、〈師〉之六五〈象傳〉亦云「長子帥師，以中行也」、〈臨〉六五〈象傳〉言「行中之謂也」，皆以五中行，亦即其上卦皆居中之勢，故其象甚明，都具有言行不偏，且能遵循中道之義。

黃氏又以卦辭中凡言及「孚」者之十九卦爲例，認爲其皆指〈坎〉水之「信」。首先對於〈中孚〉卦旨，《易釋》曰：

卦名〈中孚〉，非謂三、四之中虛能孚也。謂二、五剛中，中實爲孚，

〔註22〕詳參拙作：《一代禮宗——淩廷堪之禮學研究》（臺北：萬卷樓圖書公司，2004），頁 83～86。

〔註23〕黃式三：〈釋中行〉，《易釋》，卷 2，頁 93。

三、四則受孚者也。〔註24〕

黃氏依照〈中孚〉下卦爲〈兌〉，上卦爲〈巽〉，可知上、下皆陽，中間爲陰，陽實而陰虛，故象徵心中孚信（誠信）之象。他繼而指出，卦辭中言及「孚」者，皆具有象徵心中誠信之共同意涵。其云：

> 〈象〉之言「孚」者七卦，〈需〉、〈訟〉、〈坎〉、〈夬〉二、五皆九。〈觀〉、
> 〈革〉五九、〈損〉二九、孚皆指中爻之九。以八卦之象言之，〈坎〉
> 爲水、爲信，凡爻二、五之九者，伏坎，「孚」，其象也。〔註25〕

他指出由於六爻之初、三、五爲剛位，亦即陽位；二、四、上是柔位，屬於陰位。凡陽爻居初、三、五，陰爻居二、四、上，即屬於「得位」、「正位」、「當位」。故〈中孚〉之〈象〉言「柔在內而剛得中」，亦即六三、六四兩個陰爻，居卦之內，九二、九五皆陽剛處中，象徵心中誠實。

黃氏又據〈象〉發揮，以爲九二、九五之「誠」意，乃在強調六三、六四陰爻須內心柔順，謙虛誠信，故心中誠信乃〈中孚〉之旨。對照上述所舉之七卦，可知〈需〉、〈坎〉、〈損〉皆言「有孚」、〈訟〉言「有孚窒」、〈夬〉言「孚號有厲」、〈觀〉言「有孚顒若」、〈革〉言「巳日乃孚」，正巧其二、五兩爻皆爲九，且其卦辭皆言及「孚」，於是得知六十四卦凡是言及「孚」者，其二、五之爻皆爲陽。

黃氏據此認爲凡爻辭中之「孚」字，皆有「心中誠信」之意，故對前後異義之處，疏通其義。黃氏曰：

> 爻之言「孚」者十八卦，言「交孚」者，一卦，言「匪孚」者，一
> 卦，言「罔孚」者，一卦。〔註26〕

他指出言「交孚」者之一卦，就是〈睽〉；按〈睽〉九四卦辭，言「遇元夫，交孚，厲无咎」，由於此爻爲陽剛居四（☲），卦中六三、六五兩陰均有所屬，因已孤獨無應，加上初九亦無應，〔註27〕故兩陽剛相遇而引爲同志，互相以誠相見，乃得无咎。可證「交孚」之義，正是心中誠信。其次，〈睽〉由〈中

〔註24〕 黃式三：〈釋中行〉，《易釋》，卷2，頁93。
〔註25〕 黃式三：〈釋孚〉，《易釋》，卷2，頁95。
〔註26〕 同上註，頁95。
〔註27〕 「無應」：凡處下卦三爻與處上卦三爻者，皆兩兩爻感對應，即初與四爻應，二與五爻應，三與上爻應，《易》例稱「應」爻。對應之爻爲一陰一陽則可交感，謂「有應」；若俱爲陰爻，或俱爲陽爻，必不能交感，謂「無應」。爻位對應之關係，象徵事物矛盾、對立面存在著和諧、統一之運動規律。

孚〉四、五兩爻互易而成，又〈睽〉與〈坎〉之二、三、四、五爻之陰陽皆相同，故「二坎、孚四，四互坎、孚二」，〔註28〕才稱爲「交孚」，代表四、二相孚以佐五。至於〈晉〉卦䷢之二、五皆陰，外卦雖與〈坎〉䷜之陰陽相反，但此爻陽剛，不失中正，下應初六而又上比六五，有用心不專之象，正如鼫鼠五技而窮，加上初爻以陰柔居〈晉〉卦初位，力弱位卑，初進即遭摧挫，又因其前有六二、六三兩陰爻阻隔，故本身基礎不夠雄厚，只得以稱「罔孚」，亦即尚未見信於眾。

黃氏於是詮釋「匪孚」於不同卦位，雖有不同涵義，卻仍在強調心中誠信。他說：

> 〈萃〉卦則初、二皆孚於五，五曰匪孚，元永貞，指三之「嗟」，若上之「涕洟」，始雖匪孚，感於元德，亦永貞而孚也。〔註29〕

黃氏據〈萃〉䷬之初爻與二爻皆爲陰，因此初六上應九四，但前有二陰相阻，三又承四，代表對九四疑慮重重，亦即誠信之心，不能保持至終。但到了九五，則爲天下大聚之時，高居尊位，其時九四已擅聚三陰，己德未能廣孚於眾，故只能自守剛正以免咎，因此說是「匪孚」，代表此時仍未能廣泛取信於眾，其處境如六三所稱之嗟歎聲、上六所言之痛哭流涕之時。雖曰「匪孚」，但九五仍能以陽剛之氣，生成萬物，倘爲有德之君長，仍可藉由貞正堅固，得到信服，皆在強調心中誠信之旨。

爲了解釋六十四卦中凡言及「孚」者，義皆一意相承，黃氏又遍舉〈比〉、〈小畜〉、〈泰〉、〈大有〉、〈隨〉、〈大壯〉、〈家人〉、〈解〉諸卦，印證其皆爲二陽同德而相孚。至於〈益〉、〈姤〉、〈升〉、〈井〉、〈革〉、〈兌〉、〈中孚〉、〈未濟〉、〈豐〉等卦亦然，可見十九卦無不同，即「孚爲坎水之信」，〔註30〕皆具有信服之義，俱當通貫之而歸爲一義，使其不再前後矛盾。

《易釋》中將卦辭相同者歸爲一義之處，除了上述兩例外，尚包括〈大人〉、〈用六用九〉、〈往來〉、〈元吉大吉〉、〈大小〉、〈柔剛〉、〈貞〉、〈應〉、〈血〉、〈大君〉、〈小人勿用〉、〈有他〉、〈西郊〉、〈征〉、〈笑號〉、〈介〉、〈涉大川〉、〈柔上行〉、〈用拯馬壯〉、〈言不信〉、〈羊易牛易〉、〈惕出逖出〉等二十二個議題，皆爲其將同辭合釋，以求通貫之釋經表現。

〔註28〕黃式三：〈釋孚〉，《易釋》，卷2，頁96。
〔註29〕同上註，頁96。
〔註30〕同上註，頁95。

三、辨舊說「全體不明」之失

　　清儒對王弼以《莊》、《老》論《易》，多所不滿，黃氏亦指出王弼有全體不明之失。黃氏舉〈乾〉用九之「天德，不可爲首」句，按王弼認爲：

> 此一章全以人事明之也。九，陽也；陽，剛直之物也。夫能全用剛
> 直，放遠善柔，非天下至理，未之能也。故乾元用九，則天下治也。
> 夫識物之動，則其所以然之理皆可知也。〔註31〕

王弼將之置於人事層面，以爲陽既是剛直、剛強之時，則居上位者應靜待其變、無所作爲則吉。意謂此時不宜有任何行事，亦即無論「全用剛直」，或掌握人事特定處境之「放遠善柔」，都未得時機，非天下至理。

　　黃氏不贊成王弼之論，以爲其過於消極，有失《易》道陽剛之德齊備，宜把握時機之道。黃氏曰：

> 元、亨、利、貞之四德備，物无亦上之也。是以不可爲首，言无
> 有駕其上者也，非謂乾剛不可爲物首也。不可爲物首，則非天德。
>
> 〔註32〕

指出按〈乾〉之上下卦皆爲〈乾〉，其象爲天，其義爲健，爲元、亨、利、貞四德皆備之時，代表居於上位者，處於最有利之時機。於是處於下位者，必須戒慎，不可強出頭，亦即「隨之」則吉，若「駕其上」，則凶。黃氏認爲是否有所作爲之關鍵，在於檢視自己居於何種身份，而非此時皆不可爲首，否則豈不違背了天德乃陽剛之德齊備之時，應當有所作爲之原則。黃氏又對照〈文言傳〉說「乾元用九，天下治也」，此時爲「元」，代表能以陽剛之氣生成萬物，則居於上位者（國君），只要善用陽九之變化，天下即可大治，而非王弼所主張之不可作爲。

　　黃氏進一步指出，不少後儒由於採用王弼觀點而詮釋，故皆有誤。其云：

> 群陽爲首，則天下治；群陰爲首，則天下亂。天下之治，由於天德
> 之爲首也。故〈乾〉爲首，曰首出庶物。舊解多謬，非特不知天德，
> 而天下治亂之由亦昧昧矣！此由王嗣輔誤之也。〔註33〕

黃氏以爲倘依照「象數」感應來推斷人事，則天下治亂關鍵，在於以何人首

〔註31〕 王弼：〈乾〉，《周易注·上經》，收入王弼著，樓宇烈校釋：《王弼集校釋》（台
　　　　 北：華正書局，2006），頁217。
〔註32〕 黃式三：〈上篇經傳〉，《易釋》，卷3，頁106。
〔註33〕 同上註，頁106～107。

出。但依照「群陽」（〈乾〉）爲君位，象天德剛健之時，此時以上位者爲首，若能有所作爲，則天下治。反之，若爲「群陰」（〈坤〉）則爲臣位，此時臣子當柔順輔助君主，若凌駕君上而先之，恐易造成天下亂禍根源。但王弼不以「象數」感應來詮釋，而援引老子守柔之道，將之置於「義理」來推論，完全忽略天德乃君德之重要性，以致於從其說者亦皆有誤。

除了指證前人之失，《易釋》亦有補正舊說闕漏之處。如〈乾·文言〉「知至至之」、「知終終之」，指出前儒之說，皆將「至」、「終」之象，釋爲上、下卦之終，亦即「三」爻之位，象徵人事到了衡斷、決斷的至之、終止時刻。意謂此時該達到之目標，一定能達到；該終止之事，亦當及時終止。但黃氏卻認爲此「析義雖精」，實「未有確指」。他以〈乾〉之上、下二卦爲例，並分就六十四卦與八卦來詮釋，以爲：

> 「三」居下體之極，進於見龍在田之上，日乾乾行事而自不驕也，「知終終之」不爲其所不可爲而止之也。「三」居上體之下，无可躍之候惕而无咎，故在下不憂也。〔註34〕

黃氏首先指出就六十四卦來看，此時「三」指居於下卦頂端之「九三」，其位置還高於九三爻的見龍、在於田上，代表當效法天之剛健精神，發憤自強，勤奮不懈。換言之，此時當爲「至之」，正是應當把握時機，勇往直前，有所作爲之時，而非終止時刻。其次，再就八卦而言，此時「三」雖居於最下，屬於較爲艱難之爻位，但亦無須憂心，只要暫時「終之」，審時度勢，亦能无咎免禍。據上論，可知八卦之終，在三爻，六十四卦之終，則在九三爻。於是九三言「終」，則「至之」；九四言「終」，則「終之」。換言之，前者爲「往」，後者爲「止」，而非如舊說皆將其釋爲「終止」。黃氏更以他卦作爲對照，如：

> 〈坤〉三曰「无成有終」，〈謙〉三曰「君子有終」，〈睽〉三曰「无出有終」，皆以三爲終。〔註35〕

可見都是九三爻言「終」，證明「終」義除了義理解釋，更應當配合到爻位之變化規則。

諸如上例之詮釋方式，筆者統計黃氏於《易釋》中，以爲舊說「管窺天小，全體不明」之處，而逐一辨正，以補其闕漏者，計有七十餘例。

〔註34〕黃式三：〈上篇經傳〉，《易釋》，卷3，頁106。

〔註35〕同上註，頁106。

第二節　闡發《易》道「知人事，悉天命」之實功

　　清儒看重經典之實用價值，並將《易經》視爲聖人垂訓之主要文獻。如《四庫全書總目》即曰：

> 夫聖人垂訓，實教人用《易》，非教人作《易》。今不談其所以用，而但談其所以作，是《易》之一經，非千萬世遵爲法戒之書，而一二人密傳玄妙之書矣。〔註36〕

四庫館臣不滿研究「易學」者，將心思全用於討論經傳作者，或論辦經傳關係。於是強調聖人作《易》之目的，乃在於告誡後人進退依據，看重「易學」之實用價值。黃氏亦主張「易學」之最大功用，在於「言吉凶禍福，以明事之利不利」，〔註37〕凡將人事吉凶、進退存亡所由決，吉凶悔吝所由生，皆得以《易》象爲參據。

　　黃氏以爲《易》的陰陽變化之道，正是人事之最佳對應。他以《連山》、《歸藏》、《周易》爲例，分別指出陰陽先後問題。其曰：

> 《連山易》如今地理家言天地之氣，發源於崑崙天下名山大川起伏之所，自始先山後水，則有先陰後陽之教；《歸藏易》言生民之序，其教亦先陰後陽者。……是以陰陽家言「玄牝門，天地根」，必重萬物之母，《老子》書祖軒轅，其言有所本也。〔註38〕

黃氏藉由陰陽家、地理學與神話傳說，指出《連山》、《歸藏》皆爲「先陰後陽」之演化結構。正如山有陰陽屬性，故《連山》即山先水後，對應到《易》之陰陽，即演化成爲「先陰後陽」。倘再證以《老子》所言陰爲萬物之母，亦同樣是先陰後陽的發展軌跡。復以〈易傳〉、〈尙書〉、《周禮》爲證，由於「坤」、「乾」乃《歸藏》取〈坤〉以藏之義，而《歸藏》〈坤〉首〈乾〉次，如〈繫辭傳〉「一陰一陽之謂道」、〈說卦傳〉「立天道，曰陰陽」，都是先言陰而後言陽，對照《尙書・禹貢》：「禹別九州，隨山濬川，任土作貢。禹敷土，隨山刊木，奠高山大川。」〔註39〕亦爲先整治山林樹木，再導引水道，同於夏代《連山》之先山後水，先陰後陽之理。至於《周官》之言祭祀，亦以「先妣」爲祭祀對象，此皆陰先陽後之文化內涵。

〔註36〕紀昀總纂：〈易類總敘〉，《四庫全書總目》，卷1，頁1。
〔註37〕黃式三：〈申董子功利說〉，《儆居集・經說三》，頁1。
〔註38〕黃式三：〈釋陰陽先後〉，《易釋》，卷4，頁186～187。
〔註39〕同上註，頁187～188。

黃氏又以此「陰先陽後」原則，印證於人事之「主從」關係。其曰：

> 文王、周公重三綱，遠追伏羲，以〈乾〉之為君、為父、為夫者居
> 首，孔子述之於〈坤‧象傳〉曰：「先迷失道，後順得常。」謂陰先
> 陽則迷而失道，陰後陽則順而有常。於〈繫辭傳〉曰：「天尊地卑，
> 乾坤定矣。」又以天地明乾坤之序，皆《周易》之道也。〔註40〕

黃氏舉文王、周公、孔子三人，說明乾主坤從之理，從〈坤〉之〈象傳〉與
〈繫辭傳〉，以及消息卦變，證明《周易》具有「重陽」之特質，無論「陰先
陽後」或「陽先陰後」，皆有固定之文化內涵與演變關係，故可據此陰陽先後
之道，推於實際之人事變化。

　　黃氏又以卜筮目的，不止於占得天命吉凶而已，主張繫辭所蘊涵之人事
是非，才是《易》道所在，強調《周易》具有「知人事，悉天命」之實功。
他認為《周易》乃文王、周公、孔子等聖人所作，其作用雖可讓人占天數吉
凶，但以〈隨〉卦為例，即使所得斷辭為吉，倘若德性不符，也將無從得吉。
黃氏舉例曰：

> 周公之爻辭，有與〈象〉反言之者，如〈履‧象〉不咥人，亨、爻
> 曰「咥人，凶」。……有一爻之中，反正言之者，〈師〉之初曰「師
> 出以律，否臧凶」、五曰「利執言，无咎。長子帥師，弟子輿尸，貞
> 凶」、上曰「大君有命，小人勿用」，〈大有〉之三曰「公用亨於天子，
> 小人弗克」，〈隨〉之四曰「隨有獲，貞凶。有孚在道，以明，何咎」。……
> 其明者，亦復如此。〔註41〕

他以〈履〉卦為例，指出卦辭雖然說是「履虎尾，不咥人」，所以能亨，但在六
三爻辭中，則明確又說「眇能視，跛能履，履虎尾，咥人凶」，警示若是本身德
性不足，在人事上又不知進退，那麼本來坦蕩亨通之道，亦將有凶險之變數。
可見《易》道不僅明確示人以吉凶，更蘊有勸懲之旨，讓人得以悉天命、知人
事。

　　又如黃氏之〈釋玩占〉，亦強調《易》道可推於人事之實用價值。其云：

> 天運之盛衰與人事之得失，兩相合以見吉凶也。逢盛運而有盛德，
> 則為舜、禹；逢衰運而有凶德，則為桀、紂；運雖盛而以暴德絕之，
> 則為秦皇；運雖衰而以盛德維之，則為蜀漢。中主之醇疵不同，吉

〔註40〕黃式三：〈釋陰陽先後〉，《易釋》，卷4，頁188。
〔註41〕黃式三：〈釋玩占〉，《易釋》，卷4，頁183。

凶亦異，安可舍人事而言之歟？〔註42〕

他闡明占筮必須以人事爲依歸，正如朝一代興盛雖有天運成份，倘不回歸人事而論，終不可以長久。正如舜、禹爲開國之君，因其本身自修德性，又能得君臣、百姓愛戴，所以開一代之盛世。反之，桀、紂荒淫無道，又國勢已衰，所以結束一朝之國運。再以秦始皇與蜀漢昭烈帝事蹟相比，亦可說明君王應發揮德性、施行德政，作爲吉凶之依歸，否則徒有盛運，也將只是一時而已。

　　黃氏又舉〈同人〉六二爻辭與卦辭，印證其亦同樣蘊涵人事是非於吉凶斷辭中。他指出〈同人〉雖然卦辭言「同人於野，亨」，且六二爻也得中得位，但由於在人事上「用心偏狹」，〔註43〕故終究無法亨通而致「吝」。黃氏又舉同一爻辭中，亦可比較出吉凶乃繫於人事。如〈師〉初六曰「師出以律，否臧凶」，說明軍紀不良，必有兇險，而在〈師〉卦上六則言「大君有命」與「小人勿用」，直接闡明班師告捷後，天子論功行賞，若爲小人，則不被重用，以免爲亂邦國，正是以人事上之是非判斷吉凶。此外，黃氏又舉〈大有〉九三爻辭、〈隨〉九四爻辭、〈臨〉六三爻辭、〈剝〉上九爻辭、〈革〉上六爻辭，指出此皆蘊涵人事是非於吉凶斷辭中之實例。

　　至於〈象傳〉常以人事是否得宜，詮釋經文，黃氏亦分別舉出經、傳之吉凶、凶吉相反兩例以證之。他指出〈需〉九三爻辭說「〈需〉於泥，致寇至」，象徵處於危殆狀態，但九三之〈象傳〉卻云「自我致寇，敬愼不敗」，亦即如果能夠隨時莊敬而謹愼行事，也將立於不敗之地。所以其中關鍵，仍在人事上之敬愼得宜與否。至於爻辭吉，而象辭有戒愼之意的例子，黃氏則舉〈大有〉六五：「厥孚交如，威如，吉」，〈象傳〉有言「威如之吉，易而无備也」，〔註44〕在爻辭爲吉之情況下，〈象傳〉特設警戒之辭，即是爲了提醒人們，勿忘實際行事，才是吉凶規準。據此，可證眞正決定吉凶之依準，仍存於人事之是否得宜。黃氏更以國運爲例，指出：「逢盛運而有盛德，則爲舜、禹；逢衰運而有凶德，則爲桀、紂；運雖盛，而以暴德絕之，則爲秦皇；運雖衰，而以盛德維之，則爲蜀漢。」〔註45〕證以史實，則國運興衰，顯然繫於人君

〔註42〕黃式三：〈通釋〉，《易釋》，卷4，頁185。
〔註43〕同上註，頁185。
〔註44〕朱熹注〈大有〉六五曰：「太柔，則人將易之，而无畏備之心。」見朱熹：〈大有〉，《周易本義》，頁83。
〔註45〕以上引文，分見黃式三：〈釋玩占〉，《易釋》，卷3，頁184、185。

之樹德與否，亦即呼應〈坤〉卦「積善之家，必有餘慶；積不善之家，必有餘殃」之義，強調豈可舍人事而言《易》之徵實原則。

　　除上述二例之外，《易釋》又如釋六十四卦不可旁通取象，即申論鄭玄卦爻配十二時辰乃仰觀天、俯觀地之正論，或詮釋重卦、天人相貫、重卦、卦變、筮理、觀變、觀象等，闡發回歸天道流行，發揮「易學」知人事與悉天命之實用價值。

第三節　兼象數、義理，復以史證《易》

　　紀昀總纂《四庫全書總目》，嘗就「易學史」之源流與變遷發展，歸納爲「兩派六宗」。其云：

> 《易》之爲書，推天道以明人事者也。《左傳》所記諸占，蓋猶太卜之遺法。漢儒言象數，去古未遠也，一變而爲京、焦，入於禨祥，再變而爲陳、邵，務窮造化，《易》遂不切於民用。王弼盡黜象數，說以老、莊，一變而胡瑗、程子，始闡明儒理，再變而李光、楊萬里，又參證史事，《易》遂日啓其論端。此兩派六宗，已互相攻駁。〔註46〕

倘再參照其〈周易義象合纂序〉文曰：「要其大端而論，則象數分歧而三：一田、孟之《易》，一京、焦之《易》，一陳、邵之《易》也。義理亦分歧而三：一王弼之《易》，一胡瑗之《易》，一李光、楊萬里之《易》。」〔註47〕則紀昀所歸納之兩派六宗，可以圖示如下：

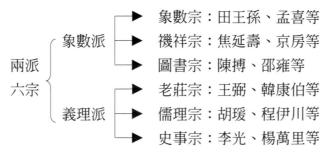

據上表可知漢儒大致重象數，而宋儒則偏於義理。換言之，漢代《易》學家

〔註46〕紀昀總纂：〈易類總敘〉，《四庫全書總目·經部》，卷1，頁1。

〔註47〕紀昀：〈周易義象合纂序〉，《紀文達公遺集》，收入《文淵閣四庫全書·經部》，第1435冊，卷8，頁340。

善於以象數解釋卦爻關係；宋代《易》學家則明於義理以闡發天人之際。黃氏對於象數、義理是否有所偏取，就其嘗言避難時所攜帶參看者爲「李氏《集解》、王《注》、孔《疏》、程《傳》、朱子《本義》及舊所鈔叢說」，並據以撰寫《易釋》來看，李氏被視爲重象數之書，而王、孔、程、朱子之作，則偏於義理闡發，故黃氏《易釋》即兼參象數、義理，並以史事證《易》。

一、以象數變化合君子之德

黃氏治學不存門戶，主張融貫漢、宋於一爐，嘗指責輕視漢學者，誤解漢學雜圖讖，又孳孳考核於訓詁、聲音、文字、制度、名物、事蹟，根本不明聖人之道，所學盡是支離零碎之說。亦不滿輕視宋學者，亦視宋儒無極、太極、先天、後天之辯，爲經外之叢談，即便所論自言是考驗身心、推闡誠正，亦多爲支離之空言。黃氏強調「經學，漢、宋各有所發明，後儒沒所長，攻所短，至叩其墨守之說，則明知有害於經而故諱之，是戚戾家臣不敢知國者也。」〔註48〕因此應當拋下派別成見，以合於經義爲要務，故主張以象數變化，推衍人事。

黃氏善於以象數變化，闡發人事義理。如以〈謙〉卦，推演人事之「善於用柔」。黃氏以爲，天下事惟善用柔，迺堪用剛。如〈謙〉九三有君民之大德，有事君之小心，功能轉〈坤〉，其謙尤大，此〈乾〉三「惕若」之君子也。〔註49〕〈謙〉爲一陽五陰之卦，而九三乃唯一的陽爻，故可以六爻皆陽之〈乾〉，以及六爻皆陰之〈坤〉，說明〈謙〉九三之功用。黃氏認爲在柔與剛中，九三具有關鍵地位，故〈謙〉九三以剛居陽位而得正，此爻就是由〈乾〉九三而來。按〈乾〉九三爻言「君子終日乾乾夕惕若，厲无咎」，其中甚具「自強不息」之精神與憂患意識，而這同時也與〈謙〉九三爻「勞謙，君子有終，吉」，有著〈象傳〉所言「萬民服也」之功勞，但更有「功成不居」之謙退美德。經由〈謙〉九三爻之展示，可將〈謙〉本爲〈坤〉「牝馬」之柔順德性，配以〈乾〉的「飛龍」造化之德。故〈謙〉卦辭與九三爻辭，皆言「君子有終」，而無〈乾〉過於剛健，導致上九「亢龍有悔」的「盈不可久也」，更不會有〈坤〉過於柔弱，而導致壓抑過久，造成一觸即發，「龍戰於野」之衝突。於是〈謙〉卦有爲有守之旨，即展現在九三爻，而可推演人事之「善於用柔」，而非橫衝直撞。尤以居上位者，更當引以爲惕，以免引來戰爭災禍。黃氏據此印證象

〔註48〕黃式三：〈漢宋學辯〉，《儆居集・經說三》，頁13。
〔註49〕黃式三：〈謙〉，《易釋》，卷1，頁17。

數爻位之歷程變化，與君子德性義理之展現相合。

　　黃氏又以〈豐〉之象數變化，說明其具有人事懲戒作用。黃氏曰：

　　　　〈豐〉上〈傳〉「自藏」當作「自戕」。〈豐〉與〈離〉祇上爻之變，
　　　　上變爲六，其屋彌豐，其家益蔽，雖目中之明，无不蔽矣。然蔽人
　　　　者，終自戕，小人何益於身家哉？此聖人爲小人戒，未嘗不爲小人
　　　　謀也。〔註50〕

他指出〈豐〉上六〈象傳〉之「自藏」，應作爲「自戕」，亦即自我傷害。故
可經由比較〈離〉上九與〈豐〉上六之象數，證明兩卦差異，僅在於上爻。
亦即本來「重明以麗乎正」之〈離〉，經過上爻陽變陰而成〈豐〉，雖然有了
上六之屋蓋遮蔽，但也將〈離〉日受到隔絕，失去日光豐照，而陷入自取滅
亡困境，而對國家無益。黃氏據此認爲，「此聖人爲小人戒，未嘗不爲小人謀
也」，亦即同於〈繫辭傳〉「小人不恥不仁，不畏不義，不見利，不勸、不威、
不懲。小懲而大誡，此小人之福」之發揮。〔註51〕由於〈繫辭傳〉僅說明對
小人之懲戒，黃氏則進一步說明小人不可將自我德義遮蔽，而失去中正光明，
強調應當隨時憂患謀慮，方合於《周易》仁義立人之道。可知黃氏釋《易》，
兼顧《周易》卦爻陰陽變化，故善於運用象數變化，再推闡其人事義理，將
卦爻象數之提示，運用於闡發德性，再由義理闡發，實現《易》道。

二、以史事印證吉凶

　　《易》之「史事」一派，認爲經史同源，故以史證經，成爲一種慣用之
解《易》途徑。以史治《易》之源流與表現形式，最早可上推至〈易傳〉，帛
書〈易傳〉用史事解說卦爻辭，堪稱開以史治《易》之先河。其次，鄭玄亦
曾以《周禮》參史事，而晉干寶本之殷周史揭證《周易》等等，皆爲以史證
《易》之例。清儒以史證《易》，於清初已粲然大備，據黃忠天教授之研究指
出，儒者本於經史互證之傳統、李光與楊萬里援史證《易》之流裔、徵實學
風之追求，以及與世變有著特殊關聯之寄寓憂思、抒發感懷等諸多因素綰合
下，以史證《易》，推極一時。〔註52〕且此一以史解《易》方式，亦爲多數清

〔註50〕黃式三：〈疑義分釋〉，《易釋》，卷3，頁138。
〔註51〕阮元校勘：〈繫辭傳下〉，《十三經注疏・易疏》，頁170。
〔註52〕詳參黃忠天：〈世變與易學——清初史事易學述要〉，《經學研究集刊》第5期
　　　　（2008年11月），頁127～132。

儒所慣用，黃式三即屬其一，他並藉以闡揚「易學」之實用價值。

　　以史治《易》之研究方法，大致分爲三種形式。第一，以史注《易》：即從史料中，引出結論。第二，以史證《易》：通過史事，印證和闡發其中所蘊含之大道，凸顯「史事」爲闡衍「易學」思想和構築理論體系之材料。第三，以史代《易》：主張經即史，皆認同六經皆史的觀點。」〔註53〕黃氏採用「以史證易」方法，如卷一釋〈晉〉，即以通過三國史事與蜀漢諸葛事蹟，印證〈晉〉卦各爻之義。其曰：

> 「維用伐邑」，其蜀即帝位，議伐中原之象乎？初未受命，「裕元咎」，此三顧茅廬，許以馳驅之時乎？二「受」、「福」、「愁如」所謂「後值傾覆，受任於敗軍之際，奉命於危難之中」乎？三「眾允」上行其定益都、爲軍師，眾信治蜀之績乎？初曰「摧如」、二曰「愁如」，言初未晉「受命」、二未晉「受福」之前也，四爲「鼫鼠」則摧如。五未升上則愁如。「鼫鼠」則曹魏是也。〔註54〕

他首先據〈晉〉卦辭「康侯用錫馬蕃庶」，亦即康侯獲得天子諸多賞賜與三度接見，以爲可以劉備之三顧茅廬於諸葛亮證之於蜀漢立國事蹟，接著六五「往吉」與上九「維用伐邑」，正如蜀漢即帝位之後，議伐曹魏、問鼎中原。於是初爻「裕无咎」與小〈象〉「未受命」，亦合於諸葛亮曾不受命於劉備。於是六二爻又曰「受」、「愁如」，可印證劉備揮軍吳國，商議抗魏之事蹟。至於六三爻之「眾允」、「上行」，亦得以蜀漢定益都、諸葛亮被任命爲軍師，眾人皆信服於諸葛亮之治蜀政績，以及篡漢之曹魏，譬諸九四爻辭之「鼫鼠」，印證於爻辭。除了顯示黃氏善於以三國史事發展，巧妙印證於〈晉〉卦，亦藉以發揚「易學」切於人事的「易用」精神，闡揚經世致用之價值。

　　再如黃氏詮釋〈明夷〉，亦分別以商、周兩代遞嬗事蹟詮說六爻，並藉以闡發治國之道。按〈明夷〉初九之爻辭曰：

> 明夷於飛，垂其翼。君子於行，三日不食。有攸往，主人有言。
> 〔註55〕

黃氏指出此「不食」者，可對比於伯夷待於海濱事蹟，由於初九爻位與五、

〔註53〕關於以史治《易》之形式、特點、代表儒者，詳參林忠軍：〈論以史治《易》〉，收入朱伯崑主編：《國際易學研究》第 1 輯（北京：華夏出版社，1998），頁129～143。

〔註54〕黃式三：〈象爻合釋〉，《易釋》，卷1，頁35。

〔註55〕阮元校勘：〈明夷〉，《十三經注疏·易疏》，卷4，頁88。

上爻位相隔尚遠，可知商紂爲昏闇不明之君，於是伯夷「不食而早行」以明志。〈明夷〉六二〈象傳〉爲「順以則也」，表示商紂雖然暴虐無道，但文王既爲人臣，且商朝尚不該滅，故黃氏認爲歎息時勢之無可奈何，乃是文王之順以則。至於〈明夷〉之九三爻，黃氏則以卦變，指出武王能行君子、大人之道，所以伐紂是爲陽長，於是大君〈臨〉變爲〈泰〉，而天道、良臣、百姓皆有志一同，齊心伐紂。相對地，商紂自恃於得君位，強升陽位，肆虐百姓，正是大君之〈臨〉變爲〈明夷〉，使九二陽爻，強升成爲九三爻，導致第二爻中道虛空，國勢衰微，而成〈明夷〉之勢。至於〈明夷〉六四爻辭爲「入於左腹，獲明夷之心，於出門庭」，黃氏亦認爲，此時是「太師疵、少師彊抱器歸周之象」，可知商紂失德而導致眾叛親離，使臣子「出門庭」。又〈明夷〉六五爻辭爲「箕子之明夷，利貞」，正如商朝雖國勢未亡，但紂王不理國事，昏闇不明，連忠臣箕子也被囚禁，雖然有「紂未亡之象」，但亡國已是可預知之事。最後爲〈明夷〉上六爻辭「不明，晦，初登於天，後入於地」，〔註56〕正如商朝在強盛數百年之後，已是明晦入地，而爲「紂既亡之象」。黃氏通過商、周兩代史事遞嬗，顯示〈明夷〉六爻整體之發展脈絡，並強調國君之賢明與昏庸，乃爲國家興亡關鍵。

此外，黃氏《易釋》亦有不少「以禮釋《易》」以印證人事吉凶之處。如其解釋〈無妄〉，即言：

> 無妄，無虛妄之念也。事非禮義而思之，爲邪念；事之吉凶不可必而預謀之，爲妄。〔註57〕

黃氏認爲吉凶在《易》中，囊括一切吉凶及其根源，除了來自人事之舉止因素以外，更有各種自然、非人爲之命運。而禮之吉凶，則表現於對人事儀則違順之反映，故《易》之吉凶與禮之節度相同，倘有違於禮，勢必成爲吉凶之根源，背離「禮義」正道，必有禍患。故人之所有行事，不可輕易妄行，而當以「禮義」爲審度標準。

又如其釋〈歸妹〉「征凶，无攸利」，則舉《禮記》爲證，說：

> 喪父，長女不嫁，女雖年長而有父喪，不可娶也。……以六爻分言之，五嫁二妹爲女君，二有剛中之德，尚禮，不尚飾袂。〔註58〕

〔註56〕阮元校勘：〈明夷〉，《十三經注疏・易疏》，卷4，頁89。
〔註57〕黃式三：〈象爻合釋〉，《易釋》，卷1，頁11。
〔註58〕同上註，頁24。

按禮義，不娶喪父之長女，實爲遵守禮制。但〈歸妹〉六五爻曰「帝乙歸妹，其君之袂，不如其娣之袂良」，意謂帝乙嫁出少女，由於位貴下嫁，德尚謙遜，故雖爲正室，其服飾儉樸，不如側室美好。而黃氏則認爲，婚禮應當凸顯行禮之兼備，而不尚服飾之華美，反而更能顯現高貴，又能施行謙儉之道，強調婚禮之本質在於落實禮義。

總論黃氏「易學」，乃以「經傳通貫」立場，故將〈象〉爻之辭合釋，以明卦辭、爻辭皆一意相承，並將卦辭中之同辭合釋，使其俱歸於一義。其次，黃氏又指出舊說不妥之處，使《易》之全體大明，尤以黃氏將《易》象印證於史實時事，強調《易》道乃聖人垂教，闡發知人事，悉天命之旨，反應清儒重實用價值之時代共識。

然而，黃氏雖能融攝眾說，表現不拘門戶之治學性格，誠如其摯友傅夢占所云：「囊括古今注說而實事求是，以此羽翼往聖之書，非逞臆辨。……此眞《易》道之綱領，發前人所未發。」〔註 59〕肯定其注重通貫精神，對歷來《易》說歸納與統整之功，並主彰「不可盡同於古人」而有前人未發之創見。但黃氏自認創見之處，後人未必認同，如柯劭忞（1843～1933）即認爲《易釋》有穿鑿之嫌，指出：

> 如〈需〉之入於穴，謂即涉坎之大川。〈履〉之大君，謂即宗廟之主。
> 如今稱先帝武人爲於大君，爲猶應也。〈需〉之需於血，〈坎〉爲豕，
> 爲血，〈需〉於血養陰也，〈需〉於酒食養陽也。〈坤〉之正位居體。
> 謂正其臣位，蹲屈其股肱，所謂擎跽曲拳，人臣之禮。凡此皆自創
> 新奇，亟當訂正者矣！〔註 60〕

這些質疑，正點出黃氏解《易》觀點的未備之處。然而，倘就《易釋》融會〈象〉、爻，重視「經」、「傳」之通貫精神。誠如吳格（1859～1940）於《續四庫提要三種》中，評價《易釋》能「融會全經，不泥於一章一句，在《易》說中最爲通貫」。〔註 61〕肯定黃氏能夠在「通貫經傳」之綱領下，辨析是非，融攝諸經，合釋分析以求通解，除了能掃除清代儒者漢、宋二界之門戶藩籬，亦體現浙東學術博洽融通之特色。

〔註 59〕 傅夢占：〈易釋敘〉，見黃式三：《易釋》，書前，頁 3。
〔註 60〕 柯劭忞：〈易釋提要〉，見中國科學院圖書館整理：《續修四庫全書總目提要‧經部》（北京：中華書局，1933），上冊，頁 135。
〔註 61〕 胡玉縉撰，吳格整理：《續四庫提要三種》（上海：上海書店出版社，2002)，頁 408。

　　此外,「經傳」是否可視爲一體,學術界尚存有不同意見。近來有學者認爲《易》之經文成於周初,傳文中最早的〈彖〉、〈象〉,則成於戰國中晚期,其間相差近六、七百年,傳文之解釋是否合於經文原意,似乎有待證明。且「十翼」恐未必成於一人之手,思想亦未必一致,故主張「易學」當以經傳分離解之。但本文以黃氏主張「經傳通貫」爲之釋經立場,探究其《易釋》內容與思想表現,其立論是否正確,則非本文論述宗旨,故暫時不予列論,並期能於來日再論。

第八章 「以《禮》證《詩》」的「詩經學」

　　清儒崇尚徵實，治學講求實證，以為經典本義皆可通貫，故強調「以經證經」。如江藩《經解入門》即主張經與經相表裡，指出解經之「參考貴盡群經」，唯有綜觀博考，方能周知其義，〔註1〕強調「以經釋經」乃為解經之主要途徑。黃式三亦強調通貫諸經，故其「詩經學」亦藉由「以經證經」，闡發《詩》旨。

　　清代《詩經》研究，具有「輯存古義」、「尊漢抑宋」取向。從康熙敕撰御定《欽定詩經傳說彙纂》主張以：

> 朱熹《集傳》為綱，而古義之不可磨滅者，必一一附錄以補闕遺，
>
> 因此於學術持其至平，於經義乃協其至當。〔註2〕

可見清廷科考雖以《集傳》為官方定本，但論《詩》並不囿於朱《傳》，而是重新檢視歷來各種箋注，「一一附錄」，兼而存之。除了確立清代《詩經》「輯存古義」之研究方向，亦啓發漢學復興之路。到了乾隆二十年敕編《周易折衷》，已由官方表明尊漢立場，根據《鄭箋》標分章句，申論〈詩序〉解釋詩旨，使「詩學」極為明顯地從宗朱，轉為申毛、鄭，更確立乾嘉以降「《詩經》漢學」之主流地位。黃式三受此學風影響，釋《詩》亦秉持尊漢立場，表現與時代合趨之詮釋進路。

　　黃氏本欲撰寫《詩經》研究專書，可惜未能完成，諸篇論《詩》之文，今散見於文集中。據黃氏自言：「式三夙讙《詩序說通》、《傳箋同異考》二書，皆未成」，〔註3〕復參照傅肖嚴〈儆居集序〉說：

〔註1〕 江藩：〈經與經相表裡〉，《經解入門》（臺北：廣文書局，1977），卷4，頁78。

〔註2〕 紀昀總纂：〈欽定詩經傳說彙纂提要〉，《四庫全書總目‧經部》，卷16，頁130。

〔註3〕 黃式三：〈詩學自怡錄敘〉，《儆居集‧雜著三下》，頁6。

《詩傳箋考》之未成，掇爲《詩説》；《禮叢説》之未成，掇爲《禮
説》，並列於集中，爲《經説一》。〔註4〕

可知黃氏原有意撰寫之《詩序説通》、《傳箋同異考》二書，皆未能完成，諸
篇論《詩》之作，見於《儆居集・經説一》。此外，《論語後案》亦討論《詩
經》甚多，如詮釋「詩三百」、「不學詩無以言」，對於孔子刪《詩》問題，論
之甚詳。

第一節　黃式三對《詩經》基本問題的看法

考論一人《詩經》研究，需先考察其對於基本問題之主張，以明其思想歸
趨。故舉凡作者、成詩時代、采詩與刪詩、六義、正變、〈詩序〉、詩教等等，
皆可緣此觀其《詩》論立場。清儒《詩經》研究，大致以尊崇毛、鄭爲多，諸
如陳啓源《毛詩稽古編》、陳奐《詩毛氏傳疏》，胡承琪《毛詩後箋》，馬瑞辰《毛
詩傳箋通釋》等書之專標《毛詩》，昭然若揭。至於力主別樹一幟之姚際恆，其
《詩經通論》事實上亦反朱頗烈。再如魏源《詩古微》，表面上表彰三家之學，
實際專爲溝通《齊》、《魯》、《韓》、《毛》，仍爲尊漢立場。而范家相之《詩瀋》，
雖也頗斟酌於三家與朱子之間，但仍專主〈毛序〉。

黃氏論《詩》亦有「尊漢」傾向，從其對《詩經》之基本看法，得以印證。
其觀點如下：

一、以王道興衰分〈國風〉之「正變」

《詩》有正變，是《毛詩》和鄭玄〈詩譜序〉共同提出之命題。〈詩序〉
曰：「至於王道衰，禮樂廢，政教失，國異政，家殊俗，而變〈風〉、變〈雅〉
作矣。」〔註5〕將十五「國風」和大、小〈雅〉，分爲「正」和「變」，認爲〈風〉、
〈雅〉之所以有變，乃是以君德、民風爲據，亦即「正」詩產生於治世，而
「變」詩發生於衰世，且包含「變〈風〉」、「變〈雅〉」。鄭玄（177～200）緣
此，更進一步指出王道、禮樂始衰之時間，即：

文、武之德，光熙前緒，以集大命於厥身，遂爲天下父母，使民有政
有居。……及成王、周公致太平，制禮作樂，而有頌聲興焉，盛之至

〔註4〕 傅夢占：〈儆居集序〉，見黃式三：《儆居集》，書前，頁2。
〔註5〕 見阮元校勘：《十三經注疏・詩疏》，卷1，頁16。

也。本之由此〈風〉、〈雅〉而來，故皆錄之，謂之詩之「正經」。後
王稍更陵遲，懿王始受譖亨齊哀公;夷身失禮之後，邶不尊賢。自是
而下，厲也、幽也，政教尤衰，周官大壞。……故孔子錄懿王、夷王
時詩，訖於陳靈公淫亂之事，謂之「變〈風〉」、「變〈雅〉」。〔註6〕

鄭玄以爲《詩》可依政治隆污，分爲兩類：一是文王、武王、成王時代，自
〈周南〉至〈召南〉共二十五篇之「正詩」（正風）。另一類則爲懿王以後，
自〈邶風〉至〈豳風〉共一百三十五篇之「變詩」（變風）。換言之，鄭玄把
盛世之詩稱爲「正」，衰世則稱爲「變」。

　　如何判定《詩》之正變，諸說分歧。以「十五國風」爲例，朱熹認爲當
以音樂之應用不同區分，顧炎武嘗申朱子之說，以爲〈邶〉、〈鄘〉、〈衛〉、〈王〉
皆爲列國，因此周王撫萬邦、巡侯甸，故大師陳詩以觀民風，將凡採於列國
者，各繫之其國，而以其國名爲國風。但驪山之禍以後，先王之詩大多闕軼，
遂孔子所能輯錄者，皆平王以後之詩，亦即變〈風〉。〔註7〕所以顧炎武以爲
詩無「正〈風〉」，並贊成以合樂與否，區分正變。〔註8〕黃氏則認爲衰世亦有
「正〈風〉」，且〈風〉之正變，當以王道之興衰區分。

　　黃氏根據《史記》論證《詩》之正變，不以音樂區分，且衰世以後亦有
正〈風〉。他指出按太史公所言「《詩》三百篇，夫子皆弦歌之以求合於《韶》、
《武》之音」，認爲「安見變《詩》之不入樂，而專以《南》、《豳》、《雅》、《頌》
爲四詩」乎？認同孔穎達所持論「變《雅》雖亦播於樂，或無算爵之節所用，
或隨事類而歌，又在制禮之後，樂不常用」之主張，〔註9〕以爲《詩》之正變，
與音樂無關。黃氏曰：

　　〈國風〉自〈邶〉、〈鄘〉以下，多東遷以後之詩，而〈齊〉哀、〈衛〉
　　頃，亦祇爲西周變風，說者有列國無正風之疑，近時顧氏亭林，因
　　有列國「正風」亡於驪山兵燹之說。〈國風〉之序，以作詩先後爲次，
　　以采詩先後爲次，以國地大小爲次，孔〈正義〉已駁之，歐陽永叔
　　以兩合者爲次，益非儒者所信。〔註10〕

可見〈邶〉、〈鄘〉、〈齊〉、〈衛〉諸〈風〉，皆爲政治衰微以後之詩，卻是正風

〔註6〕 鄭玄：〈詩譜序〉，見阮元校勘：《十三經注疏・詩疏》，書前，頁5。
〔註7〕 顧炎武：〈王〉，《日知錄》（上海：上海商務印書館，1934），卷3，頁21～22。
〔註8〕 顧炎武：〈詩有入樂不入樂之分〉，《日知錄》，卷3，頁1。
〔註9〕 黃式三：〈子罕〉，《論語後案》，卷9，頁14。
〔註10〕 黃式三：〈詩國風說〉，《儆居集・經說五》，頁1。

之變，並非顧氏所云無正風。黃氏並進一步以十五「國風」之次序，印證〈風〉之正變，當以王道興衰區分，而與音樂無關。

〈國風〉次第是否具有特別意義，歷來學者意見不甚一致。如孔穎達、成伯璵、歐陽修、王安石等人，皆以為其篇目排列次第，與作詩先後、采詩先後、國地之大小息息相關，係有意之安排。〔註11〕張載則以為僅部分具有意義，〔註12〕至於朱子、顧炎武等人，則認為全部皆無意義。〔註13〕黃式三贊同十五「國風」之排列次第為有意安排，且攸關政治隆污。他認為「由於聖天子之化，賢方伯之教」，故「風之所以能正」，正如〈周南〉、〈召南〉即為王化之本。黃氏曰：

> 〈周南〉，畿內之正風也；〈召南〉，列國之正風也。此〈序〉所以言〈周南〉王者之風，〈召南〉諸侯之風，而鄭君《箋》以聖賢分之也。
> 〔註14〕

他以王化之本解釋「南」，將〈國風〉次序，定為以「正」風之〈周〉、〈召〉為首，次之為王化既衰以後，諸侯分禮樂征伐之權，於是產生「變」詩，亦即〈邶〉、〈鄘〉、〈衛〉等風。再者，諸侯相互兼併，周王畿之〈王〉風接續產生。而後由於情勢更亂，王制已不足以統臨天下，於是畿內諸侯，如鄭國等亦自立為列國，但因為鄭國位於周畿之內，故次之以〈鄭〉風。接著王道更為衰微，君臣幾乎失去上下等分，於是諸如齊、晉、秦等諸侯國亦稱霸一方，故又次之。最後則為陳、檜、曹諸小國，此時為亂至極，故其次序列於最後。黃氏據《史記》所載各國事蹟，證明王道之政治隆污，正與「國風」之次序相符，亦即「國風」之正變，當以王道之興衰為區分依據。

二、援「禮制」以尊〈毛序〉

漢代以後儒者之論《詩》，以是否推尊〈毛序〉，最具爭議。誠如梁啓超

〔註11〕 詳參黃振民：〈詩經詩篇之命名及其排列次第考〉，《詩經研究》（臺北：正中書局，1982），頁113~116。

〔註12〕 張載云：「《詩》固有次敘，然不可一例。惟二〈南〉之後次衛，衛後次王，此有意。若非以衛分之，則王無異於正〈風〉也。其他不必次。一國之詩，其首尾固有先後，其中未必然。當刪定之時，只取得者置於其間。」

〔註13〕 朱子云：「十五國風次序恐未必有意，而先儒及近世諸先生皆言之，故《集傳》中不敢提起；蓋詭隨非所安，而辨論非所敢也。」顧亭林亦以為今《詩》已非古詩篇次，《詩》之世次，絕不可信。

〔註14〕 黃式三：〈詩國風說〉，《儆居集・經說五》，頁1。

所言，「三百篇本文，幾乎絕無疑議之餘地，其最爲聚訟之鵠者，唯一〈毛詩序〉。」〔註15〕尊〈序〉者以爲，〈序〉乃爲考求各詩本旨而設，因此孔子與弟子論《詩》，具有政治功用、倫理教訓，品德修養之詩教目的，所以才說「不學詩無以言」。至於〈大序〉之四始、六義、正變，亦循此思想基礎而發揮。〔註16〕故尊〈序〉者皆強調《詩》具有修齊治平之功，亦即深具教化寓意。

　　但詩教作用，到了宋代幾乎瓦解。紀昀於《四庫全書總目》即指出漢唐以來「說《詩》者莫敢議毛、鄭，雖老師宿儒，亦謹守〈小序〉」，〔註17〕信而不疑。宋代疑經風氣漸盛，新義日增，歐陽修《毛詩本義》始對〈毛序〉和《傳》、《箋》提出指摘，試圖打破〈毛序〉乃聖賢所作之迷思，提出以意逆志，以求作《詩》本意之解經方向。〔註18〕稍後的蘇轍作《詩集傳》，亦僅存〈毛序〉首句，以下餘文，盡皆刪去。〔註19〕到了南宋，更掀起一股廢〈序〉風潮，〔註20〕鄭樵（1104～1162）對〈詩序〉、《毛傳》、《鄭箋》皆激烈批評。其《詩辨妄》指出〈毛序〉僅爲一家之言，不可偏信，人們乃因其依托聖賢之作，所以不敢疑議序言。因此，鄭樵爲了力證其僞，逐一查對古書，證明〈詩序〉並非春秋戰國以前之作，而是《史記》以後才由「村野妄人」之衛宏（約25～57）所作。〔註21〕鄭樵此論，引起頗大震撼，學術界亦紛紛響應，朱子即由「尊〈序〉」立場改爲「廢〈序〉」。

　　朱子《詩集傳》原遵〈毛序〉，後來採信鄭樵《詩辨妄》之說，亦以爲〈詩序〉並不足信，〔註22〕故將舊本《詩集傳》廢棄，另作《詩序辨說》，斷定「〈詩

〔註15〕　梁啓超：〈清代學者整理舊學之總成績〉，《中國近三百年學術史》，頁205。
〔註16〕　裴普賢：〈詩經幾個基本問題的簡述〉，收入熊公哲等著：《詩經論文集》（臺北：黎明文化事業，1982），頁59。
〔註17〕　紀昀總纂：〈欽定詩經傳說彙纂提要〉，《四庫全書總目・經部》，卷16，頁130。
〔註18〕　〈毛詩本義提要〉曰：「自唐以來，說詩者莫敢議毛、鄭，雖老師宿儒，亦謹守《小序》，至宋而新義日增，舊說俱廢。推原所始，實發於修。」見紀昀總纂：〈毛詩本義提要〉，《四庫全書總目・經部》，卷15，頁121。
〔註19〕　〈詩集傳提要〉言蘇轍：「以詩之〈小序〉反覆繁重，類非一人之詞，疑爲毛公之學，衛宏之所集錄，因惟存其發端一言，而以下餘文，悉從刪汰。」見紀昀總纂：〈詩集傳提要〉，《四庫全書總目・經部》，卷15，頁121。
〔註20〕　詳參夏傳才：〈宋學《詩經》研究中的幾個問題〉，《詩經研究史概要》（臺北：萬卷樓圖書公司，1993），頁166～171。
〔註21〕　詳參林慶彰：〈鄭樵的《詩經》學〉，收入蔣秋華、馮曉庭編：《宋代經學國際研討會論文集》（臺北：中央研究院中國文哲研究所，2006），頁315～316。
〔註22〕　黎靖德編、王星賢點校：〈詩一綱領〉，《朱子語類》（北京：中華書局，2004），第6冊，卷81，頁2076。

序〉多是後人妄意推想詩人之美刺，非古人之所作」，〔註23〕並逐篇論辨〈毛序〉與詩意矛盾不通之處。當然，此一疑〈序〉風氣，立即受到尊〈序〉學者諸如程頤等人反對。自是以後，說《詩》者遂分攻〈序〉、宗〈序〉兩家，角立相爭，久無定論。

　　清儒大致推尊〈毛序〉，官方編纂之《欽定詩經彙纂》雖以《集傳》為宗，但仍附錄〈毛序〉於詩前。可知清人不僅未跟從朱子而廢〈序〉，甚至抨擊朱熹《詩》論甚烈。誠如梁啓超所言，「清學正統派，打著尊漢」、「好古」旗號，所以多數著名學者，大率群守〈毛序〉」〔註24〕於是，「反朱宗毛」、「反朱尊〈序〉」，蔚為主流，〔註25〕且相關著作甚多。

　　黃氏力尊〈毛序〉，並據以申論《詩》旨。他說：

> 古者采詩以達下情，豈不記所作之意？至於〈雅〉、〈頌〉，乃祭祀、
> 燕享樂章，安得不明著其義？子夏、毛、衛之傳，蓋有所受之矣！
> 舍〈序〉義而言《詩》，猶適千里，而無嚮導也。〔註26〕

認為每一首詩之采入，皆有其目的。於是透過〈毛序〉，彰顯本旨，以達下情。以〈雅〉、〈頌〉言之，乃為祭祀、燕享之樂章，所重在於背後展現之禮儀秩序。例如〈關雎〉之詩，三家皆以為衰世之詩，黃氏則論其深具教化意義。黃氏曰：

> 〈關雎〉「美后妃」即「美文王」，《詩》之大綱也；「樂而不淫，哀
> 而不傷」，《詩》之大義也。《三家詩》以〈關雎〉為刺康王，則其詩
> 直淫而傷矣！且詩果作于康王之時？何以周公制禮，〈鄉飲〉諸篇用
> 之合樂，前儒已論其謬，而知毛《傳》之為正矣！〔註27〕

他根據〈毛序〉，指出〈關雎〉居於三百篇之首，正可顯示其「正始之道，王化之基」之重要地位，故按〈詩序〉，乃歌頌「后妃之德」，深具教化意義。但《詩三家義集疏》卻以為「君子」為康王，「淑女」指康王之后妃。〔註28〕

〔註23〕黎靖德編、王星賢點校：〈詩一綱領〉，《朱子語類》，第 6 冊，卷80，頁 2077。
〔註24〕梁啓超：《中國近三百年學術史》，頁 206。
〔註25〕例如陳啓源《毛詩稽古編》，陳奐《詩毛氏傳疏》，胡承珙《毛詩後箋》，馬瑞辰《毛詩傳箋通釋》等書，皆專標毛《詩》。即便是兼反漢、宋，別樹一幟的姚際恆作《詩經通論》，事實上也反朱甚烈。詳參何定生：〈清儒對於詩經的見解〉，收入林慶彰編《詩經研究論集》（臺北：臺灣學生書局，1987），頁 427。
〔註26〕黃式三：〈讀唐氏九經發題〉，《儆居集・讀子集四》，頁 15。
〔註27〕黃式三：〈關雎說〉，《儆居集・經說一》，頁 1。
〔註28〕王先謙於《詩三家義集疏》曰：「綜覽三家，義歸一致，蓋康王時當周極盛，

黃氏反駁三家之誤，指出康王之時，周公尚未制禮，何以〈鄉飲〉諸篇，已用〈關雎〉合樂，可見三家之說，明顯矛盾。

黃氏又論《儀禮》之義與《毛傳》之旨，完全相合。他以〈鄉飲酒禮〉送賓時，奏樂程序包括升歌、笙奏、間歌、合樂等四段，其中「合樂」之歌，所奏之〈關雎〉、〈葛覃〉、〈卷耳〉與〈鵲巢〉、〈采蘩〉、〈采蘋〉等，其用意皆合於〈毛序〉之旨。正是以〈關雎〉詠后妃之德、〈葛覃〉述后妃之本、〈卷耳〉則讚后妃之志，故奏唱此詩，以宣揚王道教化。至於〈鵲巢〉亦歌詠夫人之德，而〈采蘩〉則意以夫人不失職，〈采蘋〉則主於侯夫人、大夫妻之事，亦施用於教化，於是皆為「正樂」，可證《毛傳》之旨與《儀禮》之義，完全一致。

黃氏又證〈采蘋〉之〈序〉，就在申明婚禮之義。由於〈采蘋〉一詩歷來頗多異說，尤其「季女」為「已嫁」或「未嫁」身分，爭議頗多。《毛傳》以「季女」為將嫁之女，詩為禮女之祭；〔註29〕而鄭玄則認為是「教成之祭」，亦即出嫁前之教育；〔註30〕王肅卻主張乃「助祭」之詩，「季女」為大夫之妻，亦即「出嫁後」之祭祖。〔註31〕到了朱熹作《詩集傳》，解釋「誰其尸之，有齊季女」，即申說〈詩序〉及王肅之義，主張「祭祀之禮，主婦主薦豆，實以菹醯。少而能敬，尤見其質之美，而化之所從來者，遠矣！」〔註32〕並未明指待嫁或已嫁身分，而將重點放在祭祀物品，以彰顯主祭者之美德。

黃氏反對王肅、朱熹之說，故據《禮記》所用以祭祀之牲品，以及所穿之衣著，考論其指未嫁之女。其云：

> 《禮・昏義》言教成之祭曰：「牲用魚，芼之以蘋藻。」毛《傳》、《鄭
> 箋》皆引之以證〈采蘋〉之詩。詩云「季女」，季者，少也。因將嫁，
> 以少女俑之，祭不以宗子為主，而以季女主之，可見季女之非助祭。

一朝晏起，應門之政不修，而鼓柝無聲，后夫人璜玉不鳴，而去留無度。固人君傾色之咎，亦后夫人淫色專寵致然。見王先謙：〈周南〉，《詩三家義集疏》，收入《詩經要籍集成》（北京：學苑出版社，2002），第41冊，卷1，總頁93。

〔註29〕　《毛傳》解釋說：「季，少也。蘋、藻，薄物也。澗、潦，至質也。筐、筥、錡、釜，陋器也。少女，微主也。古之將嫁女者，必先禮之於宗室，牲用魚，芼之以蘋藻。」見阮元校勘：〈采蘋〉，《十三經注疏・詩疏》，卷4，頁4。

〔註30〕　鄭玄曰：「女子十年不出姆教，婉娩聽從。執麻枲、治絲繭、織紝組紃、學女事，以共衣服。觀於祭祀，納酒漿、籩豆、菹醯禮，相助奠。十有五而笄，二十而嫁。此言能循法度者，今既嫁為大夫妻，能循其為女之時所學所觀之事，以為法度。」見阮元校勘：〈采蘋〉，《十三經注疏・詩疏》，卷4，頁5。

〔註31〕　見阮元校勘：《十三經注疏・詩經》，卷4，頁4～5。

〔註32〕　朱熹：〈采蘋〉，《詩經集傳・召南》（臺北：世界書局，1969），頁7。

義見《箋》、《疏》亦已明矣！王肅好申《傳》駁《箋》，此《傳》、《箋》
既同，肅乃自爲說而云：「大夫妻，助夫氏之祭。」朱子《集傳》從
之，非也。〔註33〕

黃氏指出依照〈昏義〉所載，女子將嫁前必學祭祀禮儀，以待其既嫁後，得以循之供奉夫家祭祀。於是按女子婚前實習祭祀禮儀之牲品爲蘋、藻，可知詩中女子，既採蘋、採藻於溪濱，其身分爲「將嫁之女」，相當明確。其次，詩又言「爲絺爲綌」，倘對照〈月令〉「后妃齊戒，親東鄉躬桑」，與〈玉藻〉「振絺綌不入公門」，可知「后妃止有躬桑之禮」，唯有在家爲女時，才用「爲絺」、「爲綌」。據此，詩既言「爲絺」、「爲綌」，又可證此「季女」，即未嫁之女。

除上述二例，黃氏詮釋〈葛覃〉，亦引用〈序〉之「言在家爲女，勤儉淑慎，是其本也」，指責「近儒不遵〈序〉說，遂謂后妃於女工無不親爲之，於《禮》爲褻」，〔註34〕具見黃氏援禮制以尊〈毛序〉之表現。

三、據《論語》贊成「孔子刪《詩》」說

最早提出孔子刪《詩》者，爲司馬遷。據《史記‧孔子世家》云：

古者詩千三餘篇，及至孔子，去其重，取可施於禮義，……三百五篇，孔子皆弦歌之，以求合韶、武、〈雅〉、〈頌〉之音。〔註35〕

司馬遷之意，認爲孔子在三千多篇古詩中，以禮義爲標準，將那些重複、不合禮義者，全部刪去，僅保留三百多篇。此說後儒疑、信皆有，如鄭玄、班固、歐陽修、蘇轍、朱熹、邵雍、陸德明等皆相傳不疑。

反之，唐孔穎達卻質疑司馬遷的說法，與先秦史籍關於詩歌之流傳情況記載，並不吻合，於是說：

《史記》之言，則孔子之前詩篇多矣！案《書傳》所引之詩，見在者多，亡逸者少，則孔子所錄，不容十分去九，馬遷言古詩三千餘篇，未可信也。〔註36〕

孔穎達懷疑孔子並未真如司馬遷所言，將三千刪爲三百。而後，包括朱子、鄭樵、葉適、朱彝尊等，皆認爲孔子未嘗刪《詩》。

〔註33〕黃式三：〈采蘋說〉，《儆居集‧經說五》，頁3～4。
〔註34〕黃式三：〈葛覃說〉，《儆居集‧經說一》，頁4。
〔註35〕司馬遷：〈孔子世家〉，《史記》（北京：中華書局，2000），卷47，頁1936。
〔註36〕見孔穎達：〈詩譜序疏〉，《十三經注疏‧詩疏》，書前，頁6。

孔子是否刪《詩》，到清代仍爭訟不已。如崔東壁（1740～1816）亦駁斥「孔子刪《詩》」，其《讀風偶識》打破傳統舊說，以爲：

> 孔於刪《詩》孰言之？孔子未嘗自言之也，《史記》言之耳。孔子曰：「鄭聲淫，是鄭多淫詩也。」孔子曰：「誦《詩》三百」，是《詩》止有三百，孔子未嘗刪也。學者不信孔子所自言，而信他人之言，甚矣！其可怪也。〔註37〕

崔氏以孔子自言所誦之《詩》，只有三百之數，故不贊同孔子有刪《詩》之實。

黃氏則贊成「孔子刪《詩》」，並以爲刪《詩》目的，在於「節以古禮」，使其言皆歸於「正」。其云：

> 雅，正也。正言者，正其所不正也。……夏殷之禮失傳，周之禮先正、後正不同，既未免以誤沿誤，即《詩》、《書》之論說必有曼衍淑詭而不守正者。夫子信而好古，深惡夫不知而作之失正也。故刪訂《詩》、《書》，節以古禮，其言一歸於雅。〔註38〕

黃氏指出孔子刪《詩》，乃出於古詩中多有不正者，故刪削不合於「禮義」之詩，使其皆歸於雅正，以發揮正人心之功用。

黃氏以爲刪定後之《詩》，已無邪思。故其《論語後案》註解「《詩》三百一言以蔽之，曰思無邪」之句，以爲：

> 《詩》三百指已刪後言也，《詩》之思不同，夫子刪《詩》以思爲主，凡思之邪與思之不可知者，皆刪之。其存者，思皆無邪，可以勸善懲惡，爲後世之典型也。〔註39〕

黃氏贊成《詩》三百篇，皆爲孔子主於去其邪思，以達勸善懲惡、以正人心之刪定成果。

黃氏更就前人懷疑三百篇仍有邪思之質疑，提出辯駁，以爲那些詩皆另有作用，且可分成四類說明。其一爲《詩》之言辭「有邪」者，乃因刺邪，而辭亦邪。黃氏曰：

> 有刺邪而辭疑邪者，如〈桑中〉、〈溱洧〉諸詩，以閔惜懲創之心，窮狀宣淫者昏蔽也。〔註40〕

〔註37〕崔述：《讀風偶識》（臺北：學海出版社，1979），頁112。
〔註38〕黃式三：〈述而〉，《論語後案》，卷7，頁28。
〔註39〕黃式三：〈爲政〉，《論語後案》，卷2，頁3。
〔註40〕同上註，頁3～4。

他認為〈桑中〉之詩，雖載孟姜、孟弋、孟庸三女，與男子相會於桑林，但據〈序〉指出其目的在「刺衛之公室淫亂，男女相奔」。至於〈鄭風〉中的〈溱洧〉，雖亦載三月上巳之日，少男少女們據當地風俗，相互逗樂嬉鬧，臨別前還互贈勺藥，看似邪淫。實際上，此乃反諷筆法，據〈毛序〉認為是「兵革不息，男女相棄，淫風大行，莫之能救焉」之刺亂詩。可見〈桑中〉、〈溱洧〉諸篇，雖詩中言及邪淫之事，但其用意乃在於藉由記載邪淫之事，而達到閔惜懲創，以刺昏蔽目的，亦即其刺邪而辭亦邪。

其二為辭疑邪者，其作用亦在於導正人心。黃氏云：

> 有謫諫而辭疑邪者，〈柏舟〉、〈子衿〉諸詩，以忠臣賢士之心，近於
> 閨中怨曠之辭也。〔註41〕

黃氏以為〈柏舟〉之詩，藉由婦人乘坐柏木之舟漂蕩水中，訴說夫君遭群臣忌恨，蒙受污辱之憂愁，故〈毛序〉以為是「仁人不遇，小人在側」之諷刺詩。至於〈子衿〉之詩，按〈毛序〉亦認為因亂世而學校不修，故刺學校之廢。顯然二詩雖然都藉由女子口吻陳述，實際上其用意則在歌詠忠臣賢士，只是言辭近於閨中怨曠，其作用仍在於導人以正。

其三則〈狡童〉、〈狂童〉等詩，雖指斥惡小而辭嚴，但目的在於激之使怒而正其身，宣揚敦厚之教。其四如〈叔于田〉雖詩中表達愛慕共叔段之瀟灑，〈揚之水〉亦言仰慕曲沃（桓叔），實際上乃藉由對於二人（叔）之仰慕，表達對執政者不知修身以為眾民典範之刺。故此一類詩作，實為「變叛起於衰季，其思有隱而難顯者」之類型。〔註42〕黃氏以為，上述四類諸篇，皆孔子刪《詩》之用意，希望通過「思」之歷程，使人正其身。故黃氏駁斥主張孔子未曾刪《詩》者，以為「源由朱子說《詩》之誤」，〔註43〕而後儒又未加詳辯之失。

黃氏站在漢人用詩角度立論，肯定《詩經》教化作用，故引《論語》贊成「孔子刪《詩》」，論證其目的在於存教化以去邪思。筆者以為，黃氏之論雖具有時代意義，但就學術求「真」角度來看，孔子是否《刪》詩？今人考論，已可提供可信之數據。據屈萬里先生《詩經釋義》之研究指出，就《左傳》、《國語》、《禮記》三部書之引《詩》情形，其數據統計如下：

〔註41〕黃式三：〈為政〉，《論語後案》，卷2，頁4。
〔註42〕本段引文，皆見黃式三：〈為政〉，《論語後案》，卷2，頁4。
〔註43〕黃式三：〈泰伯〉，《論語後案》，卷8，頁15。

	《左傳》所引	《國語》所引	《禮記》所引	小 計
今存之詩	156	22	10	188
佚 詩	10	1	3	14

可知三書之引詩，今存者總計爲一百八十八，已佚者僅有十四；佚詩數量，只占存詩的十三分之一。〔註44〕顯然司馬遷主張孔子將三千刪爲三百之數，恐怕未必可信。

第二節　推重二〈南〉之德教理想

「二〈南〉」由於內容以言夫婦男女者爲多，並強調夫婦之道，可視爲禮之本，故向爲儒者所重。孔子即言：「人而不爲〈周南〉、〈召南〉，其猶正牆面而立也。」〔註45〕孔子認爲二〈南〉之詩，常於鄉人聚會場合供眾人合唱，倘有人不能歌二〈南〉，恐將一人獨默，雖在人群中，正猶面對牆壁而孤立。朱熹亦視二〈南〉具有修齊治平之意義，其曰：

> 所言皆修身齊家之事。正牆面而立，言即其至近之地，而一物無所
> 見，一步不可行。〔註46〕

朱子認爲二〈南〉具有「發乎情，止乎禮義」之修身作用，並可推廣德化於鄉黨邦國，達到「平天下」之理想。是以歷來儒者，大致肯定二〈南〉之德化功用。

黃氏相當推重「二〈南〉」的德化之旨，其論《詩》亦主要以「二〈南〉」爲討論內容。其綜觀其《詩》論十八篇中，計有〈周南、召南說〉、〈關雎說〉、〈葛覃說〉、〈卷耳說〉、〈鵲巢說〉、〈野有死麕說〉、〈周行說〉、〈陟降說〉、〈詩國風說〉、〈采蘩說〉、〈羔羊說〉、〈采蘋說〉等十二篇，皆在闡論二〈南〉之修齊治平與尚賢之旨，佔其《詩》說之大宗。可見黃氏之論《詩》目的，就在推重二〈南〉之德教價值。其討論內容與要旨，大致如下：

一、引〈樂記〉釋「南」爲文王之「德化」

歷來儒者釋「南」，觀點甚爲分歧。據程發軔之研究指出主要有「德化說」、

〔註44〕屈萬里：〈敍論〉，《詩經釋義》（臺北：中國文化大學出版部，1988），頁8。
〔註45〕阮元校勘：〈陽貨〉，《十三經注疏·論語疏》，頁156。
〔註46〕朱熹：《四書集注》（北京：中華書局，1983），卷9，頁178。

「地域說」、「詩體說」、「南音說」等四說。「德化說」爲〈詩序〉「文王之化，自北而南」之觀點；「地域說」則據《水經注》「即古之南國，地在南陽南郡之間」爲立論；「詩體說」主要是朱注《小雅・鼓鐘》，以爲「琴瑟在堂，笙磬同音，言其和也。〈雅〉，二〈雅〉也。南，二〈南〉也。」﹝註47﹞至於「南音說」則據《左傳》成公九年，鍾儀「樂操南音」，杜注「南音，楚聲也」以音色言，即南音爲「楚聲」。﹝註48﹞民國以後，張西堂（1901～1960）修正，以爲「楚聲」說應據《呂氏春秋・音初篇》：「禹巡南土，塗山氏之女乃令其妾待禹於塗山之陽，女乃作歌，實始作爲南音，故周公及召公取風焉，以爲〈周南〉、〈召南〉。」﹝註49﹞黃氏則尊〈詩序〉，故申論「德化說」。

黃氏申論二〈南〉之德化價值，據以反駁其他三說。他首先釋「南」字之義，以爲：

> 二〈南〉之所以侔「南」者何？周自太王遷岐，王季遂爲西伯，亦祇雍州之牧而已。文王之化，自雍而梁、而荊。江漢、汝墳之國，咸被其德，故〈毛詩序〉曰：「南，言化自北而南也。」﹝註50﹞

他站在〈詩序〉立場，認爲「二〈南〉」所強調者，乃文王自北而南，感化江漢、汝墳等國之德，故「南」亦即自北而南之德化作用。

黃氏反對《呂氏春秋》之「南音說」。以爲：

> 〈周南〉，王畿之正風；〈召南〉，列國之正〈風〉。非一人、一時之作，安必取法塗山正〈風〉，編爲二〈南〉？安得拘正〈風〉之爲南音者錄之？非南音之正〈風〉，皆不編入之乎？﹝註51﹞

黃氏認爲二〈南〉諸詩，各代表周王室與列國之「正〈風〉」，按〈風〉之「正變」，代表王道興衰，既爲「正風」，則必屬於讚頌盛世之歌，故與南音無關。其次，詩歌並非周公、召公自作，而是採自民間歌謠，因此「南音說」，實不可信。

黃氏亦反駁《水經注》之「地域說」。他舉鄭玄《詩譜》「得聖人之化者，謂之〈周南〉；得賢人之化者，謂之〈召南〉」之說，認爲「其詮釋〈詩序〉，

﹝註47﹞ 朱熹：〈鼓鐘〉，《詩經集傳》，頁103。
﹝註48﹞ 程發軔：〈周南召南解〉，《詩經論文集》，頁302。
﹝註49﹞ 張西堂：〈詩經的體制〉，《詩經六論》（上海：古典文學出版社，1957），頁101。
﹝註50﹞ 黃式三：〈周南召南〉，《儆居集・經說一》，頁1。
﹝註51﹞ 同上註，頁1。

可謂簡而盡矣。」〔註52〕指出若是周以前，即有二「南國」，何以經、傳皆不見其記載？可見「地域說」，並無古代文獻可證。其次，僅根據武王時，分周左、召右一事，斷定文王時即有〈周〉、〈召〉之詩，純屬推測，缺乏證據。

　　黃氏又徵引〈樂記〉「大武之舞」的表演次序，論證〈周〉、〈召〉二〈南〉之化，亦即文王之德化。黃氏曰：

　　〈樂記〉言大武之舞曰：「始而北出，再成而滅商，三成而南，四成而南國是疆，五成而分周公左、召公右。」周、召分陝，在滅商疆、南國之後；周、召二南之化，在未滅商、未分陝之前，安可牽合爲一？〔註53〕

他按「大武之舞」乃周人模仿武王伐紂之舞蹈，引以證明武王伐紂之目的，並非殺伐，而是通過武德，克服紂王之殘暴。黃氏認爲，就大武之舞進行之程序與內涵來看，舞蹈分成六闋，其隊形變化首先由原位向北進行，到了孟津會合諸侯之後，第二闋便東進而擊垮商紂。第三闋領兵向南，第四闋表示南方諸國都收入國界，第五闋分開兩隊（分夾而進），表示周公統治左邊國土，召公統治右邊國土。到了第六闋，大家回到原位，表示天下諸侯齊集京都，高呼天子萬歲，由周公旦、召公奭共同輔政，建立文治局面。通過大武之舞的表演次序，可知周、召分陝，是在滅商、南國之後，而周、召二〈南〉之化，卻在未滅商、未分陝之前。是以倘將「南」，解釋爲南方，便有時間先後之顚倒矛盾，故應當依照〈詩序〉，釋爲「南化」爲文王「自北而南」之德化。黃氏並分析二〈南〉中，如〈關雎〉、〈卷耳〉、〈葛覃〉、〈采蘋〉諸詩，皆具有德化作用，以證成己說。

二、論〈關雎〉、〈卷耳〉詠后妃求賢之德

　　〈關雎〉詩旨，歷來眾說紛紜，漢、宋二代學者說法，更是南轅北轍。漢人讀《詩》，重在教化，故尊〈毛序〉以爲是詠「后妃之德」，亦即讚美后妃求淑女以共同輔君之德。到了宋儒，強調追尋作詩本義，故轉而將之視爲純粹愛情詩。其最關鍵之「君子」身分，《鄭箋》依照〈毛序〉，解釋爲「后妃覺寐則常求此賢女，欲與之共己職也」，〔註54〕認爲「輾轉反側」者指后妃，

〔註52〕以上引文，皆見黃式三：〈周南召南〉，《儆居集・經説一》，頁1。
〔註53〕黃式三：〈周南召南〉，《儆居集・經説一》，頁2。
〔註54〕見阮元校勘：〈關雎〉，《十三經注疏・詩疏》，卷1，頁21。

故「君子」即爲「君王」，指文王，意謂后妃爲君王尋求賢女而輾轉難眠。後儒有不少主張此乃文王自求賢女而輾轉反側之詩，故黃氏極力反駁黃非。

黃氏遵從〈毛序〉，贊成〈關雎〉之旨，在詠后妃之德。認爲后妃能以「窈窕賢才」爲念，無絲毫「傷善」嫉妒之心而充滿喜悅，甚至爲了求淑女而在寤寐之中「輾轉反側」，實爲難能可貴，故足爲歌詠婦德之典範。

據此，黃氏反駁前人持論「文王自求后妃」之說。其云：

> 若以爲文王自求后妃，則文王年十五，生武王之前，先生伯邑考，豈年十三以前，輾轉反側，自求配耦之急歟？此皆說之難通者也。
> 〔註55〕

他按《毛詩正義》所徵引「文王十三生伯邑考，十五而生武王」，〔註56〕可證倘此詩爲「文王自求后妃」，豈不變成文王「十三歲」以前，即急於自求配偶，輾轉反側，說法有違常理，不足採信。

黃氏又論〈卷耳〉之旨，亦在歌詠后妃之求賢。〈卷耳〉詩旨，亦有多說，據余培林之研究指出，計有〈詩序〉「后妃思賢」、朱熹《詩經集傳》「后妃思其君子」、姚際恆《詩經通論》「文王思賢」、崔述《讀風偶識》「征婦思夫」等說。〔註57〕此外豐坊《子貢詩傳》又有「文王遣使求賢，而憫行役之艱」之說。〔註58〕因此詩之首章的「我」字，所指爲何者，儒者有主張后妃、文王、使臣、妾媵、我君、我臣、我夫等說，且成爲論辯關鍵。

黃式三贊同〈卷耳〉詩旨爲「后妃思賢」，是以「〈卷耳〉詩美后妃之志，能止險詖私謁，佐君子以求賢也」，〔註59〕亦即認爲此詩與〈關雎〉一致，皆在歌詠后妃求賢輔佐君子之德，故詩中七個「我」字，皆爲「后妃」自稱。黃氏據詩中「寘彼周行」，認爲依《毛傳》釋爲「思君子官賢人，置周之列位」，以及鄭《箋》補充說「周之列位，謂朝廷臣也」，可知：

> 〈卷耳〉言所懷之賢人，當置之天衢，則「周行」是大廷中之列位。
> 《左氏》襄公十五年，《傳》：「《詩》云：『嗟我懷人，寘彼周行。』
> 能官人也，王及公、侯、伯、子、男、甸采，魏大夫各居其列，所

〔註55〕見阮元校勘：〈關雎〉，《十三經注疏・詩疏》，卷1，頁21。
〔註56〕同上註，頁22。
〔註57〕余培林：〈卷耳〉，《詩經正詁》（臺北：三民書局，2005），頁10。
〔註58〕見李中華、楊合鳴編著：《「詩經」主題辨析》（南寧：廣西教育出版社1989），頁12。
〔註59〕黃式三：〈卷耳說〉，《儆居集・經說一》，頁4。

謂周行也，《左傳》之言不誣也。〔註60〕

黃氏以《左傳》引《詩》之言，論證「行」猶「列」也，意謂朝廷列位於周之大道，亦即君王及公、侯、伯、子、男、甸采，魏大夫等「官人」皆各居其列。而這些「官人」，皆出於后妃無險詖私謁之心，而輔佐君王所任命之賢臣。

黃氏並據此討論歷來有不賢后妃，以親戚之私，夤緣求進，導致名賢戮辱，便孽黨進，馴致權歸外戚，卒成大禍。故以古代二位賢能皇后為例，讚頌其不營私之德。黃氏曰：

> 漢之馬后曰：「田蚡、竇嬰，寵貴橫恣，傾覆之禍，為世所傳，故先帝慎防舅氏，不令在樞機之位。」唐之長孫后曰：「妾之本宗，因緣葭莩，以致祿位，既非德舉，易致顛危，欲保全之，慎勿處之權要。」
>
> 二賢后可謂知道矣！〔註61〕

他通過漢代馬皇后與唐代長孫皇后，能不營私於外戚而輔佐皇帝進賢，稱許其為知道之賢后。

筆者以為，黃氏將〈關雎〉、〈卷耳〉視為詠后妃之德，乃據漢儒教化立場而發，實際上，宋儒將〈關雎〉當作純粹之愛情詩，〈卷耳〉為行役者思家之詩，似乎更得詩旨。但回歸黃氏所面臨之晚清亂世，眼見吏治廢弛，徇私用人充斥，故通過歌詠后妃求賢之德，戒鑑當世，亦具有其時代意義。

三、以〈葛覃〉、〈采蘋〉頌賢女之德

黃氏除了申論〈關雎〉、〈卷耳〉乃歌詠后妃求賢之德，又主張〈葛覃〉、〈采蘋〉亦具有讚頌賢女之旨。〈葛覃〉之詩，《毛序》以為乃在歌詠后妃勤勉節儉本性，可以歸安父母，化天下以婦道。但宋儒多以為此乃貴婦自詠歸寧之詩，實與后妃無涉。

黃氏則認同〈詩序〉，故曰：

> 〈葛覃序〉云「后妃之本」，言在家為女，勤儉淑慎，是其本也。二〈南〉詠文王刑于寡妻之化，此言后妃本賢，天作之合，非偶然也。其義正同〈序〉申歸安父母之義，而曰「化天下以婦道」，正明后妃善慰舅姑之心，得婦道也。〔註62〕

〔註60〕黃式三：〈周行說〉，《儆居集·經說一》，頁11。
〔註61〕黃式三：〈卷耳說〉，《儆居集·經說一》，頁5。
〔註62〕黃式三：〈葛覃說〉，《儆居集·經說一》，頁3。

黃氏根據〈詩序〉指出，從后妃未嫁前，滿心歡喜地勤於紡織夏布，到收割葛藤，煮軟、紡績、剪裁、縫成衣服等繁雜過程，並在衣服製成以後，屢穿不厭之態度，顯示其珍惜物力，簡樸節約本性。尤其第三章寫出女子於出嫁前接受「四德」教育，謹慎學習之態度，連禮服私服洗滌，都一一向女師請示，其賢德與君子乃為天作之合。而此后妃之德，足以讓舅姑安心，並「化天下以婦道」，表現詠「賢」之旨。

　　黃氏又據〈昏義〉，論證〈采蘋〉亦為詠賢女之詩。其曰：

　　《禮·昏義》言教成之祭曰：「牲用魚，芼之以蘋藻。」《毛傳》、《鄭箋》皆引之以證〈采蘋〉之詩。詩云「季女」，季者，少也。因將嫁，以少女俌之，祭不以宗子為主，而以季女主之，可見季女之非助祭。〔註63〕

黃氏據《禮記》以為此即女子即將出嫁前之教育內容，比對〈內則〉所稱「女子十年不出，姆教婉、娩、聽從」，〔註64〕顯然女子出嫁前三個月，會特地前往「公宮」或「宗室」接受婦德、婦言、婦容、婦功、祭祀等基本教育。尤以「牲用魚，芼之以蘋藻」，除了象徵崇敬態度，「魚」、「蘋」、「藻」之類，皆水中之物，就禮義而言，正如水流順勢而下，象徵女子順服態度。故〈昏義〉強調「婦順備而後內和理，內和理而後家可長久」，〔註65〕宣示女子已完成教育，具備成為順婦條件。故黃氏認為〈采蘋〉所言：「于以采蘋」、「于以采藻」，乃為了祭祀準備，再參照〈昏義〉之「教成之祭」，可見正是歌詠賢女之德。故以為：「〈葛覃〉言后妃在家為女，能以勤儉為本。〈采蘋〉言大夫妻在家為女，能循法度，是以教成祭之。二篇義同，明賢婦之必屬賢女也。」〔註66〕以為通過「禮制」，即可印證〈葛覃〉、〈采蘋〉二詩具有歌詠賢女之義。

第三節　以「升歌」、「間歌」六詩申禮義

　　「禮樂合一」乃儒家追求之理想，於是說要「興於《詩》，立於《禮》，成於樂」。實際上，《詩》、樂本為一體，《詩》三百篇所具之音樂性質，皮錫瑞辨之甚詳，其云：

〔註63〕黃式三：〈采蘋說〉，《儆居集·經說五》，頁4。
〔註64〕孫希旦撰，王星賢點校：〈內則〉，《禮記集說》，下冊，卷38，頁773。
〔註65〕孫希旦撰，王星賢點校：〈昏義〉，《禮記集說》，下冊，卷58，頁1421。
〔註66〕黃式三：〈采蘋說〉，《儆居集·經說五》，頁4。

《史記》曰：「三百五篇，孔子皆弦歌之，以求合〈韶〉、〈武〉、〈雅〉、〈頌〉之音。」則孔子之時，《詩》無不入樂；《漢書》曰：「行人振木鐸，徇於路以采詩，獻之大師，比其音律。」則孔子之前，《詩》無不入樂矣。《墨子》曰：「誦《詩》三百，弦《詩》三百，歌《詩》三百。」則孔子之後，《詩》無不入樂矣。〔註67〕

皮氏證明詩爲樂章，詳論《詩經》無不可歌之性質。考之其他典籍，《儀禮》之〈鄉飲酒禮〉，送賓奏樂之「升歌」、「笙奏」、「間歌」、「合樂」等四段程序之「正歌」，歌詞皆以〈小雅〉和二〈南〉爲內容，展現《詩》、《禮》、樂合一之特色。

黃氏亦闡發此合樂六歌，最具有禮教價值。其論點如下：

一、「升歌三詩」以宣德音

「升歌三詩」依傳本次序，先後爲〈鹿鳴〉、〈四牡〉、〈皇皇者華〉。但有人主張〈皇皇者華〉當在〈四牡〉之前，黃氏則據〈毛序〉，駁斥其非。

黃氏據臣子出使順序，考論「升歌三詩」次序。首先論證〈鹿鳴〉乃標明任命使臣之德，故爲「升歌」之首。其曰：

〈鹿鳴〉重德音，首章曰「示周行」，即德音也。此使臣有德、有言，其學足以光昭鄰國，宴未乞言，不辱君命者也。《禮·緇衣》引〈鹿鳴〉而以饋德爲重，知《詩》之旨也。〔註68〕

黃氏以使臣出使順序之首要，正是〈鹿鳴〉首章表明之「示周行」，亦即任命有德、善言的正大道義之賢者爲使臣，才能不負君命。而此有德、善言之標準，對照《禮記·緇衣》強調使臣言行之德時，亦徵引〈鹿鳴〉，可證以〈鹿鳴〉爲「升歌三詩」之首，最能彰顯使臣之德。

其次，黃氏考論〈四牡〉強調使臣移孝作忠，則居於次。他指出：

〈四牡〉重孝行，此使臣移孝作忠，其誠信能孚于家庭者也。《毛傳》云：「思歸者，私恩也；靡鹽者，公義也；傷悲者，情思也。」《鄭箋》云：「無私恩，非孝子也；無公義，非忠臣也。君子不以私害公，不以家事辭王事。」《傳》、《箋》，知《詩》之旨也。〔註69〕

〔註67〕皮錫瑞：〈論詩無不入樂史漢與左氏傳可證〉，《經學通論》（北京：中華書局，2003），頁54～55。
〔註68〕黃式三：〈詩國風說〉，《儆居集·經說五》，頁1。
〔註69〕黃式三：〈升歌三詩說〉，《儆居集·經說一》，頁10。

黃氏按〈四牡〉乃使臣能孚於家庭，又不以私害公，不以家事辭王事而移孝作忠，負命出使，故以爲其次序當在〈鹿鳴〉之後。

　　至於〈皇皇者華〉，乃使臣能訪求賢達、諮詢善道，皆在出使之後，故其次序爲最終。黃氏曰：

> 〈皇皇者華〉重使臣有謙德，能存「每懷靡及」之心，而「周于咨詢」者也。《左傳》言「五善」，《國語》言「六德」，皆知《詩》之旨也。〔註70〕

據〈皇皇者華〉表現使臣之謙德，能常懷戒愼之心，故要「周於咨詢」，到處詢訪。正如《左傳》說「訪問於善爲咨，咨親爲詢，咨禮爲度，咨事爲諏，咨難爲謀」等「五善」，〔註71〕《國語》「懷和爲每懷、咨才爲諏、咨事爲謀、咨義爲度、咨親爲詢、忠信爲周」之「六德」，〔註72〕皆凸顯使臣謙卑，隨時「咨詢」各方意見，皆爲出使後之表現，次序當在〈四牡〉之後。黃氏以君命使臣順序，通過「升歌三詩」之旨，考論傳本〈鹿鳴〉、〈四牡〉、〈皇皇者華〉之次序無誤，並據以反駁前儒主張〈皇皇者華〉當在〈四牡〉之前者爲誤。

　　黃氏又通過以經證經，舉《論語》「子貢問士」，〔註73〕孔子所答之順序，亦合於「升歌三詩」次序。他指出按孔子回答，首言行己有恥，任使不辱，此正如〈鹿鳴〉之嘉賓；其次宗族稱孝，鄉黨稱弟，猶如〈四牡〉之臣德；最後爲言必信，行必果，如〈皇皇者華〉重使臣隨時咨詢四方意見之德。若不依此次序，則「勁士不及君子，已失〈皇華〉之謙道。如三美無一，則志在祿仕，僅赴斗筲之役，此入學官，始必肄〈小雅〉之三也」。〔註74〕可知此亦即古代入學，必學〈小雅〉三詩之目的。

二、「間歌三詩」以求賢才

　　「間歌」是指正式宴會進行中，主人送賓或獻酒時演奏之樂歌，如〈鄉

〔註70〕黃式三：〈升歌三詩說〉，《儆居集・經說一》，頁10。

〔註71〕阮元校勘：〈襄公〉，《十三經注疏・春秋疏》，卷39，頁505。

〔註72〕左丘明著，韋昭解：《國語》（上海：上海商務印書館，1935），卷5，頁88。

〔註73〕《論語》子貢問曰：「何如斯可謂之士矣？」子曰：「行己有恥，使於四方，不辱君命，可謂士矣。」曰：「敢問其次？」曰：「宗族稱孝焉，鄉黨稱弟焉。」曰：「敢問其次？」曰：「言必信，行必果，硜硜然小人哉！抑亦可以爲次矣。」曰：「今之從政者何如？」子曰：「噫！斗筲之人，何足算也！」

〔註74〕黃式三：〈升歌三詩說〉，《儆居集・經說一》，頁9。

飲酒〉及〈燕禮〉皆有之。其程序爲堂上、堂下一歌一吹（笙）交替進行，堂上先鼓瑟演唱〈魚麗〉，堂下笙人吹奏〈由庚〉，再演唱〈南有嘉魚〉，接著吹奏〈崇丘〉，再演唱〈南山有臺〉，最後吹奏〈由庚〉完成奏樂禮儀。其內容皆選自《詩經》，亦可見古人用《詩》情形。黃氏則藉由詮釋此「間歌三詩」，強調隆禮重賢之旨。

　　黃氏首先申論〈魚麗〉之旨，在於重賢。其云：

> 〈魚麗〉、〈南有嘉魚〉、〈南山有臺〉諸詩，至誠備禮，重賢以綿國
> 祚，文顯義著，考禮者可不思之乎？罶之所麗者必樂，鱨鯊、魴鱧、
> 鰋鯉，喻國之所羅致者必樂；群賢萃聚，君子有酒，所以多旨。內
> 盡其誠，外不敢不盡其物，隆禮由禮，非飾侈奢，重賢也。〔註75〕

黃氏按〈魚麗〉、〈南有嘉魚〉、〈南山有臺〉三詩，皆歌頌國君之得賢，強調「重賢」之義，且出現時機，必要合樂，可見三詩與「禮義」密不可分。以〈魚麗〉爲例，乃透過食物之多樣表示歡樂，表達「隆禮」之旨，亦即表現「至誠備禮，重賢以綿國祚」之「禮義」。故經文「魚麗于罶」，藉由捕獲魚時，見魚之跳動，表現心中歡樂，更通過鱨鯊、魴鱧、鰋鯉三種不同魚種，表現三種不同歡樂。反映國君準備食物時之內心寫照，其用意不在展現國君豪奢，而是表現歡樂心境，具有「隆禮」之義。

　　再者，黃氏又論〈南有嘉魚〉亦凸顯禮秩和諧與國君之重賢。其曰：

> 「嘉魚」以喻「嘉賓」；上罩之，下汕之，以喻立賢無方；甘瓠之纍，
> 雛鳩之來，以喻眾賢群聚，君子有酒必聚，此嘉賓而後衍樂，重賢
> 也。〔註76〕

他認爲「嘉魚」喻「嘉賓」，亦即賓客。「罩」、「汕」本都指魚兒優游魚水中之歡樂貌，故將之喻爲國君（上）任用臣子之「立賢無方」，亦即重其賢；賢則立之於位，而不問其類，故君臣皆如魚兒般盡得其樂。正如詩中所引用之甘瓠纏繞在於曲木，成群之雛鳩飛翔，皆比喻眾賢群聚。黃氏認爲既是眾賢群聚，君子亦必備豐美酒食以待之，於是藉由賓主盡歡景象，凸顯禮秩和諧與國君重賢之旨。

　　黃氏最後詮釋「間歌三詩」之〈南山有臺〉，以其羅列之各種植物，凸顯國中人才濟濟，象徵國君得賢才之眾。黃氏曰：

〔註75〕黃式三：〈升歌三詩說〉，《儆居集‧經說一》，頁 10。
〔註76〕同上註，頁 10。

> 山有臺、萊、桑、楊、杞、李、栲、杻、枸、檖，藉之以增輝，猶
> 國藉眾賓以增輝。所樂在君子，則邦家之基立而光曜，德音之茂而
> 不已，可以爲民父母，可以享遐齡之福，可以保艾爾後，獲萬年無
> 疆之休，誠重乎得賢也。〔註77〕

他認爲詩中所舉「臺、萊、桑、楊、杞、李、栲、杻、枸、檖」之諸多草木，
可見生機旺盛，於是山可藉由這些植物以增輝，正如國君藉賓客眾多以增輝，
亦即象徵邦國基礎穩固、人才濟濟，國君所樂正在此也。全詩充溢得賢之樂，
更可見「國運興衰，視乎君子之所進，眾與不眾；君子消長，視乎人主之所
好誠與不誠」。〔註78〕黃氏強調國君能得賢臣，則國將興，國之安危，繫於國
君能否眞誠訪求賢臣。

　　黃氏將《儀禮・鄉飲酒禮》中之「升歌三詩」、「間歌三詩」，與《詩》旨
互證，申明禮義。其討論實有實用之寄託，其眼見吏治敗壞、用人非賢的道
咸之朝，期能藉由討論《詩》教，強調「立賢」大義，表達用人唯賢之建議。

第四節　引〈昏義〉「六禮」證〈野有死麕〉非淫詩

　　漢、宋之儒者論《詩》，各有側重；漢人重《詩》之美刺教化作用，而宋
人說經則希望探求《詩》作本義。如朱熹在《詩經集傳》之序言，嘗明確界
分「詩之作」與「詩之教」，認爲詩之所以作，在於：

> 人感於物而動，……既有欲，則不能無思；既有思矣，則不能無言；
> 既有言矣，則言之所不能盡，而發於咨歎之餘者，必有自然之音響
> 節奏而不能已。〔註79〕

朱熹認爲作詩乃爲人之自然情緒發抒，至於詩之所以有教化功用，則是由於聖
人「所感者無不正，而其言皆足以爲教」，〔註80〕故借詩以爲勸懲。顯然朱熹希
望清楚區分「作詩」與「用詩」兩個系統脈絡，故主張拋開用詩立場，而探求
作詩本旨。尤其對於〈詩序〉中多篇「刺淫」之詩，如〈牆有茨〉〈詩序〉云：
「衛人刺其上也。公子頑通乎君母，國人疾之而不可道也。」〈君子偕老〉之詩
據〈毛序〉云：「刺衛夫人也。夫人淫亂，失事君子之道，故陳人君之德，服飾

〔註77〕黃式三：〈升歌三詩說〉，《儆居集・經說一》，頁 10。
〔註78〕同上註，頁 10。
〔註79〕朱熹：〈詩經傳序〉，《詩經集傳》（臺北：世界書局，1969），頁 1。
〔註80〕同上註，頁 1。

之盛，宜與君子偕老也。」朱熹皆以其不合情理，而將之回歸「民歌」來解讀，遂提出「淫奔」之說。如朱熹釋〈有女同車〉曰：「此疑亦淫奔之詩」，〈狡童〉朱《傳》云「此亦淫女見絕而戲其人之詞」，〈子衿〉之詩，朱《傳》又曰「此亦淫奔之詩」，〔註81〕皆完全擺脫〈毛序〉而探求詩義。

清儒對宋人淫詩之說，反對甚烈。如姚際恆作《詩經通論》，即攻擊朱《傳》甚多。姚氏曰：

> 《集傳》紕謬不少，其大者，尤在誤讀夫子「鄭聲淫」一語，妄以
> 鄭詩為淫，且及於衛，且及於他國。是使三百篇為訓淫之書，吾夫
> 子為導淫之人，此舉世之所切齒而歎恨者。〔註82〕

認為朱子淫詩主張，是由於誤讀孔子「鄭聲淫」一語引起，其實鄭聲淫，是鄭國之樂調淫，而非詩詞淫，故力駁朱子淫詩之說。

黃氏亦反對淫詩說，並以歷代爭議淫詩焦點之〈野有死麕說〉為例，論辯其非淫詩。按〈毛序〉以為〈野有死麕說〉乃：「惡無禮也。天下大亂，彊暴相陵，遂成淫風。被文王之化，雖當亂世，猶惡無禮也。」〔註83〕意謂諷刺男女無禮淫亂。但歐陽修卻一反〈毛序〉，認為：

> 紂時男女淫奔，以成風俗。惟周人被文王之化者能知廉恥，而惡其
> 無禮。故見其男女之相誘而淫亂者，惡之曰：「彼野有死麕之肉，汝
> 尚可以食之，故愛惜而包以白茅之潔，不使為物所污。奈何彼女懷
> 春，吉士遂誘而污以非禮。吉士猶然強暴之男可知也。〔註84〕

歐陽修以「吉士誘之」的「誘」為「挑誘」，視〈野有死麕〉為「淫奔」之詩。又王柏（1197～1274）著《詩疑》，更直斷其為淫篇，將之置於淫詩三十二篇之首，並強調「在朱子前，詩未說明，自不當放；生朱子後，詩既說明，不可不放」。〔註85〕大有把〈野有死麕〉從《詩經》清除出去而後快之勢。

黃氏以《儀禮》為證，力駁歐、王之說，指出二人之謬。黃氏曰：

> 〈序〉曰「野有死麕，惡無禮也」，則吉士誘之，謂以禮導之也。歐

〔註81〕 以上引文，分見朱熹：《詩經集傳》，頁 52、53、54。
〔註82〕 姚際恆：〈序〉，《詩經通論》（香港：中華書局，1963），頁 2。
〔註83〕 阮元校勘：〈野有死麕〉，《十三經注疏・詩疏》，頁 65。
〔註84〕 歐陽修：〈野有死麕〉，《詩本義・歐詩二》，收入中國詩經學會編：《詩經要籍集成》，第 4 冊，卷 3，總頁 171。
〔註85〕 詳參文幸福：〈周南召南詩釋及大義〉，《詩經周南召南發微》（臺北：學海出版社，1986），頁 198～199。

> 陽永叔以「誘為挑誘」，呂伯恭駁之謂「誘如《禮》誘射之誘，而挑
> 誘非吉士之所為」，義已章矣！而王魯齋作《詩疑》，削〈野有死麕〉
> 一篇，豈未見呂氏書歟？〔註86〕

他認為此詩雖藉由淫亂社會起興，但詩旨卻是要以禮誘導、教化人民，以趨
於善。黃氏更引呂伯恭觀點，以為《儀禮》鄉射、大射皆有「誘射」。倘據射
義，即指導射箭，因此「誘」乃引導、誘導之意。〔註87〕於是指責王柏並未
真正了解詩意，而刪此詩，實為荒謬。

黃氏又以《禮記‧昏義》之婚禮順序，申說〈野有死麕〉絕非淫奔之詩。
其曰：

> 古者，女年十五而議婚，納采、問名、納吉、納徵、請期、親迎六
> 禮，或行于一年之內，是以女必裹包生育之氣，而吉士用六禮以導
> 之。士以禮導，故曰「吉」；男先導女，故曰「誘」；女未發生氣，
> 故曰「裹」。裹春之女，即如玉之女也。鹿已死，而人猶以白茅包之，
> 女裹生氣，豈無吉士之導以禮乎？言貞女之配，必吉士也。〔註88〕

黃氏據婚禮程序，須歷經「納采、問名、納吉、納徵、請期、親迎」，前後大
約歷經一年，但此時待嫁之女已心有所屬，於是裹懷生育之氣。再就婚禮程
序來看，詩意當指士以六禮導行女子，亦即「誘」（誘導、引導）其完成婚禮，
而透過六禮而成婚者，就〈昏義〉來說，即稱為「吉」（吉禮），絕無淫亂。

黃氏又從「鹿已死，而人猶以白茅包之」來看，指出《毛詩傳疏》以為
「昏禮用鹿，殺禮可用麕」，與《箋》認為「野有死鹿，皆可以白茅裹束以為
禮」，〔註89〕顯然包裹死鹿，正為婚禮所用，而此男子正在籌備婚禮，並非私
下將死鹿送給女子。可見詩旨乃在於強調男女皆遵循禮制，進行婚禮，且透
過禮制程序，由吉士以六禮導之。此皆為合於禮義，而非淫亂之舉。至於「無
感我帨」一句，黃氏亦解釋曰：

> 「無感我帨」，詩人我貞女，非謂貞女有強暴之辱而拒之也。……貞
> 女無使潔帨之有撼，猶士之寢不愧衾也。〔註90〕

〔註86〕黃式三：〈野有死麕說〉，《儆居集‧經說一》，頁6。
〔註87〕呂祖謙：《呂氏家塾讀詩記》，收入中國詩經學會編：《詩經要籍集成》，第 6
　　　冊，總頁415。
〔註88〕黃式三：〈野有死麕說〉，《儆居集‧經說一》，頁6。
〔註89〕阮元校勘：〈野有死麕〉，《十三經注疏‧詩疏》，頁65。
〔註90〕黃式三：〈野有死麕說〉，《儆居集‧經說一》，頁6。

他指出從女子堅持「無感我帨」，可知其發乎情、止乎禮之態度，更展現吉士「寢不愧衾」之光明磊落行為，而非貞女抗拒強暴之辱。

黃氏依循〈詩序〉詮釋〈野有死麕〉，通過「禮」為論辯依據，反駁「誘」為「挑誘」，並通過婚禮程序，說明吉士與貞女已締結婚約，故玉女裹懷生育之氣，最後藉由男女見面時，皆謹守禮法，論證〈野有死麕〉絕非淫奔之詩。

總論黃氏「詩經學」之立場與內容，可歸納為以下數端：

一、力尊〈毛序〉

黃氏呼應清儒論《詩》之尊漢取向，而宗毛、鄭，力駁後人不用〈毛序〉之不當。且以《論語》為據，指出孔子為求「節以古禮」，而刪去有邪思之詩，使其言皆歸於「正」，故刪後之詩皆無邪思。

二、闡發《詩》教

黃氏以王道之興衰，分〈國風〉之正變，並據以論定〈國風〉次序。再釋「二〈南〉」之「南」為文王之化，自北而南之「德化」，論證〈關雎說〉、〈卷耳〉之旨，皆在歌詠后妃求賢之德，〈葛覃〉、〈采蘋〉二詩，則為讚頌賢女之德，據以強調《詩經》修齊治平之教化價值。

三、具有「以《禮》證《詩》」之特色

黃氏以其所長之《三禮》，通過《儀禮》之合樂六詩，論證升歌三詩——〈鹿鳴〉、〈四牡〉、〈皇皇者華〉，旨在「重德」，故以君命使臣順序，考論「升歌三詩」次序。又考論「間歌三詩」，乃推本於君心之「誠」，強調其「重賢」之旨。又以婚禮順序，詮釋〈野有死麕〉乃歌頌貞女謹守發乎情、止乎禮之美德，反駁宋儒淫詩之說，皆為以《禮》證《詩》之表現。

筆者以為，黃式三之《詩經》研究，完全站在尊〈毛序〉立場，論辨《詩》旨，強調《詩經》修齊治平之功。實際上，從清末顧頡剛等人的古史辨之後，詩教作用幾乎被推翻。因此，倘據〈詩序〉「政治盛衰」、「道德優劣」、「時代早晚」、「篇第先後」以釋《詩》旨，亦多不合理，民國以後學者，大致認同此說。〔註91〕如此一來，則黃氏考論成果，幾乎毫無價值。但評價黃氏「詩經學」，應當從其寄託的時代背景來論定。黃氏自言讀《詩》之目的，在於戒除「心之過剛且或薄」，〔註92〕遂主張孔子刪《詩》之目的，在於使之歸於雅

〔註91〕 詳參林慶彰：〈顧頡剛論「詩序」〉，《應用語文學報》第 3 期（2001 年 6 月），頁 77～86。

〔註92〕 黃式三：〈畏軒記〉，《儆居集·雜著四》，頁 26。

正，故以「合於禮」爲標準，刪去邪思而正人心。黃氏陳述觀點，乃時代風氣之反映，當其面臨歷史存亡與文化絕續之關鍵點，眼見動盪時局，試圖通過《三禮》與《詩經》互證，闡發《詩經》之教化宗旨，以挽救衰世、亂世，才是他討論《詩經》之動機與目的。尤此觀之，亦自有其特殊之時代意義與價值。

第九章　存古義、尚易簡的《尙書啓幪》

　　清代科舉以《四書》、五經命題，〔註1〕其中《尙書》則主蔡沈（1167～
1630）之《書集傳》，由於爲場屋所重，故有清三百年間，有關之著述相續不
絕。〔註2〕蔡《傳》引朱子「人心惟危，道心惟微；惟精惟一，允執厥中」十
六字以傳經，儘管朝廷將之懸於功令，爲士子舉業所必讀，但根據林慶彰先
生之研究則認爲，蔡《傳》在清代學術界，終究僅止於科舉晉身之用，相關
著作雖也不少，卻未普遍受到學界推崇，而眞正代表清代「尙書學」者，爲
閻若璩（1636～1704）與胡渭（1633～1714）、惠棟（1697～1758）等人之作。

　　閻若璩《尙書古文疏證》羅列八十六條古文作僞證據，〔註3〕論定其爲晉
人梅賾僞作。影響所及，許多學者陸續辨疑僞古文，使論辨古文《尙書》形
成一股風氣，彼等於往來酬酢中，往往以古文《尙書》爲討論對象，諸家考
辨成果，亦甚豐富。更將千年來之懸案，逐一釐清，使素有詰屈聱牙、最難
於讀、錯亂紛歧最難於梳理著稱之《尙書》，亦追尋出漢代古文、今文原貌，
更從語言、文字、音韻、訓詁、語法等，作全面且精深之探究。〔註4〕正如屈
萬里先生（1907～1979）概括清代《尙書》研究，具有「明訓詁，重考據，

〔註1〕趙爾巽等撰：〈選舉志〉，《清史稿》，卷81，頁3099。
〔註2〕古國順：《清代尚書學》（臺北：文史哲出版社，1981），頁269。
〔註3〕據林慶彰先生考證，指出今人論及閻氏論辨《古文尚書》之僞，每每說有一
　　　二八條證據，實未詳考該書內容。實際上其中有十三條，與辨僞無關，且閻
　　　氏所著之書現存九十九條，與辨僞有關者僅八十六條而已。詳參林慶彰：《清
　　　初的群經辨僞學》，頁146～184。
〔註4〕關於清初之《古文尚書》考辨，詳參林慶彰：《清初的群經辨僞學》，125～250。

其立說之精者，往往超越漢、唐」之特色與成就。〔註5〕因此，清代《尚書》研究波瀾壯闊，學者之眾，著述之豐，迥邁前古。尤以江聲（1721～1799）《尚書集注音疏》、王鳴盛（1722～1792）《尚書後案》、段玉裁（1735～1815）《古文尚書撰異》、孫星衍（1753～1818）《尚書今古文注疏》等「四子」，最稱善本，所受之關注也最大。

　　黃氏《尚書啓幪》即輯錄「四子」注說精華，初稿完成於五十一歲，復經輯佚大家嚴可均校讀修改，於六十八歲（1856）正式定稿。但因時局動亂，加上資輔不足，無法馬上出版，僅藏於家塾。黃氏辭世二十餘年後，才由兒子黃以周於光緒十四年（1888）刊行。但付梓於時代大變動前夕，加上光緒末年廢除科舉，研經者更爲沈寂。民國以後之學者研究經學，對於清代《尚書》著述，大多關注於閻若璩、惠棟以及江、王、段、孫諸大家，對於黃氏則不甚注意，專門之研究亦不多。其中對於《尚書啓幪》整體研究者，古國順先生《清代「尚書」學》將之列於「漢宋兼宗」一類，稱其「提綱略目，主於易簡」。〔註6〕劉起釪《尚書學史》稱其「略采他家，同出以己意，……可說是將清代漢學《尚書》研究之主要成就摘其精華，以極簡要方式寫出，便於一般了解《尚書》之用。」〔註7〕又曹美秀〈黃式三經學試探——以《尚書啓蒙》爲例〉，〔註8〕則論其解經重於文字、訓詁之表現。

　　本章探討黃氏《尚書啓幪》之內容、治經特色，及其對「古義」之探尋與義理闡發。

第一節　《尚書啓幪》主於「易簡」之撰述動機

　　《尚書啓幪》之「幪」，按許愼《說文》解釋爲「蓋衣也」，段玉裁註解爲「覆蓋物之衣」。〔註9〕故「啓幪」之義，即開啓覆蓋之衣物，黃氏取意以引導初學者，進入《尚書》門徑，義同於「啓蒙」。《尚書啓幪》五卷，其詮釋體例爲「經注體」，並以「精要」原則，扼要注解（見圖五）。

〔註5〕 屈萬里：《尚書集釋》（臺北：聯經出版事業公司，1983），頁30。
〔註6〕 古國順：《清代尚書學》，頁198～199。
〔註7〕 劉起釪：《尚書學史》（北京：中華書局，1989），頁377。
〔註8〕 曹美秀：〈黃式三經學試探——以《尚書啓蒙》爲例〉，《書目季刊》第42卷第3期（2008年12月），頁33～53。
〔註9〕 段玉裁：《說文解字注》（臺北：黎明文化事業有限公司，1991），頁364。

圖五：《尚書啟幪》書影〔註 10〕

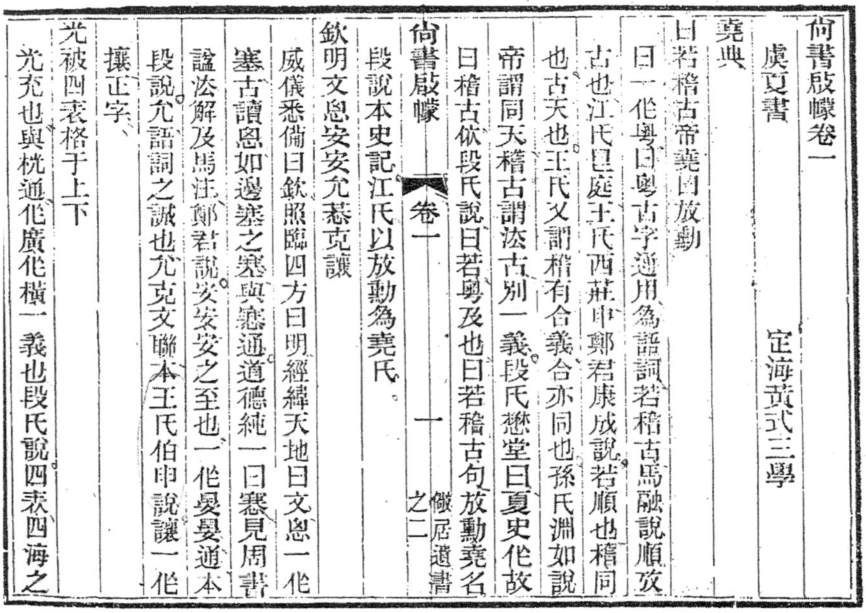

尚書啟幪卷一
虞夏書　　定海黃式三學
堯典
曰若稽古帝堯曰放勳
曰一作粵曰粵古字通用為語詞若稽古馬融說順攷
古也江氏艮庭王氏西莊申鄭君康成說若順也稽同
也古天也王氏又謂稽有合義合亦同也孫氏淵如說
帝謂同天稽古謂法古別一義段氏懋堂曰夏史作故
曰稽古依段氏說曰若粵及也曰若稽古句放勳堯名
尚書啟幪　卷一　一　儆居遺書之二
段說本史記江氏以放勳為堯氏
欽明文思安安允恭克讓
威儀悉備曰欽照臨四方曰明經緯天地曰文思一作
塞古讀思如邊塞之塞與恩通道德純一曰塞見周書
謚法解及馬注鄭君說安安安之至也一作晏晏通本
段說允語詞之誠也允克文聯本王氏伯申說讓一作
攘正字
光被四表格于上下
光充也與桄通作廣作橫一義也段氏說四表四海之

黃氏撰寫《尙書啓幪》之動機，在於輯存清代《尙書》註解精華，以啓蒙初學者。清代《尙書》著述，數量可觀，而最具輯存漢代古說之代表著作，如鄭珍（1806～1864）所云：

> 逮乾隆間，王光祿鳴盛因王輯注本，又加增補，作《尚書後案》；江徵君聲作《尚書集注音疏》；孫觀察星衍集《古文尚書》注，又作《古今文尚書注疏》；段大令玉裁作《古文尚書撰異》，皆以闡鄭氏學，康成《尚書注》義復明。〔註 11〕

認爲此四書最得漢儒經說「古義」，且經此四子推闡，鄭玄注說才眞正於清代復盛，並將之視爲漢學派《尙書》詮釋之代表作。

黃氏不僅推崇漢注，更認同四子之詮釋觀點，故《尙書啓幪》即以此四家爲藍本，並希望後學能藉以因略究詳，進而精讀四子之書。黃氏曰：

> 學者艱於博覽，未必得汪、王、段、孫四君子之書以發其蒙。繙閱舊解，沿譌襲謬，心既以先入者爲之主，或即迷而不能返。式三深憫之，掇拾是編，提綱領略，曰主於易簡，復爲之備誌所出，覬學

〔註 10〕黃式三：《尚書啓幪》，收入《續修四庫全書・經部》，第 48 冊。
〔註 11〕鄭珍：〈經學〉，《鄭珍集》（貴陽：貴州人民出版社，1991），頁 317～318。

者因略究詳，全讀四君子之書也。〔註12〕

他以爲歷來《尚書》注疏，多有訛誤，唯有江、王、段、孫四子，最得聖人意旨。故其摘錄四家精華，讓無法全讀四子書者，得以由《尚書啓幪》之提綱挈領，掌握《書經》大義，再因略就詳，進一步全讀四子之書。

其次，黃氏將《尚書啓幪》定位爲啓蒙之書，嚴可均曾贊其特色爲「精」，〔註13〕亦即精要、易簡，引導初學者理解經文。故採注疏體例，以最簡明之一、二字，或一、二句注釋文義，以極「簡要」方式寫出。是以江瀚撰寫〈尚書啓幪提要〉亦評價其「詮釋經文，頗爲易簡明了，洵足啓蒙」，〔註14〕明確指出「易簡」，即爲《尚書啓幪》之特色。

第二節　宗漢說以存古義

清代《尚書》研究，具有輯存古義且尊崇漢注取向，黃氏亦然。黃氏學術最爲人所稱賞者，即治經不拘門戶，尤以《論語後案》兼采鄭玄、朱子《集注》甚多。但《尚書啓幪》卻完全採信閻若璩之觀點，並以尊漢立場，采錄漢人以及清代漢學派之考證成果，幾乎不取宋人注說。以〈堯典〉爲例，其所徵引歷代之說，表列如下：

徵引出處	司馬遷	鄭玄	馬融	夏侯	賈逵	江聲	王鳴盛	段玉裁	孫星衍
徵引次數	3	61	16	2	1	22	4	7	10

據上表，可知除了其所據爲藍本之清代四子以外，餘者完全徵引漢注，尤以推尊鄭玄，並未漢、宋兼采。《尚書啓幪》獨尊漢說之原因，在於自閻若璩、惠棟之書出，古文之僞已成定讞，〔註15〕故黃氏亦遵循漢學派觀點，推尊鄭玄。

然而，古國順於《清代尚書學》中，將《尚書啓幪》置於「漢宋兼宗」一類，文中舉黃氏「釋陽鳥，從林之奇說作地名，釋〈多士〉『惟天不畀允罔固亂，

〔註12〕黃式三：〈尚書啓幪敘〉，《儆居集・雜著一》，頁9。又收入《續修四庫全書・經部》，第48冊，總頁679。

〔註13〕嚴可鈞〈春秋釋敘〉言：「定海清貧好學之士，有黃薇香其人者，……已而來驥村，又以《尚書啓幪》四卷示余，謂二者《書》說爲精。」見《續修四庫全書・經部》，第148冊，頁128。

〔註14〕江瀚：〈尚書啓幪提要〉，見中國科學院圖書館整理：《續修四庫全書總目提要・經部》（北京：中華書局，1993），上冊，頁249。

〔註15〕屈萬里：《尚書釋義》（臺北：文化大學出版部，1995），頁16～18。

弼我」，引薛氏《古文訓》云天不與信誣罔而怙亂者」，以爲「此則宋人之說也，雖寥寥數條，亦見其不摒宋人之學」。〔註16〕檢閱《尚書啓幪》全文，除古氏所舉之二例，幾乎不見其他宋人之說，故將之歸入漢、宋兼采之屬，似有待商榷。

第三節　專釋伏生「今文」，從馬融不錄〈泰誓〉

今文《尚書》乃伏生所傳，其篇目說法不一，於是有二十八、二十九篇二說，且以〈泰誓〉、〈顧命〉、〈康王之誥〉爲爭議關鍵。〈顧命〉、〈康王之誥〉二篇，伏生將之分爲二篇，歐陽及大小夏侯本則合爲一篇（〈顧命〉），到了馬融、鄭玄、王肅各家，亦皆作兩篇，於是此二篇是否分合並列，爭議最多。至於〈泰誓〉　一篇，由於內容乃記錄周武王伐紂之重要文獻，但是古書記載此事，有〈太誓〉、〈大誓〉、〈泰誓〉、〈大誓故〉、〈大明〉、〈大盟〉等不同名稱。檢閱這些稱爲〈太誓〉之文獻，有記載武王伐紂者，有則記錄文王伐邘者，與〈書序〉「武王伐紂」之說，並不吻合。

根據許錟輝先生之研究，指出其有五種可能：第一，文王伐邘之誓；第二，武王伐紂之誓；第三，武王伐紂之誓的別本，即今稱爲〈牧誓〉；第四，〈先秦太誓〉注解的別本，即漢武帝時出現的〈今文太誓〉；第五，東晉時僞作的〈僞古文泰誓〉等。許錟輝先生復從《論語》、《孟子》、《左傳》、《國語》、《墨子》、《禮記》、《荀子》、《韓非子》、《呂氏春秋》、《史記》……等古籍有引〈太誓〉之五十五條資料考證，指出〈太誓〉亡於戰國末，漢人所未見，故世所稱〈太誓〉，本作〈大誓〉，後世誤混爲一篇。又據武王伐紂時，所誓應有三次，其一爲觀兵之誓，其二爲鎬京之誓，其三爲牧野之誓。故許氏認爲《僞古文尚書・泰誓》分爲三篇，應有所據。但〈牧誓〉文句與今文〈太誓〉多所重出，疑其從〈太誓〉所分化。至於戰國末年，另有說解古〈太誓〉者，伏生曾見此文，故其《尚書大傳》引述此文；司馬遷亦曾見此文，《史記》之〈周本紀〉、〈齊世家〉記武王伐紂之事所引〈太誓〉，實即此篇。馬融見此文與先籍所引〈大誓〉之文無一相合，開始提出疑議。到了《僞古文尚書》之作者，見馬融疑之，乃捨此文而據古籍所引〈太誓〉，僞作〈泰誓〉三篇。〔註17〕由於伏生所傳並無此篇，故後儒大多不取〈泰誓〉。

〔註16〕古國順：〈漢宋兼宗之尚書學〉，《清代尚書學》，頁198～199。
〔註17〕詳參許錟輝：〈「太誓」考辨〉，《東吳中文學報》第6期（2000年5月），頁1

　　清初顧炎武即不信〈泰誓〉之文，認爲商王之德澤廣被，天下莫不讚頌其德；而紂王暴虐，百姓視之如寇讎，故武王伐紂，可謂民心之所向。而顧氏更以爲《古文尚書》之〈泰誓〉乃「肆予小子，誕以爾眾士，殄殲乃讎」，故就史實而論，「紂之不善亦止其身，乃至並其先世而讎之」，〔註 18〕於是推論〈泰誓〉之文，出於魏、晉之人所僞作。

　　清儒看待〈泰誓〉、〈顧命〉、〈康王之誥〉三篇，大致有四：第一、朱彝尊、陳壽祺、陳喬樅等以伏生所傳爲二十八篇，〈顧命〉、〈康王之誥〉本合爲一，併序一卷爲二十九篇。第二、顧炎武、王鳴盛、江聲、孫星衍以伏生所傳本爲二十八篇，〈泰誓〉後得，合伏生所得爲二十九篇。第三、王引之、章太炎以伏生二十九篇本有〈太誓〉，〈顧命〉、〈康王之誥〉合爲一篇。第四、王先謙以伏生二十九本無〈泰誓〉，〈顧命〉、〈康王之誥〉本分爲二，〈泰誓〉後得，始合〈顧命〉、〈康王之誥〉爲一。〔註 19〕以上四說，倘再對照《史記》有「作〈顧命〉、作〈康誥〉」之語，〔註 20〕以及《漢書》所說：「張霸分析，合二十九篇以爲數十」來看，〔註 21〕當知〈顧命〉、〈康王之誥〉本來就是兩篇，而伏生所傳授之《尚書》二十九篇即爲此數，並不包括〈泰誓〉、〈書序〉在內，故第四說當最可信。

　　黃氏《尚書啓幪》遵從馬融觀點，〔註 22〕贊同〈顧命〉、〈康王之誥〉合一，故不錄〈泰誓〉。

　　並將其視爲僞書一類，未予採錄。檢視其文集中若有引〈泰誓〉之處，皆冠以「僞」字，如《儆居集・對文王稱王問》、《論語後案》皆稱「僞泰誓」，

　　　　～18。

〔註 18〕 顧炎武：〈泰誓〉，《日知錄》（臺北：明倫出版社，1970），卷 2，頁 39～40。

〔註 19〕 關於《尚書》篇目之考證，詳參考李振興：《尚書學述》（臺北：東大圖書公司，1994），頁 345～355；屈萬里：《尚書集釋》（臺北：聯經出版事業公司，1983），頁 9～20。

〔註 20〕 《史記》原文：成王將崩，懼太子釗之不任，乃命召公、畢公率諸侯以相太子而立之。成王既崩，二公率諸侯，以太子釗見於先王廟，申告以文王、武王之所以爲王業之不易，務在節儉，毋多欲，以篤信臨之，作〈顧命〉太子釗遂立，是爲康王。康王即位，遍告諸侯，宣告以文武之業以申之，作〈康誥〉。見司馬遷：〈周本紀〉，《史記》（北京：中華書局，2000），卷 4，頁 134。

〔註 21〕 《漢書・孔安國傳》原文：「世所傳《百兩篇》者，出東萊張霸，分析合二十九篇以爲數十，又采《左氏傳》、〈書敘〉爲作首尾，凡百二篇。」見班固：〈孔安國傳〉，《漢書》（北京：中華書局，2000），卷 58，頁 3607。

〔註 22〕 江瀚：〈尚書啓幪提要〉，收入《續修四庫全書總目題要・經部》，上冊，頁 249。

顯然將之視爲僞作之文，故《尚書啓幪》亦不錄之。

第四節　提煉王、江、段、孫四家精義，間附己意

　　《尚書啓幪》主要輯錄清代《尚書》研究精華，凡書中採錄某說之處，黃氏皆自注出處，而以「某曰」標示，如「江曰」、「段曰」、「孫曰」等等。其他「不誌所出者」，即出於黃氏「鄙意私定」之見。全書採錄情形，概述如下：

一、多取江聲之音韻訓詁

　　江聲精於訓詁考據，黃氏引其考證成果最多。《尚書集注音疏》多摭拾漢注散佚以爲「集注」，並推闡漢說，試圖保有漢代古文經說面貌，尤善於以《爾雅》、《說文》解經。黃氏主要亦通過訓詁說解《尚書》，故全書引用「江曰」最多。

　　如〈湯誓〉一篇，黃氏徵引江聲之註解極多。經文曰：

　　　今爾有眾，汝曰：「我后不恤我眾，舍我穡事，而割正夏」。〔註23〕

歷來學者對於「我后」所指何人，說法各異。有以爲「商湯」者，如《孟子》據〈湯誓〉乃商湯伐夏桀時誓師之辭，就時間來看，乃湯在未出師前，於都邑告訴庶眾伐桀原因，由於湯以臣下身分伐王，故其辭含蓄委婉。故引《書》曰「徯我后，后來其蘇」，〔註24〕認爲百姓期待英明之「商湯」解救眾民，但當時都邑人民生活安定，並不知夏桀暴虐無道，故不滿我君不爲眾人著想，竟於農忙季節擱置農事，興兵伐夏，於是「我后」當爲「商湯」，並將「夏」解釋爲三代之「夏」朝。

　　江聲卻認爲「我后」，應爲「夏桀」。他據《爾雅》「后，君也」，以及《孔傳》「我后，桀也」，〔註25〕釋曰：

　　　言不恤我眾，則是暴君。故云我后，謂桀也。……夏，衍字也，據
　　　《史記》所錄，無夏字。〔註26〕

江聲以爲經文既說「不恤我眾」，則是暴君，斷不可能是商湯。故主張依循《孔傳》，釋「后」爲「桀」。另一關鍵之「夏」字，江聲反對前儒釋爲「伐夏」

〔註23〕阮元校勘：〈湯誓〉，《十三經注疏・書疏》，卷8，頁2。

〔註24〕阮元校勘：〈梁惠王〉，《十三經注疏・孟疏》，頁44。

〔註25〕阮元校勘：〈湯誓〉，《十三經注疏・書疏》，卷8，頁2。

〔註26〕江聲：《尚書集注音疏》，收入《皇清經解》（臺北：藝文印書館，1959），第6冊（據清咸豐十一年補刊、道光九年刊本影印），頁4098。

之「夏」，他以《史記》並無此字為證，認為「夏」為衍字。

　　黃氏注解「我后不恤我眾，舍我穡事，而割正夏」，即引用江聲觀點，而曰：

> 江曰「我后」，謂桀也；「恤」，憂也；「穡事」，農事也；「割」，剝也；
> 民苦桀之暴政而興怨言，曰我后不憂恤我眾民，舍我農事而為割剝
> 之虐政。夏，衍字。〔註27〕

黃氏贊同江聲不恤我眾即是暴君之觀點，認為此乃百姓苦於桀不憂恤眾民，舍我農事割取之暴政所興起之怨言，故「我后」為「桀」。至於「夏」字，他也認為是衍字。

　　又如〈湯誓〉經文云：「下德若茲，今朕必往。」江聲又以《爾雅‧釋詁》為訓，故曰「茲，此也，夏凶德若此，今我必往征之」，〔註28〕以為夏王之敗德亂行，到此地步，如今我一定要征伐他。黃氏解釋此經文，即摘錄江聲考證成果，扼要地說：「江曰，茲，此也。」〔註29〕〈湯誓〉經文言「爾尚輔以一人，致天之罰予其大賚。」江氏則以義轉相訓解經，並引用《爾雅》曰：「〈釋言〉云庶幾，尚也，茲云尚，庶幾也，轉相訓也。」〔註30〕意謂希望眾民能輔助商湯，早日將上天之懲罰，加諸於夏王身上，使其俯首受刑。而《尚書啟蒙》解釋此文，亦簡要地說：「江曰，尚，庶幾也。」〔註31〕正是採用江聲之訓詁成果。

　　黃氏注解〈盤庚〉經文，亦引用江曰訓詁成果頗多。如經文記載盤庚自奄遷殷之事曰：

> 我王來，既爰宅於茲，重我民。〔註32〕

歷來儒者對於此篇之作成時代，看法不同，〔註33〕而「我王」指何人，亦有多說。有以為指「盤庚」者，孔穎達則認為是「祖乙」。〔註34〕江聲採用孔《疏》

〔註27〕黃式三：〈湯誓〉，《尚書啟蒙》，卷2，頁10。
〔註28〕江聲：《尚書集注音疏》，頁4098。
〔註29〕黃式三：〈湯誓〉，《尚書啟蒙》，卷2，頁11。
〔註30〕江聲：《尚書集注音疏》，頁4098。
〔註31〕黃式三：〈湯誓〉，《尚書啟蒙》，卷2，頁11。
〔註32〕阮元校勘：〈盤庚〉，《十三經注疏‧書疏》，卷9，頁2。
〔註33〕〈盤庚〉小序以為：「盤庚五遷，將治亳殷，民咨胥怨，作〈盤庚〉三篇」，認為乃盤庚遷都時作；司馬遷《史記》「帝盤庚崩，弟小辛立，是為帝小辛，殷復衰，百姓思盤庚，迺作〈盤庚〉三篇」，主張是後人追念盤庚而作。
〔註34〕阮元校勘：〈盤庚〉，《十三經注疏‧書疏》，卷9，頁2。

觀點，而曰：

> 我王，祖乙也。爰，于宅尻也。茲，此也，謂耿也，重厚鍛殺也。
>
> 言我王來居於此，有善政以厚民生，雖有水患，不害于民，无盡殺
>
> 也。〔註35〕

江氏引用《爾雅》之訓，指出「此」即「耿」地，意謂祖乙遷居於「耿」，並誥諭臣民將於此實施善政，使百姓脫離水患之禍。

　　黃式三即引江聲之說，注曰：

> 江曰：我王，謂祖乙也。茲，此也，謂耿也。〔註36〕

由於江注當時已廣為流傳，故黃氏本於易簡原則，僅擇取江聲注說精華，認同此為「祖乙」遷居於「耿」之誓詞。檢閱黃氏註解〈盤庚〉通篇，徵引「江曰」最多，其重視江聲訓詁之長，於此可見。

　　不過，黃式三完全援引江聲之說，難免有失考之虞。如其釋「我后」應為「桀」，比對〈湯誓〉經文之首即以「王曰：格爾眾庶，悉聽朕言」，宣告此乃商湯伐桀之誓辭，於是百姓所埋怨之「我后」，應為商湯，而非夏桀，若將之釋為「桀」，則前後矛盾，〔註37〕故《尚書啟幪》之說法未必可信。

二、採擇段玉裁之釋義精華

　　段玉裁深究文字校勘，治經輒引《說文》、《爾雅》、《廣韻》以釋，黃氏亦取其釋義精華甚多。段玉裁以「古文」立場撰著《古文尚書撰異》，嘗於〈自序〉論《尚書》所遭之「七厄」：包括經秦之火、漢博士之抑古文、馬、鄭不注古文逸篇、魏晉之有偽古文、唐《正義》不用馬、鄭用偽孔、天寶之改字、開寶之改《釋文》，〔註38〕力辨今、古文之別。

　　《尚書啟幪》徵引段氏之釋義精華，如內容為祝禱之辭的〈金縢〉，記載周公從祭壇而歸，將禱告冊文藏於匱中，於是「王翼日乃瘳」。黃氏注曰：

> 江曰，翼，明也。瘳，疾癒也。翼，當作翌，詳段說。〔註39〕

意謂到了翌日，武王之病便痊癒了。檢閱段氏原書，對於「翼」字當作「翌」

〔註35〕　江聲：《尚書集注音疏》，頁 4104。

〔註36〕　黃式三：〈盤庚〉，《尚書啟幪》，卷 2，頁 12。

〔註37〕　如屈萬里《尚書釋義》、李振興《尚書學述》皆持此說。

〔註38〕　段玉裁：〈序〉，《古文尚書撰異》收入《皇清經解》（臺北：復興書局，1972），
　　　　　第 9 冊（據清咸豐十一年補刊、道光九年刊本影印），總頁 3154。

〔註39〕　黃式三：〈金縢〉，《尚書啟幪》，卷 3，頁 21。

之詮釋，徵引《爾雅》、《集韻》等書。首先引用《爾雅》「翌，明也」，又據《漢書》、《文選》引《書》皆作「翌」，指出「凡古書，翌字斷無作翼者」，而是到了唐石經才出現「翼」字。段氏通過古聲韻反切，指出此乃衛包以翼、翌皆從「羽」而誤認所改，〔註 40〕用了近五百字詳細考證。黃氏則本於「精簡」而載爲「翼，當作翌」，直接擷取段玉裁釋義精華之結論。

又如記錄山水土壤、賦稅貢獻之〈禹貢〉，由於所記包羅宏富，影響深遠。其中「瑤、琨、篠、簜、齒、革、羽、毛」諸物，段氏便用了將近千字，考證此八物之歷代稱呼與源流。〔註 41〕由於段說與江說無異，黃氏《尚書啓幪》即先引江聲之說，解釋此八物爲：

> 瑤，玉之美者。琨，石之美者。篠，可爲矢。簜，可爲幹。齒象齒
> 所以爲弭。革，犀兕也，所以爲甲冑。羽，鳥羽，所以爲旌。毛，
> 氂牛所以注干首。〔註 42〕

然後又以簡單數字說：「琨，一作瑻，重文也。毛，當作旄，詳段說。」〔註 43〕省略考證過程，取其釋義精華，以簡單數字訓解，並標示採自「段說」，倘讀者欲「因略就詳」，可檢閱原著。

三、推重王鳴盛之地理名物考證

王鳴盛嘗與戴震有治經求是求古之辯，主張唯「古」爲尙，〔註 44〕故《尚書後案》最宗漢說，對於宋代以後注解，一概不取。其〈自序〉表明立場曰：

> 《尚書後案》何爲而作？所以發揮鄭氏康成一家之學也。……予徧
> 觀群書，搜羅鄭注，惜已殘闕，聊取馬、王疏益之，又作案以釋鄭
> 義。馬、王傳疏與鄭異者，條晰其非，折中於鄭氏。〔註 45〕

王鳴盛以強烈之尊漢立場，自言畢生全力發揮鄭氏一家之學，故廣搜殘闕之鄭注，輯爲一書，並兼取王肅、馬融之說以爲校對，凡與鄭說異者，亦以鄭

〔註 40〕段玉裁：《古文尚書撰異》，總頁 3264。

〔註 41〕段玉裁：《古文尚書撰異》，總頁 3178～3179。

〔註 42〕黃式三：〈禹貢〉，《尚書啓幪》，卷 2，頁 59。

〔註 43〕同上註，頁 59。

〔註 44〕詳見蔣秋華：〈求是？求古？──王鳴盛的治經方法〉，收入鍾彩鈞、楊晉龍主編：《明清文學與思想之主體意識與社會》（臺北：中研院文哲所，2004），頁 371～397。

〔註 45〕王鳴盛：《尚書後案》，收入《皇清經解尚書類彙編》（臺北：藝文印書館，1986），第 2 冊（據清咸豐十一年補刊、道光九年刊本影印），卷首，頁 1～2。

氏爲宗，詳加辨析。

由於黃氏治《尚書》亦宗鄭玄，與王鳴盛之墨守鄭義立場相合，故《尚書啓懞》即直接注明「從鄭說」，而不再重複「王曰」。因此，四子之中以採「王曰」最少，且大多集中於〈禹貢〉一篇關於山水地理方位之考證成果。

如「導淮自桐柏」之「桐柏」方位，前人皆以爲乃南陽東桐柏縣之桐柏山。而王氏則據《地理志》、《水經》、《風俗通》、《漢書》等考證，以爲「桐柏」當爲桐柏縣境內之諸峰總名。〔註46〕《尚書啓懞》即引王氏觀點，注曰：

> 王曰：「《漢志》言淮水出桐柏大復山者，出桐柏之大復山也。」此
> 以其出陽口而成流者言之，《水經》言出胎簪，則取其最西一峰，以
> 其始源潛伏而未成流者言之。桐柏，乃總名耳。〔註47〕

黃氏摘取王氏考證結果，贊成「桐柏」爲桐柏境內之諸峰總名。並舉諸如「瀦沮」爲涑水之別流、「彭蠡澤」爲江西四府之界、「荷澤」在山東曹州府、「孟豬」在荷澤之西南、「鳥鼠」在今甘肅蘭州渭源縣等等地理方位，〔註48〕證明王鳴盛之詮釋，亦廣見於他處。

四、輯錄孫星衍之義訓成果

孫星衍亦爲漢學派之捍衛者，嘗自言《尚書今古文注疏》之作意，乃「在網羅放失、舊聞，故錄漢魏佚說爲多。」由於孫氏治學，遵循惠棟學風，拘守馬、鄭，視漢注如偶像，《孔傳》中雖合理者亦不取，更「不取宋以來諸人注者」，〔註49〕特別關注今、古文差異，雖有強烈漢學立場，但其義訓精確，超越前儒。如屈萬里先生《尚書釋義》即讚其「集漢代今古文家之說以爲注，而爲之疏。就經文言，既已祛僞而存眞；就義訓言，亦遠勝於前人」，〔註50〕故《尚書啓懞》引用孫氏義訓成果不少。其中〈康誥〉與〈酒誥〉皆屬於「普告天下」之文，重於經義闡發，黃氏除了徵引鄭注，輒多採孫氏之說。

如「用肇造我區夏，越我一二邦，以修我西土，惟時怙，冒聞于上帝，帝休」之句讀，孔穎達作：

〔註46〕王鳴盛：《尚書後案》，收入《皇清經解》，第 7 冊，總頁 2253。

〔註47〕黃式三：〈禹貢〉，《尚書啓懞》，卷 1，總頁 83～84。

〔註48〕分見《尚書啓懞》，卷 1，總頁 51、57、58、59。

〔註49〕孫星衍：〈序〉，《尚書今古文注疏》，收入《叢書集成初編》（北京：中華書局，2004），第 3621 冊（據《平津館叢書》本排印），頁 2。

〔註50〕屈萬里：〈敘論〉，《尚書釋義》，頁 18。

用肇造我區夏，越我一二邦以修，我西土惟時怙，冒聞于上帝，帝

休。〔註51〕

意謂於我邦土用此明德慎罰之道，使境內一二諸侯皆以修治。而「我西土」，孔《疏》以爲指「岐周」（西周），亦即周文王之政教廣被岐周，上聞於天，故天美其治。

孫星衍則據王引之所作之句讀，闡釋曰：

用肇造我區夏，越我一二邦，以修我西土。惟時怙，冒聞于上帝，帝

休。文王始造我區域於中夏，於我一二友邦，以修治我西土。〔註52〕

孫星衍將孔穎達「以修，我西土」，改爲「以修我西土」，將「西土」注解爲「岐、鎬」，意謂文王開始治理中夏與岐、鎬區域。據此可見「西土」指「西方諸侯國」，而非孔穎達所注解之「西周」。

黃氏亦反對「西土」爲西周，故採用孫星衍之義訓曰：

肇造區夏，商季中，夏亂，文王之始作興之也。「以修我西土」，孫

《疏》引王伯申說句讀如此，言西土之一二邦尤修治也。〔註53〕

黃氏考證此乃商末發生動亂，周文王興起，創造周室，更進而修治西土之一二諸侯國。

又如黃氏注解〈康誥〉「今民將在祗遹乃文考，紹聞衣德言」，即取孫氏之義訓，而云：

孫曰：祗，敬也。遹，述也。紹，繼也。聞謂舊聞。衣，同依。敬

述文王，繼其舊聞，依其德言也。〔註54〕

黃氏摘錄孫氏義訓精華，以爲其意乃在訓勉封弟要隨時恭敬遵循文王遺志，承繼舊制，並展現明德謹行，法古則先之大義。

《尚書啓幪》對於眾說雖異，仍可通者，則輯存眾說。黃氏雖以四子爲藍本，若諸說不同而皆可通者，則並存之。如〈堯典〉之「九族」，歷來有二說，馬融、鄭玄認爲是從高祖至玄孫之同姓之九代；即高祖、曾祖、祖、父、己身、子、孫、曾孫、玄孫九代也。夏侯、歐陽則以喪服等級區別，認爲指父族四、母族三、妻族二。段氏無解，江、王從馬、鄭之說，孫星衍從夏侯

〔註51〕黃式三：〈康誥〉，《十三經注疏·書疏》，卷14，頁5。

〔註52〕孫星衍：《尚書今古文注疏》，卷15，頁359～360。

〔註53〕黃式三：〈康誥〉，《尚書啓幪》，卷3，頁36。

〔註54〕同上註，頁38。

之說，並注解說「九代不可能同堂」，而黃式三則輯存眾說而並存之。

　　黃氏對於諸說不同之處，則另以案語補充說明，以求通貫。如〈堯典〉「允恭克讓」，王鳴盛、孫星衍皆據〈釋詁〉解「允」爲「信」，據〈釋言〉解「克」爲「能」，段、江無解，黃式三則根據王引之觀點，認爲：「允，語詞之誠也，允、克文聯。」〔註55〕他以通觀該篇文章爲基礎，配合各篇意旨，融貫四子之說，以求文義通貫。又如〈皋陶謨〉中解釋「九德」之「擾而毅」句，《尚書啓幪》曰：

　　　　擾，和馴也。毅，果決也。擾，一作㹛，化柔。〔註56〕

黃氏對於通用、假借字之考證過程，僅取能解《尚書》文義者爲主，不取偏僻字，認爲「擾而毅」乃和順而能果敢，亦即外柔內剛，不受挫折而灰心。他雖未標明取於何人之說，實爲綜合四子考訂成果。比對四子原注，皆解之甚詳，尤以孫星衍更廣引鄭注、《說文》、〈洪範〉、《論語》等書爲訓。〔註57〕黃式三則以易簡原則，融通四子觀點，以達到精確之訓解效果。

五、間附己意，獨抒創見

　　黃氏對於前人說經或有疑義而認爲不安之處，則另出新解。如〈皋陶謨〉中皋陶既已提出知人、安民之策，而禹亦已申其當然之理，但如何以具體可行方法與步驟「知人」，皋陶提出「亦行有九德，亦言其人有德，乃言曰『載采采』」。經文中之兩「亦」字，鄭玄與《正義》皆當作語詞，無義；孫星衍引《論衡·答佞篇》「以九德檢其行，以事效考其言，行不合於九德，言不驗於事效，人非賢則佞矣！」〔註58〕以爲當「用以」解。《尚書啓幪》則於案語另出新解曰：

　　　　行有九德，言有九德，行與言具合九德，故兩言「亦」也，乃言「薦
　　　　之」也。薦之曰「始事其事」，謂「試之」也。〔註59〕

他以爲「亦」當作「皆」、「兼有」之義，亦即以其言、其行考察之，若皆能合於「九德」（寬而栗，柔而立，愿而恭，亂而敬，擾而毅，直而溫，簡而廉，剛而塞，彊而義），則予以「薦之」、「試之」。強調通過實際言行之考核晉用，

〔註55〕以上引文，分見黃式三：〈堯典〉，《尚書啓幪》，卷1，頁2、1。
〔註56〕黃式三：〈皋陶謨〉，《尚書啓幪》，卷1，頁30。
〔註57〕孫星衍：《尚書今古文注疏》，頁80～81
〔註58〕同上註，頁80。
〔註59〕黃式三：〈皋陶謨〉，《尚書啓幪》，卷1，頁29。

任以大事，授以祿位。黃式三將「亦」解爲「皆」，相較於前人當助詞、無義解，似乎更合於皋陶以德檢行，以事考言之大義。

本文僅舉以上數例，以證《尙書啓幪》之「易簡」並自出新義的解經特色，諸如此類，尙亦比比，此不贅論。

第五節　鉤稽〈典〉、〈謨〉任賢大義

〈堯典〉、〈皋陶謨〉兩篇置於《尙書》之首，強調德化與舉賢之用人哲學，被推爲政治學之最高典範。陸德明（556～627）《經典釋文》將《尙書》分爲「典、謨、訓、誥、誓、命」六類，〔註60〕孔穎達《正義》又增加「貢、歌、征、範」爲十類，二者所據雖爲古文《尙書》，但〈堯典〉與〈皋陶謨〉卻是眞、僞《尙書》皆之。「典」據《說文》「五帝之書也，从冊在几上，尊閣之也。」〔註61〕可知古代以竹帛爲書，「典」乃冊之長大者也；〈堯典〉即記帝堯事類之簡冊，〔註62〕記述堯、舜之法天知人、仁民愛物、以及施政布德行事之典範。而「謨」即「謀」，指治國之大道，〈皋陶謨〉記述皋陶與帝舜及禹等謀議國事之言。兩篇置於《尙書》之首，後儒對其以德化民、知人善任理念，闡釋最多。

《尙書啓幪》於〈皋陶謨〉篇末，亦特別提要典、謨大義，闡發其任賢之旨。《尙書》經文針對當時「湯湯洪水」之侵擾，即「咨於四岳」以求能治水之人，最後讓位給出身「父頑，母嚚」卻能「以孝」感動家人爲善之舜，且舜亦不負所托，復「循於四岳」，任命十二牧治理地方、命禹爲百揆，總可百務、命棄主稷官播種百穀、命契爲司徒敬敷五教、命皋陶爲刑官惟明克允、命垂掌百工技藝利民用、命益掌山澤蓄民財、命伯夷典《三禮》範民行、命夔典樂和民志、命龍作納言出納王命，〔註63〕並明黜陟，以興庶積，國以大

〔註60〕陸德明：〈序錄〉，《經典釋文》（臺北：世界書局，1986），頁7。又有主張「孔安國氏分典、謨、訓、誥、誓、命六體」的說法，其實孔安國並沒有「承詔作傳」（大序語），即使翻偏《史記》、《漢書》亦找不到此記載。孔安國既然沒有爲孔壁《古文尙書》作傳，那麼是否作〈大序〉，當然也就不言可喻了。遂後人以爲孔安國分《尙書》爲六類的說法，是不確的，應該說爲魏晉間人僞託孔安國所作。詳參李振興：〈尙書文體的確立〉，《尙書學述》，頁195。
〔註61〕段玉裁：《說文解字注》，頁202。
〔註62〕屈萬里：《尙書釋義》，頁21。
〔註63〕以上舜之任人諸事，詳見李振興：《尙書學述》，頁396～409。

治。故黃氏鉤稽〈典〉、〈謨〉任賢之大義曰：

> 典、謨之義大矣！而其要在用人，以堯之聖，末季四凶，用洪水災，
> 待舜、禹、稷、契、皋陶諸人進而治。舜承堯，亦咨岳牧諸人而已。
> 《論語》偁無爲而治，豈非以天子之權在用人，不待親勞哉？此「典」
> 之大綱也。〔註64〕

黃氏強調典謨之旨，乃在讚頌堯之求賢任事，爲後世聖君立下典範。並據以
指出經文所述舜之功績，皆歸功於堯的知人之明，以此申明賢君治國，首要
在用人，無須事必躬親。

比對黃氏《論語後案》解「無爲而治者，其舜也與」，即明言：

> 治天下者，必要有人以爲之。然，人主自爲之，則賢者無以施其材，
> 不肖者亦易諉其責。無爲者，即不親勞於事也。〔註65〕

強調賢君要能選賢任能，避免事必躬親，才符於「典」之大義。

再者，〈皋陶謨〉之旨，對照《大戴禮記》說「昔者，舜左禹而右皋陶，
不下席而天下治」，〔註66〕顯然舜嘗得禹和皋陶之輔佐。故黃氏提要〈皋陶謨〉
以爲：

> 〈皋陶〉曰迪德、曰知人，于九德之彰尤諄諄焉！〔註67〕

在他看來，舜能平治天下乃因發揮皋陶所提出之「迪德」、「知人」用人原則。
「迪德」即經文「允迪厥德」，《尚書啓幪》注解「迪，道也；道，言也，能
實言有德之人，則謀明而輔和，謂舉賢也」，指國君欲收謀明輔和之效，在於
能用有德之人。至於「知人」，經文以爲「知人則哲，能官人」，《尚書啓幪》
注「人謂官人」，〔註68〕強調善任官人之道。至於用人標準，即以九德檢其行
其事，倘皆合者則試之、任之。

黃氏又申論皋陶於舉賢任能之旨，而曰：

> 禹曰暨益、曰暨稷、曰弼德、曰舉黎獻、曰立師建長，與皋陶之昌
> 言無不同。末因賡言而作歌，必期于明良喜起，謨之大綱又如此。

〔註64〕黃式三：〈皋陶謨〉，《尚書啓幪》，卷1，頁45。
〔註65〕黃式三：〈衛靈公〉，《論語後案》收入嚴靈峰編輯：《無求備齋論語集成》（臺
　　　　北：藝文印書館，1966），第10函，第一冊，卷15，頁6～7。
〔註66〕王聘珍撰，王文錦點校：〈主言〉，《大戴禮記解詁》（北京：中華書局，1983），
　　　　卷1，頁3。
〔註67〕黃式三：〈皋陶謨〉，《尚書啓幪》，卷1，頁44。
〔註68〕同上註，頁28、29。

　　　　然則用舍之得失，否泰之轉移也。〔註69〕

黃氏指出禹的明達之言，實與皋陶一致。如禹見洪水漫天，淹沒山陵，便建議「暨益奏庶鮮食」，黃氏注曰：「奏，進授也。庶鮮食，眾生食也，謂魚鱉之類。」意謂此時正可捕捉水中魚鱉，充當食物。等到疏通九州河川以後，便挖綵田間水道，使貫通於河川，並與后稷「暨稷播，奏庶艱食、鮮食」。黃氏徵引鄭玄之說，以為「艱，根生之食。教民種澤物茮蔬艱厄之食，授以水之眾鮮食」，〔註70〕此時則教民及時播種，使眾民得以兼食穀物、魚鱉。禹接著又勉天子當慎其位，且「惟幾惟康，其弼直，惟動丕應」，黃氏解曰「必以有德者為輔」，以為此時之臣民，必受其德所感，而有大應。

　　其他又如禹建議「舉黎獻」，即舉眾賢人；「立師建長」，應當特置諸侯賢者為師，使諸侯國皆能各守其職。黃氏最後又舉夔之作樂，「君能振起，而百事皆興」，〔註71〕以為上述禹與皋陶事蹟，皆由於舜能聽取建言而成。可見謨之大義，可以「洞原治亂盛衰之數」，〔註72〕亦即具有知人善人、任賢以德之旨。

　　綜觀黃氏《尚書啟幪》，乃以漢學為宗，並掇拾王、江、段、孫四家新疏精華，間附新解，以申己意，以「簡當」為解經原則，以期能達到「啟蒙」初學者之目的。民國以後之經學家唐文治（1865～1954），即以評價《尚書啟幪》「實事求是，簡當無倫，最便初學門徑」，〔註73〕而將其列入《尚書》應讀書目之一。

　　當然，《尚書啟幪》仍有未備之處。如主於「易簡」原則，雖能提綱略目，卻有時失之過簡。如其取四子精華，雖去繁就簡，卻無法對四部書有全面觀照，僅便於初讀，無法究全書經義之詳。其次，黃式三自抒新說、另取他說之處，讀者若先讀《尚書啟幪》，後讀四子之書，亦未必能達到「因略究詳」效果，可能反而因其相異觀點而無所適從。或許正因如此，受學於黃式三之侄子黃以恭，曾撰寫《尚書啟幪疏》二十八卷，惜未刊行，今不得見，實為遺憾。倘書尚在，相互補正，或許能補其簡略之失。

〔註69〕黃式三：〈皋陶謨〉，《尚書啟幪》，卷1，頁45～46。
〔註70〕以上引文，分見黃式三：〈皋陶謨〉，《尚書啟幪》，卷1，頁34、35。
〔註71〕「萬邦黎獻」解，見《尚書啟幪》，卷1，頁35；「咸建五長」，見卷1，頁36；「股肱喜哉，元首起哉，百工熙哉」，見卷1，頁40。
〔註72〕黃式三：〈畏軒記〉，《儆居集·雜著四》，頁27。
〔註73〕唐文治：〈尚書應讀書目表〉，《尚書大義》，收入林慶彰主編：《民國時期經學叢書》第三輯（臺中：文听閣圖書公司，2009），第16冊，頁2。

　　儘管《尚書啓幪》有過簡之嫌，但正如其〈自序〉表明，以四子之書爲藍本，汲取四子精華，雖受惠於四子頗多，但並不囿於四子所見，這與他所主張要依據古人、又不盡同於古人之立意，正相一致。即使不對照江、段、王、孫四子之書，而僅讀《尚書啓幪》，已能對《尚書》各篇原文，有基本理解，簡明扼要通貫各篇思想，實已達到其「啓蒙」之目的。

第十章　肯定《左傳》傳經的《春秋釋》

　　《春秋釋》成書於道光二十三年（1843），亦即第一次鴉片戰爭結束之翌年。黃氏當時在摯友劉燦協助下，避兵亂於鎮海柴橋鎮，課子讀書，整理舊著，[註1] 並完成《春秋釋》，但未隨即出版。直到光緒八年（1882），黃以周擔任南菁書院院長，才與其他著作陸續刻行。雖先後收入《續修四庫全書》與《皇清經解續編》，但受到學界之關注並不多。如分別由趙伯雄與戴維撰寫之兩本《春秋學史》，以及沈玉成、劉寧合著之《春秋左傳學史稿》，皆未提及。少數討論者，亦嫌其不夠周延，如蕭淑惠《清儒規正杜預「春秋經傳集解」研究》中，列舉清代學者駁正杜預稱凡例爲周公所制時，指出「黃式三《春秋釋》中，有『釋人』、『釋救執』來說明杜預義例之失。」[註2] 實際上，黃氏除了「規杜」之外，「申杜」更多，此乃黃氏「春秋學」重要觀點與價值所在，故有釐清之必要。

　　本章以《春秋釋》爲主要考察文本，試探黃式三之撰述動機、版本、內容、釋經立場與義理闡發。並將其置於「春秋學」史之發展脈絡，討論其學術價值

第一節　《春秋釋》之版本與內容述要

　　《春秋釋》之刻本有二，且所收卷數並不一致。其一爲光緒十四年（1888）南菁書院之「四卷」刻本，後又收入《續修四庫全書》第 148 冊，書前置黃

〔註1〕　王逸明：《定海黃式三黃以周年譜》，頁 22～25。
〔註2〕　蕭淑惠：《清儒規正杜預「春秋經傳集解」研究》（臺南：國立成功大學中國文學研究所碩士論文，1998），頁 161。

氏〈自序〉及嚴可均所作〈春秋釋序〉各一篇。（此爲完本，本文所據即此）；
其二則爲光緒十五年（1889），上海蜚英館據南菁書院刻本重刻的《皇清經解
續編》本（僅錄卷一，二篇書序皆未收入）。由於二種刻本所收卷數不同，以
致於史傳方志載黃氏《春秋釋》之卷數，與實際數目亦有所出入。如譚廷獻
〈黃先生傳〉載爲「二卷」，〔註3〕於是根據譚氏說法作傳之《清史稿》、〔註4〕
徐世昌《清儒學案》、〔註5〕蔡冠洛《清代七百名人傳》、〔註6〕《定海縣志》
等亦延之誤載爲「二卷」。〔註7〕又《續修四庫全書》錄存其全文「四卷」，《續
修四庫全書總目提要》卻據《皇清經解續編》本，僅載爲「一卷」，〔註8〕前
後矛盾，乃爲《提要》不察之誤。

　　《春秋釋》非經注體，而是議論體。全書內容概述如下：

　　卷一首篇爲〈釋春秋經傳同異〉，爲黃氏「春秋學」之總綱領。黃氏討論
《春秋》作者、成書時間及《春秋》與《三傳》關係，並考證《左傳》書法、
義例以及《三傳》先後等歷來有爭議之基本問題，強烈表達其古學立場。繼
而依次作「義例」探討之〈釋救執〉、〈釋人〉、〈釋名〉、〈釋族〉〈釋盜〉〈釋
以〉〈釋殺〉〈釋歸入〉〈釋王不稱天〉〈釋大夫會盟諸侯〉〈釋兄弟〉〈釋聘〉〈釋
天〉〈釋偏兩卒伍〉諸篇。內容首先解釋「例」之意義及要旨，繼而引經、傳
爲證，並比對杜預《春秋釋例》疑其有誤之處，逐一規正，杜預無誤而後儒
駁之者，亦爲杜氏辯解，以證其是。

　　卷二、卷三爲據《春秋》經、傳所載，以君臣賢肖爲論述宗旨，對春秋
時期的周、魯君王史事之提要。卷二提要周王十君史蹟，卷三依次記魯國十
二公。每位君王事蹟，大致以三百到五百字概述，極爲簡明扼要。卷四則屬
於雜論，內容或述春秋重要人物事蹟，如宋國之穆、殤、莊公，宋公子魚、
晉隨武子、管仲、子產、百里奚、晏子；或對春秋史事如宋魚石援楚入宋、

〔註3〕　譚廷獻：〈黃先生傳〉，《半厂叢書》，收入繆荃孫纂錄，周駿富輯：《續碑傳集》
　　　　（臺北：明文書局，1985），卷73，頁250。
〔註4〕　趙爾巽等撰：〈黃式三列傳〉，《清史稿・儒林三》，列傳269，頁13296。
〔註5〕　徐世昌：〈儆居學案〉，《清儒學案》（北京：中華書局，2008），第6冊，頁5932。
〔註6〕　蔡冠洛編：〈黃式三傳〉，《清代七百名人傳》（北京：中國書店，1984），下冊，
　　　　頁1689。
〔註7〕　定海縣志編纂委員會編：〈黃式三傳〉，《定海縣志》（浙江：浙江人民出版社，
　　　　1994），頁798。
〔註8〕　中國科學院圖書館整理：《續修四庫全書總目提要・經部》（北京：中華書局，
　　　　1933），下冊，頁788。

衛元喧之訟其君、宋國之易子而食，析骸而爨之述評，皆屬於翻案性文章。或對前儒經說之駁正，如劉敞（10196～1068）《春秋權衡》、呂祖謙（1137～1181）《左氏博議》、顧棟高（1679～1759）〈朔閏表〉等書之訂誤。比較特別的是，由於黃氏向來服膺乾嘉學者戴震，故戴震嘗作〈春秋改元即位考〉，討論即位之書或不書問題，黃氏推崇其為「諸儒之所未言」，特作〈讀戴氏即位改元考〉以申之，[註9] 並於撰寫〈隱公提要〉時，屢屢徵引戴氏觀點。又對戴震業師江永論古代兵農制度所持之「楚之農不從軍」，撰寫〈讀江氏春秋兵農已分論〉，盛稱「江氏愼修，達人也」，[註10] 推許其考證詳實。此二篇專論，亦可視為觀察黃氏學術「申戴」立場之線索。

就《春秋釋》整體內容而言，卷一釋「經例」諸篇，無論是駁正先儒之說，或引證經、傳之例，或黃氏考證觀點，皆頗具創見與參考價值。而卷二、卷三之周、魯諸王史事提要，由於前儒已有類似之作，就獨創性而言，價值不如卷一。至於卷四之單篇雜論，則根據推尊古學立場，而對前說辨正甚多，爭議性也較大。是以，《春秋釋》全書最具價值者，為卷一諸篇，這或許也是《皇清經解續編》僅收錄卷一之原因吧。

第二節　《春秋釋》纂述的時代背景

黃氏主要活動於嘉、道、咸三朝，此階段正好也是西方工業革命後，帝國主義國家大舉向外擴張勢力之際，腐敗的中國正好成為其鯨吞蠶食對象，故利用各種藉口入侵。此時期之儒者，眼見清廷腐敗與列強侵逼，自然憂心國家前途，以及深思反省中國傳統學術文化，能否轉為實用的救國良方，於是「經世致用」成為治學之最大動機與目的。試就黃氏入家塾讀書之年的嘉慶元年（1796）起，到《春秋釋》定稿的道光二十三年（1843）為止，近五十年間出版之《春秋》研究專書，依次表列如下：

出版年	作者	書　　名	內容與論述立場
嘉慶元年	劉逢祿	《穀梁廢疾申何》	申何休而難鄭玄 [註11]

[註9] 黃式三：〈讀戴氏即位改元考〉，《春秋釋》，卷4，頁20。

[註10] 黃式三：〈讀江氏春秋兵農已分論〉，《春秋釋》，卷4，頁21。

[註11] 劉逢祿《穀梁廢疾申何》表明是書之作，乃在於「申何氏《穀梁廢疾》之說，難鄭君之所起」。見劉逢祿：〈序〉，《穀梁廢疾申何》，收入《皇清經解》（臺北：復興書局，1972），第19冊，卷1292，頁1。

嘉慶三年	孔廣森	《春秋公羊通義》	別解何休「三科九旨」之義
嘉慶六年	莊存與	《春秋正辭》	主《公羊》董子，略采《左氏》、《穀梁》及宋元諸說
嘉慶十年	劉逢祿	《春秋公羊釋例》	闡揚何休經說
嘉慶十二	洪亮吉	《春秋左傳詁》	存古學，匡杜注〔註 12〕
嘉慶十二	劉逢祿	《春秋公羊解詁箋》	申何休駁鄭玄
嘉慶十六年	張聰咸	《左傳刊杜》	尊傳以釋經
嘉慶十七年	劉逢祿	《發墨守評》《穀梁廢疾申何》	發揚何休《公羊》之說
嘉慶十九年	張聰咸	《左傳杜注辨證》	駁斥杜注
嘉慶廿四年	凌曙	《春秋公羊禮疏》	以禮制考釋《公羊》
道光元年	凌曙	《公羊問答》	申董仲舒《公羊》經說
道光七年	郝懿行	《春秋說略》、《春秋比》	闡述漢學立場

　　顯然，《春秋》於此階段之主流發展趨勢，是以闡發今文《公羊》學，而與清初以及乾嘉之重《左傳》立場迥異。

　　清初官方立場之「春秋學」，乃主胡安國《春秋傳》。〔註 13〕胡氏於宋紹興五年（1135）奉命纂修是書，而後成為宋、元、明三朝科舉定本。〔註 14〕但隨著官方「尊朱」立場之確立，對胡《傳》便有諸多不滿與改動。據〈選舉志〉曰：

> 其後《春秋》不用胡《傳》，以《左傳》本事為文，參用《公羊》、《穀梁》。〔註15〕

可見主導官方數百年之胡《傳》，於清初亦漸失其權威地位。就官方御纂之三部書來看，康熙時先後編纂之《日講春秋解義》、《欽定春秋傳說匯纂》二書，康熙皇帝即從「尊胡」立場，轉向「尊朱抑胡」。

　　康熙序《日講春秋解義》時，稱賞胡《傳》「其本三綱，奉九法，明王

〔註12〕有關洪亮吉「存古學匡杜注」之研究，詳參張素卿：〈從古義到新疏的脈絡〉，《清代漢學與左傳學》（臺北：里仁書局，2007），頁 108～124。
〔註13〕趙爾巽等撰：〈選舉志〉，《清史稿》（北京：中華書局，1997），卷 81，頁 3099。
〔註14〕胡安國之《春秋傳》於紹興五年奉命纂修，當時命題取士，並《三傳》而用之。元、遼與《左傳》、《公羊》、《穀梁》並稱為四傳。仁宗延佑二年（1315），定經疑、經義取士條格，《春秋》兼用《三傳》及《安國傳》。明永樂中，胡廣《春秋大全》出，途專主《安國傳》。見宋鼎宗：《春秋胡氏學》（臺北：萬卷樓圖書公司，2000），頁 8～9。
〔註15〕趙爾巽等撰：〈選舉志〉，《清史稿》（北京：中華書局，1997），卷 81，頁 3099。

道，正人心，於《春秋》大旨，十常得其六七，較之漢唐以後諸家優矣」，
〔註16〕對胡氏仍甚爲倚重。而後受其尊崇朱子之影響，其序《春秋傳說匯
纂》時，已對胡《傳》深致不滿，轉而批評其「以一字爲褒貶，以變例爲賞
罰，……至於災祥讖緯之學興而更趨於怪僻」，認爲「宗其（胡安國）說者，
率多穿鑿附會，去經義逾遠，〔註17〕故轉而「抑胡從朱」。而《春秋傳說匯
纂》之編纂者，雖顧及「士子久誦胡傳，難以驟更」，仍將胡《傳》列於《三
傳》之後，卻又一方面指授儒臣，對胡《傳》詳爲考證，要其「凡其中有乖
經義者，一一駁正，多所刊除」，且廣收胡《傳》之外諸說。最大之思想轉
變，在於對「先儒舊說，世以不合胡《傳》擯棄弗習者，亦一一採錄表章，
闡明古學」的立場易轍。〔註18〕至於另一部乾隆年間「禦纂」之《春秋直
解》，乾隆皇帝亦親撰書序曰：

> 一以《匯纂》爲指南，意在息諸說之紛歧以翼傳，融諸傳之同異以
> 尊經，庶幾辭簡而事明，於范寧去其所滯，擇善而從。〔註19〕

可見是書乃懲於《匯纂》卷帙過於繁重，而據以簡化而成，並重申融貫《三
傳》立場。值得注意的是，其內容除了延續《匯纂》對胡《傳》之駁正，更
對所有涉及「尊王攘夷」之內容，幾乎全數刪削，〔註20〕其內容思想，已非
經傳原貌。

　　綜觀御纂三書，在經過有意識之調整，竟將代表《春秋》重要核心精神
之「尊王攘夷」、「大一統」大義，全數剔除，其學術價值自是不待言。但就
其高居官方、欽定之政治地位來看，仍領導清初「春秋學」之駁胡宗朱、合
《三傳》的發展趨向。如俞汝言（1614～1679）《春秋四傳糾正》、張尚瑗（1656

〔註16〕清聖祖：〈聖仁宗皇帝御製日講春秋講義序〉，收入〈日講春秋解義提要〉，《文
　　　津閣四庫全書‧經部》（北京：商務印書館，2005），第 59 冊，頁 1。
〔註17〕王掞、張廷玉等奉敕撰：〈序〉，《欽定春秋傳說彙纂》，收入《景印文淵閣四
　　　庫全書‧經部》，第 173 冊，卷首，頁 10。
〔註18〕以上引文皆見王掞、張廷玉等奉敕撰：〈欽定春秋傳說彙纂提要〉，收入《景
　　　印文淵閣四庫全書‧經部》，第 173 冊，頁 7。
〔註19〕見傅恆等奉敕撰：〈御纂春秋直解序〉，收入《景印文淵閣四庫全書‧經部》，
　　　第 174 冊，卷首，頁 2。
〔註20〕例如隱公二年「公會戎於潛」，胡《傳》力闡攘夷之義，《匯纂》對此則一字
　　　不錄。襄公三十年「葬蔡景公」，胡《傳》有「人之所以異於禽獸，中國之所
　　　以貴於夷狄，以其有父子之親、君臣之義」之議論，《匯纂》也全刪之。哀公
　　　十三年「公會晉侯及吳子於黃池」，胡氏於傳中闡述聖人「禦四夷之道」，《匯
　　　纂》全刪，而只在晉與吳到底誰是盟主上作詮釋。

～1731）《春秋三傳折諸》，合《三傳》以解經，對胡《傳》大張撻伐，濃厚的官學色彩，頗爲當時所重，而被收入《四庫全書》。又有何其偉《春秋胡諍》、張自吾《春秋宗朱辨》，更謂旗幟鮮明地與欽定之書，上下呼應，可視爲受官學影響之代表作。

由於官方對《三傳》凡涉有「尊王攘夷」之義者，不論失地、復仇等內容，或曲爲之說，或逕行刪除，加以被奉爲科考定本的胡《傳》，內容遵從啖助（724～770）等人「信經駁傳」立場，偏重義理闡釋，更爲重視實證考據之清儒所不滿，故重新關注《三傳》，成爲清初「春秋學」之發展大勢。如王夫之由春秋大勢變遷，推闡《春秋》之旨的「史論」強調，擺脫啖助、趙匡以降重義理詮釋趨向，對於清儒治《春秋》者之重史論，啓發甚大。〔註21〕又如顧炎武《左傳杜解補正》，則廣引前儒金石、天文、地理等文獻，將考察視角從宋、明，上溯到賈逵、服虔諸人所理解之《左傳》，〔註22〕除了引領清儒將研究重心回歸《左傳》，更影響稍後諸如魏禧（1624～1680）《左傳經世》、馬驌（1620～1673）《左傳事緯》諸作，皆以《左傳》爲「春秋學」之論述主體。而顧炎武對於漢注之重視，亦開啓乾嘉漢學派治《春秋》「尊漢」、「輯古」之途。

清儒治學強調考據實證，認爲《左傳》「皆參考經文，得其體要、非《公》、《穀》二家穿鑿月日者比」，〔註23〕於是對《左傳》之關注討論，遠比《公》、《穀》爲多。並在吳派惠棟揭櫫彰「漢學」而匡正杜《注》、孔《疏》門徑後，沈彤（1688～1752）《春秋左傳小疏》、余蕭客（1719～1777）《古經解鉤沉》、王鳴韶（1732～1788）《春秋三傳考)、朱大韶《春秋傳禮徵》、洪亮吉（746～1809）《春秋左傳詁》、汪中（1744～1794）《春秋述義》、李貽德（1783～1832）《春秋左傳賈服注輯述》、臧壽恭（1788～1846）《春秋左氏古義》等著，皆以發明漢學爲己任，重古字、古音之詮釋，且多引漢代賈逵、服虔等說，力圖恢復東漢經、傳原貌。〔註24〕至於皖派，則以江永爲首，造就了馬宗璉（1725～1801）《春秋左傳補注》、段玉裁《春秋占經》、李富孫（1764～1843）《春秋左傳異文釋》、王引之《經義述聞》等，雖不像吳派之固守漢學門戶，

〔註21〕關於王夫之「以史論經」之詮釋方法與內容及價值影響，詳參許松源：《經義與史論──王夫之「春秋」學研究》（新竹：清華大學歷史研究所博士論文，2007）。
〔註22〕詳參戴維：《春秋學史》，頁425～427。
〔註23〕紀昀總纂：〈春秋釋例提要〉，《四庫全書總目·經部》，卷26，頁211。
〔註24〕詳參戴維：《春秋學史》，頁444～450。

但對漢儒古義，亦輯存甚多，〔註25〕展現精訓詁、表彰賈逵、服虔以復漢學之特色。

　　隨著乾隆中葉以後之社會劇變，突出社會變革以挽救清朝日益嚴重之呼聲日起，是以結合經世之今文學，再次復興。《公羊》學之所以能從宗《左傳》的乾嘉時期奪回優勢，其最大因素，在於《公羊》學有著由董仲舒、何休所建立與政治縉合的「尊君」、「存三統」、「張三世」等理論，正符合社會變動下儒者之「經世致用」要求，且於西漢亦最早立於學官，顯然比《左傳》更具正統地位。故誠如錢穆所言：

　　　值時運世風之變，面治經之業乃折而萃於《春秋》，治《春秋》又折
　　　而趨於《公羊》焉。〔註26〕

錢穆指出乾嘉時期之世風轉變，在儒者經世實用之治學要求下，《公羊》復盛，自然水到渠成。

　　又如朱一新（1846～1894）亦指出《公羊》於嘉道以後大為發皇之因，在於：

　　　漢儒訓詁之學，瑣碎而鮮心得，高明者又悟其非，而又炫於時尚；
　　　宋儒義理之學，深所諱言。於是求之漢儒，惟董生之言最精；求之
　　　《六經》，惟《春秋》改制之說，最易附會。〔註27〕

朱一新犀利地道出了《公羊》學在嘉道年間得以確立之因，一方面是學術界對漢學不滿，另一方面是在傳統學術中，以董仲舒、何休為代表的《公羊》學，強調義理「義例」發揮，既不至於引起重家法、重條例之漢學家反對，又與宋學之義理強調相契合，故成為最適合時代需要之理論。儘管朱一新所言之改制附會說，實際上成於稍晚之廖平、康有為，且在黃式三時尚未有用改制說以附會之現象。但《公羊》學的確於晚清光芒再現，甚至躍居主流。

　　《公羊》學最重視、最具特色、最有價值之理論核心，乃「微言大義」之闡發。以乾嘉時期今文經學復興之倡始者莊存與（1719～1788）為例，他認為《春秋》為經世之書，而非記事之史，〔註28〕故承襲趙汸《春秋屬辭》，重視《春秋》「以辭成像，以像垂法，示天下後世以聖心之極」的實用功能，且「觀其辭，

〔註25〕詳參張素卿：〈從古義到新疏的脈絡〉，《清代漢學與左傳學》，頁33～264。
〔註26〕錢穆：《中國近三百年學術史》（臺北：商務印書館，1966），頁528。
〔註27〕朱一新：《無邪堂答問》（臺北：世界書局，1963），卷1，頁25。
〔註28〕莊存與：《春秋要指》，收入《皇清經解》（臺北：復興書局，1972），第6冊
　　　　（據咸豐十一年補刊、道光九刊本影印），頁387。

必以聖人之心存之」之原則，提出「善說《春秋》者，止諸至聖之法而已」。〔註29〕莊存與強調研究《春秋》之目的，在「舉往以明來」，其價值「傳之萬世而不亂」。〔註30〕是以，莊存與認為《春秋》大義，存於《公羊傳》，包括通三統、張三世、辨名分、定尊卑、明內外、舉輕重，撥亂反正，均從《公羊》而來。〔註31〕對於乾隆時期國家政治穩定，疆域空前統一時期，莊存與也大力揭櫫「尊君」主張，推衍「大一統」之義。於是以《公羊》為本，兼采《左傳》、《穀梁》，闡釋《春秋》「大一統」的微言大義、聖人經世之志，撰寫《春秋正辭》，〔註32〕被奉為清代今文經學的第一部著作。莊氏能於《公羊》沈寂千年之後，重新揭櫫其義，其學說儘管在漢學風靡一時的情勢下，尚隱晦不彰，但經過莊述祖（1750～1819）、孔廣森（1751～1786）、劉逢祿（1766～1829）、莊綬甲（1774～1828）之推闡，今文經學亦由隱而顯，異軍突起地活躍於學術，乃至政治舞台。

　　莊述祖為莊存與之姪子，傳承發揮莊存與之《公羊》學說。其看重漢學家所重之文字訓詁，故從《說文》入手，推許《公羊》，並嚴格區分《三傳》地位。莊述祖曰：

> 《春秋》之義，以《三傳》而明，而《三傳》之中，又以《公羊》家法為可說。其所以可得而說者，實以董大中綜其大義，胡毋生析其條例，後進遵守不失家法。至何邵公作《解詁》，悉隱括就繩墨，而後《春秋》非常異義可怪之論，皆得其正。凡學《春秋》者，莫不知《公羊》家，誠非《穀梁》所能及，況《左氏》本不傳《春秋》者哉！〔註33〕

莊述祖稱許《公羊》家法，特別推重董仲舒、胡毋生、何休等人觀點，主張《左傳》不傳《春秋》，而只推崇今文經學並，極為貶斥古文經學。莊述祖更反對莊存與兼采《三傳》的治經取向，指出《左傳》有劉歆之竄改、杜預之誤寫，〔註34〕而論定《左傳》為劉歆偽作，與《春秋》無關，藉以切斷其與《春秋》聯繫，並認為《穀梁》不如《公羊》，如此一來，說《春秋》者，唯

〔註29〕莊存與：《春秋要指》，頁387。
〔註30〕同上註，頁387。
〔註31〕莊存與：〈奉天辭第一〉，《春秋正辭》，收入《皇清經解》，第6冊（據咸豐十一年補刊、道光九刊本影印），頁385。
〔註32〕上論詳參彭明輝：〈今文學的復興及其變奏〉，《晚清的經世史學》（臺北：麥田出版社，2002），頁63～112。
〔註33〕莊述祖：〈自序〉，《明堂陰陽夏小正經傳考釋》（道光令舫刊本），卷首，頁1。
〔註34〕莊述祖：〈條例一〉，《說文古籀疏証目》（道光令舫刊本），頁25。

有獨尊《公羊》一途。莊述祖並以《春秋》之義，貫通《五經》，將清代以《公羊》學爲中心之今文經學，向前推進。後經劉逢祿之發揮，形成了以《公羊》爲宗之經學體系。

　　與莊述祖同時的孔廣森，亦認爲唯有《公羊》，能得聖人之義。指出《三傳》對《春秋》治天下之義的闡發，「《左氏》馳騁於文辯，《穀梁》圈囿於詞例」，於是「知《春秋》者，唯公羊子」，〔註35〕於是獨尊《公羊》。孔廣森稱許何休《解詁》體大思精，詞義奧衍，卻也闡明其異於何休《解詁》之處，在於考證「故宋」爲《穀梁》，所謂「新周」，不過是周遷徙於成周之義，藉以否定《春秋》微言，並對何休「大一統」、「三科九旨」，別立新解。〔註36〕試將何休、孔廣森二人之「三科九旨」意涵，表列如下：

	何　　　休	孔　廣　森
三科	三科、九旨者，新周，故宋，以《春秋》當新王，此一科也；所見異辭，所聞異辭，所傳聞異辭，二科六旨也；又內其國而外諸夏，內諸夏而外夷狄，是三科九旨也。	天道、王法、人情。
九旨	九旨即在三科中	天道者，一曰時，二曰月，三曰日；王法者，一曰譏，二曰貶，三曰絕；人情者，一曰尊，二曰親，三曰賢。〔註37〕

可見孔廣森自立之三科九旨，與何休之根本區別，在於少了王魯說等《公羊》學之微言，而只是對《春秋》所謂天道、王法、人情的闡發，亦即不承認《公羊》學之微言。孔廣森進一步以其所持論之三科（天道、王法、人情），闡發九旨爲尊、親、賢等名目，亦僅僅只是三世、通三統、異內外之「大義」。顯然，孔廣森與莊存與皆將《春秋》大義，落實於人倫日用，〔註38〕表達「經世致用」之理想。

〔註35〕孔廣森：〈何氏解詁〉，《公羊春秋經傳通義》，收入《皇清經解》，第 11 冊，據咸豐十一年補刊、道光九年刊本影印，卷 690，頁 12。
〔註36〕詳參黃開國：〈孔廣森與莊述祖的經學〉，《清代今文經學的興起》（成都：巴蜀書社，2008），頁 172～175。
〔註37〕見阮元：〈春秋公羊通義序〉，《揅經室一集》（北京：中華書局，1993），卷 11，頁 12。
〔註38〕有關孔廣森對於三科九旨之詮釋舉例與論述，詳參黃開國：〈孔廣森與莊述祖的經學〉，《清代今文經學的興起》，頁 183～188。

　　嘉道時期，社會由盛轉衰，儒者全力關注社會現實，劉逢祿便繼承外祖莊存與、從舅莊述祖之《公羊》學，進一步嚴立今文、古文界限，不遺餘力地推崇今文。爲了抬高《公羊傳》地位，劉逢祿以《左傳》爲不傳《春秋》之史書，貶低《左傳》，接著闡發歷來被視爲《春秋》微言大義精髓的「大一統」思想，以及「三科九旨」之說，宣稱：

　　　　無三科九旨，則無《公羊》；無《公羊》，則無《春秋》，尚奚微言之
　　　　與有！〔註39〕

高標《公羊》「三科九旨」地位。劉逢祿爲了申揚何休之說，竭力尋找鄭玄破綻，更引證攻擊鄭說，〔註40〕貶斥古文之鑿空，使《公羊》學獲得足以與古文學派相抗衡之地位。

　　由於劉逢祿所處時代，內有白蓮教、太平軍之起兵，外有西力入侵，於是在強烈之經世要求下，劉逢祿更著眼於《公羊》之經世作用，主張社會變革，推衍三世、三統說。〔註41〕以《春秋》作者所見、所聞、所傳聞，解釋書例異同之「三世」，繼董仲舒「十二世以爲三等」，指出能「辯內外之治，明王化之漸，施詳略之文，魯愈微而《春秋》之化益廣，世愈亂而《春秋》之文益治」，〔註42〕準確地把握了《公羊》三世說所蘊含之微言奧旨，又接受《公羊》學家著眼於現實，主張社會變革推衍「三統」說。〔註43〕爲了重建社會秩序，劉逢祿更提出與其「持《春秋》以決秦漢之獄，不若明《春秋》以復三代之《禮》」之變革思想，〔註44〕主張以《禮》爲本，以刑輔之的禮治理想。

　　劉逢祿發展了莊存與之今文學，對《公羊》家的三統、三世說，充分詳細闡述，加上莊、劉二族，頗具學術聲望，孔廣森更身居衍聖公之崇高地位，促使阮元輯刻《皇清經解》時，收錄今文學家之諸多專書，不僅提升了今文經學之合法地位，並通過推擴《皇清經解》，使今文《春秋》繼西漢以後，再

〔註39〕劉逢祿：〈春秋論下〉，《劉禮部集》，收入《續修四庫全書·集部》，第 1501
　　　　冊（據道光十年思誤齋刻本影印），卷 3，頁 20。
〔註40〕關於劉逢祿對於鄭玄之非難，詳參鄭卜五：〈劉逢祿「申何難鄭」析論〉，《經
　　　　學研究集刊》第 5 期（2008 年 11 月），頁 145～162。
〔註41〕詳參黃愛平：〈論乾嘉時期之今文經學〉，收入王俊義、黃愛平著：《清代學術
　　　　文化史論》（臺北：文津出版社，1999），頁 258～260。
〔註42〕劉逢祿：〈張三世〉，《劉禮部集·釋三科例上》，卷 4，頁 1。
〔註43〕詳參黃愛平：〈論乾嘉時期之今文經學〉，收入王俊義、黃愛平著：《清代學術
　　　　文化史論》，頁 258～260。
〔註44〕劉逢祿：〈律意輕重〉，《劉禮部集·釋特筆例中》，卷 4，頁 21。

度成爲經學主流，〔註45〕造成一時風靡。

在嘉道之《公羊》主流之下，亦有不少儒者強調漢代古訓，試圖恢復《左傳》地位。如劉文淇（1789～1854）撻伐《公羊》經說，而匯集漢儒賈逵、服虔、鄭玄等人舊注，對於顧炎武、惠棟諸人成果，亦多所采擇，疏通發明《左傳》之義，於杜預注文來源，一一疏證，於杜注失誤，逐一辨別。其一門四代劉毓崧（1818～1867）、劉壽曾（1838～1882）、劉師培（1884～1919）皆傳《左傳》學。〔註46〕又如被視爲「吳派後勁」的丁晏（1794～1875），治《春秋》服膺鄭玄；俞樾（1821～1907）以王念孫（1744～1832）父子爲宗，以傳統文字、訓詁治經，謹守漢學，〔註47〕皆可視爲別於今文潮流之異軍。

黃式三治《春秋》亦闡發古學，推尊《左傳》之傳經地位，更對乾嘉漢學之「匡杜」主張，有所反駁。

第三節　申《左傳》爲傳經之作

黃氏力尊《左傳》，嘗自言「余作《春秋釋》，謹守《左氏》學，《公羊》、《穀梁》或援以參證焉」，〔註48〕視《左傳》爲傳經之作，而非史書而已。黃氏並以爲後儒之不信《左傳》，乃在於啖助、趙匡不信經「例」所致。黃氏曰：

> 《春秋》之義不明，由儒者之不信《左傳》也。《左傳》之不信，由啖助、趙匡諸儒之拘成見，而昧舊史之凡例也。舊史凡例，孔聖不能不因之，而讀《春秋》者，挾《左傳》不可信之見，於是經之大義炳然，著於傳者，或且無所忌憚，妄肆駁斥。而五十凡例，誰復細繹之乎？〔註49〕

指出歷來「春秋學」聚訟的二個問題，其一爲《左傳》是否「傳經」，其二則「五十凡例」，是否眞爲孔子「一字一褒貶」之本意。於是黃氏就上述二個基本爭訟問題，表述己見。

《左傳》是否傳經，自古即爭議不斷，至今仍無定論。就目前臺灣學術

〔註45〕詳參湯志均：〈清代經今文學的復興〉，《經學史論集》（臺北：臺灣學生書局，1995），頁4～8。
〔註46〕關於劉文淇的《左傳》研究，詳參田漢雲：《中國近代經學史》（西安，三秦出版社，1996），頁146～153。
〔註47〕詳參戴維：《春秋學史》，頁486～490。
〔註48〕黃式三：〈讀春秋備忘敘〉，《儆居集・雜著三下》，頁5。
〔註49〕黃式三：〈釋春秋經傳同異〉，《春秋釋》，卷1，頁1。

界而言，諸如程發軔、劉正浩、張高評等師生一系，皆主張《左傳》爲傳經之作。〔註50〕而戴君仁、蔣伯潛、高明等人，則持論《左傳》與《春秋》是二部不相干之書。〔註51〕至於歷代論辯，經今、古文二派看法兩極；古文家認爲《春秋》爲孔子據魯史刪削而成，故《左傳》爲左丘明作以解釋《春秋》之「傳」，而將之稱爲《春秋左氏傳》或簡稱《左氏》、《左傳》。歷代持此說之代表學者，如章太炎《春秋左傳讀敘錄》嘗引嚴彭祖、桓譚、劉知幾、毛奇齡等人之說，論證《春秋》與《左傳》實共爲表裡。〔註52〕此外錢穆《先秦諸子繫年》主張「《左傳》出吳起，不出左丘明」，〔註53〕又獨爲一說。

經今文家則反對《春秋》是據魯史「筆削」之說，認爲《春秋》只是孔子的一部「著作」，與魯史無關。更以劉歆提出「《左氏》不傳《春秋》」爲據，〔註54〕認爲《左傳》與《春秋》，實爲不相干之兩部書。換言之，經今文家認爲《左傳》爲獨立史書，而非解釋《春秋》之作，故不應稱爲《春秋左氏傳》，而當與《呂氏春秋》、《虞氏春秋》同列，稱爲《左氏春秋》。〔註55〕申辯此說

〔註50〕 相關論述，詳參程發軔：《春秋要領》（臺北：東大圖書公司，1989）；劉正浩：《左海鉤沈》（臺北：東大圖書公司，1997）；張高評：《左傳導讀》（臺北：文史哲出版社，1987）。

〔註51〕 相關論述，詳參戴君仁：《春秋辨例》（臺北：臺灣書店，1964）；蔣伯潛：《十三經概論》（臺北：學海出版社，1985）；高明：《群經述要》（臺北：黎明文化，1979）。

〔註52〕 章太炎：《春秋左傳讀敘錄》云：「漢嚴氏（彭祖）《春秋》引〈觀周篇〉（孔子家語篇名）云：『孔子將修《春秋》，與丘明乘車如周，觀書於周史，歸而作《春秋》之經，丘明爲之傳，共爲表裏。』桓譚《新論》云：『《左氏》經之與傳，猶衣之表裏，相持而成。若有經而無傳，使聖人閉門思之，十年不能知也。』劉知幾謂：『大事書於冊者，經之所書；小事書於簡者，傳之所載。經與傳，同因魯史而修也。』毛奇齡：《春秋簡書刊誤》云：『夫《左氏》之傳，即是策書；《左氏》之經，即是簡書。故夫子筆削，只襲魯國之簡書以爲之本。即絕筆以後，猶有舊簡書二十六條，見於《左傳》。』雖簡書爲經，策書爲傳，與史通之說互異，而左氏據魯史以爲之傳，說皆同矣。杜預春秋序謂：『傳或先經以始事，或後經以終義，或依經以辯理，或錯經以合異，隨義而發。將令學者，原始要終，尋其枝葉，究其所窮，優而柔之，使自求共之，饜而飫之，使自趨之。若江海之浸，膏澤之潤，渙然冰釋，怡然理順，然後爲得也。』」見章太炎：《春秋左傳讀敘錄》（臺北：學海出版社，1984），頁858～863。

〔註53〕 錢穆：〈吳起傳左氏春秋考〉，《先秦諸子繫年》（臺北：東大圖書公司，1999），頁193。

〔註54〕 劉歆：〈移讓太常博士書〉，見班固：〈楚元王傳〉，《漢書》（北京：中華書局，2000），頁1970。

〔註55〕 上論詳參周予同：《群經概論》（臺北：臺灣商務印書館，1997），頁95～97。

者，如晉人王接即云：「《左氏》辭義贍富，自是一家書，不主爲經發。」〔註56〕認爲《左傳》不屬於《春秋》之附傳，而是自成一家之書。到了唐代，工部尚書陳商（約 860 前後）亦強調《左傳》的「史學」性質，而將《左傳》視爲與《春秋》「經書」有別之「史書」。〔註57〕此外，向來富有疑經態度的劉敞，亦申之曰：「仲尼之時，魯國賢者無不從之游，獨丘明不在弟子之籍」，〔註58〕以爲若丘明眞有受經作傳之實，何以不在弟子之籍？可見孔子未嘗授經於丘明，因此《左傳》與《春秋》無關，當經自爲經，傳自爲傳，不可合而爲一。

陸淳（？～806）更申論以「（《春秋》）雖因舊史，酌以聖心，撥亂反正，歸諸王道，三家之說，俱不得其門也。」〔註59〕僅承認《春秋》經，而對《三傳》均表不滿，認爲《傳》已互失經旨，注又不盡《傳》意，令後人不識經之本宗。更進一步批駁傳注之失，尤以抨擊傳習《左傳》者，以爲：

> 今《公羊》、《穀梁》二傳殆絕，習《左氏》者，皆遺經存《傳》。談
> 其事跡，翫其文彩，如覽史籍，不復知有《春秋》微旨。嗚呼！買
> 櫝還珠，豈足怪哉！〔註60〕

陸淳以「買櫝還珠」抨擊習《左氏》者乃曲生義例，附會本經，不復知有《春秋》微旨。趙匡（927～976）更對杜注提出嚴厲批駁，〔註61〕並論定撰寫《左傳》之左氏，與《論語》所說之左丘明爲兩人，推翻左丘明親授於孔子之說。

〔註56〕房玄齡等撰：〈王接傳〉，《晉書》（北京：中華書局，2000），頁 1435。

〔註57〕據令狐澄《大中遺事》載大中時，工部尚書陳商立「春秋左傳學議，以孔聖修經，褒貶善惡，類例分明，法家流也。左丘明爲魯史，載述時政，惜忠賢之泯滅，……本非扶助聖言，緣飾經旨，蓋太史之流也。……夫子所以爲經，當與《詩》、《書》、《周易》等列；丘明所以爲史，當與司馬遷、班固等列。」見令狐澄：〈宋〉，《大中遺事》，收入《筆記小說大觀》（臺北：新興書局，1985），第 3 冊，第 6 帙，頁 19。

〔註58〕劉敞：《春秋權衡》，收入《欽定四庫全書薈要・經部》（臺北：世界書局，1986），第 33 冊，卷 1，頁 1。

〔註59〕陸淳：〈春秋宗指議第一〉，《春秋集傳纂例》（臺北，大通書局，1970），卷 1，頁 3。

〔註60〕陸淳：〈啖氏集傳集注義第三〉，《春秋集傳纂例》，卷 1，頁 6。

〔註61〕陸淳曰：「杜預云：凡例皆周公之舊典禮經。按其傳例云：『弒君稱君，君無道也。稱臣，臣之罪也。』然則周公先設弒君之義乎？又云：『大用師曰滅，弗地曰入。』又周公先設相滅之義乎？……則劉、杜之言，淺近甚矣。左氏絕非夫子同時，亦已明矣！」見陸淳：〈趙氏損益義第五〉，《春秋集傳纂例》（臺北：大通書局，1970），卷 1，頁 11～12 引。

趙匡認爲左丘明是孔子以前之賢者，左氏則與公羊氏、穀梁氏相似，皆爲孔門之後。

黃氏不滿啖助、趙匡、陸淳諸儒對《三傳》之批判，故申論《春秋》與《左傳》互爲經、傳關係。黃氏曰：

> 《公羊》、《穀梁》之傳，作於漢時，不能盡合經義。左氏親與孔子相授受，《傳》與經亦復有異，經既如此，則《傳》博引列國之史文，補敍時事，羽翼聖經，不嫌殽雜。……《左傳》所言舊史五十凡例，孔子多因之，以存其大體。〔註62〕

他肯定《左傳》爲傳《春秋》之書，且作者就是與孔子同時之左丘明，至於《三傳》成書先後，則《左傳》與《春秋》同時，而《公》、《穀》則至漢時才晚出。

黃氏並認爲《左傳》中所言之五十凡例，皆出於孔子之意，故反駁歷來質疑、詆毀《左傳》之說。其論點大略有三：

第一，強調《左傳》「理事合一」、「經史合一」

黃氏主張《左傳》依經而作，但由於經文內容簡約，含意隱微，又講求微言大義與筆法，字斟句酌，甚爲嚴謹，所錄僅止於大事，故常用二、三語記其事件結果，而略於過程敍述，以致於文義深奧，後人難以理解，甚至被王安石（1021～1086）黜爲「斷爛朝報」。〔註63〕但黃氏舉例，說明經、傳所據材料雖有不同，卻是出於經、傳互補之有意安排。其曰：

> 如經書鄭伯髡頑「卒」，楚子麇「卒」，齊侯陽生「卒」，《傳》以爲「弒」。經先書殺公子買，後書楚人救衛，《傳》易其後先，由當時記載之文各異，經因救史。《傳》復采史文之異者以備參校，不因救史，非傳疑之道，不采異文，非考信之道，亦經、傳之互相備也。〔註64〕

黃氏以《春秋》書「卒」、《左傳》書「弒」爲例，說明「經」據魯史而作，《左傳》則爲補充經文之說。黃氏所舉之例一，爲襄公七年，僖公被殺時，「經」即據赴書策曰「鄭伯卒」，但《左傳》則根據史實，說明由於鄭伯爲大子時，已無禮於子狐、子豐，即位後，又無禮於子駟，侍者不受，反殺侍者，並在其往會諸侯，行及於鄵時，子駟夜遣刺客弒之，而以疾赴告於諸侯。故鄭伯

〔註62〕黃式三：〈釋春秋經傳同異〉，《春秋釋》，卷1，頁1。
〔註63〕脫脫：〈王安石列傳〉，《宋史》（北京：中華書局，2000），卷327，頁10550。
〔註64〕黃式三：〈釋春秋經傳同異〉，《春秋釋》，卷1，頁1。

實際上爲子駟所弒，於是《左傳》特別書曰「子駟使賊，夜弒僖公」。可知「經」記載了僖公被殺之結果，「傳」則補述事件始末。

例二，昭公元年，公子圍弒楚子即位後，赴告於諸侯，魯史據赴書策，而「經」即錄史文，書曰「楚子麇卒」。但《左傳》則旁蒐諸史，強調公子圍趁入宮問候楚王病情，「縊而弒之」，還殺了幕與平夏二位公子。相較於「經」文僅據史書記載楚子「卒」，「傳」則用「弒」字褒貶其罪，以發經文之蘊。

例三，哀公十年，齊悼公陽生被殺，經書「齊侯陽生卒」，似乎有所隱諱；而《左傳》卻詳載殺悼公者與事件始末，乃由於齊侯使公孟綽辭吳師，吳子怒其二三其德，故召魯師共同伐齊，而哀公應允後，會合吳王邾子、郯子公伐齊國南部邊境，故齊大夫鮑牧「弒」悼公以悅吳，以換取吳國軍隊退離齊國。相較於經書「卒」，《左傳》則據史實，詳載大夫鮑牧「弒」楚悼公所，與上述襄公七年鄭伯髡頑卒於鄵之書法相同，皆經、傳所據材料之異。

黃氏據上述三例，論證此正是經、傳互備之原則。可見「經」以直書，表示慎重，至於解經之「傳」，則「復采史文之異者，以備參校」，於是看似與經文多有不合，實際上此即「理事合一」、「經史合一」，且《左傳》倘不因救史，非傳疑之道，若不采異文，則不具考信之道。

第二，申明《左傳》經、傳互通

黃氏以爲「傳」之性質，既爲「解經」，故《春秋》經文因魯史而作，故傳亦針對經文，詮釋補充。並據經所載之某事結果，進一步敘述事件起因與過程，二者看似無關，實際上皆同爲一事。黃氏舉例曰：

> 盟於甯母，經書「鄭世子華」，而傳言「辭其伐鄭之計，不辭其盟也」。……此則經、傳之似異而可互通者也。〔註65〕

在他看來，僖公七年之經文「公會齊侯、宋公、陳世子款、鄭世子華，盟于甯母」，〔註66〕並無褒貶之義；而《左傳》則述此盟之先，本擬謀伐鄭，因管仲建議齊桓公招攜以禮，懷遠以德，於是齊桓脩禮於諸侯，而讓鄭伯使其太子華來會受阻，故太子華私請齊桓公除去鄭國之洩氏、孔氏、子人氏三族大夫，再以鄭降齊，如齊之內臣一般。管仲因其子奸父命，將「何以示後嗣」，〔註67〕勸齊桓勿許，並要求齊桓拒絕太子華。黃氏以爲經、傳所言，雖看似

〔註65〕黃式三：〈釋春秋經傳同異〉，《春秋釋》，卷1，頁2。
〔註66〕見阮元校勘：《十三經注疏・春秋疏》，卷13，頁2。
〔註67〕同上註，頁2～6。

不同，實際上《左傳》乃就史實說明伐鄭過程，亦即會盟事件之「始」，而經文所載則爲事件之「末」（結果），就整體而言，完整記載事件始末，故經、傳實爲通貫一體。

第三，《左傳》爲羽翼《春秋》之作，側重有別

黃氏既主《左傳》爲解經之作，故認爲《傳》之所據，皆依經文而來。黃氏以夫人之死爲例，以爲傳亦合於褒貶之義；按照禮制，妾不得稱「夫人」，但經文卻多次對於「妾」死，以「夫人薨」稱之。黃氏舉例說：

> 舊史有依時君爲褒貶者，……妾不稱夫人，而經書夫人子氏薨、夫
> 人風氏薨、夫人嬴氏薨，則魯君固用夫人之禮待之矣。〔註68〕

黃氏指出桓公母親仲子雖僅爲妾，但隱公已決定讓位於桓，則其母親自然可稱「夫人」。至於風氏，身爲莊公之妾、僖公之母；嬴氏則爲文公之次妃、宣公之母，皆因爲「母以子貴」，尊稱夫人。可見此三例之被稱爲「夫人」，皆由於魯君用夫人之禮待之，此乃史實，孔子亦因之，並非孔子有特別之褒貶書法。

黃氏又舉大夫爲例，說明孔子據魯君立場以褒貶，與《傳》並不相悖。其云：

> 大夫之褒貶，如季子來歸，曰「嘉之」；翬帥師，曰「疾之」，遂兩
> 盟曰「珍之」。……因魯君爲褒貶，所以見一國之治亂，其法固然，
> 孔子亦因之，讀者不可以此駁傳也。〔註69〕

黃氏以閔公元年「季子來歸」經文爲證，對照《左傳》言「嘉之也」，可知「嘉」有褒獎之義，〔註70〕意謂不管落姑之盟誰爲主謀，季子忠於國家，不顧哀姜與慶父之權勢，毅然歸來，《左傳》書「嘉之也」，以爲其確當嘉獎。比對隱公四年，宋公派人乞師伐鄭，隱公推辭不許，公子翬（字羽父）卻堅決前去，故經文就書「翬帥師」，強調此役爲「公子翬」執意而行，而非隱公之意。《左傳》即據此評論說「疾之也」，〔註71〕對公子翬表達疾其專橫之意，而貶曰「疾之」。再如文公八年，公子遂之兩次會盟，《左傳》皆書曰「珍之」，〔註72〕意謂遂雖來不及歸報魯君，便以權宜之計而與人盟，以免魯國戰禍，經文以其

〔註68〕黃式三：〈釋春秋經傳同異〉，《春秋釋》，卷1，頁2。
〔註69〕同上註，頁3。
〔註70〕見阮元校勘：《十三經注疏·春秋疏》，卷11，頁1。
〔註71〕同上註，卷8，頁7。
〔註72〕同上註，卷19，頁18。

此行既解晉之討，又止戎之伐，實以安社稷、利國家者，故特稱許公子遂之
「珍貴」。黃氏舉此三例，指出其皆以魯君立場評論，故孔子亦據魯史而褒貶，
但《左傳》雖據經加以申論，實際上乃申論孔子之義，故不可據此駁《傳》。

　　黃氏又指出《左傳》既爲解經之作，內容即以羽翼經書爲宗旨。如：

> 經於內弒書薨，弒之實於傳見之；書殺大夫而不名，書人、書盜而
> 不名，名於傳見之。無族不書族，有族而貶不書族，貶不貶於傳見
> 之。〔註73〕

黃氏舉隱公十一年之經文「十有一月壬辰，公薨」，但《左傳》即補述隱公遇
「弒」之始末甚詳。〔註74〕證明經文雖僅言「公薨」，但通過《左傳》補述，
便還原了桓公縱容羽父弒隱公之事實。他又舉文公六年，經書「晉殺其大夫
陽處父」，《左傳》則曰「賈季使續鞫居殺陽處父」，〔註75〕將殺陽處父的賈季、
續鞫居之名字揭出。又可證明《左傳》之作，乃在博徵列國史文，補敘經文。

　　黃氏最後又舉《春秋》經文亦有訛誤之處，認爲《傳》據經而誤，並非
《傳》文之失。其云：

> 襄公二十一年，兩書日食於九月、十月；二十四年兩書日食於七月、
> 八月。日無比月頻食之理，必經有重出之文，經尚有訛，《傳》自不
> 免，則《傳》之可疑者，當闕之，不可肆意攻擊也。〔註76〕

黃氏以上所舉之例，歷來儒者已辨之甚詳。如襄公二十一年，經文載九月庚
戌之日食爲本日十五時二十二分四十八秒，據清代馮澂《春秋日食集證》考
證，認爲日食當爲「襄公二十六年十月庚辰朔日」，〔註77〕至於襄公二十四年
七月之日食，則爲當日十四時五十八分三十二秒，八月發生之日食，馮澂則
認爲此係文公十一年八月癸巳朔日的日食錯簡。〔註78〕故黃氏據此，印證經

〔註73〕黃式三：〈釋春秋經傳同異〉，《春秋釋》，卷1，頁1。

〔註74〕《左傳》曰：「羽父請殺桓公，將以求大宰。公曰：『爲其少故也，吾將授之
　　　矣。使營菟裘，吾將老焉。』羽父懼，反譖公于桓公而請弒之。公之爲公子
　　　也，與鄭人戰于狐壤，止焉。鄭人囚諸尹氏。賂尹氏，而禱於其主鍾巫。遂
　　　與尹氏歸，而立其主。十一月，公祭鍾巫，齊于社圃，館于寪氏。壬辰，羽
　　　父使賊弒公于寪氏，立桓公，而討寪氏，有死者。不書葬，不成喪也。」見
　　　阮元校勘：《十三經注疏・春秋疏》，卷4，頁26～27。

〔註75〕同上註，卷19，頁10。

〔註76〕黃式三：〈釋春秋經傳同異〉，《春秋釋》，卷1，頁3。

〔註77〕馮澂：《春秋日食集證》，收入《續修四庫全書・經部》，第148冊（據北京圖
　　　書館分館藏《強自力齋叢書》稿本影印），卷6，總頁616。

〔註78〕馮澂：《春秋日食集證》，卷7，總頁614。

文尚有重出訛誤之處，則《傳》爲傳經之書，乃是據經而誤，不可肆意攻擊。

黃氏據上論，不滿啖、趙之「信經駁傳」。其云：

> 啖、趙、陸名治《春秋》憑私臆決，尊之曰孔子意。孔子意，未可
> 必也。以未可必而必之，則固持一己之固，而倡茲世則誣，誣與固
> 君子所不取，徒令後生穿鑿詭辯，詆前人捨成說，啖、趙、陸實階
> 之，此《唐書・儒林傳》之論，後生所宜鑒也。宋劉原父助其狂波
> 而盪之，於是諸儒之杜撰，自此之興矣。〔註79〕

可知啖助、趙匡、陸淳、劉敞諸儒，雖名爲治《春秋》，卻憑私意決臆，說法
毫無根據，更造成「後生穿鑿詭辯」，遺害後世。黃氏最後論證《左傳》爲羽
翼聖經的「傳經」之作，肯定其經學地位。

可知晚清「春秋學」以今文《公羊》爲主流，實際上亦有不少以恢復《左
傳》古學爲務之儒者，諸如劉文淇家族、丁晏、俞樾等人，皆堅信「《左傳》
傳經」，故黃氏之《春秋釋》，亦可作視爲觀察晚清《春秋》古學發展之例證。

第四節　以禮制入手之治《春秋》門徑

「禮制」向來被認爲《春秋》經、傳之主要內容與精神，故歷來學者亦
多主張以禮制通貫經、傳。如宋代張大亨《春秋五禮例宗》，即取《春秋》事
蹟，分吉、凶、軍、賓、嘉五禮，依類別記，各爲總論。其後，以《三禮》
治《春秋》者漸多，〔註80〕清儒以禮說《春秋》者亦不少；如清初惠士奇、
毛奇齡皆屬之；惠士奇《春秋說》，以經、傳研究古禮，於「每條之下多附辨
諸儒之說，每類之後又各以己意爲總論」，可視爲「以禮爲綱」之作。〔註81〕
毛奇齡《春秋屬辭比事記》，則將《春秋》經、傳，按禮制分成改元、即位、
生子、立君、朝聘、會盟、侵伐、刑戮等二十二門，並從中總結出禮例、事
例、文例、義例，裁成義類，由於受官方青睞，影響甚大。又據張素卿教授
之考察，指出乾嘉漢學從惠棟專宗「漢學」，而依「識字審音」的訓詁方法爲
進路，進而考禮制、通經義，由「述」古而勤於輯存漢儒經說。由於「漢注
多舊典遺言」，於是考索相關典章制度，從中抽繹出「尚禮」之經說取向，張

〔註79〕黃式三：〈釋春秋經傳同異〉，《春秋釋》，卷1，頁1。
〔註80〕詳參沈玉成、劉寧著：《春秋左傳學史稿》（南京：江蘇古籍出版社，1992），
　　　　頁125。
〔註81〕紀昀總纂：〈春秋說提要〉，《四庫全書總目・經部》，卷29，頁240。

素卿並認爲此一取向，亦爲清儒經世寄託之表現，〔註82〕如沈欽韓（1775～1831）《左氏傳補注》，就是以《三禮》爲宗而釋義之代表著作。

黃氏《春秋釋》亦廣引《三禮》，參據典制儀節，疏證經、傳。如探討《春秋》滅人國者「書名」與「不書名」，黃氏即以禮制論斷曰：

> 《禮》曰：「滅同姓，名。」《春秋》書「衛侯滅邢」（僖二十五年），
> 禮也。齊侯滅萊，楚子滅夔，彼自相滅，而非魯之同姓，故不名。
> 〔註83〕

他根據「邢」與「衛」，二者皆姬姓之國，認爲史書罪其滅同姓，而「書名」以正其罪，正是申論《禮記・曲禮》「滅同姓，名」之義。至於「不書名」之例，黃氏舉襄公六年，經書「齊侯滅萊」、僖公二十六年「楚子滅夔」，由於皆不與魯共祖同姓，故不書名。

黃氏又證《春秋》對於失地是否書名，亦完全依循於禮制。黃氏指出：

> 《禮》又曰：「失地，名。」《春秋》於國滅及國未滅，而以其君歸
> 者，則書名。荊敗蔡師，以蔡侯獻武歸。鄭遊速滅許，以許男斯歸。
> 宋公入曹，以曹伯陽歸。〔註84〕

他舉《春秋》於國滅及國未滅之三例說明：第一例爲莊公十年，楚在莘地擊敗蔡軍，俘虜蔡侯獻舞之事，《春秋》經書「荊敗蔡師于莘」，由於「荊楚」爲複語，故楚之地域在荊州，其封號爲楚，以「地」則稱「荊」，以「國」則稱「楚」，可知「荊敗蔡師」，亦同於「楚敗蔡師」，雖國未滅，但仍指責蔡侯獻舞之失地，故書名。

第二例爲定公六年，鄭國滅許，由於許居楚鄭之間，而服屬於楚，經文四書許遷，皆由楚國主其事，實恃楚以爲生存。故當許被鄭所滅，《春秋》即書「鄭游速帥師滅許，以許男斯歸」，咎責楚國未能善盡護衛許國，故書名。至於第三例，哀公八年，經書「宋公入曹，以曹伯陽歸」，黃氏指出此乃曹人背晉奸宋，宋公伐曹而晉人不救，鄭人擔心曹滅之後，患將及身，遂出師救曹，而後宋還師去曹，以致於曹人詬罵宋之殿軍，引起宋公大怒，因此回師滅曹，並執曹伯陽歸而殺之。可見曹有致滅之咎，故經書「宋公」之名。黃式三引證上述「書

〔註82〕張素卿：《清代「漢學」與《左傳》學——從「古義」到「新疏」的脈絡》，頁71～76。
〔註83〕黃式三：〈釋名〉，《春秋釋》，卷1，頁8。
〔註84〕同上註。

名」之三例，指其皆以〈曲禮〉「諸侯失地，名」之義爲規範。

　　黃氏又以《周官》聘問之禮，印證《春秋》經文之「問」，即「聘」也。黃氏以隱公九年，經書「天王使南季來聘」爲例，按桓王既然派大夫聘問於魯國，故魯史特別書之，但《左傳》、《公羊》以此爲史文，均不作傳。至於《穀梁》，卻書「聘諸侯，非正也」，認爲天子派使者聘問諸侯不合禮制。對此黃氏則以《周官》爲證，駁《穀梁》曰：

> 《穀梁傳》云「聘諸侯，非正也」。後儒從其說者，言齊桓之霸，王禁明而王臣不下聘者六十年，襄公二十三年，當魯僖公聘魯，由晉文之不明，王禁有以致之。式三案，《周官》大行人云：「閒問以諭諸侯之志。」以閒問與歸脤、致襘並言，則天子之於諸侯，於禮有問；問，即聘也。……《穀梁》之言難盡信。〔註85〕

黃氏據《周官》之「大行人」，掌理天子與諸侯聘問之禮，而有閒問、歸脤、致襘等聘問，可見《穀梁》說「聘諸侯，非正也」，實爲訛誤。

　　黃氏以禮制注解《春秋》，除了表現其「以禮釋經」之特色，亦呼應乾嘉漢學派治《春秋》的「尚禮」取向。

第五節　總核經例證杜、訂非

　　「義例」之義，據戴君仁先生《春秋辨例》解釋爲：「《春秋》是聖人示褒貶之書，而經中褒貶進退，都拿書法表達。書法是有例的，例有正例、變例，於變例見義，可以看出聖人褒貶進退之意。可以說，聖人因褒貶而生凡例，後人由凡例以見褒貶。單詞言之叫做例，複詞言之便叫做義例。」〔註86〕將「義例」視爲後人瞭解聖人褒貶之依據。又如皮錫瑞亦云：

> 古無「例」字，屬辭比事即比例。……夫子以《春秋》口授弟子，必有比例之說，故自言屬辭比事爲《春秋》教。《春秋》文簡義繁，若無比例以通貫之，必至人各異說，而大亂不能理。故曰《春秋》之失亂，亂由於無比例，是後世說經之弊，夫子已頂防之矣。〔註87〕

〔註85〕黃式三：〈釋聘〉，《春秋釋》，卷1，頁22。

〔註86〕戴君仁：《春秋辨例》（臺北：臺灣書店，1964），頁9。

〔註87〕皮錫瑞：〈論春秋必有例，劉逢錄、許佳林釋例大有功於公羊穀梁，杜預釋例亦有功於左氏，特不當以凡例爲周公所作〉，《經學通論》（北京：中華書局，1954）頁53。

皮氏看重《春秋》之「例」，認爲孔子爲防後人詮釋紊亂，故以「例」作爲書法原則，使人得以藉由義例，通貫《春秋》大義。

　　無論今、古文學派，皆重視《春秋》之「義例」。如《公羊》文字奇簡，又寓有褒貶與微言大義，故以「例」解說《春秋》，向爲今文家之傳統。按何休《春秋公羊經傳解詁》說「往者略依胡毋生條例」，〔註88〕胡毋生被視爲言「例」之濫觴，而何休說《公羊》，更是處處用例。〔註89〕董仲舒雖言「《春秋》無達辭」，〔註90〕但仍承認有例。而劉歆《七略》，亦有「公羊傳條例」，皆爲以「例」治《公羊》家者。至於《穀梁》之時、月、日例更爲詳備，〔註91〕因此范寧《春秋穀梁傳·序》有「商略名例」之語，〔註92〕楊士勛作疏，則稱范氏別有「略例」百餘條，此則《穀梁》家用例情形。而《左傳》之例，則較複雜，經今文學家以《左傳》非《春秋》之傳，故無例；經古文學家承認《左傳》爲傳經之書，故信其有例，如漢儒鄭興、賈徽及其子鄭眾、賈逵作「條例」，皆以例說經。〔註93〕

　　用例、尚例之風，於漢、晉間，幾乎成爲說經趨勢。〔註94〕而後因杜預

〔註88〕何休：《春秋公羊經傳解詁》（北京：書目文獻出版社，1988），卷1，頁1。

〔註89〕何休：《春秋公羊經傳解詁》用例之處，如隱公元年九月「及宋人盟於宿」，注云「微者盟皆時」。二年春「公會戎於潛」，注云「朝聘會盟例皆時」。二年夏五月莒人入向，注云「入例時，傷害多則月」。分見何休：《春秋公羊解詁》，頁6、17。

〔註90〕董仲舒《春秋繁露》云：「《詩》無達詁，《易》無達占，《春秋》無達辭。」見蘇輿撰：〈精華〉《春秋繁露義證》（北京：中華書局，1992），卷3，頁95。

〔註91〕關於《穀梁傳》時、月、日例，詳參許桂林：《春秋穀梁傳時月日書法釋例》（北京：中華書局，1991。及今人戴君仁：《春秋辨例》（臺北：臺灣書店，1964），頁55～82。

〔註92〕范寧：〈春秋穀梁傳序〉，《春秋穀梁傳》，收入《四庫全書薈要·經部》（臺北：世界書局，1986），第32冊（據《景刊唐石經》本縮印），頁14。

〔註93〕范曄《後漢書》載「歆美興才，使撰條例、章句、傳詁」。見范曄：〈鄭興傳〉，《後漢書》（北京：中華書局，2000），卷36，頁1217。又〈賈逵傳〉載：「（賈逵）作《左氏條例》二十一篇」。見范曄：《後漢書》，卷36，頁1234。

〔註94〕「尚例」說《春秋》者，如《隋書經籍志》著錄有漢穎容《春秋釋例》十卷，下注梁有《春秋左氏傳條例》九卷；漢大司農鄭眾撰。晉杜預《春秋釋例》十五卷；晉劉寔《春秋條例》十一卷、方範《春秋經例》十二卷。此外尚有無撰人姓氏之《春秋左氏傳條例》二十五卷、《春秋義例》十卷、《春秋左氏例苑》十九卷、《春秋五十凡義疏》二卷；「尚例」說《公羊》者，有刁氏《春秋公羊例序》五卷；何休《春秋公羊諡例》一卷，下注梁有《春秋公羊傳條例》一卷，何休撰；「尚例」說《穀梁》者，則有范寧《春秋穀梁傳例》一卷；《舊唐書·經籍志》載劉歆《左氏傳條例》二十卷；《新唐書·藝文志》載鄭

歸納出「周公舊例」與「孔子新例」，遂引起後儒極大辨難，幾乎所有論《春秋》之「例」者，皆針對杜預而發。試探杜預釋「正例」曰：

> 「正例」皆經國之常制，周公之垂法，史書之舊章；仲尼從而修之，以成一經之通體。〔註95〕

杜氏以爲「例」乃周公所定，故《左傳》中常見「凡諸侯同盟，於是稱名」之帶有「凡」字者，共有五十句（五十凡），即《左傳》之「正例」。

杜預又提出義例有「變例」、「非例」之別。他指出「變例」乃孔子「微顯闡幽，裁成義類者，皆據舊例而發義，指行事以正褒貶」，於是《左傳》中所稱書、不書、先書、故書、不言、不稱、及書曰七類等解經語之例與史不書之例，即爲「變例」。至於「非例」，則是由於正例與變例，皆有固定表達方式，一望可知。但《左傳》中又存有「其經無義例，因行事而言，則傳直言其歸趣而已」者，〔註96〕如《左傳》之多數傳文，皆只備述事件始末，經既無例，傳自然不是義例之闡發，〔註97〕於是有些在《公》、《穀》中被稱爲「例」者，杜氏認爲此僅止於記事，而將之歸入「非例」。杜預又據《左傳》成公十四年之文，申論其用例情形有五，即微而顯、誌而晦、婉而成章、盡而不汙、懲惡而勸善等五類，〔註98〕皆通過不同遣詞造句，將五種微妙之特徵和作用，表達其特定含義。

杜預以爲「例」乃周公所定之說法，與今文家之獨尊孔子，顯然有異。是以後儒之駁杜者，亦紛紛而起。如晚唐趙匡即遍舉凡例，認爲「皆不可能出於周公之意」、〔註99〕北宋劉敞（1019～1068）反駁杜氏「五十凡」，當分爲解舊史的「史書之舊」，與左丘明爲解經而「自己所加」之二類。〔註100〕劉敞並指出《左傳》之「例」，只適於小範圍，不能概括全經，更舉僖公二十五年經文「衛侯燬（燬，衛侯之名）滅邢」，而《左傳》說「同姓也，故名」，

累《牒例章句》九卷。

〔註95〕 杜預：〈春秋左傳注疏序〉，見阮元校勘：《十三經注疏・春秋疏》，卷1，頁12。

〔註96〕 同上註，頁15。

〔註97〕 關於杜預「例」之理論與舉例，詳參趙伯雄：《春秋學史》，頁286～292。

〔註98〕 杜預：〈春秋左傳注疏序〉，見阮元校勘：《十三經注疏・春秋疏》，卷1，頁16～18。

〔註99〕 陸淳：〈趙氏損益義第五〉，《春秋集傳纂例》（臺北，大通書局，1970），卷1，頁11～12。

〔註100〕 關於劉敞反周公定例，批《左傳》五十凡之論述與舉例，詳參張尚英：《劉敞「春秋學」述論》（成都：四川大學歷史文化學院碩士論文，2002），頁45～49。

〔註101〕認爲《春秋》貶斥衛侯之滅同姓，故記載衛侯之名，以正其罪，可見「晉滅虢，又滅虞，齊滅紀，楚滅夔，皆同姓也，何以皆不名邪」，〔註102〕試圖推翻杜預之說。劉敞又舉僖公十一年晉滅虢、又滅虞之例，指出經文載「晉人執虞公」、莊公四年齊滅紀，經文載「紀侯大去其國」、又僖公二十六年楚滅夔，經文載「楚人滅夔」，〔註103〕諸例可知皆同姓，卻皆未書名，故杜預之義例原則，仍有不合經、傳之處。

　　清儒規正杜預「義例」者，更在比比。諸如顧炎武《左傳杜解補正》、萬斯大《學春秋隨筆》、惠士奇《春秋說》、洪亮吉《春秋左傳詁》，〔註104〕到俞樾作《春秋左傳平議》等等。據現代學者劉家和之研究指出，雖然各家對杜注之批評與著重點不完全一致，但統計清儒對杜注批評者，即有數十家之多，〔註105〕數量相當眾多。

　　黃氏《春秋釋》對於杜預義例，有規正其非，亦有證其是者。其〈自序〉曰：

> （式三）及長，搜求各書有能解左氏疑義者，得一義如得異寶。久之，乃知左氏之於《春秋》，信乎傳受之不差也。爰舉其大綱凡例，約略言之，爲杜氏《釋例》證其是、校其失。〔註106〕

他大致同意杜預之義例歸納，卻也發現杜說之歸類，仍有不少不完備之處。故依照釋例方式，作〈釋救執〉、〈釋人〉、〈釋名〉等十四篇，希望能爲杜預《春秋釋例》證其是，以駁非杜者之口；對於杜氏說法有闕漏之處，亦試圖提出補充，以校其失。尤以清儒顧棟高駁杜最烈，黃氏亦糾謬其誤駁杜預之處。

〔註101〕見阮元校勘：《十三經注疏・春秋疏》，卷16，頁2。

〔註102〕劉敞：《春秋權衡》，收入《四庫全書薈要・經部》（臺北：世界書局，1986），第32冊，卷4，頁18。

〔註103〕上述經文，分見阮元校勘：《十三經注疏・春秋疏》，卷12，頁17、卷8，頁8、卷16，頁6。

〔註104〕關於顧炎武、萬斯大、惠士奇、洪亮吉諸儒駁正杜預義例之探討，詳參蕭淑惠《清儒規正杜預《春秋經傳集解》研究》（臺南：成功大學中國文學研究所碩士論文，1998）。

〔註105〕參劉家和：《史學、經學與思想：在世界史背景下對於古代歷史文化的思考・從清儒的臧否中看「左傳」杜注》（北京：北京師範大學出版社，2005），頁258〜259。

〔註106〕黃式三：〈春秋釋敘〉，《春秋釋》，收入《續修四庫全書》，第148冊，總頁127。

一、證杜氏之「是」

　　杜預以爲《左傳》書「母弟」原則，即凡稱爲弟者，皆以同母兄弟視之。杜預《春秋釋例・母弟例》云：

> 母弟之寵，異於眾弟，蓋緣自然之情，以養母氏之志。公在雖俱稱公子，其兄爲君，則特稱弟。殊而異之，親而睦之，既異隆友于之恩，亦以將爲人弟之敬，成相親之益也。通庶子爲君，故不言夫人之子，而曰母弟。〔註107〕

杜氏歸納《左傳》書法原則，以爲凡稱爲弟者，皆視同爲母兄弟。如此一來，既能凸顯同母兄弟的血緣之親，爲人弟者亦能藉以表現尊敬兄長，以達「相親」之效。杜預進而指出，母弟之見於經者二十，而傳之所發者，只有六條，此乃策書通例，原因在於稱弟者皆爲母弟。是以既爲通例，身分即相當明確，故傳不必額外註解。杜預並羅列經中凡言「弟」者諸例，一一證明其皆爲母弟，故將其歸爲一例，亦即〈母弟例〉。

　　黃氏贊同杜說，並據以推論稱「兄」之書法亦同「弟」，以證杜說爲是。黃氏比對《公羊傳》隱公七年，稱「母弟稱弟，母兄稱兄」，〔註108〕與《左傳》宣公十七年之說相同，可見《春秋》書同母兄弟，關鍵在於凸顯宗法之次。黃氏又引《禮記・大傳》「別子爲祖，繼別爲宗」，指出公子之稱「公」者，其身分爲其士大夫之庶；稱「宗」者，則爲士大夫之嫡，至於嫡子有同母之弟，則另稱爲「別子」，以示「其後宜立大宗」，〔註109〕以合於禮制，可證杜預之歸類爲確。

　　黃氏舉《左傳》書「弟」，皆爲同母，證明杜預之說無誤。他說：

> 《春秋傳》言魯宣之母敬嬴，嬖於文公，則叔肸爲庶子；言衛定公卒，立敬姒之子衎，定姜既哭而歎；衛襄公夫人姜氏無子，嬖人婤姶生孟縶皆庶子，而三人皆書兄弟者，君既由庶子而立，於是君之母兄、母弟亦稱別子，其後亦立大宗也。……然則陳招前書「公子」，後書「弟」，何也？書「公子」者，通稱也，書「弟」者，特筆也。〔註110〕

黃氏指出叔肸、衎、孟縶三人，皆以庶子立爲國君，故經、傳分別稱「叔肸

〔註107〕杜預：〈母弟例〉，《春秋釋例》，卷1，頁19。
〔註108〕阮元校勘：《十三經注疏・公羊注疏》，卷3，頁9。
〔註109〕黃式三：〈釋兄弟〉，《春秋釋》，卷1，頁21。
〔註110〕同上註。

公母弟」、「衛侯之弟」、「陳侯之弟」，表示同母兄弟，將來亦得以立爲大宗。
此一書法，與杜預所歸納之「同母」原則，完全相符。黃氏據此不滿「後儒
之駁傳而自立說者，以爲經之書弟，皆同父不必同母」，〔註111〕以爲考之傳文，
則魯宣及叔肸同出敬嬴，衛獻與子鮮同出敬姒，衛靈與縶同出婤姶，此皆母
弟之最者。若比對經文，則宋公子地、公子辰，皆景公之弟，皆稱「弟」爲
「公子」，稱「辰」爲「母弟」，可知乃爲國君在世者稱「公子」，不在世者稱
「公弟」之故，並非杜預之歸類前後矛盾。

　　黃氏據杜預「母弟」之例，進而推衍出「兄弟」，亦同於杜氏之「母弟」
原則，可見杜預之說爲是。

二、校杜氏之「非」

　　黃氏除了申論杜說之外，亦對杜預說例，有不少質疑與規正。黃氏指出
《春秋》有時爲寓有特殊褒貶，以致於書法前後不同。以「救」、「執」爲例，
即有善與不善之不同意涵。其曰：

> 後儒言書「救」者，皆善；書「執」者，皆不善，拘一例以定褒貶，
> 均不可據。僖公二十八年「楚人救衛」，即《傳》所謂「楚愛曹衛」
> 者，書曰「救衛」，見晉文服衛之難。襄公十年，楚公子貞救鄭，亦
> 見晉悼服鄭之難也。而後儒乃以爲善楚乎。〔註112〕

黃氏舉經文言「救」，乃有「不善」之例。如僖公二十八年春，晉文公將伐曹
國，欲借道衛國，衛人不肯，而後晉文公怒而侵略曹國，討伐衛國，並與齋
侯盟誓於斂盂，衛侯請求加入盟誓，晉人不允，衛侯欲轉而與楚結盟，但衛
人不肯，遂驅逐衛侯。而後魯國公子買戍守衛國，楚人即派兵救衛，由於楚
人救衛已是事實，魯史便直書其事，故經文說「楚人救衛」。後來晉國再次攻
曹，除了抓走曹伯送給宋人，又分曹衛之田給宋人。是以《左傳》即載爲「執」，
意謂曹伯以畀宋人，意在激怒楚國，使其拒絕齊秦之請，齊秦便不得不與晉
國並肩作戰，故《左傳》解釋以「楚愛曹、衛」。〔註113〕黃氏指出，此雖書爲
「救衛」，卻凸顯晉文服衛之難，亦即寓含「不善」之貶義。

　　黃氏又以書「執」爲例，說明其未必皆爲不善。如：

〔註111〕黃式三：〈釋兄弟〉，《春秋釋》，卷1，頁21～22。
〔註112〕黃式三：〈釋救執〉，《春秋釋》，卷1，頁4。
〔註113〕阮元校勘：《十三經注疏・公羊注疏》，卷1，頁19。

　　成公十五年，「晉侯執曹伯歸於京師」，《傳》言「曹負芻殺太子而自
　　立」，晉討其罪而歸諸京師，非「執」之善者乎？拘一例以定褒貶，
　　言例者之失也。〔註114〕

黃氏按杜預〈執諸侯例〉說：「凡君不道於其民，諸侯討而執之，則曰某人執某
侯，不然則否。」〔註115〕意謂曹伯雖有殺太子之罪行，但並無不道行爲加諸於
民，故經書以「晉侯執」，而不書「人執」，顯示經義在譏晉侯執不當罪，具有
不善之意。但黃氏卻認爲，曹伯十三年殺太子而自立，當其被眾諸侯拘執歸於
京師，經書曰「晉侯執曹伯」，表示人民同意其逮捕曹伯，因此並無不善之意。

　　黃氏以「救」、「執」兼有善與不善之例，反對杜預俱將其歸爲「執」例
一類。黃氏曰：

　　此杜氏不審《傳》文之訛，而失之也。《傳》曰會於戚討曹成公也，
　　書曰「晉侯執曹伯，不及其民也」。凡君不道於其民，諸侯討而執之，
　　則曰某侯執某侯，不然則否。《傳》意言負芻殺太子，復不道於其民，
　　晉侯討負芻不害及其民，善晉侯之辭也。《傳》文某侯執之，「侯」
　　訛寫爲「人」，訛字正，而經、傳之義明矣！〔註116〕

在他看來，杜預僅守《左傳》之說，難免偏執於一義。倘按不道於其民、無
過無罪而殺民、無故而奪民產、負芻殺太子而篡奪君位，皆屬悖禮傷教之行。
而經書「晉侯執曹伯」，明著伯討，書「歸於京師」，明著其尊君王王甚明。
且晉、曹爲兩個不同國家，經不書「晉侯」，而書「晉人執」，應當是訛「侯」
爲「人」，倘將此訛字改正，則經、傳之義，得以通貫。

　　黃氏又舉孔子特殊筆削之三例，以證杜說爲非。亦即僖公五年，經書「晉
人執虞公」、僖公十九年書「宋人執滕子」、成公九年書「晉人執鄭伯」三例，
書晉侯、宋公以「人」，而未有言某侯執某侯者。但對照杜預註解爲：「稱人
以執，宋以罪及民告……，傳例不以名爲義，書名及不書名，皆從赴」。〔註117〕
意謂經稱宋公爲宋人者，是滕子有虐民之罪，故稱人以「執」。黃氏則不認同
杜說，指出倘依杜氏說法，則「人」爲夫子筆削之辭，而非史官從赴告之辭。
實際上，宋、晉之赴告，決無自稱「宋人」、「晉人」之理，故策書必須從赴，

〔註114〕黃式三：〈釋名〉，《春秋釋》，卷1，頁4。
〔註115〕杜預：〈執諸侯例〉，《春秋釋例》，卷4，頁99。
〔註116〕黃式三：〈釋名〉，《春秋釋》，卷1，頁4。
〔註117〕杜預：〈僖公上〉，《春秋經傳集解》（上海：上海古籍出版社，1988），上冊，
　　　　頁313。

經文則不必從赴，可見杜注顯然有不妥之處。

　　黃氏據上論，指出杜預的義例缺失。黃氏曰：

> 杜氏《釋例》有得有失，而〈執諸侯例〉，竟無一是者，沿《傳》文
> 之訛而附會於討賊稱人之例耳！不知「殺大夫」一例，「執諸侯」一
> 例，非天子、方伯不可以執諸侯，此執諸侯例之不得與殺大夫同例
> 也。〔註118〕

他不同意杜預《釋例》將天子、方伯之征討諸侯，歸入〈執諸侯例〉，故特別
予以規正。

　　黃氏又以經書「名」之例，證明杜預與後儒，皆有失察之處。他指出凡
侯國再命之大夫會盟，書名，正例也。而卒者，稱名，亦正例也。但倘有賢
人殺大夫，則可以不書名。黃氏舉文公七年經文「宋人殺其大夫」、文公八年
經文「宋人殺其大夫司馬」二例，主張「嫌於稱人，以殺而變其例以賢之」。
但杜預、胡安國之說，卻不依此原則，故黃氏駁之曰：

> 說者因謂大夫之殺，貶而書名，遂於孔父仇牧之倫，橫加刺議，是
> 不知正例也。杜氏、胡氏說，顧震滄駁之是。〔註119〕

按文公七年經文「宋人殺其大夫」，《三傳》與杜預、胡安國、顧震滄三說如下：

作　者	各　家　說　法
《左傳》	書曰「宋人殺其大夫」，不稱名，眾也，且言非其罪也。
《公羊》	何以不名？宋三世無大夫，三世內娶也。
《穀梁》	稱人以殺，誅有罪也。
杜預	不稱殺者及死者名，殺者眾，故名不可知；死者無罪，則例不稱名。〔註120〕
胡安國	書宋人者，國亂無政，非君命而眾人擅殺之也，大夫不名義繫於殺大夫，而其名不足紀也。〔註121〕
顧震滄	殺公孫固、公孫鄭於公宮，不稱名，眾也，且言非其罪也。〔註122〕

〔註118〕黃式三：〈釋救執〉，《春秋釋》，卷1，頁5。
〔註119〕黃式三：〈釋名〉，《春秋釋》，卷1，頁8。
〔註120〕杜預：〈文公上〉，《春秋經傳集解》（上海：上海古籍出版社，1988），上冊，
　　　　頁456。
〔註121〕胡安國：《春秋傳》，收入《宋元明清十三經注疏彙要》（北京：中央黨校出版
　　　　社，1996），第9冊，卷14，總頁71。
〔註122〕顧棟高：《春秋大事表》，收入《文津閣四庫全書・經部》（北京：商務印書館，
　　　　2005），第62冊，卷42之3，頁294。

黃氏指出依杜預「義例」，認爲稱「國」以殺，是被殺者有罪；稱「人」以殺，代表可殺有罪，故義例當書被殺者之名。反之，若不書名而書大夫，表示殺者無罪。但此處屬於眾殺，因此經稱「宋人殺」。《左傳》認爲宋大夫爲群眾所殺，因此殺人者多，故名不可確考，且死者無罪，亦隱諱其名。《穀梁》以爲凡是經文記載時說「人以殺」者，表示被殺者爲有罪之人。若只不記載被殺者之爵位，表示「誅有罪」，如果記載被殺者之爵位，代表無罪被殺，故經書記載被殺者之爵位，表示其爲無罪被殺。《公羊》則按諸侯不娶女於其國，以杜漁色之漸，下漁色則不君，妃族交政則不臣，三世失禮，君臣道喪，故奪其君臣之辭，示防亂於微，以爲後戒。而宋國三代（宋襄公、成公、昭公）諸侯皆娶了國內大夫之女，故不書名。杜預的說法，與《左傳》相同，強調殺大夫不名者，無罪。

胡安國則認爲，貶宋昭公無君主之度，不足以理國，而致國亂無政，因此眾人擅殺大夫，不能責殺人者之罪，故不書名。至於顧震滄則據《左傳》，以爲稱人以殺，不書殺者之名，因殺者是亂兵，不得主名，只好稱人以殺，此與稱人以殺之常例不同，故曰「不稱名，眾也」。實際上，盜殺大夫，皆有計畫，而非亂兵眾殺，亦即公孫固、公孫鄭之被殺，乃出於混亂之濫殺，而非有計畫之專殺。於是眾所攻者，當爲昭公。至於公孫固、公孫鄭，適在公宮而被誤殺，即便知名而不書被殺者之名，乃是避免稱名以殺爲殺有罪之常例，故書「殺大夫」而不書大夫之名。

黃氏贊同顧震滄之說，認爲「宋人殺其大夫，賢之，而不書名」，〔註123〕仍爲正例。否則經之稱人以殺，反變成被殺者有罪；而被殺者書爵不書名，又似被殺者無罪，於例顯得矛盾。故認爲杜預主張「殺者眾，故名不可知」、「死者無罪，則例不稱名」，以及胡安國以爲「其名不足紀」等說，皆爲「不知正例」也。

三、糾謬顧棟高駁杜之誤

顧棟高，字複初，康熙六十年(1721)進士，授內閣中書。顧棟高以「春秋學」成就最高，其《春秋大事表》將《左傳》所涉及的天文曆法、地理疆域、典章制度、史事人物等問題，皆列之以「表」，並附以詳盡說明，時儒甚重之。

由於顧棟高處處駁杜，故黃氏亦指出其誤駁杜注之失。如稱「王」與「天

〔註123〕黃式三：〈釋名〉，《春秋釋》，卷1，頁8。

王」有別，顧棟高卻混而爲一。黃氏指出，按周制稱天子，有稱爲天、天王者，皆以「天」字尊之。他舉《春秋》經文書爲「天王」者，計有三十二處，其中便有指「國君」，卻稱「王」，而不稱「天王」者。如僖公二十八年，兩次記載「朝於王所」，皆指天子命王子虎主盟，天子已在踐土，盟後魯僖公朝天子於王庭，故經文書以「公朝於王所」。黃氏釋曰：

> 兩書「朝於王所」，謂京師也。是猶王人之不稱天王人，王師之不稱天王師也。〔註124〕

他解釋「王所」即是王庭所在之「京師」，所以不稱「天王」，並無特殊褒貶用意，正如「王人」之不稱「天王人」，「王師」之不稱「天王師」，卻僅爲書寫之慣例而省略「天」字而已。

其次，不尊稱「天」，卻寓有褒貶者，如桓公五年的「繻葛之戰」，經文書以「蔡人、衛人、陳人從王伐鄭」，但顧棟高卻不認同有特殊褒貶。黃氏駁之曰：

> 鄭莊之罪以著，而桓王之待鄭莊，倏親、倏疏、倏與、倏奪所任用之虢公林父、周公黑肩，德不足以服鄭莊，而才猷不逮焉。一戰而敗，周威益替，此「王」之所以不稱「天」也。……矯之者，乃以此爲省文、闕文、訛文，而義不存於此。顧震滄取是說，其說安可信邪？〔註125〕

黃氏指出由於鄭莊公不朝，其罪止於削地、貶爵，而周王卻率領虢公林父伐晉、周公黑肩親征之，完全違背天子與諸侯之義。最後周桓王率領四國軍隊伐鄭，卻「才不逮」鄭國而敗，不僅顏面盡失，且此後周王朝由於軍隊損失慘重，尚得倚賴諸侯國以護衛，可謂「周威益替」。可知周王之失德，讓王室威嚴蕩然無存，故僅稱「王」，而不稱「天」。顧棟高卻引用前人說法，以爲此處有省文、闕文、訛文，而義不存，未能正確指出桓王失德之處，故黃氏認爲其說不可信。

黃氏又指出顧氏有誤駁杜注之處，其曰：

> 書（〈朔閏表〉）言杜氏失不置閏，今增置者三，桓公四年十二月、莊公二十年閏十二月、成公十二年閏五月。考之杜書，桓公五年閏正月，顧書足以改正杜書原非增置一閏。莊、成兩閏，皆杜書所有。

〔註124〕黃式三：〈釋王不稱天〉，《春秋釋》，卷1，頁17。
〔註125〕同上註，頁18。

〔註126〕

黃氏比對經、傳與杜注，一一反駁顧氏誤駁杜注之處。如顧氏所言杜氏有錯置閏之處，即爲誤駁。又如顧氏主張該削去莊公二十九年之閏五月，黃氏則反駁「考之杜注，此年本無閏」，〔註127〕可見顧氏爲誤駁。

　　黃氏並指出顧氏之所以誤駁杜注，在於未能親見杜預原書。黃氏曰：

> 顧氏未見杜書，祇據趙東山汸之《春秋屬辭》而爲之，趙書謬訛，遂顧氏之疑而多爲之辨，彼訛書眞可恨也。而顧氏作《拾遺表》之時，杜氏《長曆》不可得見。〔註128〕

他認爲顧氏僅根據趙汸（1319～1369）《春秋屬辭》即駁斥杜說，實際上《春秋屬辭》多有訛誤，故以訛傳訛，顧氏亦誤。

　　清儒由於不滿《十三經注疏》多採杜《注》與孔《疏》，故對於自稱有「《左傳》癖」之杜預，極力批駁。杜預《春秋經傳經解》表明異於前儒之處，在於「欲專修丘明之《傳》以釋經」，以爲「經之條貫，必出於《傳》」的尊《傳》立場，〔註129〕後世有「《左傳》以杜解爲門徑，《集解》又以《釋例》爲羽翼」之稱，孔穎達之《正義》亦信守其說。尤其乾嘉時期，漢學大興，惠棟等學者倡以述古爲起點，勤於輯存賈、服等漢儒舊說，使部分清儒於「尊漢」而力主「古義」倡「新疏」之立場下，針砭之首要對象，並非宋儒，而是杜預。加以《左傳》是否傳《春秋》問題，從唐代啖助、趙匡以後，討論者漸多，清儒不信《左傳》者亦不少，是以「規杜」、「匡杜」幾乎成爲清儒治《春秋》者之重要議題。而黃氏《春秋釋》不僅爲杜氏「訂非」，更秉持求是態度，糾謬訛駁杜之誤者，以證杜氏之「是」，展現較爲公正之態度。

第六節　以史事提挈《春秋》大綱

　　黃氏認爲經史皆可通貫，尤以《春秋》本爲魯史，故以史事提挈《春秋》大綱。《春秋釋》卷二、卷三，即以周十二君史蹟爲經，魯十二公爲緯，提要史事，凸顯朝代興衰關鍵，實繫於人君、人臣之善惡賢肖。尤以對即位、天子諸侯等人喪葬、征伐、會盟往來之「書」與「不書」，探討史官書法所寓之大義。

〔註126〕黃式三：〈讀顧氏朔閏表〉，《春秋釋》，卷4，頁18。
〔註127〕同上註。
〔註128〕同上註，頁18～19。
〔註129〕杜預：〈春秋左傳注疏〉，見阮元校勘：《十三經注疏・春秋疏》，卷1，頁20。

　　黃氏首先提要隱公事蹟，他舉其即位之所以「不書」，說明經書大義。黃氏依禮制，指出新君即位應舉行告廟大典，並於繼位之日，舉行改元，並以策書赴告諸侯，史官才得據以書策。但也有例外者，倘先君卒於年中，太子於年中即位，即不改元，此乃孝子不忍死其父之情之禮制，而將改元延至次年正月，亦即元年正月，且元年正月必書「即位」。但春秋十二公中，元年不書即位者，包括隱公、莊公、閔公、僖公等四君。黃氏探析隱公「不書」之原因曰：

> 魯惠公元年妃無子，聲子生隱公，仲子生桓公，皆非嫡子也。非嫡曷爲欲立桓？寵仲子也。曷爲卒立隱？國多外難，非得長君不能治也。隱始通宋盟於宿，及六年，齊鄭始平。惠之末年，宋、齊、鄭皆與魯爲難，其薨也，有宋師，不能不立隱也。隱既立矣，曷爲經不書即位？即位，殺其禮也。曷爲殺其禮？攝也。〔註130〕

由於隱公未舉行即位大典，故隱公元年不書「即位」，此乃根據禮制而書，但隱公未舉行即位大典，讓史官無所依據，只好記爲「元年春王正月」，而不書即位。黃氏並採用《左傳》與戴震〈即位改元考〉解釋爲「攝」之觀點，〔註131〕說明未舉行即位大典，乃因隱公僅爲假代者。至於隱公何以爲「攝」？黃氏以提要方式，交代隱公由於父親之元配夫人早卒，無子，遂以其媵妾聲子（隱公）爲繼室，後來惠公又娶仲子，且極度寵愛仲子及其子桓公，並欲立之爲世子。但格於宗法，未及廢隱公，即卒，故隱公才在不得已之情況下即位。黃氏接著兼採《公羊》、《穀梁》「成父志」之說，解釋隱公即位時，早已明瞭父親本欲立桓公未成之志，遂不行即位之禮，並以嗣君之禮事桓公，自己則攝行君事，亦即僅爲暫時假代君職，並等待將來讓國於桓。

　　黃氏又對隱公謹守攝政本分而讓國於桓公事蹟，稱賞其有「成父志」之德。隱公讓國，《公羊》、《穀梁》說法兩極，《公羊》以爲周制母以子貴，子以母貴，立嫡以長不以賢，立子以貴不以長等觀點，主張隱公遵從父志而讓位於桓公，合乎情理。《穀梁》卻認爲魯惠公再娶仲子爲夫人，已違背周制，若魯隱公遵守周制，改正其父君錯誤，那麼隱公理當繼承君位，而不該讓位於桓公。由於《公》、《穀》說法南轅北轍，故黃氏採用戴震隱公謹守攝政本分之說，同意《穀梁》說法，而撰寫隱公提要曰：

> 經於仲子書夫人「薨」，於聲子書君氏「卒」，《傳》稱惠之薨，太子

〔註130〕黃式三：〈隱公事提要〉，《春秋釋》，卷3，頁1。
〔註131〕戴震：〈春秋改元即位考〉，《戴震文集》（北京：中華書局，1980），頁21。

少，以桓爲太子；復稱狐壤之戰，公爲公子，皆著隱有讓國之誠也。

曷爲讓之誠？成父志也，是隱之仁也。〔註132〕

黃氏根據經文於仲子（桓公生母）死稱「薨」，而聲（隱公生母）死稱「卒」來看，顯然認定仲子之「夫人」地位，故桓公爲嫡子繼位，理所當然。黃氏又對照《左傳》舉出二例，證明隱公自始至終，皆有讓國之心。其一爲隱公元年，對於惠公改葬，稱「太子少，葬故有闕，是以改葬」，已稱桓公爲「太子」；至於隱公之稱呼，則隱公十一年與鄭人戰于狐壤，卻書「公之爲公子也」，隱公之身份僅是「公子」，可見《左傳》贊成隱公讓國之立場甚明，故黃氏於結論中，稱許隱公「成父志」之作法，深具仁義。

黃氏以爲《春秋》書寫隱公讓國，對於全書有關鍵性意義。其云：

然則，隱曷爲終於弒，曰，惡惡不能去也。……及翬請殺桓，復不加誅而身受弒。隱之爲君，優柔寡斷，知公子彄之賢而不能用，弗許公子豫之會邾鄭而不能止，其弊一也。然則，春秋之托始於隱，亦可知矣！自隱以後，桓、閔與子般之弒，繼世疊見，一國之變，莫大於此，春秋魯史誅亂賊，必始於此，所以示萬世之君，立臣子之防者，亦在於此。〔註133〕

黃氏通過提要隱公執政表現，以爲其優柔寡斷，不忍心殺桓公，最後反被竄弒，藉由隱公之仁心，對比弒君者之邪惡，指責繼位的桓公是以弒君取得政權，造成後世紛紛亂紀，弒君疊見，強調誅此亂臣賊子，即爲《春秋》之作意。

黃氏提要隱公事蹟，實寓有勸善懲惡目的。其以隱公原屬庶子身分而繼位攝政，解說《春秋》之書法義例原則，繼而論述隱公治國後，國勢漸強與外交結盟之得利表現，已將善惡隱於其中。對於隱公讓國事件，則據《三傳》表明自己站在「禮制」之正名辨實立場，稱許其能完成父志。最後藉由桓公弒君得位，彰顯《春秋》誅亂臣賊子與《左傳》勸善懲惡之用心。

至於桓公提要，黃氏亦延續隱公被弒之主軸，以其「弒君」逆行爲思想核心。黃氏分析桓公時之局勢，於諸國齊僖、晉小子侯、曲沃武公、魏宣、蔡桓、鄭莊、曹桓、陳桓、杞武、宋莊、秦寧、楚武中之「鄰國君之雄鷙者，莫如鄭莊、齊僖」。是以，桓公「桓弒君而立」後，〔註134〕即展開一連串與二

〔註132〕黃式三：〈隱公事提要〉，《春秋釋》，卷3，頁1。

〔註133〕同上註，頁1～2。

〔註134〕以上引文，皆見黃式三：〈桓公事提要〉，《春秋釋》，卷3，頁2。

國修好之舉措。黃氏以扼要筆法撻伐了桓公最爲非議的三件事，即：

> 會齊僖、鄭莊於稷，受朱賂立華督爲宋相，取郜大鼎納於廟。繼乃
> 昏於齊，使公子翬如齊逆女。翬、督，弒君之賊也，而莊、僖寵之，
> 則桓可以無所顧忌矣！〔註135〕

黃氏特別凸顯桓公一連串的外交行爲中，首先是「受賂」於弒殤公而立莊公
的逆臣華督，已暴露其不辨是非善惡。其次，又將遂亂受賂之「大鼎納於廟」，
不僅失禮，且讓先祖受辱。最後，爲了與齊國修好，在迎娶齊王之女文姜時，
還讓弒殺隱公的罪人公子翬前往代娶。黃氏通過史蹟，除了撻伐桓公弒君之
罪，還斥責其與當時強國狼狽爲奸，簡直是一丘之貉，彰顯孔子作《春秋》
以期亂臣賊子懼之義。

　　黃氏接著一方面譏桓公內弒其君，外受賂於逆臣，一方面指出周桓王未
盡天下共主之責。其曰：

> 受周之聘者三，渠伯糾、仍叔之子、家父；受列侯之朝者五，滕子、
> 杞侯、紀侯、穀伯綏、鄧侯吾離。而曹世子射姑、邾人、牟人、葛
> 人亦朝焉！蓋當是時，周與列國不討篡弒之賊，以爲逆取而順守之，
> 亦可矣。〔註136〕

黃氏認爲周桓王未討伐竊弒之賊，已失共主之責，又命渠伯糾、仍叔之子、
家父三人前往魯國聘命於桓公，加上渠伯糾等三人之身分皆不合禮制，更受
人非議。首先，渠伯糾之父爲天子之宰，伯糾此來乃代行父職，授職當以才，
不當以親屬，故譏其代父出聘。其次，黃氏指出仍叔之子，按《詩經・雲漢》
之小序說：「〈雲漢〉，仍叔美宣王也。」〔註137〕《毛傳》作「仍叔，周大夫也。
《春秋》魯桓公五年夏，天王使仍叔之子來聘」，〔註138〕可見仍叔爲天子世卿，
既繫父爲稱，則此子必尙未爲命官。故《左傳》即譏其「弱也」（年幼），指
責天子不使大臣來聘，而使年幼無議之世家子負荷王命，無疑將國事視爲兒
戲，實爲用人之不當。

　　黃氏最後又根據家父曾爲周王求車（私財）於桓公，指責其違背天子不求
私財之義，並據此三例，證明周天子之聘命亦有失當，使得來朝者，不僅滕子、

〔註135〕黃式三：〈桓公事提要〉，《春秋釋》，卷3，頁2。
〔註136〕同上註，頁2。
〔註137〕阮元校勘：〈雲漢〉，《十三經注疏・詩疏》，卷18，頁12。
〔註138〕同上註，頁13。

杞侯、紀侯、穀伯綏、鄧侯皆爲鄙賤之小國，其中「曹世子射姑」，《穀梁》認爲諸侯相見曰朝，今曹伯使世子來朝，是以世子與諸侯相抗禮，失禮之正，而魯以待諸候之禮待世子，亦失禮之正。〔註139〕至於桓公十五年來朝之「邾人、牟人、葛人」，《公羊》更註解其爲「夷狄」。〔註140〕可見受於桓公之朝列者，皆爲不合禮制之人。黃氏最後總結桓公覆滅之直接原因，即「內寵公子翬，不用臧孫達、申繻之賢」，於外又不能認清鄭忽之善與鄭突之惡。他還對桓公死於非命，毫不留情地說「非天奪其魄，將以報篡弑之惡」，〔註141〕表明善惡立場。黃氏掌握關鍵事件，分別提要周王與魯君事蹟，頗能得《春秋》大綱。

綜觀清代「春秋學」，從清初官方駁正胡《傳》，轉而關注《三傳》，乾嘉時期進而不滿《十三經注疏》專主杜《注》與孔《疏》，故以「述古」立場，輯存東漢賈、服等舊說，展開一連串之「新疏」運動，且視杜預爲首要針砭對象。乾嘉晚期衰局已成，國族危機日顯，於是《公羊》學結合政治而敷陳出新的「三世」、「三科九旨」之說，成爲知識分子經世致用之理想寄託，故《公羊》今文興盛。黃氏卻一反時代推尊《公羊》潮流，肯定《左傳》爲傳經之書。故力辨經、傳內容、書法、性質異同，申論《左傳》爲《春秋》羽翼之書。並通過史例，反駁啖、趙等人「信經不信傳」、「非議五十凡例」之說。其次，對於清儒之「規杜」，則總核經例，爲杜氏證是、校非，並對後儒之有誤駁杜說者，如姜炳璋注《左》而駁《左》，亦以史例書法，予以釐正；又如顧棟高之駁斥杜注「朔月」、「日食」之誤，亦一一予以釐清，以證杜說無誤。此外，黃氏又以賢君忠臣、亂臣賊子對比，提要周王、魯君史蹟，以明《春秋》大綱。最後，黃氏以其精於《三禮》之長，徵引「禮制」以證《春秋》褒貶之義，呼應清儒注解《春秋》關注典章制度，表現以「禮」通貫群經之特點。

《春秋釋》以古文學家堅信「《左傳》傳經」之立場，雖然和當時以今文《公羊》爲主流，且視《左傳》爲史之時代趨勢大異其趣，卻與乾嘉尚古學、尊《左傳》之觀點一脈相承，其價值正可藉以觀察晚清《春秋》古學之發展風向。

〔註139〕按《穀梁·桓公九年》曰：「朝不言使，言使非正也。使世子伉諸侯之禮而來朝，曹伯失正矣！諸侯相見曰朝，以待人父之道待人之子，以內爲失正矣！內失正，曹伯失正，世子可以已矣！則是故命也。」見阮元校勘：《十三經注疏·穀梁疏》，卷4，頁3。

〔註140〕阮元校勘：《十三經注疏·公羊疏》，卷5，頁16。

〔註141〕以上引文，皆見黃式三：〈桓公事提要〉，《春秋釋》，卷3，頁2。

第十一章　結　論

　　黃式三由於終生未仕，反能專心治學，故畢生博綜群籍，並以「治經」
爲天職。主要著作《論語後案》、《尚書啓蒙》、《春秋釋》、《易釋》、《周季編
略》等，皆收入《續修四庫全書》。譚廷獻稱「江東稱經師者，必曰黃氏」，
看重其經學成就，而《清儒學案》有〈儆居學案〉述其學術價值，《清史稿》
亦將其列入〈儒林傳〉，肯定其貢獻，可知黃氏學術價值實不容忽視。

　　清中世迄於晚清學術，以「經世實學」爲風潮，黃氏學術亦以「致用」
爲宗旨。黃氏以乾嘉考據手法，力求經史通貫，又延續浙東之重視事功實用
精神，不作無用玄虛空談，雖以經學名家，亦有功於古史，秉持不拘門戶態
度，具有「兼容」特色。是以，綜論黃氏整體學術，乃具有「致用」、「通貫」
與「兼容」等特點。

　　本書探究黃氏整體學術思想，共分爲上、下二卷。〈卷上〉之「黃式三學
術綜論」，亦即第二、三、四章，主要考察其生平、師承與交遊，並探究其思
想淵源與義理主張以及學術地位。第五章以後，屬於〈卷下〉之「各經分論」，
分別就其經學研究，以一經爲一章，探究其要旨與價值。

　　首先，欲探究一人學術，當從其生平入手，故本文第二章考察黃氏之生
平、家學、師承與交遊，探究其與時人交涉情況，以全面認知其學術、行止，
並印證其學理。得知黃氏窮居治經並教化鄉邑，受父親與塾師之啓導甚多。
輯佚家嚴可均爲其校讀《春秋釋》、《論語後案》，對其治經觀點亦頗有影響。
晚年遭逢戰亂，更在劉燦、王約、時與蘭之資助、勗勉與切磋問學下，方得
以順利完成多種著作，皆可見黃氏受交遊影響頗深。

　　繼而探究黃氏之思想淵源與學術定位。第三、四兩章先後考察黃氏對戴

震義理之繼承暨「約禮求理」之提出，尋繹其思想要旨，與所具之時代意義；以及黃氏會通「二浙」的史學內涵，奠定其浙東學派後勁之學術地位。黃氏義理思想以「申戴」爲基調，戴震除了繼承惠棟標舉經說之「尊漢抑宋」，更進一步以訓詁方法，從經學進至道德哲學範疇，在理學「形上學」架構及進路之外，另建「非形上學」之強調經驗取向及現實意義的義理學新構，亦即張麗珠教授所持論之「乾嘉新義理學」。其特色在於對實在界之一切經驗形器，都抱持肯定其合理存在之重視態度。故從戴震到焦循、凌廷堪、阮元等人，皆將涵養道德重心，落於經驗實踐工夫論上，要求實在界之客觀與具體事爲，並突出「以禮節之」、「以學養智」、「以情絜情」等經驗行爲之道德規範。尤以提出舍理言禮之「以禮代理」主張，討論「理」、「禮」虛實之核心價值。黃氏義理學，主張理氣內在一元之本體論，強調踐履結果，亦即「性教合一」之性善論，並重視成善在「習」、戒貪節欲而不絕欲之工夫進路，皆與「乾嘉新義理學」之思想特色一致。此外，黃氏又主張「窮理不外於學禮」，強調兵農禮樂之儀節制度方爲「實學」，反對王學之「《六經》注我」，並批駁陽明「理具於心」、「心即理」等形上道德討論。而黃氏思想突出之處，在於將「禮義」視爲「理則」，並據《論語》「約之以禮」，提出「約禮求理」主張，修正「以禮代理」過激之處，黃以周並據以提出「禮學即理學」。故通過黃氏義理思想，可知清代的「理」、「禮」發展軌跡，乃從清初之的「經學即理學」，到乾嘉之「以禮代理」，復至晚清之「禮學即理學」。

嘉道以降，學風「經消史長」，學者多以史學經世爲志。而清代史學雖以源於浙西顧炎武之「考據史學」爲主流，其特色在於古史考訂、辨僞、校注、輯佚，以及補正。卻同時又有「浙東史學」，亦蓋然自成體系與其並峙，史家以經世精神，自立於當時籠罩學界之博古通經、考據時風之外。而黃氏史學，具有會通「二浙」史學之特色，既踵繼「浙東史學」之「以史經世」精神，又融會「考據史學」之「稽古實證」原則，故專於古史考訂，並視史學爲經邦濟世之實學，展現兼具乾嘉與浙東史學之特色，亦即具有會通兩浙史學之價值。是以黃氏面對晚清衰世的時代課題，特重治亂得失、因革損益之制度考論，強調經濟實學。故藉由考論財政，諭當局戒奢崇簡；通過討論「四裔」問題，戒鑑外人侵略野心，振勵民族意識。《周季編略》則爲黃氏以「顯揚周德之盛」爲撰述宗旨，重新纂輯戰國史之考史著作，其特色在於反對筆削微言，而以據事直書原則，考證史蹟，並以闕疑存真、辨析異說態度，間作考

正。其輯纂史事，兼具浙西之「尚簡」，與浙東之「貴博」態度，博而能約，並嚴於裁削，條貫史蹟，雖徵引宏富，卻不囿於門戶。黃氏更通過史評，突出浙東史學鑑戒作用之風教精神，故於列國之強弱存亡，亦考其本末，對於蘇秦、張儀、公孫衍之權謀詭詐，以及白起、王翦、蒙恬之攻戰嗜殺，亦詳書之以為戒鑑。反之，則備錄嘉言懿行，彰顯周孔遺德，明示彰善癉惡之宗旨。此外，黃氏又選錄漢代處士三十人，列舉其足以垂訓後世之事蹟，繫以贊辭，表達嚮慕之志；又取漢代孝子六十四人，述其盡孝行誼，予以論贊，藉以勉人事親，表現修於身、教於鄉之躬行精神。凡此，皆可見黃氏融會「二浙」史學之表現，且經黃氏會通之後，浙江整體學術亦自是完集。

黃氏治學乃以「致用」為務，畢生振興《六經》之教，務力發揚禮學，本書第五章即探究其以「致用」出發之禮學考證。綜觀清人治禮，試圖藉由「考禮」，進至「習禮」，通過「習禮」而使禮教內化，以發揚禮治理想。黃氏亦務力深究禮學，認為藏諸典章制度之「禮意」，才是聖人藉乎禮制以顯之「理義」，故將禮學條貫於經書，通過「以禮釋經」強調禮學之實用價值。如其釋《詩》、考《春秋》、解《易》、注《論語》，皆由「禮學」入手。黃氏又重禮制考證，於封域、井田、兵賦、學校、明堂、宗法諸制，有大疑義，必釐正之。並試圖通過考禮，落實禮學實用價值，如考證「禘郊」、「宗廟」之祭祀對象，皆天地「正祀」，用以駁斥天主教義不祭先祖、天地之謬。黃氏並以終身事親盡孝、踐禮，作育後學，以正鄉俗，將禮學落實於實際人倫日用，此皆為實用出發之禮學表現。

黃氏雖以《三禮》名家，但《論語後案》卻最能見其學旨，故本文第六章繼而討論黃氏「論語學」之義旨。清儒詮釋《論語》，期能藉由對聖學傳統之經典注疏，有效建立起新思想典範，如標幟清代經學成就之群經新疏之《論語正義》，便利用乾嘉音聲故訓基礎，擺脫理學以道德價值為判準之詮釋原則，轉而肯定人情利欲之「情性」。而黃氏《論語後案》，亦以「求實」、「求是」為思想核心，不滿魏晉「義疏」、佛家、陽明後學明心見性之玄遠、蹈空，故以「徵實」立場，駁其玄虛。黃氏更指責當代學術斷分漢、宋兩界之非，故《論語後案》即主張漢、宋兼采，並列何晏《集解》與朱子《集注》，廣收眾說，卻不作軒輊之判，以求持平公允，且對漢、宋學派間之排他性言論，以「求是」態度，無偏見地作公正評斷。黃氏亦考論舊注之失，於奧者白之、約者暢之、要者提之、異者通之，前說不足，則另出新義。此外，《論語後案》

亦表現出與「乾嘉新義理學」之內在聯繫，淡化傳統義理學之「道德化」趨勢，轉而重視落實人倫日用之實用價值。故強調「取義中之利」、反對性命、數命二分等重視「形下氣化」之思想取向，以求更能眞實貼近人心，而發揮實際約束效用。黃氏並以「禮」爲詮釋中心，強調儒家禮治理想，將數千年來所積澱的文化心靈意識，轉進並彰顯於《論語》詮釋，突出「求是」、「徵實」之特色。

歷來儒者論《易》，對於經、傳是否相合，每多聚訟，本書第七章即探究黃氏《易釋》主於經、傳通貫立場之「易學」內涵。黃氏於崇實黜虛之時代氛圍中，一方面繼承乾嘉之尊漢立場，輯存古義，講求訓詁有據之注疏原則；一方面倡議合漢、宋爲一爐，兼取漢儒象數與宋儒義理之長，標榜求是不求古，有宗主而無門戶，以「通貫經傳」爲綱領，串合六十四卦之卦爻辭，以明其皆一意相承，闡發卦爻象之通變義理與人事得失感通。又對先儒注《易》，或有隨文曲衍、或象與爻悖、或爻與爻悖，以致於卦義難明者，力主〈象〉爻合釋，以使其歸於一義。對於六十四卦辭之同，卻有前後矛盾者，亦主同辭合釋，求其通貫。復以大量史實證《易》，強調「易學」不可捨人事而言之實用價值，呼應清儒關注形下經驗世界之思想取向。

清儒「詩經學」有「輯存古義」取向，尤以官方之尊漢立場，使《詩》學主流明顯地從宗朱轉爲推尊《毛》、鄭。黃氏治經，雖自許「漢宋兼采」而不拘門戶，但其論《詩》卻「尊漢抑宋」，故本書第八章即探究其「詩經學」之特殊寄寓。黃氏詮釋《詩經》，力尊〈毛序〉，反駁後人不用〈序〉說之不當，並根據《論語》贊成「孔子刪《詩》」之說。又以〈國風〉次序，論證「風」之正變，當以王道之興衰區分。黃氏又以「二〈南〉」之「南」，乃文王自北而南之「德化」立場，論證〈關雎說〉、〈卷耳〉之旨，乃詠后妃求賢之德；〈葛覃〉、〈采蘋〉二詩，則在歌頌賢女之德。更通過詮釋《儀禮》之合樂六詩，以爲「升歌三詩」旨在「重德」，當以君臣之倫，重定三詩次序，而「間歌三詩」雖羅列燕饗之豐，其目的在於推本君心之「誠」，強調「重賢」之旨。黃氏最後則以古代婚禮順序，力辯〈野有死麕〉乃歌頌貞女謹守發乎情、止乎禮之德行，駁斥宋儒淫詩之說。除了與清儒尊漢、尊〈序〉之論《詩》取向合轍，「以《禮》證《詩》」亦爲其「詩經學」之特色。

清代「尚書學」在閻若璩證實古文爲晉人梅賾所僞作之帶領下，論辨古文《尚書》，形成風氣。諸家考辨成果豐碩，尤以江聲《尚書集注音疏》、王

鳴盛《尙書後案》、段玉裁《古文尙書撰異》、孫星衍《尙書今古文注疏》四家爲代表，而黃氏即以四子爲藍本，撰作《尙書啓幪》。本文第九章即探究黃氏本於「簡易」以啓蒙初學，擷取四家新疏精華——江聲之音韻訓詁、段玉裁之釋義精華、王鳴盛之地理名物考證、孫星衍之義訓成果等等，提綱略目輯錄而成之《尙書啓幪》。黃氏於諸說不同而皆可通者，並而存之；前說不足或千慮有一得者，亦以「案語」另出新解。黃氏亦重《尙書》之義理發揚，故鉤稽「典謨」大義，強調〈堯典〉舉賢任能、〈皋陶謨〉以德化民、知人善任之旨。除了兼具四子詮釋精要，又以釋義簡當，最便初學門徑爲特色。

至於嘉道以降之經學發展，以《春秋》詮釋最爲突出，其由樸學考據之史學性格，轉向今文經世之經學性格，並擺落史事考索糾纏，轉向義理探求，呈現出今文與古文、史學與經學、考據與經世互有消長，且以今文經學爲主流之趨勢。黃氏於是立於時風之外，撰寫《春秋釋》，故本書第十章即探究黃氏肯定《左傳》傳「經」的「春秋學」要義與價值。黃氏通過經、傳內容、書法、性質異同，強調《左傳》「理事合一」、「經史合一」之義，申明《左傳》經、傳互通，且以爲《左傳》具有發揚《春秋》褒貶大義，以證《左傳》傳經事實，並據此反駁啖、趙等人之「信經不信傳」。其觀點雖與尊《公羊》之主流觀點有別，卻與乾嘉尙古學、尊《左傳》之論點一脈相承，藉此可窺探乾嘉到晚清之《春秋》古學演變軌跡。

總論黃氏治學特色與價值，厥有六端：

一、重「實用」

不同於清初偏重建設理想社會之訴求，黃氏面臨挽救日益嚴重的社會危機之時代課題，不僅王朝由盛轉衰、內憂外患侵逼不斷，尤以列強藉著各種宗教、商務理由進入中國，黃氏更遭遇二次鴉片戰亂而被迫逃亡，避居他鄉。當面臨歷史存亡與文化絕續之關鍵點，眼見動盪時局，如何通過傳統文化遺產，轉爲具體實學，以挽救衰世、亂世，即成爲其畢生治學之動機與目標。故黃氏治學，即以「實用」爲宗旨，其《易釋》闡發《易》道「知人事，悉天命」之實功；釋《詩》則以《禮》爲證，強調《詩》教作用；《禮》學考證皆以實用出發，諸如考辨封域、井田、兵賦、學校、明堂、宗法諸疑義，皆爲攸關經濟之實務典制。又《讀通考》強調治亂與夷夏之防，亦曾應聘軍幕提出海防禦寇建言，而《周季編略》則寓以彰善癉惡之戒鑑作用，皆爲實用之學。至於義理討論，亦以關懷現實人事、出於己身的一切經驗形器出發，

以求落實於人倫日用。凡此,皆見黃氏縮合實務之治學宗旨。

二、重「通貫」

黃氏之通貫精神,主要表現於以經證經、以史證經。黃氏最善於「以禮證經」,如以《禮》證《詩》、其解《春秋》亦以「禮制」為治經門徑,《易釋》以《禮》印證人事之吉凶變易,《論語後案》更以《禮》為詮釋中心。其次,黃氏治經又證之以「史」,以求經史通貫,如《易釋》中藉由史實,闡釋《易》占特重人事得失之特點,而《論語後案》之徵引諸史,更是俯拾皆是。再者,《易釋》主張經、傳通貫而融攝經、傳,總會意旨,以明卦辭、爻辭一意相承,復將「同辭合釋」,申論卦辭之同者,俱歸一義。凡此,皆見其通貫群經、通貫經史之特色。

三、崇尚簡要

如《尚書啟蒙》乃黃氏掇拾四子精華的提綱略目之作,而《周季編略》連綴史料,亦嚴於裁削,梳理繁雜,扼要條列史蹟。《春秋釋》也以周十二君史蹟為經、魯十二公為緯,提要史事,頗得《春秋》大綱,皆見其「尚簡」之表現。

四、重兼容與會通

黃氏治經,漢、宋兼采,《論語後案》宗鄭亦尊朱,考辨禘郊、宗廟禮制,皆從鄭義,論證明堂步數,則釐正鄭《注》,表現不拘門戶之態度。治史則專於古史考訂,通過以經證史之稽考手法,視史學為經邦濟世實學,展現會通「兩浙」之史學特色,皆具有兼容與會通之特點。

五、實是求是

黃氏以為天下學術之正,莫重於實事求是,而天下之大患,在於蔑古而自以為是,故治經必徵以諸說,以求其實,慎擇他論,而存其是。如《論語後案》考證眾說,以求其是。又《易釋》則囊括古今注說,互證得失,論辨是非,解決諸道分歧,南轅北轍紛爭。其《春秋釋》則總核經例,考校古書,為杜預證其是、校其失,並糾謬顧棟高之誤駁杜預。治史亦秉持求真精神,反對筆削微言而據事直書、闕疑存真、辨訛考異。

六、重躬行踐履

黃氏窮居治學,推以誠孝,持躬甚嚴,以教化鄉邑為職志。其事親盡孝、終身踐禮、教化鄉塾與族裔,並傳贊「處士」砥礪節操,傳贊「孝子」以勉

事親，表現其踐履實行精神

　　至於黃氏學術亦不少未備之處。如「尚簡」而過略，其《尚書啟幪》雖以去繁就簡原則，擷取江、段、王、孫四家釋經精華，卻失之過略，而對四子無法全面觀照，不能達到「因略究詳」效果。其次，黃氏治經雖自許「漢宋兼采」，卻仍有偏見，如治《詩》以漢人「用詩」立場，力尊〈毛序〉，並反對宋人探求詩作本旨之詮釋觀點，反駁宋儒淫詩之說。實際上，或有宋儒觀點更近詩義，黃氏反失之偏頗之處。又如《論語後案》，雖強調「漢宋持平」，卻對朱子偏袒迴護甚多。至於黃氏治學慣於博引眾說，但所據材料仍具不少爭議，如《周季編略》徵引之《鬼谷子》、《孔子家語》，仍有偽書之疑，黃氏卻據以論證，亦恐有失當。

　　總此，黃氏學術立足在前賢基礎上，有繼承、有發展，雖然其開創性思想，須待於其子以周之發揚光大。但父子兩世傳經，影響民國以後經學界甚大，如張錫恭（1858～1924）、唐文治（1865～1954）、吳稚暉（1865～1953）、曹元弼（1865～1923）、曹元忠（1867～1953）兄弟、柳詒徵（1880～1956）等南菁書院後勁，皆深受其啟導。再者，黃氏充分實踐清儒重考據徵實之治學態度與方法，以及主張經史兼重、以史經世之治學內容與宗旨，則與浙東學派一脈相承，故其價值在於觀察清代整體學術與浙東學派時，或可提供探究之風向。

　　誠然，黃式三之學術影響最大者，為黃以周以及南菁書院諸生，是以學界亦每以「黃氏父子」並論，但由於黃以周之學術內涵龐博，其所處之時代背景，又牽涉晚清擺脫經學附庸地位的諸子學復興，以及儒學現代化等等議題，筆者將於來日，後續研究。

　　本文基於前人對黃氏研究尚有不足之處，試圖全面檢視其學術要義，今文稿雖就，但筆者生性不敏，學識淺薄，罅漏仍多，尚祈博雅君子，不吝明誨，斯為引頸所盼！

附錄　黃式三學行繫年

　　探究黃式三之學術思想，須掌握當時之學術風氣與政治背景，故本文附錄表列其「學行繫年」，以及當時之「學術紀要」、「政治紀要」，以資比對其與外在環境之聯繫。

　　關於「黃式三學行紀要」，主要參考《儆居集》、《定海黃式三黃以周年譜》、〈敕封徵仕郎內閣中書先考明經公言行略〉等著。「學術紀要」則以陳祖武、朱彤窗《乾嘉學術編年》、〔註1〕錢穆《中國近三百年學術史》附表、〔註2〕中國人民大學清史研究所編《清史編年》等書爲主要參考文獻。〔註3〕至於「政治紀要」，則以《清史稿》、《清實錄》、中國人民大學清史研究所編《清史編年》、王俯民《中華近世通鑑》、〔註4〕馬洪林和郭緒印編《中國近現代史大事記》、〔註5〕王興福《平天國在浙江》、〔註6〕姚薇元《鴉片戰爭史實考》、〔註7〕中國人民政治協商會議浙江省委員會文史資料研究委員會編：《浙江百年大事記（1840～1945）》、〔註8〕魏源《聖武記》等爲參據材料。〔註9〕

〔註1〕　陳祖武、朱彤窗：《乾嘉學術編年》（石家莊：河北人民出版社，2005）。

〔註2〕　錢穆：《中國近三百年學術史》（臺北：臺灣商務印書館，1995），頁848～885。

〔註3〕　中國人民大學清史研究所編：《清史編年》（北京：中國人民大學出版社，1985），第5～6卷乾隆朝、第7卷嘉慶朝、第8卷道光朝、第9卷咸豐朝、第10卷同治朝。

〔註4〕　王俯民：《中華近世通鑑》（北京：中國廣播電視出版社，2000），上冊。

〔註5〕　馬洪林、郭緒印編：《中國近現代史大事記（1840～1980）》（上海：知識出版社，1982）。

〔註6〕　王興福：《太平天國在浙江》（北京：社會科學文獻出版社，2007）。

〔註7〕　姚薇元：《鴉片戰爭史實考》（武漢：武漢大學出版社，2007）。

〔註8〕　中國人民政治協商會議浙江省委員會文史資料研究委員會編：《浙江百年大事

紀年暨黃 式三行年	黃式三學行紀要	學 術 紀 要	政 治 紀 要
乾隆五十四年 己酉 1789 一歲	▲黃氏生於定海紫微莊	▲章學誠答沈在廷，論入清以來學風變遷，平停考訂、辭章、義理之學	
乾隆五十五年 庚戌 1790 二歲		▲章學誠撰〈鄭學齋記書後〉，指斥一時學風病痛，主張「學當求其是，不可泥於古」 ▲褚寅亮遺著《儀禮管見》刊行，錢大昕撰序，表彰褚氏治禮恪守鄭義	
乾隆五十六年 辛亥 1791 三歲		▲臧庸據盧文弨著《周易注疏輯正》，錄其切要為《周易注疏校纂》 ▲段玉裁著《古文尚書撰異》	
乾隆五十七年 壬子 1792 四歲		▲王鳴盛為陳鱣《說文解字正義》撰序，表彰漢儒文字訓詁之學 ▲錢大昭《後漢書補表》成，盧文弨撰序，表彰其考史之功	▲英國派使臣馬戛爾尼來中國，交涉通商事宜
乾隆五十八年 癸丑 1793 五歲		▲江聲撰《尚書集注音疏》成，臧庸致書江氏，贊其「墨守漢儒家法」 ▲紀昀為李東圃《周易義象合纂》撰序，主張考古證今，持漢、宋學之平	▲清廷以三月為限，查禁銷燬坊刻經書，以「整飭士風，崇尚實學」
乾隆五十九年 甲寅 1794 六歲		▲紀昀為黎世序《易注》撰序，重申治《易》不可存門戶，當持漢、宋之平	
乾隆六十年 乙卯 1795 七歲		▲高宗釋奠文廟，閱太學新刊石經，重申「重道崇儒」 ▲《四庫全書總目》刻竣	

記（1840～1945）》（杭州：浙江人民出版社，1986）

〔註 9〕 魏源：《聖武記》（臺北：世界書局，1980）。

嘉慶元年 丙辰 1796 八歲	▲入家塾，父啓蒙讀經史要藉	▲仁宗頒諭，將一如其父「敦尙經義，崇實黜華」 ▲阮元爲段玉裁《周禮漢讀考》撰序，表彰其治經「訓詁必宗漢人」 ▲恩科會試，紀昀任正考官，主張制藝「當以宋學爲宗」	▲清廷嚴申停止徵收鴉片稅，禁止外國鴉片進口，禁止國內栽種罌粟
嘉慶二年 丁巳 1797 九歲		▲焦循撰〈良知論〉，爲表彰王守仁功業，主張講朱子學與陽明學者，不必互相訾議	
嘉慶三年 戊午 1798 十歲		▲阮元爲新刻惠士奇《禮說》撰序，倡導《周禮》研究	
嘉慶四年 己未 1799 十一歲	▲受業於楊際和，師勉其以治經、治史、治古文爲不朽之業	▲凌廷堪《禮經釋例》三稿成，撰〈自序〉一篇 ▲《高宗純（乾隆）皇帝實錄》始修	▲乾隆帝崩，停止己未、庚申文武鄉、會試 ▲嘉慶帝親政
嘉慶五年 庚申 1800 十二歲	▲父親創修本支宗譜	▲李保泰爲趙翼《廿二史箚記》撰序，主張治史以經世 ▲錢竹汀提出，輿地、官制、氏族爲治史三大要端 ▲章學誠論浙東學術，力主「史學所以經世」	▲阮元授爲浙江巡撫，徵集弭盜之策，赴溫、台督定海鎮總兵李長庚率兵征剿
嘉慶六年 辛酉 1801 十三歲		▲仁宗策試各省貢士於保和殿，倡導「申明朱子之意」 ▲續修《大清會典》	▲嘉慶諭令剿滅白蓮教，以浙江定海鎮總兵官李長庚爲福建水師提督
嘉慶七年 壬戌 1802 十四歲		▲阮元在杭州刻《詁經精舍文集》 ▲阮元爲周春學《十三經音略》撰序，重申「窮經之道，必先識字；識字之要，又在審音」	▲嘉慶重申剿平白蓮教爲第一大事 ▲清兵開始進攻鎮壓反清天地會
嘉慶八年 癸亥 1803 十五歲	▲與傅夢占同師事楊思繩。 ▲作經解，昭然分黑白	▲凌廷堪復書錢大昕，昌言「聖人正心修身，舍禮末由」	▲蔡牽被迫率船隊逃往浙江定海，浙江水師提督李長庚大敗蔡牽船隊於普陀洋面

嘉慶九年 甲子 1804 十六歲		▲焦循撰《論語通釋》成 ▲王引之復書焦循，稱許其《易》學，兼以批評惠棟爲學之拘執	
嘉慶十年 乙丑 1805 十七歲		▲劉逢祿撰《春秋公羊釋例》成	▲仁宗頒諭，嚴禁洋人刻書、傳教
嘉慶十一年 丙寅 1806 十八歲		▲阮元主持纂刊《十三經注疏校勘》二百四十三卷成	
嘉慶十二年 丁卯 1807 十九歲	▲同父異母兄式唐病故	▲江永遺著《禮書綱目》在婺源刊刻 ▲王聘珍《大戴禮記解詁》初成，阮元撰序推薦 ▲《高宗純皇帝實錄》、《高宗聖訓》編纂完成	▲重申嚴禁鴉片
嘉慶十三年 戊辰 1808 二十歲	▲娶妻袁氏	▲淩廷堪《禮經釋例》五易稿而後成 ▲王念孫爲段玉裁《說文解字注》撰序，重申「訓詁明而小學明，小學明而經學明」 ▲臧庸撰文題淩廷堪《校禮圖》，贊成其復禮主張，抨擊「棄禮而言理」	▲英軍兵船停泊於黃埔，士兵七百六十名登陸，嘉慶帝諭採取強硬措施，調集官兵分駐黃埔、澳門
嘉慶十四年 己巳 1809 二十一歲		▲段玉裁爲嚴元照《娛親雅言》撰序，主張既講「宋之理學」，又講「漢之氣節」 ▲姚鼐撰文，力倡學「遵程、朱之法」，以漢學爲「今日之患」 ▲劉逢祿撰《春秋公羊解詁箋》成	
嘉慶十五年 庚午 1810 二十二歲		▲翁方綱撰文訾議段玉裁《周禮漢讀考》，主張爲學當「一以勿畔程、朱爲職志」 ▲江藩始撰《國朝漢學師承記》	

嘉慶十六年 辛未 1811 二十三歲	▲長女生（後適王慈德）	▲段玉裁爲張聰咸《左傳 刊杜》撰序，指朱子「改 竄古經」、「屏棄古序」 之失 ▲江藩撰《國朝經師經義 目錄》	▲定「西洋人傳教治 罪專條」，禁止天 主教傳怖，嚴禁西 洋人前往內地
慶十七年 壬申 1812 二十四歲	▲黃興梧七十壽，因妹 （式三姑）喪，辭賀	▲翁方綱撰〈自題校勘諸 經圖後〉，主張爲學不 可「自外於程、朱」 ▲段玉裁推尊戴震《原 善》、《孟子字義疏證》， 認爲宋儒言心、言理、 言性、言道，皆與《六 經》孔、孟之言大異 ▲劉逢祿撰《論語述何 篇》成	
嘉慶十八年 癸酉 1813 二十五歲	▲赴省試，讀金履祥《大 學章句疏義》、《論語 孟子集注考証》，奉爲 圭臬 ▲約於本年前後開始館 谷生涯	▲凌廷堪《校禮堂文集》 刊行 ▲焦循撰《易通釋》、《易 圖略》成	▲朝鮮、琉球、暹羅 國王，遣使貢物 ▲命沿海海關嚴緝 鴉片
嘉慶十九年 甲戌 1814 二十六歲		▲段玉裁復陳壽祺書，論 一時學風病痛，喟嘆「專 言漢學，不治宋學，乃 眞人心世道之憂」	▲重申專禁內地民 人傳習天主教 ▲命各省學政行教 化之責，勸民摒斥 邪教煽惑
嘉慶二十年 乙亥 1815 二十七歲	▲長子以愚生	▲孫星衍《尚書今古文注 疏》、《孔子集語》刊行 ▲焦循《易學》三書完稿	
嘉慶二十一年 丙子 1816 二十八歲	▲與金鶚、王修允同館 於京師汪廷珍寓	▲萬斯同《群書疑辨》刊 行 ▲焦循撰《論語補疏》成 ▲阮元主持刊刻宋本《十 三經注疏》初稿成 ▲龔自珍撰《乙丙之際著 議》二十五篇，再次疾 呼改革	▲英吉利遣使入 貢，英使不行三跪 九叩禮，卻其貢不 納
嘉慶二十二年 丁丑 1817 二十九歲		▲仁宗頒諭，重申各級官 員應講明《朱子全書》、 《五經》及《四子書》	▲帝諭嚴懲天理教 徒

嘉慶二十三年 戊寅 1818 三十歲	▲發家藏《易》書盡覽之，覺先儒各是其是，大道多歧	▲焦循撰《尚書補疏》、《周易補疏》、《毛詩補疏》、《禮記補疏》成 ▲仁宗頒諭，將乾隆初所修《皇朝通禮》分印各省	▲朝鮮國王遣使貢物
嘉慶二十四年 己卯 1819 三十一歲		▲凌曙著撰《春秋公羊禮疏》成 ▲焦循撰《孟子正義》完稿 ▲劉燦撰《續廣雅》刊行	▲緝辦湖南天地會
嘉慶二十五年 庚辰 1820 三十二歲	▲定海發瘟疫（二年後式三母染疾），作〈釋五行配屬〉及〈五行配屬圖〉	▲程晉芳遺著《勉行堂文集》刊刻，鄧廷楨撰序，主張合考據、詞章、漢宋學術為一堂 ▲焦循故世	▲嘉慶帝崩，綿寧即帝位，以明年為道光元年 ▲帝諭「崇節儉，禁侈」令
道光元年 辛巳 1821 三十三歲		▲凌曙撰《春秋公羊問答》成，其外甥劉文淇為之序，述其董理《春秋公羊》諸作甚詳	
道光二年 壬午 1822 三十四歲	▲娶側室應氏 ▲赴鄉試，母裘氏卒，未嘗視斂，而有「後不赴試」之誓	▲陳壽祺復書院元，推許阮著《論孟論仁論》之識見，並以外商輸入鴉片而憂心如焚 ▲凌曙撰《禮論》成 ▲王念孫為朱彬《經傳考證》撰序，贊朱書「采漢唐宋諸儒之所長，而化其鑿空之病與拘牽之習」 ▲江藩《國朝宋學淵源記》刊行	
道光三年 癸未 1823 三十五歲	▲守母喪於定海故里	▲陳壽祺《左海經辨》刊行	
道光四年 甲申 1824 三十六歲	▲父興梧卒 ▲守父母喪於定海故里	▲清廷續修《通禮》成，宣宗撰序刊行 ▲陳履和刊刻崔述遺著《古文尚書辨偽》	
道光五年 乙酉 1825 三十七歲	▲守父喪於定海故里	▲重建開封大梁書院成，宣宗題「正學淵源」	

道光六年 丙戌 1826 三十八歲	▲守父喪於定海故里	▲方東樹《漢學商兌》初 成，指斥一時學風 ▲賀長齡撰《皇朝經世文 編》成	
道光七年 丁亥 1827 三十九歲	▲除服 ▲《論語後案》起草	▲王引之主持《康熙字 典》校勘 ▲王引之《經義述聞》重 刊行	
道光八年 戊子 1828 四十歲	▲侄以恭（式穎子）與 三子以周生	▲阮元撰文重申「理必附 乎禮以行，空言理，則 可彼可此之邪說起矣」	
道光九年 己丑 1829 四十一歲	▲始作〈族譜唐太傅明 遠公傳贊〉	▲《皇清經解》一千四百 卷編刻蕆事	
道光十年 庚寅 1830 四十二歲	▲《論語後案》初稿編 竣	▲陳壽祺為李清植遺著 《儀禮纂錄》撰序，述 李氏　門及清代前期 禮學源流 ▲王引之等校勘《康熙字 典》完竣，輯為《考證》 十二冊 ▲汪閬源士鐘重刻宋景 德官本賈公彥《儀禮 疏》五十卷	
道光十一年 辛卯 1831 四十三歲	▲夫人袁氏卒	▲王念孫撰《讀晏子春秋 雜志》成 ▲方東樹《漢學商兌》刊 行	
道光十二年 壬辰 1832 四十四歲	▲式三本年成貢生	▲朱彬撰《禮記訓纂》成 ▲章學誠遺著《文史通 義》、《校讎通義》刊行	
道光十三年 癸巳 1833 四十五歲	▲陳用光往寧波試貢 生，得式三文，閱而 稱賞，邀其入幕，遂 與吳德旋、俞正燮、 許瀚等共事校文	▲陳用光新任浙江學政 ▲俞正燮編刻《癸巳類 稿》 ▲龔自珍撰《左氏春秋服 杜補義》、《六經正名 篇》、《古史鈎沉論》	
道光十四年 甲午 1834 四十六歲	▲與嚴可均同佐浙江學 政陳用光幕，並隨之 赴浙西歲試貢生	▲陳傅良《止齋文集》重 刊 ▲黃汝成輯《日知錄集	

	▲於金華購金履祥（仁山）文集、年譜 ▲館定海鄉紳張世鈿家，課其子成渠讀 ▲跋淩廷堪《禮經釋例》 ▲致書許瀚，討論音韻	釋》刊行 ▲學海堂設專課生，陳澧為舉首	
道光十五年 乙未 1835 四十七歲		▲宣宗策試天下貢士，以「經世實務」為策問主題 ▲阮元拜體仁閣大學士	
道光十六年 丙申 1836 四十八歲	▲作〈論語後案原敘〉、〈晚儆居記〉	▲朱琦有書復汪喜孫，會通漢、宋，同調共鳴 ▲洪筠軒撰《諸史考異》	
道光十七年 丁酉 1837 四十九歲	▲《族譜唐太傅明遠公傳贊》撰竣 ▲與弟子王元恆及黃以愚編輯《朱呂問答》，式三作敘	▲王梓材、馮雲濠整理《宋元學案》稿成 ▲朱琦輯《國朝詁經文鈔》成，以「罕作空談，務求實證」為清代經學特徵	
道光十八年 戊戌 1838 五十歲	▲應聘佐鎮海參將糜延慶之軍幕，作〈平海盜議〉、〈備外寇議〉	▲《宋元學案》一百卷刻竣 ▲阮元致仕歸里	▲宣宗命湖廣總督林則徐為欽差大臣，赴粵查禁鴉片
道光十九年 己亥 1839 五十一歲	▲《尚書啓幪》成書，作〈尚書啓幪敘〉，攜之往烏程質正嚴可均 ▲多歸定海，作〈與嚴鐵橋書〉	▲宣宗頒諭，將翰林院所擬「黜異端以崇正學」韻文，頒行各省 ▲鄧湘皋始刻《船山遺書》百五十卷	▲林則徐派人編譯《澳門新聞紙》，借此了解外國情況 ▲頒布〈夷人帶菸入內地治罪條例〉
道光二十年 庚子 1840 五十二歲	▲與式穎修族譜畢 ▲英軍陷定海。英軍頭目嘗禮羅式三，不就，避走鎮海。由鎮海舊友劉燦幫助安置於縣城關東南柴橋鎮 ▲寓鎮海課子讀書，整理舊著 ▲作〈求是室記〉	▲賀長齡輯《皇朝經世文編》 ▲宋翔鳳撰《論語說義》、《孟子趙注補正》書成	▲英國政府宣布出兵中國，第一次鴉片戰爭爆發 ▲裕謙赴浙江代伊里布為欽差大臣，定海為英軍所陷
道光二十一年 辛丑 1841 五十三歲	▲挈家居鎮海，編《漢鄭君粹言》，又作〈畏軒記〉 ▲致書許瀚，商討音韻	▲林則徐主持編譯《四洲志》完稿 ▲龔自珍撰《乙亥雜詩》成	▲英軍兩進定海，總兵葛雲飛等戰死 ▲定海縣升為直隸廳

道光二十二年 壬寅 1842 五十四歲	▲攜家寓居鎮海紫石村，閉戶課子孫，重理舊稿 ▲鎮海胡洪安自荐爲弟子	▲王夫之《四書訓義》、《四書稗疏》刊行 ▲魏源《海國圖志》刻行 ▲陳澧撰《切韻考》 ▲朱右曾撰《逸周書集訓校釋》成	▲中英簽訂《南京條約》 ▲第一次鴉片戰爭結束
道光二十三年 癸卯 1843 五十五歲	▲嚴可均爲《春秋釋》作敍	▲重修《大清一統志》成 ▲魏源痛恨清廷政治腐敗，著《聖武記》成	▲洪秀全在廣東花縣創立拜上帝會 ▲中英在香港簽訂《五港出進口應訂稅則協約》
道光二十四年 甲辰 1844 五十六歲	▲作〈春秋釋敍〉	▲羅澤南撰《姚江學辨》成	▲中美《望廈條約》簽訂，給予英國在《南京條約》之全部特權 ▲中法《黃埔條約》簽訂
道光二十五年 乙巳 1845 五十七歲	▲與以周課館於慈溪成仁聚家，教其子成嶠 ▲開始編輯《周季編略》 ▲爲劉燦《續廣雅》重刊本撰序	▲唐鑑撰《國朝學案小識》書成 ▲姚瑩撰《康輶紀行》，記西藏地理、歷史、政治、宗教、風俗習慣，揭露英、俄的侵略野心	▲頒發《五口通商章程》 ▲簽訂《上海租借地章程》 ▲清政府剿辦山東「捻軍」 ▲雲南回民起兵
道光二十六年 丙午 1846 五十八歲	▲父子課館於慈溪成寓 ▲與好友劉燦、時與蘭、王約談經論學	▲宋翔鳳撰《四書纂言》	▲廣州人民拒英人入城，搗毀知府衙門、福州人民搗毀洋館 ▲湖南寧遠天地會起兵反清，旋被清軍鎮壓
道光二十七年 丁未 1847 五十九歲	▲課館於成寓 ▲《周季編略》編竣，作〈周季編略敍〉 ▲成仁驟卒，別去，往溫州晤方成珪，請方氏審校《周季編略》，爲方氏《集韻考正》作序	▲龍啓瑞任湖北學政，著《經籍舉要》以示學者	▲俄國侵略中國黑龍江流域 ▲耶穌會在上海徐家匯占地，修建建築群 ▲江西謝嗣豐起事反清，旋被鎮壓 ▲諭令直隸山東河南各督撫，合力鎮壓捻軍

道光二十八年 戊申 1848 六十歲	▲《易釋》定稿，作〈易釋敘〉 ▲《儆居集》編竣，傅夢占、劉燦爲撰敘 ▲以周作《十翼後錄》，朝夕與父問難	▲羅澤南撰《小學韻語》成 ▲陳澧撰《漢書地理志水道圖說》成	▲與英國議定擴大上海英租界範圍 ▲廣西天地會陳亞貴發動欽州、賓州人民起兵
道光二十九年 己酉 1849 六十一歲	▲好友劉燦卒 ▲編《漢鄭君粹言》并敘	▲羅澤南著《西銘講義》	▲洪秀全起兵 ▲湖南新寧天地會、雲南騰越廳彝族、貴州黃平苗族皆起兵 ▲葡萄牙霸占澳門 ▲俄國海軍炮艦由海上侵入中國庫頁島、黑龍江口
道光三十年 庚戌 1850 六十二歲	▲作〈續韓子五箴〉 ▲作〈漢三十處士傳贊〉 ▲好友王約卒	▲英國在上海創刊英文周報《華北捷報》 ▲夏炘撰《述朱質疑》成 ▲皮錫瑞生	▲道光帝崩，奕詝即位，以明年爲咸豐元年
咸豐元年 辛亥 1851 六十三歲	▲好友時與蘭卒 ▲應邀赴鄞縣修《黃氏族譜》、《鄞縣族譜》 ▲攜以周歸鎮海，修訂《定海黃氏族譜》	▲武英殿勒石拓印《御纂性理精義》、《聖諭廣訓》，頒行天下	▲洪秀全起兵，稱天王登極，太平天國元年 ▲中俄簽訂《伊犁塔爾巴哈台通商章程》
咸豐二年 壬子 1852 六十四歲	▲於鎮海始有居室	▲郭嵩燾讀王夫之《禮記章句》，始著《禮記質疑》	▲太平天國二年 ▲廣西天地會與安徽、河南捻軍起兵
咸豐三年 癸丑 1853 六十五歲	▲撰〈漢孝子傳贊〉	▲策試天下貢士，帝制「兵法」、「開礦行鈔」、「鑄大錢」等題 ▲宋翔鳳編定《過庭錄》	太平天國三年 ▲太平軍定都天京（南京），頒布《天朝田畝制度》 ▲清政府大亂，咸豐皇帝打算逃離北京 ▲上海英美領事議定成立上海義勇隊，對抗太平軍
咸豐四年 甲寅 1854 六十六歲		▲羅澤南撰《周易附說》成 ▲陳澧始草《漢儒通義》	太平天國四年 ▲曾國藩湘軍發表〈討粵匪檄〉，攻陷武昌、漢陽，捻軍將領降清

咸豐五年 乙卯 1855 六十七歲		▲劉寶楠撰《論語正義》成 ▲魏源撰《書古微》成	太平天國五年 ▲廣東天地會起兵，攻占廣西，建立大成國 ▲貴州白蓮教支派起兵
咸豐六年 丙辰 1856 六十八歲	▲再修《定海黃氏族譜》，作〈族譜書後〉	▲陳澧始著《學思錄》	太平天國六年 ▲太平天國燕王侵入廣西，法國神父馬賴向被執正法，法國借口發動第二次鴉片戰爭
咸豐七年 丁巳 1857 六十九歲	▲患腫脹症，自醫而愈，因作〈對腫脹問〉 ▲以周為子家辰授《古本大學》，式三為言大綱，撰〈古本大學書後〉	▲《皇清經解》板毀於兵燹	太平天國七年 ▲英法聯軍侵占廣州，葉名琛被虜，英法要求入城、賠款
咸豐八年 戊午 1858 七十歲	▲改舊作〈跋凌廷堪禮經釋例〉為〈約禮說〉 ▲校訂《周季編略》，作〈周季編略書後〉 ▲作〈明堂位作於武公後說〉 ▲辭七十壽慶，門弟子及諸子以其平生所著，輯為「十略」	▲朱駿聲撰《四書摘解》、《論孟紀年》、《論孟懸解》 ▲陳澧撰《聲律通考》成、《漢儒通義》刊行 ▲康有為生	太平天國八年 ▲被迫簽訂中俄《璦琿條約》、中俄《天津條約》、中美《天津條約》中英《天津條約》中法、《天津條約》
咸豐九年 己未 1859 七十一歲	▲以周為父校讀《周季編略》 ▲輯舊作編為《炳燭錄》，作〈炳燭錄敘〉		太平天國九年 ▲太平軍與湘軍曾國荃大戰於江西景德鎮，太平軍失利，退走皖南
咸豐十年 庚申 1860 七十二歲	▲作〈讀狄氏孔孟編年質疑〉、〈知非子傳〉 ▲修訂《論語後案》	▲曾國藩編《經史百家古文雜鈔》	太平天國十年 ▲英軍侵占定海 ▲英法聯軍侵占北京，大掠圓明園
咸豐十一年 辛酉 1861 七十三歲	▲始撰《經外緒言》二十一篇 ▲讀金榜《周官賦法說》，作跋 ▲讀江藩《漢學師承記》，作跋	▲兩廣總督勞崇光補刻《皇清經解》	太平天國十一年 ▲捻軍破河南朱仙鎮，進逼開封

同治元年 壬戌 1862 七十四歲	▲改定《論語後案》，更名《論語管窺》 ▲式三病，半身不遂 ▲增刪《經外緒言》更名《黃氏塾課》，並作〈塾課敘〉 ▲端坐，卒於家	▲俞樾《群經平議》成，始刻《世室重屋明堂考》	太平天國十二年 ▲太平軍與英法聯軍戰於上海 ▲英法聯軍攻占寧波

徵引書目

一、黃式三著作

1. 《論語後案》，道光二十四年聚珍活字刻本，收入《續修四庫全書》第155 冊；光緒九年浙江書局刻本，收入《無求備齋論語集成》第 10 函；鍾肇鵬選編《四書傳注會要》第 9～11 冊，據光緒九年浙江書局刻本影印；張涅、韓嵐點校，據浙江書局刊本點校。

2. 《尚書啓幪》，光緒十四年定海黃氏家塾刻本，收入《續修四庫全書》第48 冊。

3. 《儆居集》，《儆居內集》光緒二年，定海黃氏家塾續刻本；《儆居集》光緒十四年，定海黃氏家塾續刻本。

4. 《周季編略》，咸豐九年手稿；同治十二年浙江書局刻本，收入《續修四庫全書》第 347 冊，又收入臺北市國防研究院編印《中華大典》，1967；程繼紅點校，據同治十二年浙江書局刻本點校。

5. 《黃氏塾課》，同治二年定海黃氏家塾本。

6. 《音韻部略》，浙江天一閣文物保管所手稿。

7. 《鄞縣宗譜》，浙江天一閣文物保管所手稿。

8. 《春秋釋》，光緒十四年，定海黃氏家塾續刻本，收入《續修四庫全書》第 148 冊；光緒十五年上海蜚英館石印本，收入《皇清經解續編》第 15 冊。

9. 《易釋》，光緒十年廣雅書局刻本，收入《無求備齋易經集成》第 122 冊；光緒十四年定海黃氏家塾刻本，收入《叢書集成續編》第 3 冊、《續修四庫全書》第 30 冊。

10. 《翁洲紫薇庄墩頭黃氏族譜》，上海圖書館藏道光二十年手稿。

二、古籍專書

（一）經　部

1. 〔漢〕馬融：《周易馬氏傳》，同治十年濟南皇華館書局補刻本。

2. 〔漢〕鄭玄注，〔清〕孔廣林輯：《周易注》，光緒十六年山東書局刊本。

3. 〔晉〕王弼著，邢璹注：《周易略例》，北京：北京出版社，1996 年。

4. 〔晉〕王弼：《周易注》，收入王弼撰，樓宇烈校釋：《王弼集校釋》，台北：華正書局，2006 年。

5. 〔唐〕李鼎祚：《周易集解》，臺北：臺灣商務印書館，1968 年。

6. 〔清〕李光地：《周易折中》，成都：巴蜀書社，1998 年。

7. 〔清〕程廷祚：《大易擇言》，收入《景印文淵閣四庫全書》第 52 冊，據國立故宮博物院藏本影印。

8. 〔清〕黃宗羲：《易學象數論》，收入《無求備齋易經集成》第 115 冊，據光緒年間廣雅書局刊本影印。

9. 〔清〕黃以周：《讀易說》，收入《無求備齋易經集成》第 136 冊，據光緒二十年刊本影印。

10. 〔清〕王鳴盛：《尚書後案》，收入《皇清經解尚書類彙編》第 2 冊，臺北：藝文印書館，1986 年，據咸豐十一年補刊、道光九年刊本影印。

11. 〔清〕江聲：《尚書集注音疏》，收入《皇清經解》第 6 冊，臺北：藝文印書館，1959 年，據咸豐十一年補刊、道光九年刊本影印。

12. 〔清〕孫星衍：《尚書今古文注疏》，收入《叢書集成初編》第 3621 冊，據平津館叢書本排印。

13. 〔清〕段玉裁：《古文尚書撰異》收入《皇清經解》第 9 冊，臺北：復興書局，1972 年，據咸豐十一年補刊、道光九年刊本影印。

14. 〔清〕黃以周：《十翼後錄》，收入《續修四庫全書》第 36～37 冊，據北京圖書館藏稿本影印。

15. 〔清〕黃以周：《周易注疏賸本》，收入《續修四庫全書》第 35 冊，據 1924 年施肇曾刻十三經讀本影印。

16. 〔清〕黃以周：《周易故訓訂》，收入《續修四庫全書》第 35 冊，據 1924 年吳江施肇曾刻十三經讀本影印。

17. 〔清〕黃以周：《尚書講義》，收入《續修四庫全書》第 50 冊，據光緒 21 年南菁講舍刻本影印。

18. 〔清〕魏源：《書古微》，收入《皇清經解續編》第 3 冊，據南菁書院本縮印。

19. 〔清〕黃家辰、黃家岱：《尚書講義》，光緒二十一年江蘇南菁講舍刊本。

20. 〔清〕唐文治:《尚書大義》,臺北:廣文書局,1970 年。

21. 〔漢〕毛亨傳,鄭玄箋:《唐寫本毛詩傳箋》,1917 年上虞羅氏景印本。

22. 〔宋〕歐陽修:《毛詩本義》,收入《景印摛藻堂四庫全書薈要》第 23 冊,據乾隆四十三年鈔本影印。

23. 〔宋〕朱熹:《詩經集傳》,臺北:世界書局,1969 年。

24. 〔清〕胡承珙:《毛詩後箋》,臺北:復興書局,1972 年。

25. 〔清〕馬瑞辰:《毛詩傳箋通釋》,臺北:臺灣中華書局,1965 年。

26. 〔清〕陳啓源:《毛詩稽古編》,臺北:臺灣商務印書館,1983 年。

27. 〔清〕陳奐:《詩毛氏傳疏》,臺北:廣文書局,1980 年。

28. 〔清〕魏源:《詩古微》,收入《皇清經解續編》第 19 冊,據南菁書院本縮印。

29. 〔漢〕馬融:《周官傳》,臺北:藝文印書館,1971 年,據嘉慶三年金溪王氏自刊本影印。

30. 〔漢〕鄭玄:《禮記鄭注》,臺北:商務印書館 1979 年。

31. 〔梁〕皇侃:《禮記皇氏義疏》,收入山東文獻集成編纂委員會編:《山東文獻集成》第一輯第 47 冊,濟南:山東大學出版社,2006 年,據光緒壬辰湖南思賢書局本影印。

32. 〔北周〕熊安生:《禮記熊氏義疏》,收入山東文獻集成編纂委員會編:《山東文獻集成》第一輯第 47 冊,濟南:山東大學出版社,2006 年,據《玉函山房輯佚書》影印。

33. 〔宋〕陳澔:《禮記集說》,上海:上海古籍出版社,1987 年。

34. 〔明〕錢玄:《三禮通論》,南京:南京師範大學出版,1996 年。

35. 〔明〕郝敬:《儀禮節解》,收入《續修四庫全書》第 85 冊,據明萬曆郝千秋郝千石刻《九部經解》本影印。

36. 〔明〕胡廣等撰:《禮記大全》,收入《景印文淵閣四庫全書》第 122 冊,據國立故宮博物院藏《文淵閣四庫全書》影印。

37. 〔清〕顧炎武:《儀禮鄭注句讀》,臺北:文海出版社,1979 年。

38. 〔清〕徐乾學:《讀禮通考》,收入《景印文淵閣四庫全書》第 112 冊,據康熙丙子年冠山堂刊本影印。

39. 〔清〕秦蕙田:《五禮通考》,臺北:聖環圖書公司,1994 年。

40. 〔清〕江永:《禮書綱目》,收入《景印文淵閣四庫全書》第 45 冊,據《廣雅書局叢書》本影印。

41. 〔清〕張爾岐:《儀禮鄭注句讀》,臺北:學海出版社,1997 年。

42. 〔清〕夏炘:《學禮管釋》,收入《續修四庫全書》第 93 冊,據南菁書院本縮印。

43. 〔清〕盛世佐:《儀禮集編》,收入《景印文淵閣四庫全書》第 110～111 冊,據國立故宮博物院藏本影印。

44. 〔清〕淩廷堪:《禮經釋例》,北京:中華書局,1998 年。

45. 〔清〕莊述祖:《明堂陰陽夏小正經傳考釋》,道光令舫刊本。

46. 〔清〕惠棟:《明堂大道錄》,收入《續修四庫全書》第 108 冊,據乾隆畢氏刻經訓堂叢書本影印。

47. 〔清〕黃以周:《禮說略》,收入《皇清經解續編》第 32 冊,據南菁書院本縮印。

48. 〔清〕黃以周撰,王文錦點校:《禮書通故》,北京:中華書局,2007 年。

49. 〔清〕孫希旦:《禮記集解》,臺北:文史哲出版社,1990 年。

50. 〔唐〕陸淳:《春秋集傳纂例》,臺北:大通書局,1970 年。

51. 〔宋〕胡安國:《春秋傳》,收入《宋元明清十三經注疏彙要》第 9 冊,北京:中央黨校出版社,1996 年,據乾道四年刻、慶元五年黃汝嘉修補本影印。

52. 〔宋〕劉敞:《春秋權衡》,收入《四庫全書薈要》第 32 冊,同治十二年粵東書局刊本。

53. 〔清〕莊存與:《春秋正辭》,收入《皇清經解》第 6 冊,據咸豐十一年補刊、道光九刊本影印。

54. 〔清〕莊存與:《春秋要指》,收入《皇清經解》第 6 冊,據咸豐十一年補刊、道光九刊本影印。

55. 〔清〕傅恆等撰:《御纂春秋直解》,收入《景印文淵閣四庫全書》第 174 冊,光緒十一年樂道齋校刊本。

56. 〔清〕劉逢祿:《左氏春秋考證》,收入《皇清經解》第 19 冊,據咸豐十一年補刊、道光九年刊本影印。

57. 〔清〕顧棟高:《春秋大事表》,收入《文津閣四庫全書》第 62 冊,據光緒十四年南菁書院刊本重編影印。

58. 〔清〕孔廣森:《公羊春秋經傳通義》,收入《皇清經解》第 11 冊,據咸豐十一年補刊、道光九年刊本影印。

59. 〔清〕劉逢祿:《穀梁廢疾申何》,收入《皇清經解》第 19 冊,據咸豐十一年補刊、道光九年刊本影印。

60. 〔宋〕朱熹:《四書章句集注》,北京:中華書局,2005 年。

61. 〔清〕劉寶楠撰,高流水點校:《論語正義》,北京:中華書局,2007 年。

62. 〔漢〕鄭玄注,〔宋〕王應麟:《古文論語》,收入《叢書集成續編》第 34 冊,臺北:新文豐圖書公司,1989 年,據《芋園叢書》本排印。

63. 〔清〕戴震:《孟子字義疏證》,臺北:世界書局,1974 年。

64. 〔清〕戴震：《孟子私淑錄》，收入《戴震全書》，合肥：黃山書社，1994年。

65. 〔漢〕許慎撰，鄭玄駁：《五經異義》，收入《叢書集成續編》，第 8 函，臺北：藝文印書館，1970 年。

66. 〔清〕康有爲：《新學僞經考》，北京：中華書局，1988 年。

67. 〔清〕惠棟：《九經古義》，臺北：臺灣商務印書館，1965 年。

68. 〔清〕黃以周：《經義比訓》，臺北：廣文書局，1977 年。

69. 〔清〕萬斯大：《經學五書》，臺北：廣文書局，1977 年。

（二）史　部

1. 〔漢〕司馬遷：《史記》，北京：中華書局，1996 年。

2. 〔漢〕班固：《漢書》，北京：中華書局，1995 年。

3. 〔漢〕蔡邕：《獨斷》，收入《四部叢刊》三編第 32 冊，據明鈔涵芬樓藏板本影印。

4. 〔晉〕陳壽撰，〔劉宋〕裴松之注：《三國志》，北京：中華書局，1995年。

5. 〔劉宋〕范曄：《後漢書》，北京：中華書局，1995 年。

6. 〔唐〕杜佑：《通典》，上海：上海商務印書，1935 年。

7. 〔宋〕歐陽修、宋祁等撰：《新唐書》，北京：中華書局，1995 年。

8. 〔宋〕呂祖謙：《大事記》，收入《景印文淵閣四庫全書》第 324 冊，據國立故宮博物院藏本影印

9. 〔宋〕鮑彪：《鮑氏戰國策注》，收入《景印文淵閣四庫全書》第 406 冊，據國立故宮博物院藏本影印。

10. 〔宋〕鮑彪：《戰國策校注》，收入《四部叢刊》正編第 14 冊，據元至正十五年刊本景印本影印。

11. 〔元〕脫脫等撰：《宋史》，北京：中華書局，1995 年。

12. 〔明〕楊一清等撰：《明倫大典》，明嘉靖八年湖廣重刊本。

13. 〔明〕焦竑：《國朝獻徵錄》，臺北：臺灣學生書局，1984 年。

14. 〔清〕王鳴盛：《十七史商榷》，收入《續修四庫全書》第 452 冊，據乾隆五十二年洞涇草堂刻本影印

15. 〔清〕石國柱：《歙縣志》，臺北：藝文印書館，1970 年。

16. 〔清〕皮錫瑞：《經學歷史》，臺北：漢京出版社，1983 年。

17. 〔清〕李塨：《顏習齋先生年譜》，臺北：廣文書局，1965 年。

18. 〔清〕李元度編，周駿富輯：《清朝先正事略》，臺北：明文書局 1985 年。

19. 〔清〕李桓輯：《國朝耆獻類徵錄》，臺北：明文書局，1985 年。

20. 〔清〕汪堃、朱成熙纂：《昆新兩縣續修合志》，臺北：成文出版社，1970 年。

21. 〔清〕谷應泰編：《明史紀事本末》，臺北：世界書局，1986 年。

22. 〔清〕陳厚耀：《春秋戰國異辭》，臺北：鼎文書局，1977 年。

23. 〔清〕林春溥：《戰國紀年》，收入《續修四庫全書》第 347 冊，據道光十八年竹柏山房刻本影印。

24. 〔清〕紀昀等：《四庫全書總目》，臺北：臺灣商務印書館，1983 年。

25. 〔清〕胡玉縉撰，吳格整理：《續四庫提要三種》，上海：上海書店出版社，2002 年。

26. 〔清〕乾隆敕纂：《皇朝文獻通考》，光緒八年浙江書局刊本。

27. 〔清〕唐鑑：《清學案小識》，臺北：廣文書局，1972 年。

28. 〔清〕夏燮：《明通鑑》，上海：上海古籍，1997 年。

29. 〔清〕崑岡等奉敕著：《大清會典事例》，北京：中華書局，1980 年。

30. 〔清〕陳訓正、馬瀛等纂修：《浙江省定海縣志》，臺北：成文出版社，1970 年。

31. 〔清〕陳逢衡：《竹書紀年集證》，收入《續修四庫全書》第 335 冊，據清嘉慶十八年裛露軒刻本影印。

32. 〔清〕黃以周：《儆季史說略》，北京：中華書局，2000 年。

33. 〔清〕黃宗羲：《明儒學案》，臺北：臺灣中華書局，1984 年。

34. 〔清〕黃宗羲：《四明山志》，臺北：新文豐圖書公司，1988 年。

35. 〔清〕黃宗羲等纂：《浙江通志》，康熙二十三年刊本年。

36. 〔清〕黃炳垕：《黃梨洲先生年譜》，杭州：浙江古籍出版社，2005 年。

37. 〔清〕章學誠：《文史通義》，臺北：廣文書局，1981 年。

38. 〔清〕趙爾巽等撰：《清史稿》，北京：中華書局，1997 年。

39. 〔清〕慶桂等奉敕修：《大清高宗皇帝實錄》臺北：華聯出版社，1964 年。

40. 〔清〕蔡冠洛編：《清代七百名人傳》，北京：中國書店，1984 年。

（三）子、集部

1. 〔漢〕皇甫謐：《高士傳》，收入《四部備要》第 286 冊，據《古今逸史漢魏叢書本》影印。

2. 〔漢〕王充：《論衡》，北京：中國書店，1991 年。

3. 〔唐〕韓愈撰，馬永昶校注：《韓昌黎文集校注》，臺北：鼎淵書局，2005

年。

4. 〔宋〕周敦頤：《通書》，臺北：臺灣商務印書館，1997 年。

5. 〔宋〕王應麟撰，翁元圻注：《困學紀聞》，臺北：世界書局，1963 年。

6. 〔宋〕李覯：《李覯集》，北京：中華書局，1981 年。

7. 〔宋〕黎靖德編，王星賢點校：《朱子語類》，北京：中華書局，1986 年。

8. 〔宋〕朱熹：《宋名臣言行錄五集》，臺北：文海出版社，1967 年。

9. 〔宋〕朱熹：《白鹿洞書院志》，南京：江蘇教育出版社，1995 年。

10. 〔明〕陳獻章：《白沙子全集》，臺北：臺灣商務印書館，1973 年。

11. 〔明〕王陽明撰，謝廷傑編：《王陽明全書》，臺北：正中書局，1970 年。

12. 〔明〕羅欽順：《困知記》，收入《叢書集成初編》，第 653 冊，據《正誼堂全書》本排印。

13. 〔明〕王廷相：《王廷相集》，北京：中華書局，1989 年。

14. 〔明〕楊慎：《升庵外集》，臺北：臺灣學生書局，1971 年。

15. 〔清〕方東樹：《漢學商兌》，臺北：臺灣商務印書館，1974 年。

16. 〔清〕方苞著，劉季高點校《方苞集》，上海：上海古籍出版社，2008 年。

17. 〔清〕方苞撰，徐天祥點校：《方望溪遺集》，合肥：黃山書社，1990 年。

18. 〔清〕王夫之：《船山全書》，長沙：嶽麓書社，1992 年。

19. 〔清〕王夫之：《顏習齋先生言行錄》，成都：四川人民出版社，1998 年。

20. 〔清〕王先謙：《荀子集解》，臺北：世界書局，1991 年。

21. 〔清〕全祖望撰，朱鑄禹彙勘：《全祖望集彙校集注》，上海：上海古籍出版社，2000 年。

22. 〔清〕朱一新：《無邪堂答問》，北京：中華書局，2000 年。

23. 〔清〕朱琦：《小萬卷齋文稿》，光緒十一年嘉樹山房藏版。

24. 〔清〕江藩：《炳燭室雜文》，上海：文藝出版社，1999 年。

25. 〔清〕江藩：《漢學師承記》，臺北：華正書局，1982 年。

26. 〔清〕江永：《近思錄集注》，臺北：中華書局，1971 年。

27. 〔清〕李光地：《榕村續語錄》，北京：中華書局，1995 年。

28. 〔清〕李光坡：《皐軒文編》，收入《四庫全書存目叢書》第 237 冊，臺南：莊嚴出版社，1997，據雍正三年李鍾份刻本影印。

29. 〔清〕李慈銘：《越縵堂讀書記》，北京：中華書局，1963 年。

30. 〔清〕李塨：《恕谷後集》，臺北：廣文書局，1965 年。

31. 〔清〕汪中：《述學》，1926 成都志古堂刊本。

32. 〔清〕沈垚：《落帆樓文集》，收入《叢書集成續編》第 195 冊，據《吳興叢書》排印。

33. 〔清〕俞樾：《諸子平議》，臺北：中華書局，1957 年。

34. 〔清〕俞樾編：《詁經精舍課藝七集》，光緒二十一年刊本。

35. 〔清〕俞正燮：《癸巳存稿》，收入《叢書集成新編》第 14 冊，臺北：新文豐，1985，據 1931 年排印本影印。

36. 〔清〕梁玉繩：《史記志疑》，收入《叢書集成初編》第 148～149 冊，據光緒十三年廣雅書局排印。

37. 〔清〕姚椿編：《國朝文錄》，臺北：大新書局，1965。

38. 〔清〕施補華：《澤雅堂文集》，收入《續修四庫全書》第 1560 冊，據光緒十九年陸心源刻本影印。

39. 〔清〕胡培翬：《研六室文抄》，上海：文藝出版社，1999 年。

40. 〔清〕夏炘：《景紫堂文集》，臺北：文海出版社，1973 年。

41. 〔清〕孫奇逢：《孫徵君日譜錄存》，收入《續修四庫全書》第 558 冊，據清光緒十九年兼山堂補刊本影印。

42. 〔清〕孫星衍：《平津館文稿》，臺北：藝文印書館，1967 年。

43. 〔清〕孫詒讓：《籀廎遺文》，收入《續修四庫全書》第 1567 冊，據上海圖書館藏 1926 年石印本影印。

44. 〔清〕張成孫：《端虛勉一居文集》，收入《叢書集成續編》，第 135 冊，據《端虛勉一居文集》影印。

45. 〔清〕張爾岐：《蒿庵閒話》，濟南：齊魯書社，1991 年。

46. 〔清〕張爾岐：《蒿庵集》，濟南：齊魯書社，1991 年。

47. 〔清〕強汝詢：《求益齋文集》，光緒二十四年江蘇書局刊本。

48. 〔清〕王夫之撰，船山全書編輯委員會編校：《船山全書》，長沙：嶽麓書社，1988 年。

49. 〔清〕陳確：《陳確集》，北京：中華書局，1979 年。

50. 〔清〕陳康祺撰，褚家偉點校：《郎潛紀聞四筆》，北京：中華書局，1990 年。

51. 〔清〕陸隴其：《陸子全書》，光緒十六年宗培等刊本。

52. 〔清〕章太炎：《訄書》，臺北：世界書局，1987 年。

53. 〔清〕章太炎：《春秋左傳讀敘錄》，臺北：學海出版社，1984 年。

54. 〔清〕淩廷堪著，王文錦點校：《校禮堂文集》，北京：中華書局，1998 年。

55. 〔清〕惠棟：《松崖文鈔》，上海：上海書店，1993 年。

56. 〔清〕焦循:《雕菰集》,臺北:鼎文書局,1977 年。

57. 〔清〕黃以周:《群經說》,收入《續修四庫全書》第 178 冊,據光緒二十年南菁講舍刻本影印。

58. 〔清〕黃以周:《晏子春秋》,臺北:先知出版社,1976 年。

59. 〔清〕黃以周:《南菁講舍文集》,南京:江蘇教育出版社,1995 年。

60. 〔清〕黃以周:《子思子》,臺北:廣文書局,1975 年。

61. 〔清〕黃以周:《儆季雜著》,光緒二十年南菁書院刊本。

62. 〔清〕黃宗羲:《南雷文約》,臺南:莊嚴出版社,1997 年。

63. 〔清〕黃宗羲:《黃宗羲全集》,杭州:浙江古籍出版社,1993 年。

64. 〔清〕黃宗羲:《南雷詩文集》,杭州:浙江古籍出版社,1993 年。

65. 〔清〕黃家岱:《嬹藝軒雜著,光緒二十一年江蘇南菁講舍刊本。

66. 〔清〕程晉芳:《勉行堂文集》,收入《文淵閣四庫全書》第 1433 冊,據嘉慶二十五年冀蘭泰吳鳴捷刻本影印。

67. 〔清〕萬斯同:《石園文集》,臺北:國防研究院中華大典編印會,1966 年。

68. 〔清〕萬斯同:《群書疑辨》,臺北:廣文書局,1972 年。

69. 〔清〕劉師培:《國學發微》,臺北:廣文書局,1986 年。

70. 〔清〕劉師培:《劉申叔遺書》,南京:江蘇古籍,1997 年。

71. 〔清〕劉逢祿:《劉禮部集》,收入《續修四庫全書》第 1501 冊,據道光十年思誤齋刊本影印。

72. 〔清〕潘德輿:《養一齋集》,收入《續修四庫全書》第 1510 冊,據道光二十九年刻本影印。

73. 〔清〕潘衍桐輯敘:《兩浙輶軒續錄》,收入《續修四庫全書》第 1685 冊,據光緒十七年浙江書局刊本影印。

74. 〔清〕鄭珍:《鄭珍集》,貴陽:貴州人民出版社,1991 年。

75. 〔清〕盧文弨:《抱經堂文集》,上海:上海古籍出版社 2002 年。

76. 〔清〕錢大昕:《潛研堂全書》,臺北:臺灣商務印書館,1965 年。

77. 〔清〕錢謙益:《牧齋有學集》,臺北:臺灣商務印書館,1967 年。

78. 〔清〕戴名世撰,王樹民編校:《戴名世集》,北京:中華書局 1986 年。

79. 〔清〕戴震:《緒言》,臺北:廣文書局,1987 年。

80. 〔清〕戴震著,趙玉新點校:《戴震文集》,北京:中華書局,1980 年。

81. 〔清〕戴璉璋、吳光主編:《劉宗周全集》,臺北:中央研究院中國文哲所,1996 年。

82. 〔清〕戴望:《顏氏學記》,臺北:世界書局,1962 年。

83. 〔清〕繆荃孫纂錄，周駿富輯：《續碑傳集》，臺北：明文書局，1985 年。

84. 〔清〕顏元：《四存編》，臺北：世界書局，1974 年。

85. 〔清〕顏元：《顏習齋先生言行錄》，成都：四川人民出版社，1998 年。

86. 〔清〕龔自珍：《龔自珍全集》，上海：上海古籍出版社，1999 年。

87. 〔清〕魏源：《魏源集》，臺北：鼎文書局，1978 年。

88. 〔清〕顧炎武：《顧亭林文集》，臺北：新興書局，1956 年。

89. 〔清〕顧炎武：《日知錄》，臺北：明倫出版社，1971 年。

三、今人論著（依姓氏筆畫排列）

1. 文幸福：《詩經周南召南發微》，臺北：學海出版社，1986 年。

2. 方祖猷：《清初浙東學派論叢》，臺北：萬卷樓圖書公司，1996 年。

3. 方祖猷：《萬斯同傳》，臺北：允晨文化實業股份有限公司，1998 年。

4. 支偉成：《清代樸學大師列傳》，臺北：藝文印書館，1970 年。

5. 王茂等：《清代哲學》，合肥：安徽人民出版社，1992 年。

6. 王爾敏：《明清社會文化生態》，臺北：臺灣商務印書館，1997 年。

7. 王逸明：《定海黃式三黃以周年譜》，北京：新華書店，2000 年。

8. 王鍔：《三禮研究論著提要》，蘭州：甘肅教育出版社，2001 年。

9. 甘鵬雲：《經學源流考》，臺北：廣文書局，1977 年。

10. 古國順：《清代尚書學》，臺北：文史哲出版社，1981 年。

11. 史革新：《晚清理學研究》，臺北：文津出版社，1994 年。

12. 本田成之：《中國經學史》，臺北：廣文書局，2001 年。

13. 安井小太郎等著，林慶彰譯：《經學史》，臺北：萬卷樓圖書公司，1996 年。

14. 朱華忠：《清代論語學》，成都：巴蜀書社，2007 年。

15. 何兆武：《中國思想發展史》，臺北：明文書局，1993 年。

16. 余英時：《歷史與思想》，臺北：聯經出版事業公司，2001 年。

17. 余英時：《中國思想傳統的現代詮釋》，南京：江蘇人民出版社，2003 年。

18. 吳雁南：《中國經學史》，福州：福建人民出版社，2001 年。

19. 李威熊：《中國經學發展史論》，臺北：文史哲出版社，1988 年。

20. 李振興：《尚書學述》，臺北：東大圖書公司，1994 年。

21. 李澤厚：《中國現代思想史論》，天津：社會科學院，2003 年。

22. 李民等注：《古本竹書紀年》，鄭州：中州古籍出版社，1990 年。

23. 宋鼎宗：《春秋胡氏學》，臺北：萬卷樓圖書公司，2000 年。

24. 杜維運:《清代史學與史家》,臺北:東大圖書公司,1991 年。

25. 汪惠敏:《宋代經學研究》,臺北:師大書苑,1989 年。

26. 汪學群:《清初易學》,北京:商務印書館,2004 年。

27. 吳光:《黃宗羲與清代浙東學派》,北京:中國人民大學出版社,2009 年。

28. 吳光主編:《陽明學綜論》,北京:中國人民大學出版社,2009 年。

29. 何冠彪:《明末清初學術思想研究》,臺北:臺灣學生書局,1991 年。

30. 周林根:《中國近代禮教史》,臺北:海洋學院,1971 年。

31. 周予同:《群經概論》,臺北:臺灣商務印書館,1997 年。

32. 周予同:《中國經學史講義》,上海:文藝出版社,1999 年。

33. 尚小明:《學人游幕與清代學術》,北京:社會科學文獻出版社,1999 年。

34. 屈萬里:《尚書集釋》,臺北:聯經出版事業公司,1983 年。

35. 林慶彰:《明代考據學研究》,臺北:臺灣學生書局,1983 年。

36. 林慶彰:《清初的群經辨偽學》,臺北:文津出版社,1990 年。

37. 林慶彰編:《詩經研究論集》,臺北:臺灣學生書局,1987 年。

38. 林慶彰主編:《五十年來的經學研究》,臺北:臺灣學生書局,2003 年。

39. 林慶彰等譯、松川健二編:《論語思想史》,臺北:萬卷樓圖書公司,2006 年。

40. 林存陽:《清初三禮學》,北京:社會科學文獻出版社,2002 年。

41. 林安梧:《近現代思想觀念史論》,臺北:臺灣學生書局,1995 年。

42. 林啓彥:《中國學術思想史》,臺北:書林出版社,2002 年。

43. 柳詒徵:《中國文化史》,收入《民國叢書》第二編第 42 冊,上海:上海書店,1990 年。

44. 柳宏:《清代論語詮釋史論》,北京:社會科學文獻出版社,2008 年。

45. 金毓黻:《中國史學史》,收入《民國叢書》第一編第 72 冊,上海,上海書店,1989 年。

46. 定海縣志編纂委員會編:《定海縣志》,杭州:浙江人民出版社,1994 年。

47. 侯外廬:《中國思想通史》,北京:人民出版社,1956 年。

48. 侯家駒:《周禮研究》,臺北:聯經出版事業公司,1987 年。

49. 姜廣輝:《中國經學思想史》,北京:中國社會科學出版社,2003 年。

50. 姜廣輝:《走出理學》,瀋陽:遼寧教育出版社,1997 年。

51. 姚邦澡:《徽州學概論》,北京:中國社會出版社,2003 年。

52. 倪其心:《校勘學大綱》,北京:北京大學出版社,2004 年。

53. 54. 唐君毅:《中國哲學原論》,臺北:臺灣學生書局,1990 年。

54. 唐文治：《尚書大義》，臺北：廣文書局，1970 年。

55. 夏傳才：《詩經研究史概要》，臺北：萬卷樓圖書公司，1993 年。

56. 徐復觀：《中國經學史的基礎》，臺北：臺灣學生書局，2004 年。

57. 徐世昌等纂：《清儒學案》，北京：中華書局，2008 年。

58. 高翔：《近代的初曙》，北京：社會科學出版社，2000 年。

59. 高明：《群經述要》，臺北：黎明文化，1979 年。

60. 梁啓超：《中國學術思想變遷之大勢》，臺北，臺灣中華書局，1972 年。

61. 梁啓超：《中國歷史研究法》，臺北：里仁書局，1984 年。

62. 梁啓超：《清代學術概論》，臺北：臺灣商務印書館，1993 年。

63. 梁啓超：《中國近三百年學術史》，臺北：華正書局，1994 年。

64. 殷夢霞編：《浙東學人年譜》，北京：北京圖書館，2003 年。

65. 張麗珠：《清代義理學新貌》，臺北：里仁書局，2002 年。

66. 張麗珠：《清代新義理學——傳統與現代的交會》，臺北：里仁書局，2003 年。

67. 張麗珠：《清代義理學轉型》，臺北：里仁書局，2006 年。

68. 張麗珠：《中國哲學三十講》，臺北：里仁書局，2007 年。

69. 張麗珠：《全祖望之史學》，臺北：花木蘭文化出版社，2009 年。

70. 張高評：《左傳導讀》，臺北：文史哲出版社，1987 年。

71. 張高評：《黃梨洲及其史學》，臺北：文津出版社，1989 年。

72. 張舜徽：《清儒學記》，武漢：華中師範大學出版社，2005 年。

73. 張素卿：《清代漢學與左傳學——從古義到新疏的脈絡》，臺北：里仁書局，2007 年。

74. 張壽安：《以禮代理——凌廷堪與清中葉儒學思想之轉變》臺北：中央研究院近史研究所，1994 年。

75. 張壽安：《禮學考證的思想活力》，臺北：中央研究院近史研究所，2001 年。

76. 張彥修：《縱橫家書——戰國策與中國文化》，開封：河南大學出版社，1998 年。

77. 曹屯裕：《浙東文化概論》，寧波：寧波出版社，1997 年。

78. 曹美秀：《論朱一新與晚清學術》，臺北：大安出版社，2007 年。

79. 賈貴榮：《九通拾補》，北京市：北京圖書館，2004 年。

80. 彭明輝：《晚清的經世史學》，臺北：麥田出版社，2002 年。

81. 許清雲等著：《三禮論文集》，臺北：黎明出版事業公司，1982 年。

82. 郭康松：《清代考據學研究》，武漢：崇文書局，2001年。

83. 83. 商瑈：《一代禮宗——淩廷堪之禮學研究》，臺北：萬卷樓圖書公司，2004年。

84. 湯志鈞：《經學史論集》，臺北：大安出版社，1995年。

85. 湯用彤：《魏晉玄學論稿》，上海：上海古籍出版社，2005年。

86. 馮天瑜、黃長義：《晚清經世實學》，上海：社會科學院出版社，2002年。

87. 黃俊傑主編：《孟子思想的歷史發展》，臺北：中央研究院文哲研究所，1995年。

88. 黃沛榮編：《易學論著選集》，臺北：長安出版社，1985年。

89. 黃建彰：《經今古文學問題新論》，臺北：中央研究院歷史語言研究所，1992年。

90. 黃振民編：《詩經研究》，臺北：正中書局，1982年。

91. 程樹德：《論語集釋》，北京：中華書局，1990年。

92. 程發軔：《春秋要領》，臺北：三民書局，1996年。

93. 葉高樹：《清代前期的文化政策》，臺北：稻鄉出版社，2002年。

94. 管敏義：《浙東學術史》，上海：華東師範大學出版社，1993年。

95. 葛兆光：《中國思想史》，上海：復旦大學出版社，2001年。

96. 楊向奎：《清儒學案新編》，濟南：齊魯書社，1985年。

97. 楊天宇：《經學探研錄》，上海：上海古籍出版社，2004年。

98. 熊公哲等著：《詩經論文集》，臺北：黎明文化事業公司，1982年。

99. 路新生：《經學的蛻變與史學的轉軌》，上海：上海古籍出版社，2006年。

100. 楊寬：《戰國史》，臺北：臺灣商務印書館，1997年。

101. 劉師培：《中國中古文學史講義》，北京：中國人民大學出版社，2004年。

102. 劉師培：《經學教科書》，北京：中國人民大學出版社，2004年。

103. 劉起釪：《尚書學史》，北京：中華書局，1989年。

104. 劉正浩：《左海鈎沈》，臺北：東大圖書公司，1997年。

105. 劉錦賢：《戴東原思想析論》，臺北：花木蘭文化出版社，2009年。

106. 劉又銘：《理在氣中——羅欽順、王廷相、顧炎武、戴震氣本論研究》臺北：五南圖書公司，2000年。

107. 劉再華：《近代經學與文學》，北京：東方出版社，2004年。

108. 劉家和：《史學、經學與思想：在世界史背景下對於古代歷史文化的思考》，北京：北京師範大學出版社，2005年。

109. 劉潞：《清代皇權與中外文化》，香港：香港商務印書館，1998年。

110. 趙永紀主編:《清代學術辭典》,北京:學苑出版社,2004 年。

111. 蔣國保:《晚清哲學》,合肥:安徽人民出版社,2002 年。

112. 蔡方鹿:《朱熹經學與中國經學》,北京:人民出版社,2004 年。

113. 蔡尚思:《中國禮教思想史》,香港:中華書局,1991 年。

114. 蔡長林:《論崔適與晚清今文學》,桃園,聖環圖書公司,2002 年。

115. 滕復等編:《浙江文化史》,杭州:浙江人民出版社,1992 年。

116. 鄭吉雄:《戴東原經典詮釋的思想史探索》,臺北:臺大出版中心,2008 年。

117. 盧松安:《易廬易學書目》,濟南:齊魯書社,1999 年。

118. 錢穆:《兩漢經學今古文平議》,臺北:東大圖書公司,1983 年。

119. 錢穆:《中國學術通義》,臺北:臺灣學生書局,1993 年。

120. 錢穆:《經學大要》,臺北:素書樓文教基金會,2000 年。

121. 錢穆:《中國思想史》,臺北:蘭臺出版社,2001 年。

122. 錢穆:《先秦諸子繫年》,臺北:東大圖書公司,2001 年。

123. 謝巍:《中國歷代人物年譜考錄》,北京:中華書局,1992 年。

124. 謝國楨:《明末清初的學風》,上海:上海書店出版社,2004 年。

125. 戴君仁:《春秋辨例》,臺北:臺灣書店,1964 年。

126. 羅振玉:《本朝學術源流概略》,上海:上海書店,1989 年。

127. 羅炳良:《清代乾嘉歷史考證學研究》,北京:北京圖書館出版社,2007 年。

128. 顧頡剛:《顧頡剛讀書筆記》,臺北:聯經出版事業公司,1990 年。

129. 龔書鐸主編:《清代理學史》,廣州:廣東教育出版社,2007 年。

四、專書、期刊、研討會論文

1. 胡適:〈關於江陰南菁書院的史料〉,《大陸雜誌》第 18 卷第 12 期,1959 年 6 月,頁 359～361。

2. 戴君仁:〈論江右王門〉,《陽明學論文集》,臺北:中華學術院,1972,頁 148～159。

3. 何佑森:〈黃梨洲與浙東學術〉,《中國書目季刊》第 7 卷第 4 期,1974 年 3 月,頁 9～16。

4. 李紹戶:〈黃式三《論語後案》釋例〉,《建設》第 24 期,1976 年 5 月,頁 33～37。

5. 陳訓慈:〈清代浙東之史學〉,杜維運、黃進興合編《中國史學史論文選集》,臺北:華世出版社,1976,頁 597～665。

6. 林尹：《易經論文集》，臺北：黎明文化事業公司，1982。

7. 朱維錚編：《周予同經學史論著選集》，上海，上海人民出版社，1983。

8. 林慶彰：〈晚明經學的復興運動〉，《書目季刊》第 18 卷第 3 期，1984 年 12 月，頁 3～40。

9. 胡楚生：〈陳澧治經方向與顧亭林之關係：兼論顧氏「經學即理學」之意義〉，《書目季刊》第 20 卷第 3 期，1986 年 12 月，頁 3～12。

10. 葉建華：〈浙東史學流派簡史〉，《浙江學刊》1990 年第 6 期，頁 72～73。

11. 陳鴻森：〈清代學術史叢考〉，《大陸雜誌》第 87 卷第 3 期，1993 年 9 月，頁 4～15。

12. 岑溢成：〈戴震孟子學的基礎〉，黃俊傑主編：《孟子思想的歷史發展》，臺北：中研院文哲所，1994，頁 191～215。

13. 詹海雲：〈清代浙東學者的經學特色〉，中央研究院中國文哲研究所編委會主編，江日新執行編輯：《清代經學國際研討會論文集》，臺北：中央研究院中國文哲研究所，1994，頁 133～156。

14. 曾貽芬：〈試論「戶口考」、「職役考」——兼論其與《通典》相應篇目的關係〉，王瑞明主編：《文獻通考研究》，鄭州：中州古籍出版社，1994，頁 50～61。

15. 蕭也珍：〈試評馬端臨的理財思想——「國用考」札記〉，王瑞明主編：《文獻通考研究》，鄭州：中州古籍出版社，1994，頁 70～79。。

16. 李威熊：〈明代經學發展的主流與旁支〉，林慶彰、蔣秋華編：《明代經學國際研討會論文集》，臺北：中國文哲研究所籌備處，1996，頁 77～92。。

17. 陳恆嵩：〈《禮記集說大全》修纂取材來源探究〉，《東吳中文研究集刊》第 4 期，1997 年 5 月，頁 1～24。

18. 林忠軍：〈論以史治《易》〉，收入朱伯崑主編：《國際易學研究》第 4 輯，北京：華夏出版社，1998，頁 129～143。

19. 岑溢成：〈戴震一本論的淵源和特點〉，《鵝湖學誌》第 20 期，1998 年 6 月，頁 71～94。

20. 魏永生：〈黃式三學術思想評議〉，《東方論壇》2000 年第 3 期，頁 31～35。

21. 許錟輝：〈「太誓」考辨〉，《東吳中文學報》第 6 期，2000 年 5 月，頁 1～17。

22. 林慶彰：〈顧頡剛論詩序〉，《應用語文學報》第 3 期，2001 年 6 月，頁 77～86。

23. 張壽安：〈黃式三對戴震恩想之回應〉，國立中山大學清代學術研究中心編：《清代學術論叢》第 3 輯，臺北：文津出版社，2002，頁 253～281。

24. 林存陽：〈黃式三、以周父子「禮學即理學」思想析論〉，《蘭州大學學報》2001 年第 5 期，頁 127～129。

25. 周積明：〈清代浙東學派學術譜系的構建〉，陳祖武主編：《明清浙東學術文化研究》，北京：中國社會科學出版社，2004，頁 105～118。

26. 林存陽：〈杭世駿與三禮館〉，陳祖武主編：《明清浙東學術文化研究》，北京：中國社會科學出版，2004，頁 708～728。

27. 蔣秋華：〈求是？求古？——王鳴盛的治經方法〉，鍾彩鈞、楊晉龍主編：《明清文學與思想中之主體意識與社會》，臺北：中央研究院中國文哲研究所，2004，頁 371～397。

28. 許蘇民：〈顧炎武與浙西史學〉，《東南學術》2004 年第 1 期，頁 18～25。

29. 賴貴三：〈黃式三、黃以周父子《易》學初探〉，中央研究院中國文哲研究所「浙江學者的經學研究」第二次學術研討會，2005 年 12 月 8 日。

30. 張涅：〈關於定海黃氏著作的研究資料〉，浙江寧波大學「紀念全祖望誕辰三百周年暨浙東學派與中國實學文化研討會」，2005 年 10 月 29 日，頁 1～6。

31. 黃海嘯：〈禮理之辯與黃式三、以周父於對清代禮學的總結〉，《蘭州大學學報》第 34 卷第 5 期，2006 年 10 月，頁 93～99。

32. 商瑈：〈黃式三對戴震「理氣」思想之繼承與轉化〉，桃園：中央大學「經典新詮——第十三屆全國研究生論文研討會」，2006 年 11 月 25 日，頁 49～64。

33. 張涅：〈黃式三《論語後案》述論〉，方勇主編：《諸子學刊》第 1 輯，2007 年 1 月，頁 461～471。

34. 商瑈：〈求是與求實——黃式三的論語學〉，《興大中文學報》第 21 期，2007 年 6 月，頁 25～58。

35. 郭善兵：〈略論清儒對漢學、宋學的繼承與創新——以清儒對周天子宗廟祭祖禮制的詮釋為中心〉，《河南大學學報》第 48 卷第 4 期，2007 年 8 月。

36. 楊晉龍：〈明代學者「秦風‧蒹葭」詮釋析論——明代詩經學史研究的進一步探討〉，《臺北大學中文學報》第 5 期，2008 年 9 月，頁 1～45。

37. 黃忠天：〈世變與易學——清初史事易學述要〉，《經學研究集刊》第 5 期，2008 年 11 月，頁 125～143。

38. 鄭卜五：〈劉逢祿「申何難鄭」析論〉，《經學研究集刊》第 5 期，2008 年 11 月，頁 145～162。

39. 商瑈：〈黃式三《易釋》的「通貫」精神〉，《東吳中文學報》第 16 期，2008 年 11 月，頁 135～158。

10. 張麗珠：〈船山哲學的氣本論進路〉，《國文學報》第 44 期，2008 年 12

月，頁 61～91。

41. 霍建波：〈高士風流千古奇文──皇甫謐「高士傳」藝術鑒賞〉，《名作欣賞》第 22 期，2008 年 12 月，頁 4～6。

42. 曹美秀：〈黃式三經學試探──以《尚書啓蒙》爲例〉，《書目季刊》第 42 卷第 3 期，2008 年 12 月，頁 33～53。

43. 商瑈〈「稽古」與「易簡」──黃式三的「尚書學」〉，《北商學報》，第 15 期，2009 年 1 月，頁 165～182。

44. 商瑈：〈黃式三《詩》、《禮》互證的「詩經」研究〉，《2008 人文研究學術獎論文集》，臺北：國立臺灣師範大學人文教育研究中心，2009 年 1 月，頁 115～139。

45. 黃雅玲：〈從黃氏家譜看家族文化基因對黃式三父子的人格影響〉，《浙江海洋學院學報》第 26 卷第 1 期，2009 年 3 月，頁 42～45。

46. 張麗珠：〈惠棟與清代經學之「漢學」典範建立〉，《中國學術年刊》第 31 期，2009 年 3 月，頁 35～60。

47. 張涅、韓嵐：〈黃式三《論語後案》以禮爲本的思想及其意義〉，《孔子研究》2009 年第 2 期，2009 年 4 月，頁 59～65。

48. 張麗珠：〈清代之三禮學復興暨清初禮學名家〉，《經學研究集刊》第 6 期，2009 年 5 月，頁 157～189。

49. 韓嵐：〈黃式三對於王陽明學術思想的認識〉，《浙江海洋學院學報》第 26 卷第 2 期，2009 年 6 月，頁 49～55。

50. 張麗珠：〈「一代賢奸托布衣」──萬斯同之明史修撰與浙東史學的聯繫〉，《成大中文學報》第 25 期，2009 年 7 月，頁 49～84。

51. 張涅：〈黃式三《論語後案》對於朱子思想的闡釋〉，《朱子學刊》第 18 期，2009 年 8 月，頁 161～171。

五、學位論文

1. 林慶彰：《豐坊與姚士粦》，臺北：東吳大學中國文學研究所碩士論文，1978 年。

2. 徐芹庭：《漢易闡微》，臺北：臺灣師範大學歷史研究所博士論文，1974 年。

3. 李新霖：《清代經今文學述》，臺北：臺灣師範大學國文研究所碩士論文，1977 年。

4. 黃忠天：《楊萬里易學之研究》，高雄：高雄師範大學國文研究所碩士論文，1988 年。

5. 陳邦禎：《顧亭林先生學術思想研究》，臺北：文化大學中國文學研究所

博士論文，1988 年。

6. 楊晉龍：《錢謙益史學研究》，高雄：國立高雄師範學院國文研究所，碩士論文，1989 年。

7. 賴貴三：《項安世「周易玩辭」研究》，臺北：臺灣師範大學國文研究所碩士論文，1990 年。

8. 蔣秋華：《二程詩書義理求》，臺北：臺灣大學中國文學研究所博士論文，1991 年。

9. 張清泉：《清代論語學》，臺中：逢甲大學中國文學研究所碩士論文，1993 年。

10. 賴貴三：《焦循雕菰樓易學研究》，臺北：臺灣師範大學國文研究所博士論文，1994 年。

11. 黃忠天：《宋代史事易學研究》，高雄：高雄師範大學國文研究所博士論文，1995 年。

12. 蕭淑惠：《清儒規正杜預「春秋經傳集解」研究》，台南：成功大學中國文學研究所碩士論文，1998 年。

13. 梁勇：《萬斯大及其禮學研究》，北京：中國社會科學院研究生院碩士論文，2000 年。

14. 蔡長林：《常州莊氏學術新論》，臺北：臺灣大學中國文學研究所博士論文，2000 年。

15. 張尚英：《劉敞春秋學述論》，成都：四川大學歷史文化學院碩士論文，2002 年。

16. 項世勳：《清儒黃式三、黃以周父子易學研究》，臺北：臺灣師範大學國文研究所碩士論文，2007 年。

17. 許松源：《經義與史論——王夫之《春秋》學研究》，新竹：國立清華大學歷史研究所博士論文，2007 年。

18. 劉閣薇：《黃式三「論語學」研究》（高雄：高雄師範大學經學研究所碩士論文，2009 年。